ORGANIZAÇÃO DO ESTADO BRASILEIRO

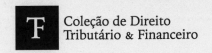

Daniel Cabaleiro Saldanha

ORGANIZAÇÃO DO ESTADO BRASILEIRO

o modelo oligárquico de federalismo

Copyright © 2019 by Editora Letramento
Copyright © 2019 by Daniel Cabaleiro Saldanha

Diretor Editorial | **Gustavo Abreu**
Diretor Administrativo | **Júnior Gaudereto**
Diretor Financeiro | **Cláudio Macedo**
Logística | **Vinícius Santiago**
Assistente Editorial | **Laura Brand**
Capa, Projeto Gráfico e Diagramação | **Luís Otávio Ferreira**

Coordenadores da Coleção

Misabel de Abreu Machado Derzi   Onofre Alves Batista Júnior

Conselho Editorial

André Parmo Folloni	Luís Schoueri
André Mendes Moreira	Marciano Buffon
Élida Graziane Pinto	Mary Elbe
Elival da Silva Ramos	Pasquale Pistone
Fernando Facury Scaff	Paulo Rosenblatt
Heleno Taveira Torres	Ricardo Lodi Ribeiro
Hugo Segundo	Sacha Calmon Navarro Coêlho
Humberto Ávila	Tarcísio Diniz Magalhães
João Félix Nogueira	Thomas da Rosa de Bustamante
José Conti	Ulisses Schwarz Viana
Ludmila M. Monteiro de Oliveira	Valter de Souza Lobato

Todos os direitos reservados.
Não é permitida a reprodução desta obra sem
aprovação do Grupo Editorial Letramento.

Dados Internacionais de Catalogação na Publicação (CIP) de acordo com ISBD

S162o	Saldanha, Daniel Cabaleiro
	Organização do Estado Brasileiro: o modelo oligárquico de Federalismo / Daniel Cabaleiro Saldanha. - Belo Horizonte : Letramento ; Casa do Direito, 2019.
	320 p. ; 15,5cm x 22,5cm. – (Coleção de Direito Tributário e Financeiro)
	ISBN: 978-85-9530-192-4
	1. Ciências políticas. 2. Estado Brasileiro. 3. Federalismo. I. Título. II. Série.
2019-151	CDD 320 CDU 32

Elaborado por Vagner Rodolfo da Silva - CRB-8/9410

Índice para catálogo sistemático:
1. Ciências políticas 320
2. Ciências políticas 32

Belo Horizonte - MG
Rua Magnólia, 1086
Bairro Caiçara
CEP 30770-020
Fone 31 3327-5771
contato@editoraletramento.com.br
grupoeditorialletramento.com
casadodireito.com

Casa do Direito é o selo jurídico do
Grupo Editorial Letramento

*À minha querida Aimara,
que sempre esteve ao meu lado,
forte e cativante.*

AGRADECIMENTOS

Essa empreitada não poderia ser cumprida sem o decisivo concurso de meus pais, Eduardo e Josilene, que sempre estimularam o estudo, a dedicação e a pesquisa, não apenas como dever, mas, sobretudo, como medida de satisfação de minha própria humanidade.

Agradeço ao Professor Joaquim Carlos Salgado, meu orientador em sede de mestrado, que sempre defendeu a boa crítica e a sólida erudição.

Aos Professores Doutores Karine Salgado, André Mendes Moreira e Ricardo Sontag, pelas prestimosas, atentas e encorajadoras observações que, ao longo do trabalho, puderam nos oferecer, seja para aprimoramento da pesquisa, do texto e de nossas ideias. Agradeço, ainda, aos Professores Doutores Misabel Derzi e Onofre Alves Batista Júnior, pelas inspirações sobre o tema, arautos que são da defesa de um federalismo mais equilibrado no país.

Não menos importantes foram os colegas com quem pude conviver e debater, testando não apenas os limites de nossas inteligências, mas de nossa paciência. Sendo impossível mencionar a todos, sintam-se agradecidos nas pessoas dos colegas Professores Doutores Paulo Roberto Cardoso e Raoni Bielschowsky, duas mentes brilhantes, que nunca fogem dos desafios e dos embates.

Este livro não seria, jamais, aquele que é, se não tivesse a oportunidade de conviver profissionalmente com os Professores Antonio Augusto Anastasia e Maria Coeli Simões Pires. Daquele, recebi lições, como ainda as recebo, do valor da serenidade para a política; desta, o ensinamento fundamental de que o Direito deve servir ao Estado, nunca ao revés.

Ao meu orientador, Professor Doutor José Luiz Borges Horta, não seria correto apenas agradecer. Não seria correto, nem justo. A ele, e unicamente a ele, hipoteco toda minha trajetória acadêmica, como medida da gratidão por uma aposta que fizera, há mais dois lustros. Uma década de aprendizado, amizade e inspiração não se resgata com parcas linhas de reconhecimento, ficando eu para sempre devedor de uma dívida irresgatável de fidelidade e cumplicidade.

Por derradeiro, este livro não existiria senão pela presença constante de minha querida Aimara. Seu esforço em ler e corrigir os originais, a tolerância com minhas ausências e o carinho com que compartilhou, como se sua fosse, esta tarefa seriam, de *per se*, suficientes para que jamais pudesse agradecê-la. Ocorre, porém, que as palavras carinhosas de incentivo, o ânimo que sempre alimentou e a segurança de seu amor sincero têm tal dimensão que reforçam em mim a convicção da existência divina. Não fossem ela e nosso encontro obras da misteriosa criação e não haveria este livro e tampouco este autor. Seu apoio não se pagará com palavras, mas com devoção de corpo e d'alma.

SUMÁRIO

1. **INTRODUÇÃO**   19
   - 1.1. ESTADO DA ARTE: OS INTÉRPRETES DO BRASIL   19
   - 1.2. A QUESTÃO DA ARQUITETURA POLÍTICA DO FEDERALISMO   37
   - 1.3. ONTOGENIA DO SISTEMA JURÍDICO POLÍTICO NACIONAL   40
   - 1.4. BREVES OBSERVAÇÕES METODOLÓGICAS   43
   - 1.5. CULTURALISMO: UMA ALTERNATIVA DE COSMOVISÃO HISTÓRICA   46
   - 1.6. FEDERALISMO: UMA APROXIMAÇÃO CONCEITUAL   51
   - 1.7. ITINERÁRIO DESTE LIVRO   57

PARTE I – O PROJETO BRASIL

2. **A FORMAÇÃO DO TERRITÓRIO E O PROJETO DA UNIDADE**   61
   - 2.1. OS TRATADOS DE LIMITES   61
   - 2.2. O NATIVISMO E OS EMBATES POLÍTICOS REGIONAIS: PREDOMÍNIO DO REGIONAL SOBRE O NACIONAL   71

3. **CENTRALISMO ATÁVICO**   83
   - 3.1. TRANSMIGRAÇÃO DA CORTE   83
   - 3.2. OS TRATADOS DESIGUAIS E A INSERÇÃO INTERNACIONAL SUBORDINADA: ACIRRAMENTO DAS ASSIMETRIAS ENTRE OS PODERES LOCAIS E O INTERESSE NACIONAL   91

	3.3.	CONSTITUCIONALIZAÇÃO DO IMPÉRIO PORTUGUÊS	93
	3.4.	OS CUSTOS E SIGNIFICADOS DA INDEPENDÊNCIA	96
4.	**O IMPÉRIO: A CONSTRUÇÃO DE UM EQUILÍBRIO DINÂMICO E DELICADO**		**103**
	4.1.	A CONSTITUINTE: A QUESTÃO LIBERAL	103
	4.2.	A CONSTITUIÇÃO DE 1824	107
	4.3.	A LEI BERNARDO DE VASCONCELOS DE 1828	114
	4.4.	PERÍODO REGENCIAL: A PRESSÃO POR AUTONOMIA, INDEPENDÊNCIA E SEPARAÇÃO	115
	4.5.	SEGUNDO REINADO: A PACIFICAÇÃO INTERNA	124
5.	**A REPÚBLICA: A FEDERAÇÃO COMO CHAVE DA UNIDADE – DOS REGIONALISMOS AO CENTRALISMO**		**143**
	5.1.	PANORAMA GERAL DO QUADRO JURÍDICO-POLÍTICO	143
	5.2.	A CONSTITUIÇÃO DE 1891	147
	5.3.	A MONTAGEM DA COLMEIA OLIGÁRQUICA	150
	5.4.	O REGIONALISMO E A FEDERAÇÃO	155
	5.5.	A FORÇA DA UNIDADE E A UNIDADE DA FORÇA: 1930-1945	163
	5.6.	A EXPERIÊNCIA DEMOCRÁTICA E O CONFLITO ENTRE AS OLIGARQUIAS NO CONTEXTO DO DESENVOLVIMENTISMO: SERIA O FEDERALISMO UMA SOLUÇÃO?	183
	5.7.	O GOVERNO MILITAR: 1964-1985	191

PARTE II – O FEDERALISMO CONTEMPORÂNEO: DISFUNCIONALIDADES E ASSIMETRIAS

6. **AVANT-PROPOS: BREVE INTRODUÇÃO AO QUADRO GERAL POLÍTICO, JURÍDICO, CULTURAL E FEDERATIVO NO PÓS-1988** 205

7. **O FEDERALISMO JUSPOLÍTICO NA CONSTITUIÇÃO DE 1988: UMA VITÓRIA OLIGÁRQUICA** 211

   7.1. LINEAMENTOS GERAIS DO MODELO DE FEDERALISMO PENSADO EM 1988 211

   7.2. O PRESIDENCIALISMO E O REGIME FEDERATIVO: DISTORÇÕES DE REPRESENTAÇÃO 217

   7.3. O SENADO FEDERAL: RAÍZES HISTÓRICAS, INSTITUCIONALIDADE E AÇÃO POLÍTICO-ESTRATÉGICA 222

   7.4. A QUESTÃO DO MUNICIPALISMO 233

   7.5. NOVOS ARRANJOS TERRITORIAIS FEDERATIVOS 243

8. **O FEDERALISMO FISCAL DE 1988: ASSIMETRIAS E DISFUNCIONALIDADES** 249

   8.1. A AUTONOMIA FINANCEIRA DOS ENTES SUBNACIONAIS NO CONTEXTO INTERNACIONAL 249

   8.2. A QUESTÃO DAS FUNÇÕES ECONÔMICO-FISCAIS DOS ENTES FEDERADOS 252

   8.3. A DISTRIBUIÇÃO CONSTITUCIONAL DE TAREFAS OU O FEDERALISMO FISCAL SOBRE A PERSPECTIVA DO GASTO PÚBLICO 254

8.4.	O FEDERALISMO FISCAL-TRIBUTÁRIO: A RECEITA PÚBLICA	261
8.5.	A QUESTÃO DAS TRANSFERÊNCIAS INTERFEDERATIVAS	267
8.6.	A GUERRA FISCAL: A QUESTÃO DA SOLIDARIEDADE FEDERATIVA	280
9.	**CONCLUSÕES**	**289**
10.	**REFERÊNCIAS BIBLIOGRÁFICAS**	**297**

*Quales in re publica principes essent,
tales reliquos solere esse cives**

Cícero (Epistulae ad familiares, 1, 9, 12)

---

* "Tal como são os governantes, são os outros cidadãos." Consultamos a seguinte edição bilíngue latim-francês: CICERON. *Oeuvres Completes de Cicerón*. Trad. M. Nisard. Paris: Dubochet, 1840.

ARQUIPÉLAGO DE OLIGARQUIAS!?

Nelson Nogueira Saldanha [1933-2015], um desses raros gênios com os quais a vida nos brinda e atrás dos quais vivemos a correr, certa feita mencionou a relatividade da distinção da história em três períodos: clássico, moderno e, entre eles, algo que se transforma em um meio termo, uma era média de transição.

A advertência do grande filósofo pernambucano dizia respeito tanto a sacralizar o moderno quanto a desconsiderar o medieval; nós vamos um pouco mais longe. Antes de mais nada, trata-se de perceber que na separação entre clássico e moderno é já perceptível uma cunha entre passado e presente que os busca desvincular, com evidente preferência pelo moderno, ainda que se use a elegante palavra *clássico* em vez da talvez imprópria palavra *antiga* — numa oposição antigo- moderno, as preferencias linguísticas parecem evidentes.

Ocorre que clássico é aquilo sobre que se dão classes, ou seja, um legado acumulado, originário e fundacional, tradicional e selecionado pelos séculos para compor um conjunto de conhecimentos, ou bem de temas, autores ou escolas, que não se pode desconsiderar. Classicistas passam a ter seu espaço, algo exótico, sempre excêntrico, no mundo do tempo tripartido dos modernos — aos quais essa tripartição pertence, por óbvio, e que nela triunfam praticamente incontestes.

Essa mecânica de tripartição histórica costuma no entanto provocar três fortes contestações — ou consequências, ou efeitos colaterais, ou ainda benfazejas astúcias da Razão (como queremos os hegelianistas) — no pensamento dos gênios.

A primeira delas é a *consciência da modernidade*, tomada como um tempo histórico datado, construído, decorrente, consequente, jamais como uma realidade absoluta, incontestável, eterna ou imutável. Aos elogios que se fazem aos tempos modernos, usualmente os gênios contrapõem críticas tão argutas e profundas que nos parecem que colhem o seu tempo no ar e o contorcem nas mãos remodelando-o às nossas vistas como se a realidade humana pudesse ser (surprre-endentemente) construída pelo homem e reconstruída pelo homem, à luz da sua capacidade crítica.

A segunda delas é a *consciência da classicidade*, visível como um desdobramento direto e quase imediato da separação brusca do passado: se há algo, então, no passado, este algo precisa ser redescoberto, revelado, e destas revelações depende a nossa autocompreensão. O passado é algo constitutivo de nós, e a seleção dos elementos deste passado que se fazem verdadeiramente significativos a ponto de, conquanto antigos, seguirmos reservando-lhes classes. Não é possível, não a um intelectual, menos ainda a um gênio, formar seu intelecto sem a solidez de uma base histórica fortemente assentada nas matrizes fundantes de sua cultura.

A terceira, mas porém mais rara das virtudes alcançadas astuciosamente é a *consciência da historicidade*, talvez a que verdadeiramente revele o ponto de passagem do intelectual para o gênio: a percepção de que nem passado, nem presente, nem futuro possuem, possuíram, ou possuirão qualquer efetividade ou realidade fora da história como um todo, como um processo de longa duração no qual as ideias se entrechocam pendular e dialeticamente e vão sendo suprassumidas em realidades que seguem contraditórias, jamais estabilizadas, jamais tão racionalizadas a ponto de não poderem ser profundamente abaladas pelo olhar agudo de crítica de um gênio.

Mas *só gênios enxergam através do tempo*, não só do tempo todo, humano na longa duração civilizacional, mas através do seu próprio tempo, ou melhor somente gênios podem atravessar com o olhar o seu próprio tempo, mostrando as suas incríveis fragilidades e as muitas tolices mantidas por total ausência de autocrítica das nações.

Quinze anos atrás realizou-se um colóquio de Filosofia do Direito nas noites de nossa Vetusta Casa de Afonso Pena, e já na primeira noite assistimos a um gênio (que então cursava o segundo período da graduação em Direito) interpelar por duas vezes a um gênio consagrado mundialmente, em diálogo que não pudemos classificar se não como um deleite sublime. Não conseguimos, naquela noite de segunda-feira, alcançar o jovem estudante do curso diurno de direito que, paranóico com temas de segurança pública, julgava-se em risco e já ventou para casa tão logo se concluíram as atividades. Na terça-feira, não tivemos sequer coragem de entrar no auditório; sentíamos que nossa missão exigia alcançarmos rapidamente aquela alma que generosamente aquiescera em vir estudar na faculdade de Direito. Permanecemos todo tempo ao lado de fora do auditório inutilizado, até o fim, quando conseguimos abordá-lo: "Você trabalha com o Professor X?". Entre sorrisos maliciosamente típicos, reveladores de que Daniel Cabaleiro já sabia quem éramos (eu e X, entre outros) o aluno de então respondeu-me que não. "Então, trabalha comigo".

Um gênio, por mais que seja nosso dever buscá-los e lutar por eles, não é uma conquista fácil, nem se encontra em cada canto do universo, menos ainda quando este gênio, por ser pisciano, carrega as características de dividir-se entre as alturas do saber e as profundezas do sentir, entre um sentir absolutamente devotado ao humanismo e um saber absolutamente comprometido com um Brasil que ultrapassa a lastimável circunstância — mera circunstância, Senhores! — de *colméia oligárquica* que Daniel Cabaleiro, este gênio da cultura jurídica, denuncia com tanta inspiração e esta Casa editorial acolhe com tanta intuição.

Receba-se, já, um clássico.

Serra Del Rey, verão de 2019.

Prof. Dr. José Luiz Borges Horta
Professor associado de Teoria do Estado e Filosofia do Estado na Universidade Federal de Minas Gerais

1. INTRODUÇÃO

1.1. ESTADO DA ARTE: OS INTÉRPRETES DO BRASIL

As décadas que se seguiram a 1930 foram testemunhas do crescimento dos estudos brasilianistas. Muito esforço foi empreendido para compreender e, a um só tempo, formar a cultura e identidade nacionais. Aliás, desde os movimentos políticos nativistas[1] do século XVIII, o sentimento de pertencimento em relação à metrópole lusitana vai se esgarçando, para dar lugar a uma consciência política autônoma.

A formação cultural do Brasil torna-se objeto dos estudos antropológicos, econômicos e literários, que ganha ímpeto com a geração dos chamados intérpretes do Brasil. Em certa medida, é *O Abolicionismo*, de Joaquim Nabuco, a primeira obra que assume para si a tarefa de descrever e construir uma identidade brasileira. Trata-se, em verdade, de um libelo contra a escravidão, publicado em 1883, no contexto geral do movimento. É o próprio Nabuco quem identifica e narra, no prefácio da obra, a existência de uma consciência nacional em formação:

> Já existe, felizmente, em nosso país, uma consciência nacional – em formação, é certo – que vai introduzindo o elemento da dignidade humana em nossa legislação, e para a qual a escravidão, apesar de hereditária, é uma verdadeira mancha de Caim que o Brasil traz na fronte. Essa consciência, que está temperando a nossa alma, e há de por fim humanizá-la, resulta da mistura de duas correntes diversas: o arrependimento dos descendentes de senhores, e a afinidade de sofrimento dos herdeiros de escravos"[2].

---

[1] Fazemos, aqui, alusão à Insurreição Pernambucana, à Revolta Beckman, à Guerra dos Mascates, à Guerra dos Emboabas e à Revolução de Felipe dos Santos. Cuida-se, com efeito, de movimentos de rebeldia contra a colonização que são geralmente apontados como os embriões de uma consciência nacional. É certo, porém, que, àquela época, a "consciência nacional" passa por uma consciência regional. Em especial, as guerras holandesas e o sentimento nativista pernambucano deram origem aos primeiros enunciados de um sentimento anticolonial e regional. *Cf.* MELLO, Evaldo Cabral de. *Olinda Restaurada*: guerra e açúcar no Nordeste, 1630-1654. São Paulo: Forense/Edusp, 1975. *passim*. Ainda, MELLO, Evaldo Cabral de. *Rubro Veio*: O imaginário da restauração pernambucana. Rio de Janeiro: Nova Fronteira, 1976. *passim*.

[2] NABUCO, Joaquim. *O Abolicionismo*. Petrópolis: Vozes, 2012, p. i.

A questão da identidade nacional, como objeto de estudo, ressurge em 1912, com a publicação de *O problema nacional brasileiro*, de Alberto Torres. Advogado, político e jornalista, Alberto Torres foi abolicionista e republicano convicto e influente[3]. *O problema nacional brasileiro*[4] surge a partir de artigos publicados no *Diário de Notícias* e no *Jornal do Comércio*. Na mesma toada de Joaquim Nabuco, centra sua concepção de nação a partir de um esforço para sintonizar o país com a nações livres de sua época. O trabalho desses nacionalistas-abolicionistas é, antes, uma tentativa de apartar o Brasil, em definitivo, de suas feições coloniais, forçando-o para o caminho do desenvolvimento e da tutela da dignidade. Seu pensamento, com o elogio à miscigenação, irá influenciar o modernismo e, mais tarde, o integralismo.

Em 1920-2, Oliveira Vianna publica *As Populações Meridionais do Brasil*[5], obra que seria anos mais tarde complementada com a publicação de *Raça e Assimilação*[6], em 1932. Nessa quadra, inauguram-se os estudos etnográficos e antropológicos centrados na *raça brasileira*, que, em certa medida, pouco se distanciam do *mito das três raças*[7],

---

[3] É de Alberto Torres uma proposta de reforma da Constituição de 1891, na qual sugeria um poder legislativo com assentos classistas e a criação do Poder Coordenador, uma fusão do Poder Moderador e do Conselho de Estado.

[4] *Cf.* TORRES, Alberto. *O Problema Nacional Brasileiro*: introdução a um Programa de Organização Nacional. 3 ed. São Paulo: Companhia Editorial Nacional, 1938.

[5] *Cf.* VIANNA, Francisco José de Oliveira. *Populações Meridionais do Brasil*. Brasília: Edições do Senado Federal, 2005. É interessante observar que Oliveira Vianna transcende os limites da antropologia etnográfica, para dar relevo ao papel político dos clãs rurais brasileiros e seus impactos na formação de uma ideia de Estado e ordem legal.

[6] VIANNA, Francisco José de Oliveira. *Raça e Assimilação*. Rio de Janeiro: Companhia Editorial Nacional, 1938.

[7] A primeira menção que pudemos localizar ao mito das três raças – alusão à concatenação de esforços entre negros, índios e portugueses para rechaçar o jugo holandês em Pernambuco – está no *Compêndio de História do Brasil* de Abreu e Lima, de 1843. ABREU E LIMA, José Ignácio de. *Compendio da História do Brasil*. Rio de Janeiro: Eduardo e Henrique Laemmert, 1843, p. 83 *et seq.* Segundo lembra o Prof. Dr. Ricardo Sontag, von Martius, em seu *"Como cumpre escrever a história do Brasil"*, faz também alusão ao mito das três raças. Embora assinada em janeiro de 1842, a monografia, porém, apenas seria publicada, pela primeira vez em 1845. *Cf.* VON MARTIUS, Karl Friedrich Phillip. Como cumpre escrever a história do Brasil. *In*: Revista do Instituto Histórico e Geográfico Brasileiro, t. 6, Rio de Janeiro, s. e., 1845, p. 389 *usque* 411. O artigo foi republicado em VON

personificado na dupla Felipe Camarão e Henrique Dias. É, porém, com Oliveira Vianna que a dimensão política e jurídica se mostram imbricadas. Oliveira Vianna começa a descortinar o embate entre o caudilhismo rural e o poder público. É sua a constatação de que prevalece o poder central, nos fins do "IV século". Em Oliveira Vianna, lê-se que é a descoberta das jazidas auríferas e diamantinas o *moto* da crise política entre o caudilhismo e poder central. Sua narrativa perpassa a formação do Distrito Diamantino do Serro Frio – "é no distrito diamantino que essa política legalizadora da metrópole dá às autoridades uma terrível onipotência. É um verdadeiro regime cesarista o que ali domina, um governo rigidamente marcial, à maneira de caserna prussiana"[8] – para concluir que a lógica da hegemonia da centralidade e da compressão policial irá encontrar termo apenas com a promulgação do Código de Processo Criminal de 1832, que cria a figura do juiz de paz[9].

Em 1933, Caio Prado Júnior faz publicar seu *Evolução Política do Brasil*[10], que, mais tarde, seria ampliado e reconstruído na *Formação do Brasil Contemporâneo*, que discorre sobre a formação histórica do Brasil, compreendido como nação-política. *Evolução Política do Brasil* encarta-se no movimento das grandes obras de interpretação da nação brasileira, ao lado de *Casa Grande e Senzala*, de Gilberto Freyre, e *Raízes do Brasil*, de Sérgio Buarque de Holanda. As mudanças sociais e políticas, movidas pelo ritmo crescente de urbanização e industrialização, que culminam com a Revolução de 1930, constituem o substrato, onde vão se implantar as interpretações da formação da nação.

MARTIUS, Karl Friedrich Phillip. Como se deve escrever a história do Brasil. *In*: *Revista de Historia de América*, n. 42, Pan American Institute of Geography and History, s. e., Dez., 1956, pp. 433-458.

8 VIANNA, Oliveira. *Populações* [...], p. 283.

9 "Pelo Sistema do Código de 32, o serviço policial passa a ser da incumbência privativa do 'juiz de paz', de origem puramente local e eletiva. Este juiz é quem toma conhecimento de todos os crimes; quem expede mandados de busca e de sequestro; quem concede fianças; quem manda prender os culpados; quem procede contra os vadios e desordeiros". *Id, p.* 286.

10 *Cf.* PRADO JÚNIOR, Caio. *Evolução Política do Brasil*. Ed. rev. São Paulo: Companhia das Letras, 2012. Trata-se de edição recente, composta com base na edição do autor de 1953, da qual constam acréscimos em relação à versão original de 1933.

Formação do Brasil Contemporâneo[11], de 1942, é fruto de um recorte econômico da formação do país, a partir de seu lastro colonial. Caio Prado Júnior expõe o miasma do exclusivo metropolitano[12], demonstrando a lógica da dependência, que seria, anos mais tarde, aprofundada por Celso Furtado. A crítica à exploração extensiva e especuladora é evidente, transportando a lógica colonial de seu típico enquadramento mercantilista, para o universo do capitalismo "maduro". As referências teóricas de *Formação do Brasil Contemporâneo* são de fundo marxista, demarcadas pelas díades exploradores-explorados dos modos de produção. Em sua obra, cunha-se o conceito de "sentido da colonização", que irá conduzir os debates historiográficos brasileiros nas décadas seguintes, calcado na compreensão da empresa colonial, inserida nos moldes capitalistas de produção. Com Caio Prado Júnior, difunde-se na historiografia nacional a noção de "colônias de exploração", à diferença das "colônias de povoamento", norte-americanas.

É a terceira parte de sua obra que mais nos interessa. Sua análise da sociedade brasileira é marcada pelo peso especial que imputa à escravidão – enquanto elemento definidor das relações sociais – e pela subserviência aos interesses comerciais externos. Sua análise social centra-se na depauperação dos contingentes de escravos e libertos, seu rebaixamento cultural, em amálgama com a inércia e má organização do espírito comercial português (responsável, bem assim, pela "indisciplina sexual" – comportamento tipicamente brasileiro), resultando em uma ausência de "coesão moral" e em um "mal-estar generalizado". Caio Prado Júnior, porém, centra sua análise política na dicotomia da *"tradicional rivalidade entre nobres e burgueses que enche a história da Europa"*[13]. Se sua visão segmentada da economia (consistente na definição dos "ciclos de desenvolvimento econômico") fora superada por estudos mais aprofundados, seu marxismo evolucionista representa um marco na superação do racismo biologicista corrente à época.

---

11 *Cf.* PRADO JÚNIOR, Caio. *Formação do Brasil Contemporâneo*. 23 ed. São Paulo: Brasiliense, 1994.

12 Trata-se da nomenclatura consagrada para se referir à exclusividade comercial, tipicamente mercantilista, havida entre a metrópole e suas colônias.

13 PRADO JÚNIOR, Caio. *Op. cit*, p. 296.

Em 1933, vem à lume o importante *Casa Grande e Senzala*[14], de Gilberto Freyre. Obra decisiva para reposicionar a miscigenação no contexto da formação antropológica do país, *Casa Grande e Senzala* vai assentar o papel do patriarcalismo na definição de nossas bases sociais. Sua abordagem franca da vida sexual torna explícito um dos móveis do poder, que se articula na exploração da pluralidade sexual e da lógica da dominação. Conquanto criticado por sua abordagem culturalista[15] e, até certo ponto, *naïve*, Gilberto Freyre empreende a construção de um conceito de "democracia racial", que ele mesmo irá empregar apenas alguns anos mais tarde[16]. Gilberto Freyre identifica o elemento da "fraternidade humana"[17], que em muito se distancia dos padrões de pureza racial do senhorio norte-americano.

Casa Grande e Senzala parte da estrutura de produção agrícola, fundada no latifúndio monocultor e na escravidão, para demonstrar como se projeta e deriva para a estruturação das relações sociais. Nesse sentido, o sistema de produção funde-se à estrutura social e se recria. Sua grande contribuição, porém, não é explorar o exercício das funções sociais públicas (senhor de engenho, escravo, bacharel, etc.), mas, antes, aprofundar-se na vida cotidiana. A estrutura do patriarcado, sobre a qual se arrima a sociedade rural, irá influenciar – e nesse aspecto nos interessa, como premissa – a organização dos poderes locais, que passam a conviver (e a conflitar) com o poder central, típico da sociedade industrial e urbana do pós 1930.

Nesse passo, a confirmação de nossa hipótese – segundo a qual toda a formação do arcabouço jurídico nacional republicano deriva da colisão de esferas locais de autoridade com a centralidade do poder – perpassa a compreensão das raízes e fundamentos patriarcais

---

14 *Cf.* FREYRE, Gilberto. *Casa Grande e Senzala*. 48 ed. Pernambuco: Global (Fundação Gilberto Freyre), 2003.

15 MOURA, Clóvis. *Sociologia do Negro Brasileiro*. São Paulo: Ática, 1988, p. 18 *et seq.*

16 O termo não aparece na primeira edição, de 1933, de Casa Grande e Senzala, surgindo, contudo, nas críticas à obra. *Cf.* STRIEDER, Inácio. Democracia Racial, a partir de Gilberto Freyre. In: *Perspectiva Filosófica*, v. III, n. 15, jan-jun 2001, p. 11 *usque* 29.

17 FREYRE, Gilberto. *Novo mundo nos Trópicos*. São Paulo: Companhia Editora Nacional, 1971, p. 6. Precursor, portanto, do Estado democrático de Direito, no sentido que a ele dá José Luiz Borges Horta, em sua *História do Estado de Direito*. História do Estado de Direito. São Paulo: Alameda, 2011, p. 167 *et seq.*

dos potentados regionais, exposta por Gilberto Freyre. A obra de Gilberto Freyre, como lembra Fernando Henrique Cardoso, é formada por oposições, "*mas dessas contradições não nasce uma dialética, não há a superação dos contrários, nem por consequência se vislumbra qualquer sentido da História*"[18]. Não é esse, contudo, o sentido que antecipamos sobre a formação do arcabouço *juspolítico* nacional, como suprassunção do conflito entre localidade e centralidade.

Conquanto negligenciada, a dimensão política da obra de Gilberto Freyre revela elementos da formação das instâncias locais de poder, que se contaminam com uma ética *dionisíaca*, antes que democrática. Com efeito, da moral permissiva não há uma passagem para uma sociabilidade, que possa permitir uma transição de poderes para esferas mais gerais, que transcendam a um "patrimonialismo familístico". Com Gilberto Freyre, podemos compreender alguns dos elementos, presentes na formação dessas esferas locais de poder, que se prestam a agredir um projeto de centralização *juspolítica*: a aversão ao puritanismo e à rigidez de padrões morais universalizados, à modernização de costumes e instituições, a um formato liberal de Estado e, sobretudo, àquilo que contemporaneamente designamos por *Estado de Direito*. O déspota doméstico permanece presente, avesso e intolerante à perda das parcelas de poder, que se seguem a um projeto de ordenação política e jurídica.

Em 1936, Gilberto Freyre publica *Sobrados e Mucambos*[19], que será substancialmente modificada em 1951, em sua segunda edição. Em *Sobrados e Mucambos*, Gilberto Freyre irá centrar-se nas mudanças sociais e, em alguma medida, políticas, decorrentes da crise desse patriarcalismo. Malgrado não se tenha revelado explicitamente hegeliano, Gilberto Freyre incorpora os elementos da *dialética do senhor e do escravo*[20], para revelar como as contradições internas e antago-

---

18 CARDOSO, Fernando Henrique. *Prefácio*: um livro perene. *In*: FREYRE, Gilberto. *Casa Grande e Senzala. Op. cit*, p. 25.

19 *Cf.* FREYRE, Gilberto. *Sobrados e Mucambos*. São Paulo: Global editora, 2003.

20 Sobre a dialética do senhor e do escravo, alegoria hegeliana do pensamento ocidental, *Cf.* SALGADO, Joaquim Carlos. *A ideia de Justiça em Hegel*. São Paulo: Loyola, 1996, p. 460 *et seq*. Ainda, LIMA VAZ, Henrique Cláudio. Senhor e Escravo: uma parábola da filosofia ocidental. *In: Síntese*, Faculdade Jesuíta de Filosofia e Teologia, Belo Horizonte, v. 21, 1980, p. 7 *usque* 29.

nismos do patriarcado impulsionam sua superação e cisão. Nesse sentido, afirma Maria José de Rezende:

> A capacidade de operar ajustes em situações de antagonismos, muito comum na época dos *Sobrados e Mucambos*, advém, para Freyre, de nossa forma de domínio pautada na família tutelar que enalteceu, ao mesmo tempo, o privatismo no âmbito econômico e político e gerou um tipo solidarista que tem sido o responsável pelas mudanças no país ao longo de sua história. O sistema patriarcal que se estendeu da família para a economia até a organização social forneceu à sociedade brasileira uma unidade em torno da qual gira a especificidade de nossas modificações que são, segundo ele, significativas mesmo quando se altera o conteúdo mas não a forma de domínio social. Ele justifica, por exemplo, a prevalência da tutela como algo da essencialidade de nossa formação. Se a obra *Casa Grande & Senzala* é a base, *Sobrados e Mocambos* forma os pilares principais da concepção de mudança social em Freyre tendo em vista que tanto a ideia de antagonismo aparece no seu interior substancialmente norteada pela pressuposição de unidade e de equilíbrio, ambos gerados pela família, quanto a ideia de dubiedade no modo de exercer o domínio e a subordinação[21].

É, portanto, com Gilberto Freyre que compreendemos parte da conformação dos fundamentos dos poderes locais, marcada não apenas pelo patriarcalismo, mas, em especial, pela lassidão, pelo patrimonialismo e pela aversão aos padrões de comportamento.

Também em 1936, Sérgio Buarque de Holanda publica seu *Raízes do Brasil*[22], obra definitiva para a macrocompreensão da cultura brasileira. Sérgio Buarque de Holanda irá traçar um caminho da superação do legado personalista de exercício do poder – herdado das tradições coloniais – para o plano da democracia política. A figura teórica central de seu trabalho, o *homem cordial*, é a síntese de seu modelo de explicação do exercício dos poderes públicos, no âmbito da sociedade e do Estado brasileiros. Sérgio Buarque de Holanda explora o "espírito de aventura" lusitano, a sua propensão à mestiçagem, a primazia do modo de produção agrícola, o ordenamento territorial de modo a demonstrar sua tese segundo a qual

---

[21] REZENDE, Maria José. A obra Sobrados e Mucambos e a mudança social no Brasil. *In: Revista USP,* São Paulo, n. 51, p. 190-207, setembro-novembro, 2001, p. 193.

[22] *Cf.* BUARQUE DE HOLANDA, Sérgio. *Raízes do Brasil*. 26 ed. São Paulo: Companhia das Letras, 2004.

os padrões de relacionamento público-institucional e de exercício do poder, no âmbito da sociedade brasileira, organizam-se segundo critérios de relacionamento pessoal e afeição, em lugar de relações objetivas e institucionais.

À diferença do que comumente se supõe, muito em função de uma literatura historicista do século XIX, ligada à tradição de autores como Fustel de Coulanges[23], para Sérgio Buarque de Holanda:

> O Estado não é uma ampliação do círculo familiar e, ainda menos, uma integração de certos agrupamentos, de certas vontades particularistas, de que a família é o melhor exemplo. Não existe, entre o círculo familiar e o Estado, uma gradação, mas antes uma descontinuidade e até uma oposição. [...] Só pela transgressão da ordem doméstica e familiar é que nasce o Estado e que o simples indivíduo se faz cidadão, contribuinte, eleitor, elegível, recrutável e responsável, ante as leis da Cidade.[24]

A figura do homem cordial ultrapassa o estereótipo do "bom-selvagem", da figura humana acolhedora ou da personagem romântica. Cuida-se, entretanto, do homem que transporta para a esfera pública um padrão de relacionamento baseado nos laços pessoais e de afeição – elemento mais remoto da baixa institucionalidade do Estado brasileiro. A indistinção entre os ambientes público e privado, ou, como quis Nelson Saldanha[25], entre o "jardim e a praça", é refletida na substituição do burocrata weberiano pelo funcionário patrimonial. Nas palavras de Sérgio Buarque de Holanda:

> Já se disse, numa expressão feliz, que a contribuição brasileira para civilização será de cordialidade – daremos ao mundo o 'homem cordial'. A lhaneza no trato, a hospitalidade, a generosidade, virtudes tão gabadas por estrangeiros que nos visitam, representam, com efeito, um traço definitivo do caráter do brasileiro, na medida, ao menos, em que permanece viva e fecunda influência ancestral dos padrões de convívio humano, informados no meio rural e patriarcal. [...] Nenhum povo está mais distante dessa noção ritualista da vida do que o brasileiro. Nossa forma ordinária de convívio social é, no fundo, justamente o contrário da polidez. [...]

---

23 *Cf.*, *v.g.*, FUSTEL DE COULANGES, Numa Denis. *La cité antique*: étude sur le culte, le droit, les institutions de la Grèce et de Rome. Paris: Durand, 1864, p. 101 *et seq.*

24 BUARQUE DE HOLANDA, Sérgio. *Raízes* [...]. *Op.* cit, p. 141.

25 *V.* SALDANHA, Nelson. *O Jardim e a Praça*: ensaio sobre o lado privado e o lado público da vida social e histórica. Porto Alegre: SAFE, 1986. *passim.*

> No homem cordial, a vida em sociedade é, de certo modo, uma verdadeira libertação do pavor que ele sente em viver consigo mesmo, em apoiar-se sobre si próprio em todas as circunstâncias da sua existência[26].

A questão fundamental posta por Sérgio Buarque de Holanda é a formação de um padrão de relações na vida pública que não se esmera por ser impessoal, institucional ou republicano, na acepção mais ampla do termo. Ao contrário, o fazer político, ou melhor, o ser político nacional foi construído sobre bases fortes de personalismo, ódios e paixões. Em sua obra *Visão do Paraíso*[27], publicada em 1959, Sérgio Buarque de Holanda irá trazer ao lume um dos principais trabalhos sobre a história nacional das mentalidades. Nessa obra, que lhe valerá a cátedra de *História da Civilização Brasileira*, junto à Faculdade de Filosofia, Letras e Ciências Humanas da Universidade de São Paulo, o autor investiga e expõe a *forma mentis* dos colonizadores portugueses, que se projeta para a construção da mentalidade nacional, no Brasil colônia. *Visão do Paraíso* é um tratado sobre o ideário edênico que moveu a empresa colonizadora ibérica. É certo, todavia, que desde o capítulo "O Semeador e o Ladrilhador", de seu *Raízes do Brasil*, Sérgio Buarque de Holanda vai apartando a colonização portuguesa da espanhola, para realçar o caráter mais pragmático daquela, quando cotejado a esta. O que as une, porém, e que vai marcar a experiência política que lhes é posterior, é o desprezo pelo experimentalismo[28], ainda que diante das formas mais exuberantes e prosaicas. Em outras palavras, predomina o mimetismo, em lugar do arrojo.

Em 1958, Raymundo Faoro publica *Os Donos do Poder*[29], obra que, debruçando-se sobre fatos históricos já conhecidos, irá traçar um perfil do patronato político no Brasil. Faoro irá romper com a historiografia marxista, contestando o passado feudal colonial, um "mito" criado para adaptar a narrativa histórica ao modelo marxista.

---

[26] Id. Ibid, p. 147.

[27] Cf. BUARQUE DE HOLANDA, Sérgio. *Visão do Paraíso*: os motivos edênicos no descobrimento e na colonização do Brasil. São Paulo: Companhia Editora Nacional, 1969.

[28] V. LIMA, Luiz Costa. Sérgio Buarque de Holanda, Visão do Paraíso. In: *Revista USP*, São Paulo, n. 53, p. 42-53, mar-mai, 2002, p. 51 *et seq.*

[29] Cf. FAORO, Raymundo. *Os Donos do Poder*: formação do patronato político brasileiro. 3 ed. Rio de Janeiro: Globo, 2001.

Em lugar de um confronto de classes, Raymundo Faoro vai descortinar um modelo de empoderamento que se constrói sobre as bases do personalismo, do corporativismo burocrático, estruturado no "estado-maior da autoridade pública". Nesse passo, é o "estamento[30] burocrático" que logra manter-se e se reconstituir no poder, na forma de uma elite antes predatória, que emancipadora. Se a questão do bacharelismo já fora anunciada por Sérgio Buarque de Holanda, em *Raízes do Brasil*, será com Raymundo Faoro que se identifica sua real dimensão:

> O bacharel, o pré-juiz, o pré-promotor, o pré-empregado, a véspera do deputado, senador e ministro, não criam a ordem social e política, mas são seu filho legítimo. O sistema prepara escolas para gerar letrados e bacharéis, necessários à burocracia, regulando a educação de acordo com suas exigências sociais. Eles não são flores de estufa de uma vontade extravagante, mas as plantas que a paisagem requer, atestando, pelo prestígio que lhes prodigaliza, sua adequação ao tempo.[31]

É de Raymundo Faoro a primeira intuição do entrelaçamento da estruturação jurídica[32] do Estado que se formava, com as instituições de poder burocráticas. Forma-se uma aristocracia burocrática, que irá se digladiar, para a manutenção de suas esferas de influência, desde o paço do Império às paróquias. Nesse sentido, o "patronato não é, na realidade, a aristocracia, o estamento superior, mas o aparelhamento, o instrumento em que aquela se expande e se sustenta"[33].

Ao bacharelismo, lembrado por Sérgio Buarque de Holanda e Raymundo Faoro, corresponde uma tendência expressiva pelo privilégio da via jurídico-institucional para a estruturação dos arranjos de poder. À diferença da realidade norte-americana, em que a religião desempenha um papel de destaque, ou do fenômeno do caudilhismo latino-americano, em que os vínculos rurais de tutela constituem o elemento de estruturação, na realidade brasileira, as elites bacha-

---

30 Para Raymundo Faoro, o estamento é a camada que comanda a economia, junto ao rei.

31 FAORO, Raymundo. *Op. cit*, p. 464.

32 "Por toda parte, em todas as atividades, as ordenanças administrativas, dissimuladas em leis, decretos, avisos, ordenam a vida do país e das províncias, confundindo o setor privado ao público". *Id. Ibid*, p. 470.

33 FAORO, Raymundo. *Op. cit*, p. 467.

relescas, com seus diversos projetos, vão moldando o arcabouço jurídico e as estruturas de Estado. Essa constatação, de *per se*, não detém nada de inovadora. Poderíamos atribuí-la a qualquer corrente do materialismo histórico. O que ressalta aos olhos, porém, é que a estruturação jurídica do Estado brasileiro não responde, de modo imediato, seja a um processo liberal de concretização de garantias fundamentais, seja aos imperativos de um projeto comunitarista, seja à necessidade de afirmação étnica, seja ao processo de formação da identidade nacional. Antes, mostra-se mais um instrumento ou, em outras palavras, um fenômeno decorrente de um embate de afirmação de instâncias de poder sobrepostas.

A partir da década de 1960, os estudos sobre a realidade brasileira ganham mais densidade no campo econômico, mercê, em especial, do ciclo de desenvolvimento, que se inicia com o governo Juscelino Kubitschek e se prolonga com o regime militar, e dos efeitos deletérios que se abatem sobre a produção nacional, com a primeira crise do petróleo de 1956. Em 1959, Celso Furtado publica *Formação Econômica do Brasil*[34], que irá detalhar os fundamentos de nossa dependência econômica. Conquanto muito se tenha criticado a ausência de referências bibliográficas na obra, a verdade é que *Formação Econômica do Brasil* expôs de modo claro e preciso a realidade, "explicando o Brasil aos brasileiros".

Em verdade, Celso Furtado irá demonstrar que não é o subdesenvolvimento que condiciona a estruturação da economia brasileira, mas, antes, *"a evolução histórica da economia brasileira conduziu à formação de uma estrutura econômica subdesenvolvida"*[35]. Sua obra descortina as raízes do processo de concentração de renda e de degradação da balança de pagamentos, cunhando conceitos que, mesmo diante da superação dos fundamentos da escola estruturalista cepalina[36], contribuem para explicar a ausência de solidez macroeconômica do

---

[34] FURTADO, Celso. *Formação Econômica do Brasil*. São Paulo: Companhia das Letras, 2009.

[35] BIELSCHOWSKY, Ricardo. Formação Econômica do Brasil: uma obra-prima do estruturalismo cepalino. *In: Revista Econômica Política*, vol. 9, n. 4, out-dez, 1989, p. 49-67, p. 62.

[36] RODRÍGUEZ, Octavio. *O estruturalismo latino-americano*. Rio de Janeiro: Civilização Brasileira, 2009, p. 63 *et seq.*

país. É a partir de sua análise que se conhece a chamada "deterioração dos termos de troca", que demonstra como a exportação de produtos intensivos em mão de obra, mas com pouca tecnologia agregada, relega a economia nacional ao desequilíbrio. Será, aliás, a partir dessa análise, em muito secundada pelos esforços da CEPAL, que, a partir da década de 1960, inaugura-se um novo ciclo de industrialização no país, marcado pela substituição de importações.

É, porém, sua análise acerca da distribuição de renda na economia pós-cafeeira que mais irá ilustrar o fenômeno de concentração, que caracteriza a economia nacional (não apenas a economia *sui generis*, mas, também, a economia político-federativa). É de Celso Furtado o conceito de *privatização dos ganhos*, que se opõe à *socialização das perdas*. Em apertada síntese, nos períodos de depressão da economia agroexportadora, as instituições centrais atuavam sobre o câmbio, no sentido de promover a desvalorização da moeda. Assim agindo, logravam reinserir as *commodities* no mercado internacional, mas à custa do incremento da inflação. Nas palavras de Celso Furtado:

> O processo de correção do desequilíbrio externo significava, em última instância, uma transferência de renda daqueles que pagavam as importações para aqueles que vendiam as exportações. Como as importações eram pagas pela coletividade em seu conjunto, os empresários exportadores estavam na realidade logrando socializar as perdas que os mecanismos econômicos tendiam a concentrar em seus lucros[37].

Com efeito, se *Formação Econômica do Brasil* foi fundamental para a compreensão da estruturação econômica brasileira, seu papel naquilo que toca à identificação das equações de poder não pode ser menosprezado. Em fins do século XIX, mais precisamente desde a Lei Bancária de 1888, a emissão de papel moeda, no território nacional, estava franqueada às três regiões bancárias (Norte, do Amazonas à Bahia; Centro, incluindo Rio de Janeiro, São Paulo, Minas Gerais, Espírito Santo, Paraná e Santa Catarina; e Sul, abrangendo Rio Grande do Sul, Mato Grosso e Goiás), autorizadas a emitir dinheiro, desde que lastreado em títulos da dívida pública. A assunção de Rui Barbosa ao Ministério da Fazenda, com sua política do *encilhamento*, viu aumentar o número de estabelecimentos autorizados a emitir moeda – como forma de obter uma expansão da base monetária e

---

[37] FURTADO, Celso. *Op. cit*, p. 243.

irrigar a economia. A crise econômica, que não apenas derrubaria Rui, mas também o presidente Deodoro, somente seria debelada, não em definitivo, mas parcialmente, na Presidência de Campos Salles, com a retirada de grande parte do papel moeda de circulação.

A centralização da autoridade monetária nacional representou, por óbvio, uma redução dos poderes regionais, que viram, sob o aspecto econômico, a redução de seu acesso ao crédito. Essa coarctação dos horizontes de poder não correspondeu, na dinâmica política, a um esvaziamento. Como bem demonstra Celso Furtado, as elites locais foram capazes de se organizar e coordenar políticas centrais, em arranjos institucionais que transcendem o modelo típico federalista. É nesse contexto que exsurgem arranjos como Convênio de Taubaté[38] e a Política dos Governadores[39].

Os estudos brasilianistas, desde meados da década de 1950, até inícios dos anos 1980, tiveram a organização da economia nacional como seu objeto privilegiado de estudo. Em 1957, Ignácio Rangel publica seu *Dualidade Básica da Economia Brasileira*, em que investiga as correlações da economia brasileira com o capitalismo mundial[40].

---

38 Acordo de fevereiro de 1906, entre os Governadores de Minas Gerais (Francisco Sales), São Paulo (Jorge Tibiriçá) e Rio de Janeiro (Nilo Peçanha), para proteger os preços do café. Sobre as repercussões para a formação da dependência econômica do país, v. FRANCO, Gustavo H. B. *O Desafio Brasileiro*: ensaios sobre desenvolvimento, globalização e moeda. São Paulo: Editora 34, 1999, p. 216 *et seq*.

39 Nome que se deu à articulação entre o Presidente da República e os Governadores de províncias, durante os primeiros anos da República. Também chamada Política dos Estados, de que trataremos mais adiante.

40 "O reconhecimento da dualidade no que diz respeito a determinado instituto como a fazenda de escravos ou o latifúndio não apresenta dificuldades especiais, porque o fato é quase óbvio. Mais complexo se torna o problema quando tentamos aplicar o mesmo conceito a institutos como a fábrica brasileira. Aí temos um instituto capitalista tanto em suas relações internas quanto em suas relações externas, mas a dualidade perdura porque o mercado capitalista para o qual a fábrica trabalha e da qual tira muitos dos fatores de produção que emprega, é menos capitalista do que a própria fábrica. Esse mercado, embora seja capitalista, se comparado com o latifúndio, comporta-se como feudal, do ponto de vista da fábrica. [...] O desenvolvimento do capitalismo nacional age poderosamente no sentido da homogeneização da economia, mas esse resultado não pode ser alcançado a curto prazo. [...] Embora seja mais fácil surpreender o fato da dualidade no estudo de um instituto particular do que na economia

Sua obra, conquanto tenha se voltado para as reações da economia nacional ao desenrolar do capitalismo mundial, não desconheceu o conflito político entre as instâncias regionais e centrais de poder. Por certo, sua obra tem em mira as repercussões econômicas dos conflitos, mas dá mostras do caráter ontogenético da superposição de camadas de poder. Nas suas palavras:

> Entre nós, o movimento [de criação da Federação] foi inverso, representando pois uma anomalia na vida de uma nação. Tínhamos um Estado unitário e, pela federação, criamos um Estado não unitário. [...] O fato essencial dissimulado por esses equívocos era a circunstância de que, com o advento do latifúndio, a vida de cada região tendia a fechar-se sobre si mesma, começando as regiões a desenvolver-se desigualmente. Desapareciam os partidos nacionais, para dar origem aos diversos agrupamentos provinciais, que se sentiam pouco à vontade, apertados no sapato chinês do Império. [...] Os ministros procuravam conciliar a monarquia com a federação. Mas, como fazê-lo se a federação implicava, precisamente, em distribuir os atributos do poder pelos governos regionais? O latifúndio também teria eventualmente necessidade de um forte poder central, mas este teria que emergir como prolongamento, no âmbito nacional, dos absolutismos regionais mais fortes[41].

Em 1963, Manoel Correia de Andrade publica *A Terra e o Homem do Nordeste*[42], obra que seria tida muito mais como um panfleto ideológico, que propriamente uma obra científica. É certo, porém, que a questão fundiária e a reforma agrária tornam-se temas da agenda dos intelectuais brasilianistas. As interconexões entre a economia e a política tornam-se, cada vez mais, objeto de pesquisas. Isso ocorre não apenas em função da proliferação da literatura do gênero no cenário internacional, mas, sobretudo, pela perplexidade gerada pelo descompasso entre o potencial econômico do país e sua economia subalterna. A década de 1970 verá o aparecimento de diversos traba-

---

como um todo, é evidente que a sua origem se encontra nas relações externas. Desenvolvendo-se como economia complementar ou periférica, o Brasil deve ajustar-se a uma economia externa diferente da sua, de tal sorte que é, ele próprio, uma dualidade." RANGEL, Ignácio. *Dualidade Básica da Economia Brasileira*. 2. ed. s. l.: Instituto Ignácio Rangel, 2009, p. 35 *et seq.*

[41] *Id*, p. 64-65.

[42] *Cf.* ANDRADE, Manoel Correia de. *A Terra e o Homem do Nordeste*: contribuição ao estudo da questão agrária no Nordeste. 6 ed. Recife: Editora Universitária UFPE, 1998.

lhos sobre a teoria do subdesenvolvimento de Ruy Mauro Marini[43], que exploram a inserção internacional da economia brasileira.

Em outra ordem de indagações, Antonio Candido publica, em 1959, seu *Formação da Literatura Brasileira*[44], que irá analisar os primeiros estágios de desenvolvimento da literatura nacional, compreendida como um *"galho secundário da portuguesa, por sua vez arbusto de segunda ordem no jardim das Musas"*[45]. Antonio Candido irá estudar dois períodos de nossa literatura, o Arcadismo e o Romantismo, que constituem o *"momento decisivo em que as manifestações literárias vão adquirir, no Brasil, características orgânicas de um sistema"*[46]. O autor toma a literatura como uma atividade regular da sociedade, e não como expressão específica de um sentimento de brasilidade. Embora seja seu conteúdo crítico (ou seja, as análises das obras em si consideradas), o ponto culminante de *Formação da Literatura Brasileira*, sua concepção de sistema literário irá influenciar a literatura historicista nacional de cariz culturalista.

Antonio Candido compreende a literatura como:

> um sistema de obras ligadas por denominadores comuns, que permitem reconhecer as notas dominantes duma fase. Estes denominadores são além das características internas (língua, temas, imagens), certos elementos de natureza social e psíquica, embora ligeiramente organizados, que se manifestam historicamente e fazem da literatura aspecto orgânico da civilização[47].

Sua compreensão de *formação* integra, nesse passo, um aspecto fundamental do marco culturalista que é a força da tradição. A *continuidade literária*, que ele irá identificar a partir do Arcadismo e, posteriormente, no Romantismo, corresponde à formação de um sistema de expressão, que conecta pensamentos, autores e recep-

---

43 *Cf.*, por exemplo, MARINI, Ruy Mauro. *América Latina*: dependência e integração. s. l.: Editora Brasil Urgente, 1992. Ainda, MARINI, Ruy Mauro. *Dialética da dependência*: uma antologia da obra de Ruy Mauro Marini. Petrópolis: Vozes, 2000.

44 *Cf.* CANDIDO, Antonio. *Formação da Literatura Brasileira*: momentos decisivos 1750-1880. 10 ed. Rio de Janeiro: Ouro sobre Azul, 2006.

45 *Id. Op. cit*, p. 39.

46 *Id. Op. cit, p.* 43.

47 *Id. Op. cit, p.* 25.

tores de determinadas ideias e imagens. A obra de Antonio Candido não refuga em analisar componentes políticos de formação dessa tradição, com especial ênfase para o indianismo, o nativismo, o nacionalismo artístico e o nacionalismo crítico. Por óbvio, Antonio Candido cuidou de ressaltar que sua crítica não se volta apenas para a "literatura empenhada", mas, por certo, põe em destaque o muito que transcende o padrão estético da literatura nacional.

Ao lado dos autores que se dedicaram à historiografia econômica, bem como daqueles que se voltaram para os aspectos mais gerais da cultura e da política nacional, despontam outros dois grupos, aliás, um grupo e um autor, que merecem destaque. Na tentativa de definir as raízes antropológicas de nosso país, autores como Darcy Ribeiro[48] e Florestan Fernandes investigaram a cultura indígena, bem como a política indigenista, como forma de expor um elemento sócio antropológico que, embora não prevalente, contribuiu para os diversos matizes de nossa organização e, sobretudo, de nossos cultos. Despontam, bem assim, no âmbito da investigação das raízes de formação e organização territorial urbana, os trabalhos de Milton Santos.

A obra[49] de Milton Santos foi de fundamental importância para a compreensão da cidade como ponto de suprassunção (ou síntese, como se quiser) das contradições e antagonismos de poder das elites[50]

---

48 *Cf.*, por exemplo, RIBEIRO, Darcy. *Cultura e Línguas indígenas do Brasil.* Rio de Janeiro: Centro Brasileiro de Pesquisas Educacionais, 1957; RIBEIRO, Darcy. *A Política Indigenista Brasileira.* Rio de Janeiro: s. e., 1962. RIBEIRO, Darcy. *Configurações Histórico Culturais dos Povos Americanos.* Rio de Janeiro: Civilização Brasileira, 1957; FERNANDES, Florestan. *Organização Social dos Tupinambá.* São Paulo: Editora Hucitec, 1989. Por óbvio, as obras de Darcy Ribeiro e Florestan Fernandes não se esgotam na temática indigenista, tendo suas contribuições, nos campos da sociologia e, especialmente da educação, em muito ultrapassado os trabalhos de antropologia étnica.

49 *Cf.* SANTOS, Milton. *A Natureza do Lugar*: Técnica e Tempo, Razão e Emoção. 4 ed. São Paulo: Editora USP, 2006. Ainda, SANTOS, Milton. *O Espaço Dividido*: os dois circuitos da economia urbana nos países subdesenvolvidos. 2a ed. São Paulo: Editora USP, 2004.

50 "Com a especialização funcional dos subespaços, há tendência à geração de um cotidiano homólogo graças à interdependência que se estabelece horizontalmente. A partir de uma atividade comum, a informação necessária ao trabalho

e sua repercussão sobre o território, o espaço e a paisagem. Em sua obra *A Natureza do Espaço*, o autor articula conceitos que lhe valeriam, no ano de 1994, o prêmio Vautrin Lud. É de Milton Santos a lição de que os sistemas de objetos e de ações, que compreendem as relações sociais e políticas, influenciam no espaço e paisagem, esta considerada como o somatório do espaço e de suas interações com o homem. Milton Santos irá, bem assim, definir a inter-relação do espaço, compreendido como totalidade (e nisso seu pensamento é marcadamente hegeliano), e das normas. Em suas palavras:

> A ordem mundial é cada vez mais normativa e, também, é cada vez mais normada. Esse fato responde à preeminência da técnica em todos os aspectos da vida social, já que o próprio do fenômeno técnico é ser, a um tempo, normativo e normado. [...] Ao mesmo tempo, parcelas significativas do espaço geográfico, situadas nas cidades (especialmente as grandes cidades dos países subdesenvolvidos), escapam aos rigores das normas rígidas. Velhos objetos e ações menos informadas e menos racionais constroem paralelamente um tecido em que a vida, inspirada em relações pessoais mais diretas e mais frequentes e menos pragmáticas, pode ser vivida na emoção e o intercâmbio entre os homens é criador de cultura e de recursos econômicos[51].

---

difunde-se mais fácil e rapidamente, levando ao aumento da produtividade. Isso tanto é válido no campo, quando se formam áreas presididas por um ou por vários produtores agrícolas combinados, como, também, é visível em cidades que se especializam numa dada produção industrial ou de serviços. Pode-se dizer, também, que esse cotidiano homólogo leva a um aumento da eficácia política. A informação tornada comum não é apenas a das técnicas de produção direta, mas tende também a ser a das técnicas de mercado. Os mesmos interesses criam uma solidariedade ativa, manifestada em formas de expressão comum, gerando, desse modo, uma ação política. [...] Essa ação política pode, em muitos casos, ser orientada, apenas, para um interesse particular e específico, frequentemente hegemônica no lugar. Mas este é, apenas, um primeiro momento. As atividades que, complementares ou não, tem uma lógica diversa da atividade dominante, provocam, a partir do seu conflito de preocupações, um debate que acaba por interessar ao conjunto da sociedade local." SANTOS, Milton. *A Natureza* (...). *Op. cit*, p.194 *et seq.*

51 *Id*, p. 154 *et seq.*

Muito esforço tem sido empreendido para compreender a formação da nação brasileira. O processo de emancipação da metrópole lusitana, negociado com base nos chamados Tratados Desiguais[52], não contribuiu para a eclosão de uma crise que pudesse catalisar a superação dos laços de dependência, seja pelo prolongado processo de delimitação das fronteiras, seja pela aclimatação dos costumes, religião, língua e pauta de valores europeus, o certo é que o Brasil independente não conseguiu, àquela quadra, formar-se com base em uma identidade nacional consolidada.

Os diversos elementos da cultura – sociedade, dinâmica de poderes, literatura, economia, território – foram objeto de estudo por parte da História, que buscou identificar as raízes ou momentos que marcaram a formação do elemento originalmente *brasileiro*. Em verdade, muito esforço tem se dispensado à compreensão do fenômeno de subalternização cultural, que não condiz com as potencialidades do país. É na tentativa de compreender a ausência de coesão social, da persistência do fenômeno da segregação (hoje quiçá muito mais relacionada às questões de gênero e orientação sexual), dos entraves ao desenvolvimento social e, sobretudo, da dificuldade de inserção internacional da economia, que os estudos brasilianistas vão se interessar pelo passado dos institutos a que hoje se dedicam.

Muito pouco se tem dito de nossas instituições políticas e dos alicerces sobre os quais se sustentam. Com efeito, a dinâmica de poderes, sua distribuição social e espacial, os mecanismos de sua expressão e de controle e os modos de superação de crises têm servido muito mais como pano de fundo do teatro da economia, da geografia e, com algum espanto, da própria sociedade civil (e aqui assumimos a dicotomia hegeliana).

---

[52] Nomenclatura que se tem atribuído aos tratados celebrados pela Inglaterra com outras nações, especialmente Portugal e na Ásia, que previam termos desequilibrados de comércio internacional. O primeiro deles é o Tratado de Methuen de Panos e Vinhos de 1703. Sobre a prática inglesa, v. SOMBRA SARAIVA, José Flávio. *Relações Internacionais*: dois séculos de história. v. I. Rio de Janeiro: Fundação Alexandre de Gusmão, 2001, p. 94 *et seq.*

Negligenciar a formação política nacional é desconsiderar o óbvio – todas as demais instituições dependem (e não são dependentes, embora possam influenciar[53]) dos arranjos políticos e de suas projeções – seja na organização das armas, seja na configuração de fronteiras, seja na imposição de valores e padrões estéticos, seja na construção de mecanismos de distribuição de riquezas.

Conquanto as análises históricas das categorias e institutos jurídicos sejam uma espécie de *ex libris* da literatura nacional, seu foco sempre esteve associado à construção de sua árvore genealógica ou, em outras palavras, da revelação da manifestação da tradição do tronco romano-germânico em nosso direito positivo vigente ou já superado. Não são raras as passagens que recuperam elementos do direito justinianeu, para, percorrendo sua recepção no direito franco-germânico, descrever e explicar nosso direito pátrio, em geral voltados para o direito privado. Inexistem, porém, estudos que perquiram acerca dos movimentos, forças, antagonismos, conflitos e mentalidades que condicionam e moldam a formação do direito brasileiro, como ordem global de condutas e organização do Estado, decididamente independente da ordem jurídica lusitana.

1.2. A QUESTÃO DA ARQUITETURA POLÍTICA DO FEDERALISMO

A questão fundamental que pretendemos enfrentar é a investigação do sistema de forças políticas, de antagonismos regionais e forças sociais que determinam e moldam a formação do sistema jurídico brasileiro, compreendido como a articulação das diversas normas de direito positivo. Ainda além, nosso objeto é a formação político-jurídica de nosso federalismo contemporâneo, bem como das forças a que responde e o projeto de poder que por detrás dele subjaz. A sociologia adota, para nomear esses fatores "externos" que moldam determinados sistemas de comportamento, a terminologia de *input*.

---

[53] Não desconhecemos aqui a noção de sistema (da qual descendem, por exemplo, as concepções de Canaris e Luhmann), que tem influenciado a ciência política. Tampouco queremos negar a aptidão das diversas instituições sociais para influenciar a política. Queremos, entretanto, ponderar que a estruturação dos mecanismos de exercício do poder (compreendido, em termos genéricos, como a vontade capaz de condicionar outras vontades) é, no mais das vezes, o epicentro, a partir do qual reverberam as demais camadas da cultura.

Somos, porém, refratários a esse vocábulo. A uma, porque denomina algo que apenas se justapõe, para formar um novo objeto. A duas, porque, designando algo que, esgotando seus efeitos iniciais, deixa de ser relevante para sucessivas alterações no tempo. Não é sobre essa espécie de interferência que nos debruçamos. Em verdade, nosso objeto é o conjunto de forças *ontogenéticas* que condiciona, conduz, forma e impulsiona a formação jurídica nacional.

Norberto Bobbio faz um alerta absolutamente relevante em seu *Teoria do Ordenamento Jurídico*. Cuida-se, com efeito, de uma espécie de aforisma, que, justamente por resvalar na obviedade, escapa à nossa ciência: "o ordenamento jurídico não nasce de um deserto"[54].

Há, com efeito, um substrato, sobre o qual se instala, cresce e autonomiza o ordenamento jurídico como ordem de condutas humanas. Esse substrato, em geral, deriva de um conjunto de regras oriundas da moral, da religião e, nas nações do novo mundo, de um ordenamento alienígena, sobre o qual virá se instalar o direito autóctone efetivamente autônomo. Há um conjunto de questões que, embora integrem o panorama geral das indagações que concernem a este trabalho, não constituem o coração de seu objeto. Esta tese não se ocupa precipuamente do estudo da moral portuguesa, não se dispondo a ser um trabalho sobre os costumes lusitanos que viriam a ser transmigrados para o Brasil. Com efeito, o já citado *Raízes do Brasil* perpassa parte dessa análise, investigando os impactos do espírito de aventura ibérico e do modo de organização de tarefas que predomina na mentalidade portuguesa. Tampouco integra o objeto de nossa análise o conjunto de práticas religiosas que influencia a formação da *consciência jurídica*[55] nacional, seja mercê da marcada influência de um catolicismo ibérico, fortemente ligado ao Estado, seja em função do sincretismo religioso, que determina no Brasil um padrão de tolerância inédito na sociedade das nações.

---

[54] BOBBIO, Norberto. *Teoria do Ordenamento Jurídico*. Trad. Maria Celeste Cordeiro Leite. 6. ed. Brasília: Ed. UnB, 1995, p. 41.

[55] SALGADO, Joaquim Carlos. *A ideia de Justiça no Mundo Contemporâneo*. Belo Horizonte: Del Rey, 2006, p. 19 *et seq*.

A recepção de institutos jurídicos em ordens jurídicas nascentes, em especial aqueles que integram a longa tradição romano-germânica, é realizada, via de regra, em um processo de aclimatação pouco traumático. Ninguém há de dizer que a longa polêmica havida entre Rui Barbosa e Clóvis Bevilacqua[56] fora travada sem grandes percalços. Não é, entretanto, esse o veio que queremos perseguir. Interessa-nos, para os fins desse trabalho, os movimentos das forças político-sociais que determinaram a compreensão de que, por exemplo, um código civil, uma consolidação, um código de processo criminal ou, em maior medida, uma constituição são necessários ao país em formação.

Não constitui objeto deste livro a investigação da linhagem jurídica dos institutos de nosso Direito positivo nacional – afinal, não nos propomos a realizar um trabalho de arqueologia jurídica – mas, antes, as mentalidades e forças que condicionam seu processo de aparecimento e suas conexões com a estruturação de nossa federação. Não nos interessa, de *per se*, por exemplo, a natureza que se queria atribuir, por exemplo, aos procedimentos criminais, se revestidos de índole inquisitorial ou acusatória. Nossa tese não se centra exclusivamente nas fontes históricas e exaurir sua pesquisa não integra nossos propósitos. De outra sorte, inspira-nos saber a quais setores e oligarquias aproveita a constituição de uma Guarda Nacional estadualizada, em que a obrigação de armas incumba aos oficiais e não ao Estado.

---

56 O processo de consolidação das leis civis no Brasil foi longo e amadurecido. Remonta ao Projeto da Consolidação das Leis Civis, de 1855, comissionado a Teixeira de Freitas, perpassando os projetos de Visconde Seabra (1871), Nabuco de Araújo (1872), Felício dos Santos (1881-1882), Coelho Rodrigues (1983) e, finalmente, o Projeto Bevilacqua (1899), que culminaria com a edição do Código de 1916. Sobre o tema, *Cf.* BARBOSA, Rui. Parecer do Senador Rui Barbosa sobre redação do projeto da Câmara dos Deputados. *In: Obras Completas de Rui Barbosa.* Rio de Janeiro: Ministério da Educação e Saúde, 1949, v. 29, t. 1. BARBOSA, Rui. Discursos parlamentares. *In:.* Obras completas de Rui Barbosa. Rio de Janeiro: Ministério da Educação e Cultura, 1955, v. 29, t. 5. BARBOSA, Rui. A mensagem. O código civil. *In: Obras completas de Rui Barbosa.* Rio de Janeiro: Ministério da Educação e Cultura, 1956, v. 26, t. 5. BARBOSA, Rui. *Réplica às defesas da redação do projeto de código civil brasileiro, na câmara dos deputados – 1904.* Rio de Janeiro: Conselho Seccional da OAB/RJ: Fundação Casa de Rui Barbosa, 1980. Ainda, BEVILÁQUA, Clóvis. O problema da codificação do direito civil brasileiro. Recife: Papelaria Americana, 1896. BEVILÁQUA, Clóvis. *Em defesa do Projeto de Código Civil Brasileiro.* Rio de Janeiro: Livraria Francisco Alves, 1906.

Os eventos que marcam os movimentos da evolução do sistema jurídico nacional não serão analisados sob uma perspectiva episódica, tampouco sob as lentes do escrutínio exclusivamente positivista. O objeto deste livro é aquilatar a inserção desses movimentos no contexto geral de formação da cultura política brasileira, para determinar quais são os fatores que predominam e sobressaem no processo de formação de nosso Direito e que condicionam e explicam nosso modelo federativo. Dir-se-á, portanto, que não se trata de um trabalho de História do Direito. Em verdade, não. O Direito, em si considerado, não é o objeto primordial das investigações. Temos em mira desvelar um processo (um conflito) de caráter muito mais político que jurídico, que se revela e se manifesta no Direito positivo, que se dá a conhecer. Nesse passo, será nosso objeto privilegiado investigar as manifestações jurídico-políticas que moldam a estrutura federativa de Estado, bem como as mentalidades que compõem o *hintergrund* do processo de estruturação institucional do Estado.

1.3. ONTOGENIA DO SISTEMA JURÍDICO POLÍTICO NACIONAL

A primeira hipótese desta pesquisa consiste em afirmar que existe um movimento político, que se mantém mais ou menos constante, que condiciona e determina a formação do Direito nacional. Trata-se de uma espécie de *moto*, que se manifesta sob a forma de uma tradição política ou, em termos mais precisos, como um *atavismo político*. Esse atavismo manifesta-se na história, conquanto somente possa ser notado quando se tem em conta a *histoire de longue durée*[57].

Essa hipótese, por si só, não assume ares de inovação. Explica-se: o Direito ocidental, considerado como um sistema privilegiado de ordenação de condutas, é marcado, globalmente considerado, pela

---

[57] Trata-se de um modo de analisar a história inaugurado pela segunda geração da École des Annales, capitaneada por autores como Fernand Braudel, François Dosse e Pierre Soulet. Trata-se de uma preocupação com a história total, ou melhor, totalizante, que considera todas as facetas de um movimento histórico, incluindo os influxos políticos, ideológicos, sociais e estratégicos. Uma metodologia capaz de compreender a história como um evento de *longtemps*, uma gradual e lenta, porém inexorável, evolução civilizacional. Sobre o conceito de história de longa duração, *cf.* BRAUDEL, Fernand. Écrits sur l'histoire. Paris: Champs Flammarion, 1969, *passim*.

impressão que lhe impõe a liberdade. O processo político de formação do Direito ocidental é aquele da revelação dos valores liberais e da afirmação da universalidade ética[58]. Há, assim, um processo político subjacente, que se revela no Direito, de afirmação da supremacia ética do valor da liberdade.

Em uma escala mais reduzida, porém, buscamos identificar esse movimento, que atua como motor da formação do Direito nacional. Poderíamos supor, por exemplo, à semelhança daquilo que ocorre nos Estados Unidos da América do Norte, que o motor político de formação de nosso Direito é a afirmação das liberdades civis, da livre iniciativa e do primado da indústria. Ainda, poderíamos supor que nosso Direito nacional é fruto do processo de emancipação de determinada classe social ou, remontando à realidade francesa do século XVIII, que advém da ascensão da burguesia. Não nos parece, contudo, sejam essas pistas a serem seguidas. Com efeito, por óbvio, o Direito brasileiro encarta-se no movimento geral ocidental de consolidação do Estado de Direito e, em especial, de estruturação da Social Democracia.

Nossa hipótese, porém, volta-se para um recorte nacional, a fim de identificar um motor próprio de nossa estruturação jurídico-federativa. Haver-se-ia, por exemplo, de se supor que o Direito nacional é formado pelo interesse de manter uma posição de predominância geopolítica no cone-sul. Ainda, outra hipótese verossímil é aquela que encontra na necessidade de afirmação de tradições autóctones a mola propulsora de nossa produção juspolítica (o que equivaleria, *grosso modo*, a inserir o Brasil no contexto da corrente bolivarianista). De outra parte, poder-se-ia supor que é a prevalência de um sistema de segregação racial institucional ou de segmentação social em castas que pauta o desenrolar histórico do sistema jurídico.

Estamos convencidos, contudo, de que o Direito brasileiro é fruto de um conflito político inerente à configuração do Estado nacional. A forma federativa de organização do Estado brasileiro é, em si mesma, uma derivação desse conflito. Nossa hipótese encerra a afirmação

---

[58] *Cf.* SALGADO, Joaquim Carlos. *Ideia de Justiça no Mundo Contemporâneo.* Belo Horizonte: Del Rey, 2006, p. 264 *et seq.* Ainda, HORTA, José Luiz Borges. *História do Estado de Direito.* São Paulo: Alameda, 2011, *passim.*

de que o Direito brasileiro é conformado, em escala nacional, pelo conflito de diversos núcleos de poder locais contra um poder central[59], que corresponde à aspiração de manutenção da unidade territorial. Ainda, encerra nossa hipótese a asserção de que a solução federativa, enquanto modalidade de forma de organização do Estado, não corresponde, no Brasil, aos anseios democráticos, mas, sim, a um projeto oligárquico. Em outras palavras, é a superposição de camadas de poder, em níveis territoriais distintos, que cria uma balança de poderes, capaz de condicionar sua expressão sob a forma jurídica e a forma jurídico-federativa, tal como vem sendo concebida historicamente no país, corresponde à formação de projeto político oligárquico de poder, mesmo no período pós 1988.

Nesse sentido, o embate entre as elites locais e o projeto do centralismo – filho dileto da tradição imperial – constitui o motor de nossa formação jurídica e política, resultando em um modelo federativo que opera antes como um ninho de proteção das oligarquias, que como catalisador do processo democrático. Nesse passo, não apenas as sucessivas constituições, que evidenciam de modo mais claro o processo de consolidação de um *federalismo* à brasileira, mas, em grande medida, todo nosso ordenamento, exsurgem como fruto de um conflito de cariz essencialmente político.

Não é um projeto humanista de consolidação dos direitos civis, tampouco um projeto liberal ou social, de estruturação da sociedade e de suas redes de proteção, tampouco um projeto de afirmação regional que pautam o desenrolar do novelo de nosso ordenamento. O *leitmotiv* de nossa história cultural jurídica é urdir um sistema de equilíbrio de poderes, que, garantindo a unidade territorial, possa prestigiar e preservar os âmbitos regionais de poder. Aliás, muito da disfuncionalidade de nosso sistema jurídico-político deriva, em grande medida, dessa tentativa constante de soerguer um edifício pendular, que oscile, mas de modo cadenciado e harmônico.

---

[59] Assentada a compreensão histórica do direito constitucional, que carrega em seu bojo e acervo cultural que transcende, em muito, um simples conjunto normativo. *Cf.* FIORAVANTI, Maurizio. *Dottrine dello Stato e della costituzione tra Otto e Novecento*. Milano: Giuffrè: 2011, p. 277 *usque* 327.

Em apertada síntese, é o conflito entre um federalismo exacerbado e o projeto unitarista – que agasalha o mito do "gigante brasileiro" – que impulsiona, conforma, molda e determina o processo de construção de um Direito genuinamente nacional.

1.4. BREVES OBSERVAÇÕES METODOLÓGICAS

Esse trabalho pretende se somar às investigações dos fenômenos da cultura sob um triplo prisma, articulado em torno de uma abordagem panorâmica – a Macrofilosofia. Nesse passo, politicidade, historicidade e culturalidade vão se fundindo em bases humanísticas e universalizantes, de modo a propiciarem uma poderosa ferramenta de compreensão da realidade e de decifração dos diálogos históricos e culturais que se vão estabelecendo no seio da cultura brasileira.

Muito se tem perquirido acerca das razões que conduzem ao atual estágio de desenvolvimento de nosso Direito nacional, marcado por uma certa disfuncionalidade. A pesquisa histórica, com foco no ordenamento nacional, tem evoluído naquilo que concerne à utilização de fontes primárias, mercê da progressiva entronização, no universo jurídico, das técnicas historiográficas. A fundação do Instituto Brasileiro de História do Direito – IBHD, em conjunto com o fortalecimento das pesquisas na área, contribuíram sobremaneira para o refinamento da pesquisa histórica de cariz jurídico. Os institutos jurídicos nacionais foram fundados como alicerces de uma estrutura conflituosa de poder e, conquanto elementos basilares, determinam, a seu modo, esse processo de estruturação em si. Nesse sentido, as palavras de Ricardo Marcelo Fonseca:

> Essa qualidade histórica do fenômeno jurídico, que a liga de modo direto com os valores da sociedade e com as raízes históricas que nela pulsam, é que possibilitam tematizar uma cultura jurídica, essencialmente histórica e correlacionada às vicissitudes do tempo e do lugar onde ela se manifesta[60].

O trabalho ora apresentada compreende duas vertentes de investigação: (a) a pesquisa das fontes primárias, mediante a consulta aos documentos legislativos, discursos parlamentares, correspondência

---

[60] FONSECA, Ricardo Marcelo. Os juristas e a cultura jurídica brasileira na segunda metade do século XIX. In: *Quaderni Fiorentini per la storia del pensiero giuridico moderno*, Milano, Giuffrè, n. 35, 2006, p. 343.

oficial, trocas de notas e demais documentos históricos que permitam acessar as informações históricas pertinentes ao desenvolvimento do escopo do trabalho e (b) o cotejamento da produção doutrinária histórica e jurídica, que permitirá, para além de colher o estado-da-arte da matéria, iluminar o percurso de formação histórica da cultura jurídica nacional. Observe-se, contudo, que nosso trabalho não é, propriamente, uma tese de história do Direito, de modo que não nos impusemos a exaustão da pesquisa das fontes (primárias ou não) e de seu *retroterra*.

Não se trata, porém, de um trabalho de História do Direito. Poder-se-ia dizer, como mais acerto, que a tese se enquadra nos chamados *cultural studies*, de modo que a própria seleção das fontes foi preordenada segundo a historiografia política e a necessidade de desvelar o movimento cultural e político que anunciados.

Temos em mente construir um trabalho pautado pela história concreta, afastando a narrativa bucólica e panegírica. Na perspectiva da metodologia histórica, as obras mais remotas de História do Direito são marcadas por aquilo que se convencionou chamar de *histoire événementielle*, isto é, a história dos grandes feitos, dos grandes homens, enaltecedora dos vultos históricos, mas desprovida de análise crítica dos sistemas políticos, suas contradições, ambiguidades e focos de resistência. Parece-nos, outrossim, que a linha metodológica mais adequada a se traçar é aquela trilhada pela segunda geração da École des Annales, capitaneada por autores como Fernand Braudel, François Dosse e Pierre Soulet. Trata-se de uma preocupação com a história total, ou melhor, totalizante, que considera todas as facetas de um movimento histórico, incluindo os influxos políticos, ideológicos, sociais e estratégicos. Uma metodologia capaz de compreender a história como um evento de *longtemps*, uma gradual e lenta, porém inexorável, evolução civilizacional.

Em última análise, importa observar que a metodologia aqui proposta busca evitar as *trépidations de surface*[61], os eventos circunstanciais, concentrando-se na evolução duradoura de uma corrente de pensamento jurídico, que aqui chamamos de pensamento jurí-

---

61 Expressão utilizada por George Duby, no *avant-propos* de sua obra: DUBY, George. *Les Dimanches de Bouvines*. Paris: Gallimard, 1973, p. 05.

dico brasileiro. Veja-se, contudo, que a metodologia da pesquisa estritamente histórica não pode, no contexto do trabalho a que nos propomos, impor as amarras de uma arqueologia histórica à construção desta tese. Com efeito, aqui se busca elaborar um trabalho marcadamente cultural, sobre as mentalidades políticas que condicionam o desenvolvimento do federalismo no país, buscando no direito positivo as principais evidências ou saliências que nos permitam ler esse fluxo cultural e, a partir dessa leitura, propor alterações concretas para nosso sistema federativo.

Naquilo que tange ao recorte histórico, pretendemos realizar um trabalho que aborde a história da formação jurídica nacional sob o prisma de uma macro-história filosófica. Analogamente, valemo-nos do conceito de Gonçal Mayos Solsona:

> De forma análoga, asociamos la 'macrofilosofía' a los análisis de conceptos que, más allá de que los haya elaborado tal o cual filósofo concreto, manifiestan las mentalidades o cosmovisiones de amplias capas de la población y durante considerables períodos temporales. Así como la macroeconomía estudia las relaciones entre los valores económicos agregados y los explica a partir del comportamiento de los grupos de agentes económicos, la macrofilosofía estudia los conceptos filosóficos agregados (mentalidades sociales, grandes líneas culturales, ideas fuerza, cosmovisiones, etc.) y las explica a partir de las circunstancias compartidas por los grupos de agentes culturales[62].

Note-se que esta tese, como alhures explicitado, apoia-se na ideia central de que o embate entre as forças políticas centrífugas – representadas pelos núcleos regionais de poder – e as forças políticas centrípetas – representadas pelo projeto de unidade nacional – é, a um só tempo, substrato e condicionante do processo de formação histórica da cultura jurídica nacional.

Essa tensão conforma, pois, a ideia-força, a cosmovisão que pauta o *devir* da cultura jurídica nacional. Partindo-se dessa premissa, qual seja a existência de uma ideia-força, de uma constante cultural, a tese buscará traçar uma macro-história dos institutos jurídicos nacionais. É de se perceber, outrossim, que nos valemos de um recorte temporal dilatado, de modo a adimplir com a premissa epistemológica

---

[62] MAYOS SOLSONA, Gonçal. *Macrofilosofía de la Modernidad*. Barcelona: DLibro, 2012, p. 10.

de base macrofilosófica, possibilitando a investigação de um espaço temporal suficientemente largo, para dar ensejo à manifestação de uma cosmovisão ou, em outras palavras, de um fluxo cultura histórico mais ou menos permanente.

1.5. CULTURALISMO: UMA ALTERNATIVA DE COSMOVISÃO HISTÓRICA

Desde um ponto de vista mais remoto, o culturalismo jurídico remonta ao período crítico kantiano, em especial a partir de sua compreensão de homem como ser livre, porque cultural, encontrada na *Crítica da Faculdade do Juízo*[63]. Esta tese não tem uma abordagem estritamente vinculada à história das mentalidades, tampouco é um trabalho de antropologia histórica.

Em verdade, conquanto seja difícil coarctar-se pela autoenunciação de uma "vinculação", queremos crer que este trabalho encarta-se no contexto dos *cultural studies*. Não desconhecemos que o termo "cultura" enfeixa uma pluralidade de possibilidades semânticas, que variam na amplitude do espectro de um conjunto de valores que vão desde a universalidade ao elogio da diferença.

Compreender a formação do Direito como um fenômeno sócio-político é, antes de tudo, enfatizar a importância das mentalidades políticas daqueles indivíduos e grupos de indivíduos que influenciam a construção de suas fontes, ressaltando não apenas sua inserção no ambiente econômico-doméstico, mas as alterações da dinâmica de poder que causam. O instrumental teórico culturalista nos permite afastar uma compreensão idealista de formação do Direito, segundo a qual as determinações de seus contornos estão incluídas em um domínio separado da vida social e política. No extremo oposto, afasta-se do materialismo histórico, que impõe uma cisão permanente entre a base e a superestrutura[64]. O que se pretende é, antes de tudo, *politizar o jurídico*, que juridicizar o político.

---

[63] "A produção em um ser racional de uma aptidão para quaisquer fins em geral de sua própria escolha (consequentemente de sua liberdade) é cultura". KANT, Immanuel. *Crítica da Faculdade do Juízo*. Trad. Valério Rohden e António Marques. Rio de Janeiro: Forense Universitária, 1995, p. 431.

[64] "Na produção social de suas vidas, os homens entram em relações determinadas de produção que são indispensáveis e independentes de suas vontades, relações de produção que correspondem a um estágio definitivo do desenvolvimento das

Ainda que sem a pretensão de exaurir as implicações desta afirmação, podemos arriscar observar que o processo histórico de formação do Direito nacional é, na acepção hegeliana, dialético e, portanto, obra da Cultura. Não se trata de uma afirmação, a rigor, pioneira. Aliás, é o próprio Hegel que demonstra a dialeticidade do fenômeno jurídico[65], em si considerado. Essa dialeticidade decorre da constante marcha de reconciliação de antagonismos, suprassumidos em uma universalidade, que, a um só tempo, nega e recupera os elementos desse conflito.

Existe, porém, uma dialética própria e interna, que encerra a realidade do processo de formação de nosso Direito nacional. Como já dissemos, esse processo próprio não se aparta do movimento, digamos, universal, do Direito ocidental. O que pretendemos, porém, é investigá-lo em um novo recorte, de escala nacional. Nesse sentido, o que nos propomos é tratar o processo de nossa formação jurídica como *um* dos movimentos de nossa formação cultural, no contexto de um sistema orgânico de pensadores e atores políticos; em outras palavras, almejamos compreender nosso "presente jurídico" a partir de sua estruturação em processos históricos peculiares de um país periférico[66].

---

forças materiais produtivas. A soma total dessas relações de produção constitui a estrutura econômica da sociedade, a fundamentação real sobre a qual se erigem a superestrutura legal e política e o processo da vida intelectual em geral" [tradução livre]. No original: "*In the social production of their existence, men inevitably enter Into definite relations, which are independent of their will, namely relations of production appropriate to a given stage in the development of their material forces of production. The totality of these relations of production constitutes the economic structure of society, the real foundation, on which arises a legal and political superstructure and to which correspond definite forms of social consciousness.*" MARX, Karl. *A contribution to the Critique of Political Economy*. Trad. M. I. Stone. Chicago: Charles H. Kerr & Company, 1904, p. 11-12.

65 Há inúmeras obras de grande profundidade sobre o tema. Remetemo-nos, assim, em caráter perfunctório, ao próprio texto de Hegel, em HEGEL, G. W. F. *Principes de la Philosophie du Droit*. Trad. Robert Derathé. 2 ed. Paris: Librairie Philosophique J. Vrin, 1998, p. 333 (§§ 339-340). Ainda, SALGADO, Joaquim Carlos. *Ideia de Justiça em Hegel*. São Paulo: Loyola, 1996, p. 441 *et seq*.

66 *Cf.* CEVASCO, Maria Elisa. *Dez lições sobre estudos culturais*. São Paulo: Boitempo Cultural, 2003, p. 179 *et seq*.

É um *partis pris* desta tese a compreensão segundo a qual o movimento de formação do conjunto de nosso direito positivo é uma manifestação da cultura política do país. E, por isso, insistimos em tratá-la muito mais sob a ótica dos *cultural studies*, do que da *história do Direito*. É nesse sentido, por exemplo, que o aprofundamento dos valores democráticos revela-se no Direito, não o inverso.

É Miguel Reale, dos maiores expoentes do culturalismo jurídico brasileiro, que nos dá conta de que essa corrente de pensamento surge, no país, com Tobias Barreto[67]. A nota fundamental do culturalismo é conceber o Direito não como dádiva da natureza, como elemento derivado das coisas em si mesmas, mas como criação do Espírito, como produção consciente e de esforço voluntário. É nesse sentido que o Direito se insere, como a literatura, a arte e a religião, no contexto da tradição histórica de nosso povo. Tomando-se essa premissa, conseguimos, desde logo, afastar quaisquer interpretações deterministas – que nos levariam a reconhecer uma certa inafastabilidade do estado das coisas, bem como de quaisquer interpretações da origem exógena de nossa ordem jurídica. O mais relevante, porém, é que o culturalismo – sobretudo a partir da Teoria Tridimensional de Reale[68] – surge como alternativa teórica ao embate ancestral das concepções jusnaturalistas e positivistas do fenômeno jurídico. Nem dado da natureza ou do cosmos, nem criação exclusiva do ato de vontade, o Direito é produto da cultura e da tradição políticas de um povo. Assumir o culturalismo permite-nos afastar o elemento rapsódico que contamina uma aproximação histórica essencialmente positivista das fontes do Direito. De outra parte, dá azo a inferir a existência de uma permanência, que sobre a qual se conduzem as forças políticas.

A chave de compreensão jusnaturalista do direito, por seu turno, se prima por identificar algum elemento de permanência, seja mercê da atemporalidade dos fundamentos cosmológicos e teológicos, seja em função da imutabilidade da racionalidade humana, falha em apreender

---

[67] REALE, Miguel. O pensamento de Tobias Barreto. In: *Colóquio*, Faculdade Nova de Lisboa – FSCH, Lisboa, 1991, p. 67 *et circa*.

[68] *Cf*. REALE, Miguel. *Teoria Tridimensional do Direito*. 5 ed. São Paulo: Saraiva, 1994. Ainda, PINTO COELHO, Saulo de Oliveira. *Miguel Reale e o Pensamento Jurídico no Brasil*: história, fundamentos e atualidade do culturalismo jurídico brasileiro. Rio de Janeiro: Editora Deescubra, 2011.

a politicidade do fenômeno jurídico. *Naïve*, dir-se-á com propriedade. O *jusnaturalismo* não foi sepultado apenas por fornecer uma espécie de *pis-aller*, um último lamento nos casos de extrema violação. O positivismo, em especial o normativismo e o decisionismo, conquanto tenham oferecido uma alternativa de compreensão ao fenômeno jurídico, falham em apreender sua dimensão histórica, bem como o papel que a tradição desempenha no seu devir. Nesse passo, centram-se no dado, no posto e na circunstância, negligenciando precisamente aquilo que lhe mantém de pé diante do evoluir do tempo.

Conhecida a hipótese desta tese – segundo a qual é o conflito entre as ordens de poder locais e a aspiração de unidade do poder nacional que condiciona e molda a formação de nosso Direito brasileiro, ou, em outras palavras, é a construção de nosso modelo federalista que determina, como motor principal, a estruturação do Direito brasileiro – torna-se impossível compatibilizá-la quer com a chave de compreensão jusnaturalista, quer com a matriz positivista. Assumir uma postura naturalista equivaleria a dizer, em síntese, que o Direito nacional não é outra coisa senão a revelação de direitos imanentes, que permanecem imutáveis, e que afinal seriam atribuíveis a qualquer nação ocidental. Essa simplificação conduzir-nos-ia a negligenciar todas as idiossincrasias de nossas bases jurídicas nacionais, culminando com uma espécie de resignação político-institucional[69]. De outra parte, um recorte positivista, seja de cariz normativista ou decisionista, haveria de desconsiderar qualquer fluxo de continuidade histórica, cerrando os olhos para a evidência fundamental de que o Direito, em si, é filho dileto da união entre a ousadia e a tradição. De sua parte, essa simplificação positivista, antípoda àquela que nos

---

[69] Esse trabalho, como adiante será explicitado, é, precisamente, um ato de irresignação, inspirado pela exortação de Mangabeira Unger em prol da criatividade institucional. Em seu *O Direito e o Futuro da Democracia*, Unger cunha a terminologia "imaginação institucional", para referir-se ao conjunto de impulsos políticos que movimenta o processo de consolidação do projeto democrático. Nesse sentido, o projeto democrático, para Mangabeira Unger, deve centrar-se no movimento do experimentalismo, que rompe com o chamado fetichismo institucional, é dizer, o reconhecimento de que a convergência de modelos institucionais é falaciosa e não deve se impor ou pautar o *iter* de concepção e implementação de modelos institucionais aptos a promoverem o progresso democrático. *Cf.* MANGABEIRA UNGER, Roberto. *O Direito e o Futuro da Democracia*. Trad. Caio Farah Rodrigues e Marcio Soares Grandchamp. São Paulo: Boitempo, 2004, p. 18 *et seq.*

oferece o jusnaturalismo, conduzir-nos-ia ao apego à pueril esperança de que o acaso possa se encarregar dos destinos da história, ao passo em que é a astúcia que lhe conduz as rédeas[70].

É assim que o Culturalismo nos oferece uma possibilidade de compreensão, sob cujas premissas podemos inserir nossa tese. O Direito, assim, surge como um elemento construído pelo complexo de valores culturais. A formulação da Teoria Tridimensional do Direito, de Miguel Reale, é bastante clara. É da articulação e do conflito entre fato, valor e norma que se forma o Direito. Essa articulação, entretanto, não é episódico ou circunstancial, desenrolando-se no plano temporal. É Miguel Reale quem afirma:

> O homem não pode ser concebido como um ente solto, ou isolado, no espaço e no tempo. Vivemos, em maior ou menor medida, em função do já dado, sendo as inovações, por mais radicais que nos pareçam, sempre dependentes de condições e eventos que se situam atrás de nós no tempo e estão presentes na particularidade do mundo que ora nos circunda. Daí dever dizer-se que o homem que interessa ao Direito não é um abstrato *homo juridicus*, mas um ser concreto que carrega consigo todas as suas circunstâncias [e aqui se nota a influência do neo-hegelianismo e de Ortega y Gasset]. Não podemos erradicar o homem do meio social, do condicionamento histórico em que existe e tenta realizar-se. Sem atendermos à condicionalidade histórico-social do homem como personagem do Direito, arriscamo-nos a mutilar a experiência jurídica, privando-a de uma de suas características fundamentais. [...] É, por conseguinte, num condicionamento fático e axiológico que se processa a gênese da norma de Direito – a regra jurídica, em verdade, representa o *momento conclusivo* de um processo espiritual de natureza dialética, no qual o fato passa pelo crivo e pelo critério das estimativas do Poder e se consubstancia nos esquemas de fins que *devem* ser atingidos[71].

É apenas a inserção ou, em outras palavras, a imersão no Culturalismo que permite o desenvolvimento de nossa tese. Explica-se: (a) é do Culturalismo a compreensão de que o Direito é fruto do confronto de valores e fatos; (b) a dimensão histórica e, portanto, processual do desenvolvimento do Direito apenas se sustenta no contexto culturalista; (c) o Culturalismo assume sem pudores o papel da política e, assim, dos atos de poder, do qual o *dever-ser* é apenas o ponto de chegada.

---

70 Sobre o conceito hegeliano de *Astúcia da Razão*, cf. HORTA, José Luiz Borges. *Entre o Hegel Racional e o Hegel Real. In*: BAVARESCO, Agemir; MORAES, Alfredo. *Paixão e Astúcia da Razão*. Porto Alegre: Editora Fi, 2013, p. 125 *et seq.*

71 REALE, Miguel. *Filosofia do Direito*. 20 ed. São Paulo: Saraiva, 2002, p. 535-536.

Se o aparecimento de uma "regra jurídica", em seu processo de nomogenética, é o ponto culminante, seu desenrolar pressupõe um ato final de "decisão", ou de arbitramento. Existe, entretanto, um "centro axiológico de gravidade" das sociedades, em torno do qual se articulam diversas compreensões e projeções de espírito, sobre a natureza e a vida. Nosso campo de estudo, o Direito, exige um ato de decisão, mas nele não se esgota. Não é esse ato de decisão que nos interessa. Pouco aproveita conhecer as decisões que foram tomadas. Aliás, a cognição dessas decisões é um ato de simples *arqueologia jurídica*.

O que nos move é conhecer o processo que as antecede, as lutas que vieram apaziguar, os grupos que prestigiaram, aqueles de cujo apoio prescindiram, as pautas axiológicas recorrentes e, sobretudo, o fio de coerência que os une. Não queremos com essa aproximação, entretanto, violentar o *justo* ou nos filiar ao relativismo de Radbruch, Jellinek ou Weber. Ao contrário, queremos encontrar não o *canto do justo*, mas sua *melodia*, não investigamos sua *matéria*, mas sua *energia*.

Almejamos, assim, compreender o processo de convergência entre Direito e poder, pois

> o processo geral de atualização do Direito segue pari passu o do Poder, o qual faz-se cada vez mais Direito, integrando-se nas normas que positiva: a convergência do Direito e do Poder é o infinito de uma lei social[72].

Esse processo de convergência não se desdobra de modo errático, mas prestigia o equilíbrio de determinadas forças, que, como pretendemos demonstrar, no caso brasileiro, duelam para fazer prevalecer dois projetos: o da federação e o da unidade.

1.6. FEDERALISMO: UMA APROXIMAÇÃO CONCEITUAL

A formulação geral do programa federalista corresponde a uma necessidade de operacionalizar a gestão das funções de Estado em um território amplo. Não é, porém, um pressuposto fático do federalismo a grandeza das fronteiras, sendo exemplo de estado federal a Alemanha moderna[73].

---

72 *Id, p.* 561.

73 Para um comparativo da organização federativa no Brasil e na Alemanha, *cf.* CARNEIRO, José Mário Brasiliense; HOFMEISTER, Wilhelm (Org.). *Federalismo na Alemanha e no Brasil.* São Paulo: Fundação Konrad-Adenaur, 2001, p. 203 *et seq.*

A organização do Estado articula-se no entorno de dois princípios axiais: o princípio da liberdade e o princípio da autoridade. Os governos liberais e democráticos representam um acréscimo de complexidade, sobretudo nas sociedades de massas. É certo, porém, que a *autoridade* e a *liberdade* não podem existir em separado, impondo transações e hibridismos. À marcha de complexificação do Estado corresponde o crescimento da intolerância em relação à *autoridade*, reclamando soluções de constitucionalização e descentralização. Proudhon[74] lembra a sentença de João Batista, falando do Cristo e de si mesmo: *ilam oportet crescere, hanc autem minui* (é preciso que Ele cresça e que eu diminua).

A ideia de federação atrela-se, pois, à ideia de constituição. Com efeito, a palavra federação deriva do latim *foederis*, genitivo de *foedus*, que significa pacto, contrato aliança ou tratado[75]. Na Roma antiga, o *faedus* significava um concerto de famílias ou comunas, que se obrigavam, recíproca e equitativamente, uns com os outros, para distintos objetos, incumbindo a representação aos delegados da federação. A ideia de federação surge, portanto, como um "contrato", que, obrigando, garante uma parcela de autonomia e de direitos a cada uma das partes.

Conquanto possamos remontar a experiência federativa ao Sacro Império Romano-Germânico, concebido após a Paz de Westfália, na designação de "Estado comum", que lhe atribui, em 1661, Ludolph Hugo, será de Montesquieu (em oposição a Pufendorf) a definição remota mais precisa de federação, qual seja:

> Uma convenção pela qual vários corpos políticos consentem em se tornar cidadãos de um estado maior, que desejam formar. Trata-se de uma sociedade de sociedades, que fazem de si uma nova. Composta por

---

[74] PROUDHON, Pierre J. *El Principio Federativo*. Trad. Aníbal D'Auria. Buenos Aires: Ediciones Terramar, 2008, p. 57.

[75] Na origem, a palavra *foedus* designa um ato de observância da lei, sendo sua utilização mais remota uma alusão aos sacrifícios realizados em comemoração à celebração de tratados. *Cf.* o verbete *foedus, -eris* em ERNOUT, Alfred; MEILLET, Antoine. *Dictionnaire étymologique de la langue latine*. 4 ed. Paris: Kilncksieck, 2001. Sobre a questão dos *foedera* (tratados), como documentos sacerdotais e sua importância *Cf.* DAL RI, Luciene. *Ius Fetiale*: as origens do Direito Internacional no Universalismo Romano. Ijuí: Editora Unijuí, 2011, p. 43 *et seq.*

pequenas repúblicas, ela usufrui dos favores do governo interno de cada uma delas, e, aos olhos externos, ela possui, pela força da associação, todas as vantagens de uma monarquia[76].

Nos *Federalist Papers* (n. 09), Hamilton irá definir a república confederativa como uma "associação de dois ou mais estados num Estado comum"[77], que inspira o modelo norte-americano, o qual, ao lado do *Reich* alemão desde 1871 (ou República Alemã), constituem a pedra de toque do modelo federalista ocidental.

---

[76] MONTESQUIEU, Charles de Sondat. *De l'esprit des lois*. Genebra: Barrillot et fils, 1748. (IX, 1,2). Tradução livre a partir de *"une convention par laquelle plusiers corps politiques consentent à devenir citoyens d'un état plus grand qu'ils veulent former. C'est une société de societés qui en font une nouvelle. Composé de petites républiques, il jouit de la bonté du gouvernement intérieur de chacune; et à l'égard du dèhors, il a, par la force de l'association, tous les avantages des grandes monarchies"*. É interessando observar que o conflito entre o local e o regional foi fundamental na elaboração do *Code* de 1804 de Napoleão. Não porque a matéria de direito civil seja próxima, em si considerada, à polêmica, mas porque o código napoleônico tinha uma pretensão universalista de delimitar uma nova sociedade, definitivamente rompida com o *Ancien Régime*. Jean-Étienne-Marie Portalis, no discurso preliminar ao Código Civil, lembra que "os homens mudam com mais facilidade de dominação que de leis". É, justamente, na tentativa de se superar uma França que se mostra como uma sociedade de sociedades, que o Código aspira à universalidade. *"De là cette prodigieuse diversité de coutumes que l'on rencontrait dans le même empire : on eût dit que la France n'était qu'une société de sociétés. La patrie était commune ; et les États, particuliers et distincts : le territoire était un ; et les nations diverses"*(Daí essa prodigiosa diversidade de costumes que reconhecemos dentro do mesmo império: poder-se-ia dizer que a França não é outra coisa senão uma sociedade de sociedades. A pátria é comum; os Estados, particulares e distintos; o território era um; e as nações diversas). *Cf.* PORTALIS, Jean-Étienne-Marie Portalis. *Discours préliminaire du premier projet de Code civil. In: Motifs et discours prononcés lors de la publication du code civil*. Bordeaux: Éditions Confluences, 2004, p. 11. No Brasil, o processo de codificação não teve a mesma ambição universalista, tendo passado por um longo processo de depuração, desde a Consolidação de Teixeira de Freitas, mas no contexto pós-independência. *Cf. Cf.* WOLKMER, Antônio Carlos. Cenários da Cultura Jurídica Moderna na América Latina. *In*: FONSECA, Ricardo Marcelo; SEELAENDER, Airton Cerqueira Leite (Org.). *História do Direito em Perspectiva*. Curitiba: Juruá, 2008, p. 207.

[77] HAMILTON, Alexander; MADISON, James; JAY, John. *The Federalist Papers*. Mineola: Dover Publications, 2014, p. 40. No original: *"The definition of a confederate republic seems simply to be an assemblage of societies, or an association of two or more states into one state"*.

Segundo a compreensão geral, uma federação é, a um só tempo, a união de Estados (que são, em sua maioria, tratados como entes subnacionais) e também essa mesma União, em si considerada. Nesse passo, a federação encerra três dimensões (ou núcleos de competência): os estados-membro, um estado central e o Estado global[78]. A federação pressupõe, portanto, a repartição das competências do Estado global, entre os estados federados e a entidade central, em um esquema que afaste, supostamente, a supremacia das competências desta ou daquelas entidades. Os critérios de repartição de competências obedecem a lógica da distribuição territorial das forças políticas, sendo, assim, um dos elementos de investigação desta tese. A rigor, o balanceamento da distribuição de competências deveria pressupor a máxima eficiência, de modo a urdir um sistema em que o corpo político, racionalmente dividido, pudesse usufruir da unidade das decisões centrais e da praticidade da descentralização[79].

---

[78] Sobre a crítica aos níveis do federalismo alemão, *Cf.* NAWIASKY, Hans. *Grundprobleme der Reichsverfassung*: Erster Teil das Reich als Bundesstaat. Berlim: Springer Verlag, 1928, p. 111 *et seq*.

[79] Em geral, nas repúblicas federativas, a unidade central detém competências diretivas, incumbindo-lhes tomar as chamadas *decisões programadoras*, cabendo às unidades de menor espectro territorial as *decisões programadas*. É necessário, contudo, que haja um mínimo de cooperação e coordenação entre os diversos entes que compõem uma federação. Surge, assim, uma obrigação de entendimento. Essa cooperação e coordenação ocorre, sob o prisma institucional, através da câmara alta do Parlamento, o Senado Federal. Na Alemanha, por exemplo, a votação das chamadas *leis de aprovação* (*Zustimmungsgesetze*) requer, sempre, um entendimento mútuo, no âmbito do *Bundesrat* (Conselho Federal, que representa a ordem federativa na Alemanha). Essa atividade política de cooperação, pode, para além de se desenrolar no âmbito do Parlamento, ocorrer em outros grêmios centrais de coordenação, à exemplo daqueles que existem, no Brasil, no âmbito do Sistema Único de Saúde e do Sistema Único de Assistência Social. A atividade de cooperação e coordenação torna-se tanto mais relevante, quanto mais se complexifica a matéria a ser debatida. O compartilhamento de pontos de vista técnico tem conduzido, cada vez mais, à formação de irmandades especializadas, ou núcleos de poder burocráticos, que, ao monopolizarem informações e todo o processo preparatório para a tomada de decisões, acabam capturando os poderes de autoridade. Em suma, as funções de orientação política terminam por esvaziar-se, em função de um federalismo crescentemente burocrático. *Cf.* ZIPELLIUS, Reinhold. *Teoria Geral do Estado*. 12 ed. Trad. Karin Praefke-Aires Coutinho. Lisboa: Calouste Gulbenkian, 1997, p. 513

O programa do federalismo consiste, portanto, em diversos expedientes de descentralização política (ou democrática, nas repúblicas liberais) do Estado, que abrange desde a formação de entes políticos subnacionais – destituídos de personalidade de direito público internacional – até a formação de autarquias territoriais ou outros subsistemas políticos. Trata-se de um escalonamento territorial do poder, estratificando-o pela criação de diversas entidades políticas, cujo grau de autonomia varia em cada caso concreto e conforme o balanço das forças. É, em essência, uma técnica vertical de separação de poderes[80].

Em linhas gerais, pode-se dizer que uma federação se organiza sob a égide e a vigência de um princípio geral de subsidiariedade do poder, que fora designada por Althusius[81] como uma "sociedade simbiótica universal". Esse princípio da subsidiariedade federativa surge, inicialmente, como uma reação ao absolutismo territorial, transformando-se em uma espécie de contrapeso ao poder do *Leviatã*: centralizado, homogêneo e hierárquico.

A federação garante, assim, a cada um dos entes que vincula, sua autonomia, a gestão de seu território e a liberdade de seus cidadãos. Caracteriza-se a federação pela oposição à centralização administrativa e governamental, que marca os países unitários. É certo, todavia, que em razão da interdependência cooperativa, em termos políticos, as entidades envolvidas sempre terminam por ceder parcela de seu poder

---

80 *Cf.* BONAVIDES, Paulo. *Ciência Política*. 10 ed. São Paulo: Malheiros, 2000, p. 254 *et seq*. Ainda, HORTA, José Luiz Borges. *História do Estado de Direito*. São Paulo: Alameda, 2010, p. 100 *et circa*.

81 Johannes Althusius escreve em 1603 seu *Politica Methodice Digesta Exemplis Sacris & Profanis Illustrata*. Há uma versão fac-similar publicada na Alemanha, em 1958. *Cf.* ALTHUSIUS, Johannes. *Politica Methodice Digesta Exemplis Sacris & Profanis Illustrata*. Aalen: Scientia, 1958. Ainda, veja-se a tradução em ALTHUSIUS, Johannes. *The Politics of Johannes Althusius*. Trad. Frederick S. Carney. Indianapolis: Liberty Fund, 1995. Em dezembro de 1618, o lorde provincial da cidade germânica de Emden foi colocado em prisão domiciliar pelos membros do conselho municipal, incitados por Johannes Althusius. Althusius fora nomeado síndico da cidade, em 1603, fazendo publicar, no mesmo ano, seu *Politica* – uma exortação à autonomia local em face do absolutismo territorial. *Cf.* HUEGLIN, Thomas O. *Early Modern Concepts for a Late Modern World*: Althusius on Community and Federalism. Waterloo: Wilfrid Univeristy Press, 1999, p. 15.

de autogoverno. A substância da autorregulação vai se deteriorando, à medida que a impraticabilidade política inviabiliza o princípio da unanimidade. Os entes subnacionais vão gradativamente perdendo espaço político, para se contentarem com o direito formal, procedimental e vazio de participar.

Com a segunda guerra mundial, torna-se mais evidente a interdependência dos Estados – em nível transnacional – e, conseguintemente, ganha força o processo de fortalecimento da autonomia regional, no plano intraestatal. De fato, esse ritmo de *empoderamento do regionalismo* ganha força como mecanismo de proteção dos particularismos das minorias étnicas *"espelhando-se neste regionalismo, tal como antes, a necessidade da pessoa se sentir acolhida por uma comunidade de cultura e costumes tradicionais, conservando a diversidade e particularidade cultural face às forças igualitaristas da civilização moderna"*[82].

No plano global, a programática da proteção étnica é gradativamente substituída por um escopo muito mais amplo. O princípio da subsidiariedade, que encerra um comando de atendimento às necessidades gerais da população por estratos diferenciados de poder, ganha força ao lado do recurso à chamada via cooperativa. O fomento aos polos regionais de atividade econômica, franqueando-lhes poder político, surge como mecanismo de superação de conflitos, de modo a lhes conferir competências constitucionais e possibilidade fática de regularem e solucionarem seus próprios e particulares assuntos.

Assim, em nível global, para além de valorizar as minorias, o chamado programa federalista prima por indicar um caminho para otimizar a distribuição e gestão de recursos, ampliar a participação política direta, criar mecanismos gradativos de soluções de conflitos de interesses e para tornar mais simples as ferramentas de prestação de contas.

A federação brasileira responde, todavia, a um desafio de sobrevivência política. Paradoxalmente, é a nossa federação a fórmula da unidade. Explica-se: a manutenção da integridade territorial paga o preço do sacrifício à centralidade única do poder. O império, no período

---

[82] ZIPELLIUS, Reinhold. *Op. cit*, p. 505. Sobre a questão da cultura constitucional e a proteção das minorias étnicas na América Latina, v. CLAVERO, Bartolomé. *Derecho Indígena y cultura constitucional en América*. Madrid: Siglo Veintiuno Editores, 1994, p. 110 *et seq.*

pós-regencial, debeladas rebeliões que se multiplicaram, irá adentrar a *pax* saquarema, compreendendo que franquear alguma liberdade aos potentados locais é a única via de acesso à estabilidade territorial.

Nesse sentido, nosso programa federativo tem um viés de autopreservação do poder e do território, recuperando a ideia ancestral de pacto[83], em prol da convivência harmônica de diversos *clãs* ou, em outras palavras, das elites e aristocracias locais.

1.7. ITINERÁRIO DESTE LIVRO

Esta tese divide-se em duas partes. A primeira, subdividida em quatro capítulos, contém um panorama da formação da unidade nacional, a que chamamos "Projeto Brasil". O segundo capítulo aborda a formação do seu território e o surgimento dos sentimentos de nativismo. O terceiro capítulo irá voltar-se para o acelerado processo de centralização, que se inicia com a transmigração da corte portuguesa e seu processo de independência, com especial ênfase para os tratados de reconhecimento de sua condição de nação autônoma. O quarto capítulo irá investigar a formação de nossas bases jurídicas durante o Império, com construção de um equilíbrio dinâmico e delicado entre o poder central e seus coadjuvantes regionais. O capítulo quinto cuida da República, momento histórico decisivo em que o federalismo aparece como o fiel da balança da unidade nacional. Este capítulo, que encerra a primeira parte do trabalho, perfaz uma transição para a segunda parte desta tese, abordando o período que se inicia com o hiato democrático compreendido entre 1946 e 1964, para demonstrar as origens de nossa instabilidade mais recente.

---

[83] É talvez a ideia-força mais pungente do direito ocidental aquela do contrato. Em uma das obras seminais da antropologia jurídica, *Ancient Law*, Sumner Maine irá traçar uma linha evolutiva das sociedades, a partir de sua adesão ao ritmo de substituição do estatuto pelo contrato. *"There are few general propositions concerning the age to which we belong which seem at first sight likely to be received with readier concurrence thah the assertion that the society o four day is mainly distinguished from that of preceding generations by the largeness of the sphere whcih is occupied in it by Contract"* [Há poucas proposições gerais concernentes ao tempo a que pertencemos que parecem a primeira vista prováveis de serem recebidas com mais rápida adesão do que a asserção segundo a qual a sociedade de nossos dias distingue-se principalmente das gerações precedentes pela amplitude da esfera que nela é ocupada pelo Contrato]. *Cf.* a edição fac-similar SUMNER MAINE, Henry. *Ancient Law*. Nova Iorque: Cosimo, 2005, p. 179.

A segunda parte deste livro, também subdivido em quatro capítulos, tem um caráter crítico e propositivo, investigando a atual conformação de nossa federação. O capítulo sexto traz um *avant-propos* de contextualização da constituição vigente. Os dois capítulos subsequentes irão tratar dos aspectos fiscal, cultural e *juspolítico* da federação brasileira, para demonstrar a insuficiência de nossos arranjos de distribuição de poderes e bens, bem como aprofundar a crítica a nossas instituições de cooperação e articulação federativa, de modo a expor o miasma de sua captura por minorias políticas e burocráticas, propondo determinadas mudanças incrementais, sob a forma de um programa de reforma federativa.

PARTE I
O PROJETO BRASIL

2. A FORMAÇÃO DO TERRITÓRIO E O PROJETO DA UNIDADE

2.1. OS TRATADOS DE LIMITES

Conquanto o Brasil venha ser uma nação jurídica e politicamente independente somente após 1822, sua inserção no concerto político internacional ocorre mesmo antes do desembarque da nau de Pedro Álvares Cabral. A definição de suas fronteiras, ainda que na condição de colônia lusitana, fez parte do intrincado jogo de forças políticas europeias. Para além da ambição de manter o mais vasto território colonial possível, o desenho do território nacional corresponde ao projeto de uma nação de dimensões continentais, que pudesse antagonizar os domínios espanhóis na América do Sul.

É certo que os tratados de limites não correspondem, propriamente, a uma expressão do Direito positivo nacional. A rigor, em sua grande maioria, os tratados de limites foram celebrados por Portugal, em benefício e interesse próprio. Iniciar nossa análise histórica, tomando por marco inicial esses documentos juspolíticos é, a rigor, uma imprecisão cronológica. Nossa opção deriva da convicção de que as dilatadas dimensões territoriais correspondem, no plano geográfico, ao anseio geopolítico permanente de manutenção da unidade e da integridade do desenho das fronteiras. De outra parte, não se pode deixar de observar que, embora celebrados pela antiga metrópole lusitana, os tratados de limites inserem a nação no cenário das forças internacionais, seja despertando cobiça, seja catalisando conflitos regionais.

Data de 1479, ou seja, do período pré-descoberta, o Tratado de Alcáçovas-Toledo, tendo sido ratificado em 1480. O documento, que celebra a chamada Paz de Alcáçovas[84], põe fim a um período de hostilidades entre Portugal e o reino de Castela (Guerra de Sucessão), culminando por traçar um paralelo de divisão do mundo d'aquém mar, tangenciando inclusive as terras então ainda não descobertas. Essa linha correspondia ao paralelo mais meridional das Ilhas Canárias.

---

[84] A versão original do Tratado está conservada no Archivo General de Simancas, Archivo Histórico Nacional, Secretaría de Estado y del Despacho de Estado (ESTADO, 2724, Exp. 41).

Com o anúncio da chegada de Colombo às Américas, em 1492, o Tratado de Alcáçovas-Toledo fora posto em xeque.

> O fundo da questão é simples de definir e difícil, senão impossível, de resolver, já que faz referência à natureza última do Tratado de Alcáçovas: se se entende como uma repartição genérica do oceano, Castela não tinha mais direitos que para além das Canárias e às águas compreendidas entre essas e o litoral africano. Os Reis Católicos, porém, não compreendiam essa visão, e uma parte significativa da historiografia respalda a visão segundo a qual Alcáçovas, em sua vertente territorial, conquanto fosse uma repartição dos espaços oceânicos, deve entender-se como se referindo unicamente às rotas viáveis no momento de sua concepção, nos anos de 1478 a 1480[85].

As disputas entre Portugal e o Reino de Castela vão se avolumando, até que os bons ofícios do Papa Alexandre VI são invocados para que se reconheça a validade do domínio espanhol sobre as terras descobertas por Colombo. Em 1493, publica-se a bula *inter coetera*[86], que confere privilégios de navegação a Castela nos mares à oeste de Cabo Verde, inserindo, portanto, o atual território brasileiro (do qual, àquela altura, sequer se tinha notícia) nos domínios de Castela. A questão diplomática apenas irá resolver-se em 1494, com a assinatura do Tratado de Tordesilhas, que assim previa em sua cláusula principal:

> *Que se haga y assigne por el dicho mar Océano una ray o línea derecha de polo a polo, del polo Ártico al polo Antártico, que es de norte a Sur, la cual raya o línea e señal se haya de dar y dé derecha, como dicho es, a trescientas setenta léguas de las islãs Cabo verde para la parte de poniente, por grados e por otra manera, como mejor y más presto se pueda rodar, de manera que no será más*[87].

---

[85] FERNANDÉZ RODRÍGUEZ, Manuela; MARTÍNEZ PEÑAS, Leandro. La *Guerra y el nacimiento del Estado Moderno*. Valladolid: Asociación Veritas, 2014, p. 58 *et seq*.

[86] Existem duas bulas chamadas *inter coetera*. A primeira delas foi publicada em 1456, como conformação da bula *Romanus pontifex*, de 1455. As bulas alexandrinas são profundamente estudadas pelo historiografia mundial. *Cf.*, *v.g*, GOTTSCHALK, Paull. *The earliest diplomatic documents on America, The papal Bulls and the Treaty of Tordesillas* Berlin: s.e, 1927. Ainda, GARCÍA GALLO, Alfonso Diego. *Las Bulas de Alejandro VI sobre el nuevo mundo descubierto por Colón*. Madrid: Testimonio, 1992. Em realidade, as bulas alexandrinas operaram como um expediente pragmático, fundado em privilégios pontifícios, para se opor não apenas às pretensões portuguesas, mas, também, às do próprio Colombo e das Casas de Medina e Sidônia, da nobreza andaluza.

O Tratado de Tordesilhas, que reservaria a Portugal o direito de reclamar, futuramente, com base no princípio do *uti possidetis de facto*, as terras brasileiras, representa um triunfo da diplomacia portuguesa[87]. Em verdade, a grande contribuição estratégica do Tratado é reservar o Atlântico Sul à inciativa portuguesa, como via de acesso à *Grande Volta*, no Cabo das Tormentas. Com a união ibérica[89], entre 1580 e 1640, e, especialmente, após o juramento de Tomar (1581), a questão dos tratados de limites é esvaziada, pela confusão de inte-

---

[87] Uma versão fac-similar do Tratado de Tordesilhas pode ser encontrada em COMISSÃO NACIONAL PARA OS DESCOBRIMENTOS PORTUGUESES. *Tratado de Tordesilhas*: fac-símile do Ms. Gavetas 17, Maço 4, n. 17, do Arquivo Nacional da Torre do Tombo. Lisboa: Edições INAPA, 1991.

[88] Há autores que defendem a possibilidade de que tenha ocorrido um "pré-descubrimento" do Brasil, não revelado em função da política de segredo de Estado. GARCÍA GALLO, por exemplo, cita como evidências dessa tese o chamado mapa Bianco, de 1448, que retratava ilhas a ocidente da África, bem como a reserva de monopólio da Coroa portuguesa, para produtos procedentes da Guiné, que não eram encontrados em Guiné, tais como pedras preciosas e tintas, bem como a proibição de navegar a oeste de Cabo Verde, sem permissão especial do Rei. *Cf.* GARCÍA GALLO, Alfonso Diego. *Las Bulas… Op. cit*, p. 79.

[89] Em 1579, Felipe II encaminha ao povo português suas condolências pelo falecimento (em verdade, desaparecimento na batalha de Alcazar-Quibir) de D. Sebastião e reclama seu direito ao trono português, que será consolidado com a concepção das Cortes de Tomar, em 1581. "Dom Felipe, por graça de Deus, Rei de Espanha, das duas Cecílias e de Jerusalém, etc. Muito magníficos e bem amados nossos. Ainda que tenha ordenado a D. Cristóbal de Mora que lhes dissesse algumas coisas de minha parte que dele ouvirão, quis que agora as ouvissem por carta minha, e lhes dizer que não há ninguém neste mundo que tanto tenha sentido a perda do sereníssimo rei, meu sobrinho e de sua gente, e as razões que tenho para tão justo sentimento são fácies de entender, pois perdi um filho e amigo que tão ternamente amava […]. Mas estando as coisas da sucessão deste reino no estado em que todos sabem, quis com muita consideração e maduro conselho saber o direito que Deus foi servido em me dar por seus ocultos juízos; e havendo mandado olhar este negócio em meus reinos e fora dele, por pessoas de muita ciência e consciência, saibam todos que a herança de ditos reinos cabe a mim, sem dúvida nenhuma" *Carta de S. M para os Estados de Portugal, condoendo-se da morte do Rei Dom Sebastião, e avisando o direito que tem à sucessão daquele reino* (Real Academia de História – Jesuítas, tomo 150, em *Papeles Varios*). *In.*: PIDAL Y MIRAFLORES, Marques de; SALVA, Manuel. *Colección de Documentos Inéditos para la Historia de España*. Tomo XL. Madrid: Imprenta de Viuda de Calero, 1862, p. 230 *et seq.*

resses entre as coroas portuguesa e espanhola. Aliás, o projeto de unidade territorial, que em muito impactará a história nacional brasileira, corresponde a um projeto de hegemonia universal, da Casa de Áustria[90]. A questão jurídica dos limites territoriais ficará suspensa até o século XVIII, quando a polêmica entre as dinastias dos Habsburgos e dos Bourbons, na questão de sucessão da coroa espanhola, irá catalisar a celebração dos Tratados de Utrech.

As consequências da união ibérica projetaram-se para além dos limites europeus. Com efeito, o Reino Único, sempre acalentado projeto dos Habsburgos, transformou Portugal e, por extensão, a colônia brasileira, em alvo das antipatias e rivalidades que a coroa espanhola havia granjeado ao longo dos séculos. No território brasileiro, foram consequências do novo arranjo de forças metropolitano as invasões do território por potências rivais, seja aquela mais fugaz, conhecida como *France Antarctique*[91], seja a mais duradoura, a invasão holandesa em Pernambuco.

Com efeito, a presença holandesa em Pernambuco determinou não apenas uma nova dinâmica do processo de negociação de fronteiras, mas influiu, de modo decisivo, na conformação do sentimento de nativismo, bastando lembrar que o chamado mito das três raças surge no contexto da insurreição pernambucana. De outra parte, as reformas de Maurício de Nassau impuseram um novo patamar cultural, artístico e urbanístico, que influenciaram no surgimento de um potentado local nordestino. Ainda, a tomada de Angola, com a repercussões sobre o tráfico negreiro, que lançaria suas marcas indeléveis na história brasileira, representou um ponto de inflexão na dinâmica econômica colonial.

Os localismos que caracterizam o movimento centrífugo do federalismo brasileiro derivam desse nativismo, que assenta suas raízes na resistência à ocupação holandesa em Pernambuco. Nesse aspecto,

---

[90] PÉREZ, Enrique San Miguel. España y sus Coronas: un concepto politico en las últimas voluntades de los Áustrias hispánicos. *In.*: *Cuadernos de Historia del Derecho*, n. 3, 253-270, Servicio de Publicaciones, Madrid: Universidad Complutense de Madrid, 1996, p. 269.

[91] Sobre a colonização francesa na américa do sul, *cf.* a edição mais recente do clássico GAFFAREL, Paul Louis Jacques. *Les Colonies Françaises*. Paris: Hachette, 2012. *passim*

a formação do sentimento federalista brasileiro, que exprime uma postura política refratária ao unitarismo e à centralização de poderes, é marcada por um localismo mais intenso, que não se identifica com o todo nacional. Explica-se: em um regime federalista, digamos à moda alemã ou suíça, as unidades subnacionais reconhecem-se como partes integrantes de um organismo político maior, que lhes suprassume, valendo-se da nomenclatura hegeliana. No contexto brasileiro, o sentimento localista predomina de modo mais egocêntrico e indômito, o que corresponde a uma reação extremada, no plano constitucional, muito pendente para o unitarismo.

Isso porque o nativismo, em si considerado, correspondeu a uma iniciativa estritamente local de reação à ocupação estrangeira, desprovido de suporte e apoio da metrópole portuguesa. Nesse passo, os núcleos de poder locais, descendentes da tradição nativista, sempre se mantiveram autoconfiantes e politicamente autorreferenciados – sem preservar um nexo de coesão social ou ímpetos de solidariedade política nacional. Será apenas com o Tratado de Haia, de 1661, o chamado *negócio do Brasil*[92], que a questão territorial é definitivamente assentada, mas à custa da introjeção de um elemento de assimetria no equilíbrio de poderes interno do país, que veria os núcleos regionais de poder pautarem sua atuação em uma lógica essencialmente nativista até, ao menos, a Revolução Praieira de 1848, de que trataremos adiante.

Embora a questão dos limites tenha ficado adormecida no *intermezzo* da União Ibérica, o relacionamento entre os polos de poder metropolitanos não fora extinto. O Tratado de Utrech de 1713 assenta a questão amazônica, assegurando a Portugal a posse das terras na margem esquerda do Amazonas, permitindo a expansão do país em um bolsão territorial negligenciado pela Espanha. Em 1750, é celebrado o Tratado de Madrid, que, reconhecendo o princípio do *uti possidetis, ita possideatis*, adota uma nova configuração das colônias, baseada no chamado *Mapa das Cortes*. Portugal e Espanha

---

[92] Em seu *Negócio do Brasil*, Evaldo Cabral de Mello refuta a tese do heroísmo militar da expulsão dos holandeses, pela união das "três raças", defendendo que a saída dos neerlandeses (como prefere), é derivada de uma negociação diplomática, que custou a Portugal sessenta e três toneladas de ouro. *Cf.* MELLO, Evaldo Cabral de. *O Negócio do Brasil*. Ed. ilustrada. São Paulo: Capivara, 2015.

reconheceram reciprocamente violações ao Tratado de Tordesilhas. Se Portugal avançara na América do Sul, sobre as regiões da Amazônia e Centro-oeste, Espanha havia se projetado sobre as ilhas Filipinas, Marianas e Molucas[93].

Se o Tratado de Madrid assenta grande parte das tensões territoriais, contribuindo, e muito, para o desenho da atual feição do território, de dimensões continentais, também é fruto de seu processo de negociação uma das maiores tensões regionalistas, que nossa história conheceu. Em troca de receber os territórios das missões jesuítas, no sul do país, o atual Mato-Grosso do Sul, e a zona compreendida entre o alto-Paraguai-Guaporé-Madeira, de um lado, e Tapajós e Tocantins, de outro, Portugal entregaria a Espanha a Colônia do Santíssimo Sacramento[94] (cuja posse lhe garantida pelo Tratado de Utrech de 1715), que garantiria à Coroa Espanhola a supremacia no estuário do Prata[95].

A desocupação das terras, outrora ocupadas pelas Missões, desencadeou a Guerra Guaranítica (1752-1756), bem como a questão cisplatina, que permaneceria um *topos* na geoestratégica brasileira até, ao menos, Guerra Cisplatina, entre 1825 e 1828. A questão do Tratado de Madrid transborda para além dos ganhos territoriais obtidos pela Coroa portuguesa. Em geral, o Tratado é visto como grande ganho da diplomacia portuguesa, em benefício da futura nação brasileira. O Barão do Rio Branco a ele assim se refere:

---

[93] Arquipélago que faz parte da Indonésia.

[94] Hoje *Colonia del Sacramento*, integrante do Uruguai, na margem oposta a Buenos Aires, no Rio da Prata.

[95] Art. XV do Tratado de Madrid: "A Colónia do Sacramento se entregará por parte de Portugal, sem tirar dela mais que a Artilharia, Armas, Pólvora, e Munições, e Embarcações do serviço da mesma Praça; e os moradores poderão ficar livremente nela, ou retirar-se para outras terras do domínio Português, com os seus efeitos e móveis, vendendo os bens de raiz. O Governador, Oficiais, e Soldados levarão também todos os seus efeitos, e terão a mesma liberdade de venderem os seus bens de raiz" A versão original do Tratado pode ser consultada em CASTRO, José Ferreira Borges de. *Colecção dos tratados, convenções, contratos e actos públicos celebrados entre a Coroa de Portugal e as mais potências desde 1640 até ao presente.* Tomo III. Lisboa: Imprensa Nacional, 1856, p. 8 *usque* 43.

O estudo do Tratado de 1750 deixa a mais viva e grata impressão da boa-fé, lealdade e grandeza de vistas que inspiraram esse ajuste amigável de antigas e mesquinhas querelas, consultando-se unicamente os princípios superiores da razão e da justiça e as conveniências da paz e da civilização da América[96].

É, porém, o Tratado de Madrid um dos primeiros indícios das disfuncionalidades de nosso federalismo. Se, como quer Capistrano de Abreu[97], o Tratado provoca "êxodos cruentos", ele lança as bases de uma oligarquia local, arredia ao sentimento de unidade. As migrações forçadas para além das linhas das missões jesuíticas exaltaram um sentimento de rebeldia local, que é uma manifestação das origens da ausência de cooperatividade de nosso federalismo. No mesmo sentido, a questão cisplatina, com suas implicações no comércio regional, despertou um sentimento de alheamento em face do poder central, mercê dos prejuízos causados pela perda do acesso ao Prata, atribuído à coroa portuguesa.

Em verdade, o Tratado de Madrid não chega a ser implementado. Em face da não desocupação dos povoados das missões, fato agravado pelas guerras guaraníticas, Pombal não entrega a Colônia de Sacramento, prolongando a questão até 1761, com a assinatura do Tratado de El Pardo.

Por disposição expressa, do Tratado de El Pardo[98], o Tratado de Madrid e os atos dele decorrentes ficavam "cancelados, cassados e anulados como se nunca houvessem existido, nem houvessem sido executados". Nas palavras de Synesio Sampaio Goes Filho *"apenas criava uma pausa durante a qual se esperaria o momento propício para novo ajuste de limites"*[99].

---

[96] RIO BRANCO, Barão do; PEREIRA, Manoel Gomes (Org.). *Obras Completas*. Vol. 6. Brasília: FUNAG, 2012, p. 21.

[97] ABREU, João Capistrano de. *Capítulos de História Colonial*: os caminhos antigos e o povoamento do Brasil. Editora UnB: Brasília, 1982, p. 272.

[98] A versão original do Tratado pode ser consultada no *Archivo General de Simancas*, no Arquivo Histórico Nacional, na Seção da *Secretaría del Estado y del Despacho del Estado*, código ES.28079.AHN/1.1.44.34.1.77

[99] GOES FILHO, Synesio Sampaio. *Navegantes, bandeirantes, diplomatas*. São Paulo: Martins Fontes, 2001, p. 193.

Em 1777, ascende ao trono português D. Maria I, a Louca[100], que inicia uma reação ao pombalismo, dando novos contornos à questão colonial. Conquanto estivessem em marcha negociações para a revisão dos tratados de limites entre Portugal e Espanha, a queda de Pombal, bem como a substituição do Ministro Grimaldi, pelo Conde de Florida Blanca, na Espanha, deram novos contornos à questão, em detrimento dos interesses portugueses[101].

Foi assinado, em 1777, um Tratado preliminar de Limites, que ficou conhecido como Tratado de Santo Ildefonso, em função do qual o Brasil manteria as fronteiras oeste e norte do Tratado de Madrid, abdicando, porém, da Colônia do Santíssimo Sacramento, sem, contudo, receber em troca os territórios das missões. Grande parte da historiografia[102] o considera um tratado pernicioso para os interesses portugueses, ainda que Capistrano o considere "mais humano e generoso", ao não impor as transmigrações[103]. Embora negociado, o Tratado de Santo Ildefonso nunca chegou a ser delimitado, mercê das infindáveis polêmicas entre os comissários de ambas as coroas, bem como da resistência portuguesa em entregar o Forte da Tabatinga.

A Guerra das Laranjas de 1801 abala, novamente, a situação das fronteiras coloniais. O conflito europeu, que acenava com a articulação das potências europeias, no contexto do conflito napoleônico, que culminaria com a transmigração da Corte portuguesa, espraiou-se

---

100 O período de governo de D. Maria I, substituindo o Marquês de Pombal, é conhecido como a Viradeira.

101 REIS, Arthur Cesar Ferreira. *Os tratados de limites*. In: HOLANDA, Sérgio Buarque de; FASUTO, Boris (Org.). *História da Civilização brasileira*. vol. 1. São Paulo: Bertrand Brasil, 2008, p. 376.

102 *Cf.,* v.g., VIANNA, Helio. *História Diplomática do Brasil*. São Paulo: Melhoramentos, 1958, p. 73.

103 ABREU, João Capistrano de. *Op. cit, p.* 305. A historiografia espanhola também é crítica ao acordo, querendo crer que a Espanha poderia ter obtido muito mais, afinal, nesta época, os territórios de Santa Catarina estavam ocupados por Pedro de Ceballos, Governador de Buenos Aires. *Cf.* SCENNA, Miguel Angel. *Argentina-Brasil*: cuatro siglos de rivalidad. Buenos Aires: Ediciones La Bastilla, 1975, p. 62. Ainda, CALVO, Carlos. *Colección historica completa de los tratados*. t. 7. Paris: Imprenta de J. Jacquin, 1866, p. XVII. Para uma visão geral do tema, v. GOES FILHO, Synesio Sampaio. *Op. cit*, p. 194 *et seq*.

para a zona colonial, reacendendo as questões nas fronteiras do cone sul. Os portugueses retomaram o território das missões, uma vez que as colunas espanholas já não contavam com a organização jesuíta dos indígenas. A paz foi selada no Tratado de Badajoz. Esse Tratado não determinou "*o restabelecimento do* status quo ante bellum *e, por isso, Olivença é cidade espanhola e é brasileiro o território sudoeste do Rio Grande do Sul*"[104].

O fato é que, à diferença das demais colônias americanas, os limites do território brasileiro foram, em quase sua totalidade, definidos no período colonial (à exceção das negociações do período da Chancelaria Rio Branco). No fundo, a doutrina diplomática brasileira passou a se sustentar sobre o princípio do *uti possidetis de facto*, estabelecido no Tratado de Madrid, e habilmente manejado pelo Barão do Rio Branco. A consequência política mais imediata traduziu-se do apego territorialista das elites que gravitam no entorno do eixo central de poder (de cariz imperial, ainda hoje). A ideia jurídica de posse (que, recorde-se, é romana e encerra uma ligação direta da *res* à pessoa, independentemente da legitimidade de qualquer título) – intimamente ligada ao princípio do *uti possidetis, ita possideatis* – transmudou-se, na arena política, no provincianismo. As elites políticas das unidades federadas subnacionais foram amalgamadas no contexto de um sentimento de apego ao território, de defesa de fronteiras internas e de rivalidade com sua circunvizinhança.

Recorde-se que desde 16 de dezembro de 1815, o país foi erigido à condição de sede do Reino Unido de Portugal, Brasil e Algarves. Desde então, sob o aspecto estratégico global, Áustria, Prússia, Reino Unido e Espanha tornam-se seus competidores internacionais, em um momento de transição da repartição de forças políticas e de construção do arranjo imperialista do século XIX.

A questão da delimitação das fronteiras nacionais, após a intensa fase de negociações coloniais, no século XVIII, tomaria novo impulso após o fim da Guerra da Cisplatina, de 1821, com a série de Tratados na Chancelaria de Duarte da Ponte Ribeiro, com o Uruguai e Peru (1851), Bolívia (1858) e Venezuela (1859).

---

[104] GOES FILHO, Synesio Sampaio. *Op. cit*, p. 195

Será, porém, na República Velha que a questão dos limites seria definitivamente solucionada. Em 1895, por meio da arbitragem do Presidente Grover Cleveland, é solucionada a Questão de Palmas, com a definitiva recuperação do território das missões jesuítas e em 1899 é solucionada a Questão do Amapá, com arbitragem do presidente dos Cantões Suíços Walter Hauser, recuperado o território outrora anexado à Guiana Francesa.

As negociações da República Velha iniciam o ciclo do Barão do Rio Branco à frente da chancelaria brasileira. A aversão à multilateralização tornou-se uma tônica da diplomacia brasileira de então, tendo resultado em ganhos para a já continental nação brasileira. E *pour fermmer en beauté*, o Barão do Rio Branco negocia, em 1909, o Tratado de Petrópolis[105], que recupera o estado do Acre, explorando a fragilidade da mediterraneidade da Bolívia, em troca de uma pequena extensão de terras, no atual estado do Mato-Grosso, uma indenização em dinheiro e a promessa da construção da ferrovia Madeira-Mamoré, nunca levada a cabo.

O direito público brasileiro deita suas raízes no substrato dos acordos internacionais que a nação em formação foi construindo ao longo de sua trajetória colonial e, alguns séculos mais tarde, dos seus albores republicanos. Desenhado com dimensões continentais, a definição do traçado das fronteiras serviu a dois senhores. De um

---

[105] Toda a questão do Acre perpassa a formação do chamado *Bolivian Syndicate*, presença do imperialismo em voga à época na exploração da *hevea brasiliensis* (seringueira). "A conduta adotada por Rio Branco para solucionar a questão do Acre não foi algo que se deva creditar à sua exclusiva criatividade, pois fazia parte das opções vislumbradas à época. O acordo direto já havia sido tentado por Olinto de Magalhães. Rio Branco, ao declarar o Acre território litigioso, tomou uma posição respaldada na opinião nacional, manifesta no Congresso e na imprensa. [...] Na verdade, o Brasil foi extorquido ao indenizar um grupo de capitalistas estrangeiros para desistir de um contrato firmado com um terceiro país. Dir-se-ia que a importância paga fazia parte dos ônus para a aquisição do Acre. A alternativa para um caminho diverso daquele adotado por Rio Branco poderia ter desdobramentos imprevisíveis, pois equivaleria a pagar para ver. A questão acriana, todavia, só foi encerrada após as difíceis negociações com o Peru, que culminaram no tratado de 8 de setembro de 1909, firmado no Itamarati. [...] A tentativa do *Bolivian Syndicate* deixou claro, mesmo aos mais céticos, que o Brasil não estava imune às investidas do imperialismo". BUENO, Clodoaldo. *Política Externa da Primeira República*. São Paulo: Paz e Terra, 2003, p. 326 *et seq.*

lado, consultou à construção de uma potência regional, com múltiplos vizinhos e capaz de rivalizar com outras potências no cenário internacional. De outro, agastou as elites regionais e inflamou o sentimento de não-pertencimento, uma vez que, regra geral, submeteu os interesses regionais à necessidade de consolidação territorial do país. Veja-se, portanto, que o direito positivo que vai dando feição ao nosso ordenamento é fruto de um conflito que lhe é congênito, que opõe poderes regionais de diversos matizes e a aspiração a uma grande nação.

2.2. O NATIVISMO E OS EMBATES POLÍTICOS REGIONAIS: PREDOMÍNIO DO REGIONAL SOBRE O NACIONAL

O período colonial, o Brasil colonial e os primeiros anos da República conheceram diversas perturbações da ordem social e política. O *bouleversement* tem suas raízes em diversos fatores de ordem social e econômica, mas pode ser compreendido no contexto geral de nossa formação política. Não se pode dizer que a sociedade brasileira tenha uma propensão geral à revolta e à contestação. Os câmbios políticos, a alteração dos eixos de poder, a inserção e posicionamento na ordem mundial e, em especial, a organização do território tem sido enfrentados sem grandes guerras – à exceção, é claro, da Guerra do Paraguai, que se insere no contexto da formação dos estados nacionais sul americanos.

É certo, porém, que a sociedade nunca se manteve olimpicamente pacata, repousando em leito de resignação. As tensões internas, resultantes do conflito entre as elites, manifestaram-se em diversas sublevações contra o *status quo*, que podem ser agrupadas no contexto geral de dois macro-movimentos, quais sejam (a) o *nativismo* e (b) as *revoltas endoligárquicas*. O direito positivo nacional é, também, produto da reação e essas revoltas, uma vez que atua como elemento de pacificação e acomodação de forças. Com isso, não se quer dizer que o ordenamento aja no sentido de sufocar as forças políticas ou sociais, mas, antes, que surge, no aspecto fenomênico, como resultado de um processo político violento, tendente a conferir certa estabilidade, em face do novo contexto de distribuição de forças. Essa estabilidade arrima-se no rearranjo das instituições e, em especial, dos critérios postos de acessibilidade ao poder.

A organização social brasileira, do período colonial, em cujo contexto surgem os movimentos nativistas e irredentistas, tem sido compreendida, em geral, segundo a chave proposta por Ilmar Rohloff de Mattos, que triparticiona a sociedade nos estamentos de colonizadores (Estado/Clero), colonos (nobreza da terra) e colonizados. Essa distinção foi inovadora, pois inseriu uma clivagem até então negligenciada nas análises sociológicas do período. Isso porque, a partir dela, pode-se compreender que inexistia uma unidade plena e comunhão de interesses entre os representantes do Estado e os colonos portugueses residentes, muitos deles comerciantes e senhores de terras.

Nesse sentido, os conflitos são uma expressão das reações política à distribuição de poder nestas três camadas, que se superpõem. Nas palavras de Ilmar de Mattos:

> As disputas entre mercadores e senhores de engenho pelo controle das câmaras municipais; as revoltas contra os estancos e as taxações excessivas; os conflitos entre os colonos e autoridades religiosas; as expedições contra os quilombos e as tribos indígenas rebeladas, os tratos entre negociantes e proprietários rurais; e as insurreições escravas, ao lado de muitos outros movimentos, distinguiam cada uma das regiões coloniais, dando vida a colonizadores, colonos e colonizados.
>
> Nelas, as relações entre colonos e colonizados tinham como *locus* privilegiado aquilo que Caio Prado Júnior denominou de grande unidade produtora: o Engenho, a Fazenda ou a Data. Em cada uma delas a *casa grande* – ou de modo mais genérico, *a Casa* – aparecia como símbolo de poder do proprietário sobre a própria família, o capelão, os agregados e a massa de escravos.
>
> Por sua vez, os monopólios de colonizadores e colonos tinham seu ponto de interseção na cidade colonial. De modo diverso da cidade clássica, que se distingue por seu núcleo político e mercado, sendo assim um local referido às noções de liberdade e igualdade, a cidade colonial se distingue, antes de tudo, pelas funções de porto e centro administrativo, caracterizando, desta forma, o poder do colonizador e expressando assimetria do pacto colonial. Num certo sentido, ela sintetiza o exercício da dominação metropolitana sobre a religião colonial: ela é sobretudo núcleo administrativo – isto é, fiscal e militar – na região de mineração-escravista; e sobretudo porto – polo de convergência obrigatório dos portos menores – na região de agricultura mercantil-escravista. Nesta, os núcleos de Recife-Olinda, Salvador e Rio de Janeiro cumpriam o papel de dominação, já identificado por Gregório de Matos no século XVII[106].

---

[106] MATTOS, Ilmar Rohloff de. *O Tempo Saquarema*. São Paulo: Editora Hucitec, 1987, p. 28 *usque* 31.

Com efeito, se o *nativismo* nasce de uma profunda aversão ao núcleo colonizador de poder, o *irredentismo* surge como uma manifestação já amalgamada pelo sentido de formação de um Estado nacional e atua como resultado dos atritos endoligárquicos. É preciso observar, contudo, que a chave de compreensão proposta por Ilmar de Mattos não é uníssona. Raimundo Faoro[107] e Oliveira Vianna[108] divergem naquilo que concerne ao papel desempenhado pelo elemento estatal. Se para aquele a herança do absolutismo português é marca da distri-

---

107 "A organização militar constitui a espinha dorsal da colônia, elemento de ordem e disciplina, auxiliar na garantia da cobrança dos tributos e dos privilégios reais. O caráter, a postura vertical, os padrões europeus de ética foram infundidos pelo padre, sobretudo pelo jesuíta. O missionário encontrou duas tarefas diante de si: a conquista espiritual do indígena e o domínio do branco, contendo o deslumbramento do português diante da presa sexual e da presa apta ao trabalho não pago. Obra, em conjunto, de integração de duas culturas, desde o início separados os valores superiores em duas direções, os do colono e os do diretor de consciências. No comando das orientações em dissídio, na cúpula do sistema está, sempre e ainda uma vez, o Estado, com uma circunstância especial: a história portuguesa conseguira, desde suas origens, vencer, vigiar, limitar o clero, mas jamais o absorvera como fizera com a nobreza". FAORO, Raimundo. *Op. cit*, p. 234 *usque* 235.

108 "Faz-se preciso então isolar – para um estudo mais detalhado da sua função política e partidária – certos elementos pessoais e culturais, componentes do complexo da família senhorial. E são o patriarca da família; os parentes consanguíneos (filhos e netos); os parentes colaterais (irmãos, tios e sobrinhos); os parentes por afinidade civil (genros e cunhados); os parentes por afinidade religiosa (os 'compadres' e 'afilhados'); os parentes por adoção (os 'crias' da casa senhorial e, sem dúvida, os 'moleques mimosos', de Antonil e de Vilhena). Todos estes elementos interessam à vida pública da família senhorial – porque tiveram também atuação na sua história política. Os costumes rurais os obrigam a certos deveres públicos de solidariedade parental; reciprocamente, eles sofrem também as consequências da sua integração na família senhorial. Em torno deste grupo desde o I século, instituições sociais se constituíram solidamente – algumas, às vezes, de grande repercussão política. Entre estas instituições está, como uma das mais importantes, a solidariedade parental, e isto porque desta solidariedade decorrem – de um lado, a responsabilidade coletiva no talião privado; de outro, o dever de proteção e assistência parental recíproco. Outra instituição relevante é também o compadrio, cuja enorme importância, no nosso interior rural e sertanejo, embora reduzida presentemente, teve, no período colonial e imperial, uma poderosa significação. E ainda os governos de família (oligarquias)". VIANNA, Francisco José de Oliveira. *Instituições Políticas Brasileiras*. V. I. Brasília: Senado Federal, 1999, p. 213.

buição verticalizada do poder, no contexto da sociedade brasileira, para este o "senhoriato rural" preenche os vazios de poder, contribuindo para uma pluralidade de núcleos políticos, que se articulam no entorno dos centros territoriais de produção.

É impossível e temerário precipitar-se em dizer que esta ou aquela interpretação esteja correta. Aliás, a crítica nacional tem, ao longo dos anos, se esmerado em despejar sobre Oliveira Vianna os mais ácidos comentários. Preconceituoso, sexista, maniqueísta e arauto do arianismo político brasileiro são epítetos comuns que pesam sobre seu pensamento, mercê, em especial, de sua defesa da raça única[109]. Não podemos, todavia, rejeitar o contraponto de seu pensamento, cotejado à interpretação que nos oferece Raimundo Faoro.

Se, de um lado, o legado absolutista e militarista lusitano dá um recorte vertical para a estratificação social e para a distribuição territorial do poder, a formação dos clãs regionais, organizados sob um princípio de "solidariedade parental", orienta sua difusão horizontal, acirrando rivalidades entre atores políticos de igual hierarquia. Essa dupla tração do espectro político gera, com efeito, rupturas, uma vez que sua intensidade não corresponde ao grau de plasticidade de nosso arranjo político.

Em primeiro plano, a questão que se coloca é aquela que concerne às causas dessa ausência de plasticidade político-social. Esse movimento de dupla tração – vertical e horizontal – do espectro político não é particularidade brasileira. De outro lanço, no Brasil, seus efeitos disruptivos parecem ser mais devastadores, aptos a gerarem assimetrias perenes, que se manifestam nos diversos planos da política e, em especial, no Direito positivo.

Os fatores que contribuem para essa exacerbação dos efeitos dos conflitos verticais e horizontais de poder são a ausência de coesão social, as disparidades econômicas e a ausência de mecanismos políticos de criação de consensos, que viabilizem a coexistência de distintos núcleos de poder. A resultante desse conjunto de fatores é a uma incrementada versão de patrimonialismo e personalismo político. As inimizades figadais são nutridas e robustecidas e o compadrio granjeia espaço, tudo em detrimento da institucionalização das disputas de poder.

---

109 *Cf.* VIANNA, Francisco José de Oliveira. *Populações* [...]. *Op. cit. passim.* Id. *Raça* [...]. *Op. cit. passim.*

Ainda no século XVII, entre 1645 e 1654 a *Insurreição Pernambucana* esboça os primeiros lineamentos do nativismo brasileiro. A reação ao domínio holandês do Nordeste e, em especial, ao jugo da Companhia das Índias Ocidentais, foi catalisada pela exaustão da empresa açucareira. Embora voltada contra um inimigo externo, a Insurreição Pernambucana não trazia, em seu bojo, um ideário iluminista, tampouco aspirações que pudessem confrontar o modelo colonial. Trata-se, com efeito, de um movimento que, embora fortalecesse o sentimento de nação, centra suas bases na consolidação de uma elite local[110].

O aspecto paradoxal da realidade política brasileira já se manifesta nesses movimentos iniciais de afronta ao ideário colonial. Se, de um lado, o nativismo aponta como força motriz de promoção do sentimento de unidade, sua feição regionalizada, de outro lado, alimenta as disputas interregionais e potencializa os atritos entre as elites. Nesse sentido, o projeto de unidade nacional coexiste com projetos individuais de poder, os quais, mercê de sua maior concretude e de sua potencialidade de oferecimento de resultados mais concretos e rápidos, em termos de conformação social, acabam parasitando o processo de formação de uma identidade nacional.

Nas palavras de Luiz Toledo Machado:

> Neste contexto, recrudescem as insubmissões que remetem ao século XVII, inicialmente como reação localista ao regime de monopólios e, depois, como movimentos conspiratórios movidos por aspirações abrangentes de independência econômica e política, sob a inspiração do pensamento ilustrado. Depois da Restauração, surgem na Colônia as insurreições contra os abusos da política metropolitana, tendo por objetivo a solução de problemas específicos das regiões, sempre resultantes de divergências de interesses entre colonos e autoridades. Nesse primeiro momento das rebeliões nativistas, arrolam-se a Insurreição Pernambucana (1645-1654), a Revolta do Janeiro (1660-1661), a Revolta de Bequimão (1645-1654), o sangrento confronto entre paulistas e emboadas (1708-1709), a Guerra dos Mascates (1710-1712) e a Revolta de Vila Rica (1720)[111].

---

110 ANDRADE, Manuel Correia de. *As raízes do separatismo no Brasil*. São Paulo: Editora Unesp, 1998, p. 167 *et seq*.

111 MACHADO, Luiz Toledo. *Formação do Brasil e Unidade Nacional*. São Paulo: IBRASA, 1980, p. 66.

A chamada Revolta da Cachaça de 1660[112], bem como a Revolta Beckman[113] (1645-1654) formam-se no contexto da entronização, no Direito nacional brasileiro, de um conjunto de proibições derivadas do exclusivo metropolitano. Ambas são sinais dos atritos locais, que aparecem como reação a um poder verticalizado, cuja cumeada se encontrava além-mar.

A expressão "revoltas nativistas" foi cunhada no seio do Instituto Histórico e Geográfico Brasileiro – IHGB, que surgiu, como bastião da intelectualidade brasileiro, no calor das sublevações regenciais. Seu objetivo era revestir os movimentos de contestação do período pré-independência de um sentido de unidade, imantando-os com verniz de uma aspiração política comum.

---

[112] A Revolta da Cachaça tem origem na sobretaxa das propriedades produtoras de cana de açúcar, determinada pelo Governador Salvador Correia de Sá e Benevides, em 1660. Com vistas a compensar os proprietários, foi editado decreto permitindo a destilação da cana de açúcar, contrariando a Carta Régia de 1647 e os interesses da Companhia Geral de Comércio do Brasil (com impactos, inclusive, sobre o comércio triangular de escravos-rum-cana de açúcar). Retrocedendo na permissão, eclodiu a revolta, que seria sufocada em 1661. *Cf.* FIGUEIREDO, Luciano de Almeida Raposo. *Revoltas, fiscalidade e identidade colonial na América Portuguesa*: Rio de Janeiro, Bahia e Minas Gerais (1640-1761). Tese de Doutorado. São Paulo: FFLCH-USP, 1995. *passim*. Ainda sobre o tema, "uma dicotomia permeava o imaginário dos homens que viviam para além da baía da Guanabara: apesar de possuírem uma privilegiada posição econômica na capitania, a situação era outra quando se tratava das questões políticas. O pêndulo que oscilava entre a posição de centro e a posição de periferia tentaria ser ajustado com a Revolta da Cachaça". CAETANO, Antonio Filipe Pereira. *Entre a Sombra e o Sol*: a revolta da cachaça, a freguesia de São Gonçalo de Amarante e a crise política fluminense. Dissertação de Mestrado. Niterói: UFF, 2003, p. 148.

[113] O Estado do Maranhão, criado em 1621, subordinava-se diretamente à Coroa Portuguesa. As atividades comerciais eram monopolizadas pela Companhia de Comércio do Maranhão, que detinha o estanco, em contrapartida à introdução da mão de obra indígena. Conquanto catalogada entre as revoltas nativistas, afinal encerrava um sentimento de aversão ao exclusivo metropolitano, suas raízes têm origem antes econômicas, que nacionais. A revolta foi urdida nos labirintos do Paço do Conselho e do Senado de São Luís, invocando a ausência de previsão expressa nas Ordenações Filipinas, que justificassem o estanco. *Cf.* COUTINHO, Milson. *A Revolta de Bequimão*. São Luís: Instituto Geia, 2004, p. 90 *et seq.*

Nas palavras de Luciano Figueiredo:

> Essa forma de conceber o passado, contudo, que ainda sobrevive, fere uma das boas regras da história. Atribuir a uma determinada época certos significados que então inexistiam compromete a interpretação da real dimensão da ação dos homens e das condições desse tempo que passou. [...] Firmou-se com grande força a ideia de que as revoltas na época colonial traduziam uma atitude de resistência ao domínio de Portugal, como se latejasse um sentimento nacional que a Metrópole não deixava nascer, indícios de manifestações antecipadas do apego à liberdade e à independência. O discurso histórico cristalizou uma perspectiva sobre os protestos coloniais em que estaria presente o germe do espírito nacional, e a seleção de alguns motins e revoltas ajudou a escrever um tipo de história considerada como uma espécie de biografia da nação. [...] Mas se as revoltas carecem de nacionalismo, associado por tantas vezes ao nativismo, isso não quer dizer que inexistisse um forte sentimento local durante a fase colonial. Houve nos séculos XVII e XVIII – e também mais tarde – uma forma de patriotismo local, com o significado inofensivo do apego à terra de nascimento (ou "pátria, no vocábulo da época), que Evaldo Cabral de Mello chamou muito apropriadamente de 'nativismos', 'assim mesmo no plural'.[114]

As chamadas Guerras dos Emboabas (1708-1709) e Guerra dos Mascates (1710-1712) dão os contornos da polarização regional que, aos poucos, vai assumindo a política nacional. No confronto do sudeste brasileiro, os bandeirantes vicentinos batem-se contra uma espécie de coalização luso-nordestina, reivindicando o exclusivismo da exploração das jazidas mineiras de ouro. Nas palavras de Adriana Romeiro:

> É também o contexto de alteridade que explica, em grande parte, as tensões entre paulistas e forasteiros que culminariam na Guerra dos Emboabas. Afinal, é o choque entre universos culturais distintos, permeados por formulações e práticas políticas irredutíveis, que permite compreender os antagonismos que separavam ambos os grupos. O que salta à vista tanto nos relatos quanto nos documentos escritos à época sobre o levante emboaba é precisamente a percepção de uma alteridade envolta em total opacidade. Para os forasteiros, os paulistas constituíam um grupo à parte, que se lhes afigurava incompreensível, derivando daí a noção de um estranhamento que se manifestava em praticamente todos os aspectos da vida, desde a indumentária até as concepções políticas. É

---

[114] FIGUEIREDO, Luciano. *Rebeliões no Brasil Colônia*. Rio da Janeiro: Zahar Editor, 2005, p. 13-14.

por essa razão que as narrativas de inspiração emboaba, produzidas no decorrer dos acontecimentos, prodigalizam-se na descrição dos homens de São Paulo como um outro, ao qual imputavam juízo depreciativo, eivados de adjetivos negativos[115].

Veja-se, assim, que o ímpeto autonomista, bem como a aversão aos ministros régios, demarcam certa personalidade política paulista, que causa estranheza e alheamento. Não se vislumbra, aí, qualquer pendor para a formação de uma unidade nacional, ainda que oposta à colônia, mas, em verdade, verifica-se a inclinação para um republicanismo localista, beligerante, marcado antes pela "opacidade", que pela transparência, antes pela irredutibilidade, que pela cooperação. Foi consequência do conflito a divisão da capitania de São Vicente, que daria origem aos dois estados que vem polarizando a política nacional: Minas e São Paulo, bem como a introdução efetiva do *quinto*, estopim da *Inconfidência Mineira* de 1789.

Aliás, a introdução da obrigação de "quintagem" de ouro merece atenção especial, não apenas pela forma como foi introduzida e perenizada no Direito positivo[116], mas também pela potencial turbulência política que causou. Ao menos desde Vespasiano, as obrigações fiscais têm sido elementos de catalisação de revoluções.

Na mesma toada, a Guerra dos Mascates (1710-1711) revela seu nítido caráter endo-oligárquico. Fruto do conflito entre comerciantes reinóis e proprietários de engenho, explicita os atritos entre uma elite local colona e uma elite já *abrasileirada*. Sua origem está, bem assim, no advento de um documento normativo, a Carta Régia de 1710, que elevara Recife à condição de vila, como resultado, não de um processo geo-demográfico de crescimento, mas da alteração do eixo de poder regional[117]. A revolta de Felipe dos Santos, o faiscador, em

---

115 ROMEIRO, Adriana. *Paulistas e Emboabas no coração das Minas*: ideias, práticas e imaginário político no século XVIII. Belo Horizonte: Editora UFMG, 2008, p. 235.

116 *Cf.* RENGER, Friedrich. O quinto do ouro no regime tributário das Minas Gerais. In: *Revista do Arquivo Público Mineiro*, v. 42, Belo Horizonte, Secretaria de Estado de Cultura, 2006, p. 90 *usque* 105.

117 LIMA SOBRINHO, Alexandre José Barbosa. *Guerra dos Mascates*: conferência promovida pelo Instituto Histórico de Olinda no 250º aniversário da revolução de 1710. Recife: Imprensa Universitária da Universidade do Recife, 1962, *passim*.

1720, inaugura o palco dos conflitos em Minas Gerais, que culminariam com o movimento irredentista de 1789.

A criação das casas de fundição, a que aludimos, a proibição da circulação do ouro em pó, bem como o monopólio do comércio de víveres por parte da aristocracia comerciante dos colonos fez eclodir o movimento rebelde, duramente reprimido pelo Conde de Assumar[118]. O sentimento do nativismo em Minas não se resumia a um projeto *naïve* de decretação de independência. Era, antes, um projeto das elites locais, que se insurgiam contra a vassalagem econômica a que estavam submetidas. Nesse sentido, o clássico Pedro Calmon:

> Portanto havia grandes interesses particulares em jogo – dos magnatas de Vila Rica, o mais abastado deles, o mestre de campo Pascoal da Silva Guimarães –: as 'casas de fundição' não se puderam abrir sem a tragédia de 1720. [...] Mas não foi o número, foi a astúcia que venceu. Assumar prometeu aos levantados quanto suplicavam. Fê-los voltar a Vila Rica, com os escravos, e moveu o seu regimento de dragões. As Câmaras silenciaram. O povo retraiu-se. A polícia governamental estendeu a malha da sua vigilância a todo o distrito e uma legislação drástica o transformou numa terra abafada, donde tirava Portugal os recursos precisos para as espantosas despesas de D. João VI[119].

Mesmos os processos que precedem os movimentos independentistas não asseguram à sociedade brasileira e à comunidade política uma unidade de discurso, uma bandeira única por que lutar, tampouco um *leitmotiv* de caráter nacional. Em verdade, há, via de regra, um confrontamento entre as elites locais e a elite colona. Será,

---

[118] A revolta foi duramente reprimida, com o concurso do regimento dos Dragões (hoje símbolo da Independência), trazido ao Brasil pelo Conde de Assumar. *Cf.* SOUZA, Laura de Mello e. *Discurso histórico e político sobre a sublevação que nas Minas houve no ano de 1720*: estudo crítico. Belo Horizonte: Fundação João Pinheiro, 1994, p. 82 *et seq.*

[119] CALMON, Pedro. *História da Civilização Brasileira.* Brasília: Ed. Senado Federal, 2002, p. 157-158. Ainda sobre o tema, *Cf.* ANASTASIA, Carla Maria Junho. *Minas Rebelada/Revoltas nas Minas Gerais nos Setecentos.* In: STARLING, Heloísa M. M.; CARDIA, Gringo; GOULART, Sandra Regina, MARTINS, Bruno Viveiros. (Org.). Minas Gerais. v. 1. 1ed. Belo Horizonte: Editora UFMG, 2012, p. 28-43. ANASTASIA, Carla Maria Junho. *Levantamentos setecentistas mineiros. Violência coletiva e acomodação. In:* FERREIRA FURTADO, Júnia (Org.). *Diálogos Oceânicos*: Minas Gerais e as novas abordagens para uma história do Império Ultramarino Português. v. 1. 1ed. Belo Horizonte: UFMG, 2001, p. 307-332.

com efeito, a chamada *questão da abolição* que servirá como tema aglutinador, de caráter verdadeiramente nacional e vertical.

A produção legislativa do século XVIII é voltada para aperfeiçoar o exclusivo metropolitano e enrijecer os laços de subordinação colonial. Um dos aspectos mais visíveis dessa tônica de formação é o ritmo de recrudescimento do centralismo fiscal, que assume características muito exacerbadas, no contexto brasileiro, as quais irão perdurar, como que uma marca atávica, em nosso panorama jurídico-político.

A questão da tributação das riquezas mineiras assume grande protagonismo histórico, tendo dado, inclusive, azo à Inconfidência Mineira, que lançaria as bases liberais do movimento de 1822. O *quinto* das riquezas minerais fora introduzido no Direito português nas Ordenações Afonsinas (Título II, do Livro XXIV). É preciso observar que o instituto foi *assumido* no Direito europeu continental a partir da recepção do das *regalias*, já existentes no direito justinianeu[120]. Assim, por intermédio da *constitutio de regalibus*, exarada por Frederico I, o *Barbarossa*, as regalias são entronizadas no direito europeu medieval, passando os exércitos, as minas, as vias públicas e a autoridade monetária (*argentaria*) a serem considerados direitos imperiais.

Na Alemanha, por exemplo, o direito sobre as minas fora transferido para os príncipes eleitores, em 1356, pela Bula Dourada de Carlos IV[121], sendo confirmada a descentralização com o pacto de Westfália de 1648. De outra parte, a concepção centralista dos aspectos fiscais de organização do Estado fora inteiramente contemplada nas Ordenações Afonsinas e Manuelinas (Livro II, Título XV, item 15). As Ordenações Filipinas, que entraram no mundo jurídico pela Carta de Lei de 11 de janeiro de 1603, trouxeram iguais disposições (Livro II, Título 34), permanecendo em vigor, no Brasil, em grande

---

[120] *Cf. Novellae*, L. II, Tit. LVI. A edição utilizada para a consulta ao *Corpus Iuris Civilis* é: JUSTINIANO, Imperador. *Corpus Iuris Civilis*. Comp. Paulus Krueger e Theodor Mommsen. Berlim: Weidmannos, 1954. Consultamos também a tradução para o espanhol GARCIA DEL CORRAL, Idelfonso. *Cuerpo del Derecho Civil Romano*. Valladolid: Lex Nova, 2004

[121] Uma tradução para o inglês pode ser acessada em HENDERSON, Ernest F. *Select Historical Documents of the Middle Ages*. Londres: George Bell and Sons, 1896, p. 39 *et seq*.

parte, até o advento do Código Civil de 1916[122]. A verticalidade do centralismo fiscal foi tamanha que, para além do sistema das Casas de Fundição, implantou-se, bem assim, o Sistema do Censo e da Capitação, como forma de assegurar o fluxo tributário para a Coroa (associados às Derramas, em 1762-1773 e 1769-1771).

É de 1785, bem assim, o Alvará de D. Maria I, a Louca, que proíbe as manufaturas na colônia e extingue as Companhias de Comércio do Maranhão e Grão-Pará. A relativa mobilidade social de fins do século XVIII, a difusão do iluminismo[123], a urbanização e, em especial, o traslado da capital de Lisboa para a Salvador, em novembro de 1807, dão a tônica da nova feição política do Brasil, e da concentração de esferas decisórias no eixo do Atlântico Sul.

Nota-se, portanto, que a produção normativa e o Direito positivo, sobre os quais viria a se erigir o Direito efetivamente nacional, estavam impregnados pelo centralismo vertical, desconsiderando as realidades políticas locais e sua imensa tensão de forças. Esse substrato reflete-se no direito posterior, demonstrando a força inercial do movimento de afunilamento e verticalização do espectro político.

---

[122] Os regimentos das Minas de 1603, 1618 e 1702, bem como o Regimento dos Superintendentes, Guardas-Mores e mais oficiais deputados para as minas de 1702 (impresso no *Pluto brasiliensis*, de Eschwege, ESCHWEGE, W. L. von. *Pluto Brasiliensis*. Trad. Domício de Figueiredo Murta. Brasília: Ed. Senador Federal, 2011.) mantém a lógica de centralização fiscal, culminando com a instalação da Casa de Fundição de Taubaté, que, em 1704, seria transferida para Parati. *Cf.* RENGER, Friedrich. *Op. cit*, p. 92 *et seq*. Ainda, CALÓGERAS, J. Pandiá. *As minas do Brasil e sua legislação*. Rio de Janeiro: Imprensa Nacional, 1904. GODOY, J. E. *Catálogo histórico das repartições fazendárias*: Brasil colônia. In: <www.receita.fazenda.gov.br/histórico/srf/historia/catalogo-colonial>. Acessado em 31 de maio de 2016, às 22h29min. SANTOS, A. Natureza Jurídica dos quintos do ouro. *In*: *Revista do Arquivo Público Mineiro*, n. 25, v. 01, Belo Horizonte, 1938, p. 475 *usque* 488.

[123] São deste período a Conspiração de Cipriano Barata (1798), a Conjuração Baiana (1798) e a Conjuração Carioca (1794).

3. CENTRALISMO ATÁVICO

3.1. TRANSMIGRAÇÃO DA CORTE

As circunstâncias que envolvem a transmigração da Corte portuguesa para os territórios de sua então colônia, o Brasil, são bem conhecidas e derivam, em síntese, do alinhamento da casa real lusitana à Inglaterra, no contexto do bloqueio continental napoleônico. Desde a década de 1790, do século XVIII, fomentava-se o projeto do império luso-brasileiro, cujo eixo comercial focar-se-ia no Atlântico Sul, como defendido por D. Rodrigo de Sousa Coutinho, o Conde de Linhares.

O estabelecimento da corte portuguesa em terras outrora coloniais tem repercussões políticas e sociais imediatas. Se, sob o prisma da estratificação de poder, no corpo da sociedade, houve um amálgama entre colonos e colonizadores, no entorno da corte transmigrada, as forças regionais são obnubiladas de modo acachapante.

Maria Odila Leite da Silva cunhou a expressão "interiorização da metrópole", para se referir ao processo de alteração do cenário político brasileiro, decorrente da transmigração. Em suas palavras:

> A dispersão e fragmentação do poder, somada à fraqueza e instabilidade das classes dominantes, requeria a imagem de um Estado forte que a nova Corte parecia oferecer. [...] A vinda da Corte com o enraizamento do Estado português no Centro-Sul daria início à transformação da colônia em metrópole interiorizada. Seria esta a única solução aceitável para as classes dominantes em meio à insegurança que lhes inspiravam as contradições da sociedade colonial, agravadas pelas agitações do constitucionalismo português [...]. Pode-se dizer que esse processo, que parte do Rio de Janeiro e do Centro-Sul, somente se consolidaria com a centralização política realizada por homens como Caxias, Bernardo de Vasconcelos, Visconde do Uruguai, consumando-se politicamente com o Marquês de Paraná e o Ministério da Conciliação (1853-1856)[124].

A instalação da corte portuguesa no Rio de Janeiro criou uma nova e densa centralidade de poder, aglutinando não apenas a corte em si considerada, como também todo o aparato burocrático e mercantil que lhe acompanhava. As reformas joaninas foram inúmeras, destacando-se a abertura de estradas, a criação da Imprensa Régia e da

---

[124] SILVA, Maria Odila Leite da. *A interiorização da metrópole e outros estudos*. São Paulo: Alameda, 2005, p. 18-19.

Academia Militar, a instalação da Real Mesa censória e da Escola de Medicina da Bahia, o incentivo às artes, com a inauguração da Escola de Belas Artes e as missões francesa (1816) e austríaca (1817), a abertura do Real Horto e da Biblioteca Real.

O país era impulsionado a novo patamar cultural e político, ganhando uma capital efetivamente estruturada no entorno de uma burocracia e organizada segundo os princípios do nepotismo patrimonialista bragantino – o elitismo burocrático se torna uma "válvula de escape da instabilidade econômica"[125].

Começa-se a se desenhar um país, dotado de elementos aptos a catalisarem um sentimento de unidade política. Nas palavras de Maria Odila Leite da Silva:

> A semente da integração nacional seria, pois, lançada pela nova Corte como um prolongamento da administração e da estrutura colonial, um ato de vontade de portugueses adventícios, cimentada pela dependência e colaboração dos nativos e forjada pela pressão dos ingleses que queriam desfrutar do comércio sem ter de administrar. A insegurança social cimentaria a união das classes dominantes nativas com a 'vontade de ser brasileiros' dos portugueses imigrados que vieram fundar um novo Império nos trópicos. A luta entre as facções locais levaria fatalmente à procura de um apoio mais sólido no poder central. Os conflitos inerentes à sociedade não se identificam com a ruptura política com a Mãe Pátria, e continuam como antes, relegados para a posteridade[126].

O Direito brasileiro deixa o patamar colonial, para se transformar em Direito metropolitano e, por que não dizer, em Direito europeu. A partir de 1808, a dinâmica normativa brasileira passa a dialogar seja com as demais nações europeias – em especial com o eixo de influência inglês – seja com os países circunvizinhos, inserindo-se, portanto, no concerto dos povos, como uma ordem jurídica que já pretende esboçar autonomia e soberania.

Até 1916, porém, com o advento do Código Bevilácqua[127], a vida privada nacional, bem como a organização do Estado português, em terras brasileiras, seriam regidas pelas Ordenações Filipinas, com as

---

125 *Id*, p. 32.

126 *Id. Ibid.*

127 GOMES, Orlando. *Raízes históricas e sociológicas do Código Civil brasileiro*. 2 ed. São Paulo: Martins Fontes, 2003, p. 3 *et seq.*

modificações interpretativas que lhe foram introduzidas pela *Lei da Boa-Razão*[128], no período pombalino. Em essência, as Ordenações passaram a ser tratadas como um direito imperial, derivado da autoridade do soberano, afastando-se, na medida do possível (ou seja, nos assuntos em que não sejam debatidos "pecados") a influência do Direito canônico e das interpretações medievais do Direito romano[129].

Sob o prisma do direito público e da organização do Estado, até o advento da Constituição imperial de 1824, que se segue à proclamação da Independência, seguirá o modelo imperial concentrando as funções públicas e políticas na capital, sede da corte transmigrada. A produção normativa juspublicista não será consolidada sob a forma de uma constituição, mercê, inclusive, do relativo atraso do avanço do movimento constitucionalista europeu sobre Portugal[130]. É preciso observar que a primeira constituição portuguesa, decorrência política da Revolução do Porto, será editada apenas em 1822[131]. As revoluções liberais na Europa, que eclodem a partir da segunda década do século XIX, repercutem no Brasil, como fator decisivo do processo de emancipação e como catalisadores de um processo constituinte autônomo, ainda que sob os auspícios da monarquia de Bragança.

O constitucionalismo pode ser concebido como o núcleo central das normas jurídico-políticas, que compreende um conjunto de regras materiais (e não apenas formais e, portanto, não necessariamente constitucionais), algumas relacionais, outras orgânicas ou,

---

[128] *Cf.* ALMEIDA, Cândido Mendes de. *Auxiliar Jurídico*: apêndice às Ordenações Filipinas. Ed. facsimilar (ed. 1870). Lisboa: Fundação Calouste Gulbenkian, 1985, p. v. *et seq.*

[129] *Cf.*, v.g, CORRÊA TELLES, José Homem. *Commentario Critico a Lei da Boa Razão*. Lisboa: Tipografia de Maria Madre de Deus, 1865, p. 83 *et seq.*

[130] V. MIRANDA, Jorge. *As Constituições Portuguesas de 1822 ao texto actual da Constituição*. Lisboa: Livraria Petrony, 1984, p. 7 *et seq.*

[131] A Constituição portuguesa foi, de sua parte, influenciada pela Constituição de Cádiz, de 1812, conhecida como *La Pepa*. Foi a primeira constituição da península ibérica, tendo marcada inspiração liberal. V. LABRA, Rafael Maria de. *América y la Constitución española de 1812*: Cortes de Cádiz de 1810-1813. Madrid: Sindicato de Publicidad, 1914, p. 13; 43; 135. Ainda, BERBEL, Márcia; OLIVEIRA, Cecília Helena de Salles (Org.). *A experiência constitucional de Cádis*. São Paulo: Alameda, 2012. *passim.*

modernamente, também orgânico-processuais. Em síntese, podem ser compiladas sob as seguintes enunciações: (a) normas sobre direitos fundamentais dos cidadãos, oponíveis perante o Estado, (b) normas sobre os bens públicos e as formas de sua exploração, (c) normas sobre repartição de competências e sua distribuição orgânica e territorial, (d) normas sobre administração regional e local autárquica, (e) normas sobre as funções de Estado e (f) normas sobre exercício dos direitos políticos. No Brasil, teríamos de aguardar até 1824, para que pudéssemos contar com uma constituição genuinamente nacional.

A transmigração da corte portuguesa e sua instalação no Brasil trouxe consigo a transferência do centro legiferante do Império português, com a consequente alteração do perfil das normas de organização do recém Reino Unido de Portugal e Brasil. Em verdade, à semelhança das constituições liberais portuguesas[132], no Brasil não se providenciou um tratamento *ex professo* da administração central e das funções de Estado. A administração local não recebe tampouco um tratamento minimamente sistematizado, sendo sua organização realizada por atos *ad hoc*, à medida em que, em contrapartida, ia se fortalecendo a administração central, através do Poder Executivo.

Será apenas com a Constituição imperial de 1824 que a organização do Estado, à moda unitária, irá ganhar sistematicidade, incrementada pela concepção do Poder Moderador, cujo papel na construção de nossa identidade política será fundamental. Impõe-se, portanto, perquirir se a arquitetura institucional de nosso federalismo é resultado dessa nova centralidade política ou se, ao contrário, surge à margem dela, ou, eventualmente, contra ela. Com efeito, inexiste uma separação de fundo entre o processo político de organização da centralidade político-administrativa, representada pela instalação da corte em terras coloniais, e o processo de soerguimento de um edifício federativo, que possibilite a existência minimamente estável de uma Babel política.

---

[132] *Cf.* MIRANDA, Jorge. A Administração Pública nas Constituições Portuguesas. *In*: *Revista de Direito Administrativo*, Rio de Janeiro, n. 183, jan./mar., 1991, 26-35, p. 28.

A produção normativa do período centrou-se na adaptação da realidade deontológica do país à sua condição de sede do Império português. Neste passo, em 1808 é assinado o Decreto Real de abertura dos portos às nações amigas. O ato foi materializado sob a forma de uma Carta Régia, de 28 de janeiro de 1808, que, atendendo a um pedido do Conde da Ponte, assim previu:

> Conde da Ponte, do meu Conselho, Governador e Capitão Geral da Capitania da Bahia. Amigo. Eu o Príncipe Regente vos envio muito saudar, como aquele que amo. Atendendo à representação, que fizeste subir à minha real presença sobre se achar interrompido e suspenso o comércio desta Capitania, com grave prejuízo dos meus vassalos e da minha Real Fazenda, em razão das críticas e públicas circunstâncias da Europa; e querendo dar sobre este objeto alguma providência pronta e capaz de melhorar o progresso de tais danos: sou servido ordenar interina e provisoriamente, enquanto não consolido um sistema geral que efetivamente regule semelhantes matérias, o seguinte: Primo: Que sejam admissíveis nas alfândegas do Brasil todos e quaisquer gêneros, fazendas e mercadorias transportados, ou em navios estrangeiros das Potências, que se conservam em paz e harmonia com minha Real Coroa, ou em navios dos meus vassalos, pagando por entrada vinte e quatro por cento; a saber: vinte de direitos grossos, e quatro do donativo já estabelecido, regulando-se a cobrança destes direitos pelas pautas, ou aforamentos, por que até o presente se regulam cada uma das ditas alfândegas, ficando os vinhos, águas ardentes e azeites doces, que se denominam molhados, pagando o dobro dos direitos, que até agora nelas satisfaziam. Secundo: Que não só meus vassalos, mas também os sobreditos estrangeiros possam exportar para os Portos, que bem lhes parecer a benefício do comércio e agricultura, que tanto desejo promover, todos e quaisquer gêneros e produções coloniais, à exceção do Pau Brasil, ou outros notoriamente estancados, pagando por saída os mesmos direitos já estabelecidos, nas respectivas Capitanias, ficando entretanto como em suspenso e sem vigor, todas as leis, cartas régias, ou outras ordens que até então aqui proibiam neste Estado do Brasil recíproco comércio e navegação entre os meus vassalos e estrangeiros. O que tudo assim fareis executar com o zelo e atividade que de vós espero. Escrita na Bahia aos 28 de Janeiro de 1808. PRÍNCIPE[133].

Assim, a produção normativa dos primeiros momentos que se seguiram à implantação da Corte portuguesa no Brasil visava a mitigar o exclusivo metropolitano, em sintonia com a realidade econômica, social e política da outrora colônia.

---

[133] CÂMARA DOS DEPUTADOS. *Coleção de Leis do Brasil*: 1808. V. I. Brasília: s.e., s.d., p. 01.

A segunda medida normativa de impacto do período foi a revogação do alvará de 1785, de D. Maria I. Àquela altura, sob a justificativa de que as fábricas e manufaturas que surgiam no país prejudicavam gravemente "a cultura, a lavoura e a exploração das terras minerais"[134]

---

134 O texto original do alvará: "Eu a rainha. Faço saber aos que este alvará virem: que sendo-me presente o grande número de fábricas, e manufaturas, que de alguns anos a esta parte se tem difundido em diferentes capitanias do Brasil, com grave prejuízo da cultura, e da lavoura, e da exploração das terras minerais daquele vasto continente; porque havendo nele uma grande e conhecida falta de população, é evidente, que quanto mais se multiplicar o número dos fabricantes, mais diminuirá o dos cultivadores; e menos braços haverá, que se possam empregar no descobrimento, e rompimento de uma grande parte daqueles extensos domínios, que ainda se acha inculta, e desconhecida: nem as sesmarias, que formam outra considerável parte dos mesmos domínios, poderão prosperar, nem florescer por falta do benefício da cultura, não obstante ser esta a essencialíssima condição, com que foram dadas aos proprietários delas. E até nas mesmas terras minerais ficará cessando de todo, como já tem consideravelmente diminuído a extração do ouro, e diamantes, tudo procedido da falta de braços, que devendo empregar-se nestes úteis, e vantajosos trabalhos, ao contrário os deixam, e abandonam, ocupando-se em outros totalmente diferentes, como são os das referidas fábricas, e manufaturas: e consistindo a verdadeira, e sólida riqueza nos frutos, e produções da terra, as quais somente se conseguem por meio de colonos, e cultivadores, e não de artistas, e fabricantes: e sendo além disto as produções do Brasil as que fazem todo o fundo, e base, não só das permutações mercantis, mas da navegação, e do comércio entre os meus leais vassalos habitantes destes reinos, e daqueles domínios, que devo animar, e sustentar em comum benefício de uns, e outros, removendo na sua origem os obstáculos, que lhe são prejudiciais, e nocivos: em consideração de tudo o referido: hei por bem ordenar, que todas as fábricas, manufaturas, ou teares de galões, de tecidos, ou de bordados de ouro, e prata. De veludos, brilhantes, cetins, tafetás, ou de outra qualquer qualidade de seda: de belbutes, chitas, bombazinas, fustões, ou de outra qualquer qualidade de fazenda de algodão ou de linho, branca ou de cores: e de panos, baetas, droguetes, saietas ou de outra qualquer qualidade de tecidos de lã; ou dos ditos tecidos sejam fabricados de um só dos referidos gêneros, ou misturados, tecidos uns com os outros; excetuando tão somente aqueles dos ditos teares, e manufaturas, em que se tecem, ou manufaturam fazendas grossas de algodão, que servem para o uso, e vestuário dos negros, para enfardar, e empacotar fazendas, e para outros ministérios semelhantes; todas as mais sejam extintas, e abolidas em qualquer parte onde se acharem nos meus domínios do Brasil, debaixo da pena do perdimento, em tresdobro, do valor de cada uma das ditas manufaturas, ou teares, e das fazendas, que nelas, ou neles houver, e que se acharem existentes, dois meses depois da publicação deste; repartindo-se a dita condenação metade a favor do denune mercê da "falta de população", fora proibida a manufatura no país, em especial de têxteis[135]. Com a instalação da Corte portuguesa em Salvador, ainda no ano de 1808, foi revogado o alvará, franqueando-se a instalação manufaturas na agora sede do Reino.

Assim, em abril de 1808, o Secretário de Estado dos Negócios do Brasil promove a revogação do alvará, em autêntica medida liberal à brasileira. Note-se, pois, que a organização do Estado brasileiro (e de sua atividade econômica, nesse específico caso) vai sendo levada à cabo sem qualquer preocupação sistemática ou estratégica, de distribuição espacial das atividades produtivas. O texto assim previu:

> Eu o príncipe regente faço saber aos que o presente alvará virem: que desejando promover, e adiantar a riqueza nacional, e sendo um dos mananciais dela as manufaturas, e melhoram, e dão mais valor aos gêneros e produtos da agricultura, e das artes, e aumentam a população dando que fazer a muitos braços, e fornecendo meios de subsistência a muitos dos meus vassalos, que por falta deles se entregariam aos vícios da ociosidade: e convindo remover todos os obstáculos, que podem inutilizar, e prestar tão vantajosos proveitos: sou servido abolir, e revogar toda e qualquer proibição, que haja a este respeito no Estado do Brasil, e nos meus domínios ultramarinos, e ordenar, que daqui em diante seja o país em que habitem, estabelecer todo o gênero de

---

ciante, se o houver, e a outra metade pelos oficiais, que fizerem a diligência; e não havendo denunciante, tudo pertencerá aos mesmos oficiais. Pelo que: mando ao presidente, e conselheiros do Conselho Ultramarino; presidente do meu Real Erário; vice-rei do Estado do Brasil; governadores e capitães generais, e mais governadores, e oficiais militares do mesmo Estado; ministros das Relações do Rio de Janeiro, e Bahia; ouvidores, provedores, e outros ministros, oficiais de justiça, e fazenda, e mais pessoas do referido Estado, cumpram e guardem, façam inteiramente cumprir, e guardar este meu alvará como nele se contém, sem embargo de quaisquer leis, ou disposições em contrário, as quais hei por derrogadas, para este efeito somente, ficando aliás sempre em seu vigor. Dado no Palácio de Nossa Senhora da Ajuda, em cinco de janeiro de mil setecentos oitenta e cinco". O texto original pode ser consultado no Arquivo Público Nacional, Conjunto documental: Cartas, provisões e alvarás. Notação: códice 43. Datas-limite: 1750-178. Título do fundo: Junta da Fazenda da província de São Paulo. Código do fundo: EG. Data do documento: 5 de janeiro de 1785. Local: Lisboa. Folha(s): 27 a 28.

135 Lembrando-se que a Revolução Industrial inglesa da segunda metade do século XVIII fora pioneira neste ramo. Ainda, importa observar que também fora objeto do Tratado de Methuen de Panos e Vinhos de 1703 a limitação da industrias têxteis em Portugal, com importação de fazendas da Inglaterra.

> manufaturas, sem excetuar alguma, fazendo os seus trabalhos em pequeno, ou em grande, como entenderem que mais lhes convém, para o que. Hei por bem revogar o alvará de cinco de janeiro de mil setecentos oitenta e cinco e quaisquer leis, ou ordens que o contrário decidam, como se delas fizesse expressa, e individual menção, sem embargo da lei em contrário.
> [...]
> Dado no Palácio do Rio de Janeiro em o primeiro de abril de mil oitocentos e oito. Príncipe d. Fernando José de Portugal.[136]

Despido de sistematicidade ou preocupação de ordem estratégica, o Direito nacional vai sendo concebido como reação aos eventos políticos e econômicos, adaptando-se à nova realidade da colônia, que assume, de modo inopinado, uma inserção internacional, como sede de um império colonial. A *vis* atrativa da presença da corte imanta todo o complexo social e político brasileiro, catalisando a concepção de um direito nacional que não se preocupa com coesão, homogeneidade e distribuição territorial do poder.

O centralismo surge como um atavismo, de que não se pode livrar o fenômeno jurídico-político. Se, de um lado, o país iniciava sua inserção internacional – e o fazia de forma subalterna, diga-se, mercê dos Tratados Desiguais da década de 1810 – de outro, permitiu que a inércia política e jurídica deixasse prevalecer o elemento da centralidade, que circundava a corte. Tido e havido como entreposto, pouco importava a organização das forças nacionais, que permaneceram sem encontrar um elemento de equilíbrio, que lhes permitisse participar e, portanto, se corresponsabilizar pelos destinos do país. Faltava-nos a perspectiva de sucesso político, que, existindo, pode refrear o ímpeto do egoísmo localista. Desbalanceadas e desarticuladas as forças políticas locais irão permanecer, ao menos até o Segundo Reinado, como coadjuvantes do poder, mas protagonistas da instabilidade.

---

[136] O original pode ser consultado no Arquivo Nacional, Conjunto documental: Junta do Comércio. Portarias e circulares recebidas. Notação: caixa 419, pct. 01 Datas-limite: 1808-1812. Título do fundo: Junta do Comércio, Agricultura, Fábricas e Navegação. Código do fundo: 7X. Data do documento: 1º de abril de 1808. Local: Rio de Janeiro. Folha(s): 01 *et seq.*

3.2. OS TRATADOS DESIGUAIS E A INSERÇÃO INTERNACIONAL SUBORDINADA: ACIRRAMENTO DAS ASSIMETRIAS ENTRE OS PODERES LOCAIS E O INTERESSE NACIONAL

Com a definitiva instalação da corte, em 1808, o Brasil começa a se inserir no concerto das nações, com feições mais autônomas. Em 1810, são celebrados uma série de tratados com a Inglaterra, que são denominados *Tratados Desiguais*. Aliás, desde a assinatura do Tratado de Methuen, no século XVIII, as relações comerciais entre Portugal e Inglaterra foram construídas em bases assimétricas, em que os termos de troca nunca atingiram patamares de equivalência.

Os privilégios alfandegários constituíram o mecanismo de inserção do produto inglês, em detrimento da economia local. Os Tratados de Aliança e Amizade e Comércio e Navegação de 1810[137] põem fim ao exclusivo metropolitano. Nas palavras de Amado Cervo:

> A política externa brasileira à época da independência esteve ainda profundamente condicionada pela hegemonia inglesa sobre Portugal, estabelecida por meio de uma aliança histórica, cujos efeitos foram transferidos ao Brasil: a ingerência política inglesa nas decisões da corte do Rio de Janeiro e o modelo mais acabado de inserção dependente no sistema internacional produzido pela Revolução Industrial, conforme os termos dos tratados de 1810[138].

A centralidade imposta pela presença da corte em terras coloniais correspondeu, bem assim, à entronização de um modelo de exercício de poder que permanece alheio à dinâmica interna, uma vez que se supõe transitório. Nesse sentido, os acordos com Inglaterra corresponderam não apenas à transferência de uma relação histórica havida entre Portugal e os ingleses, mas também a um certo menoscabo frente às potencialidades do novo país. Certos de que a situação no continente europeu pudesse arrefecer, viabilizando o retorno da corte, nenhum esforço foi empenhado para repartir rendas, repartir poder ou propiciar modos para uma subsistência econômica para os grupos regionais.

---

137 As cartas de lei de 26 de fevereiro de 1810, que ratificaram os tratados, contendo os textos originais, podem ser consultados em BRASIL. *Colleção das Leis do Império do Brazil de 1810*. Rio de Janeiro: Imprensa Nacional, 1891, p. 43 *et seq.*; p. 51 *et seq.*

138 CERVO, Amado Luiz; BUENO, Clodoaldo. *História da política exterior do Brasil*. 3. ed. Brasília: Editora UnB, 2010, p. 22.

Sob o prisma interno, criava-se, portanto, uma lógica de dependência da capital, da corte e das rendas de suas alfândegas. De outra parte, sob a ótica da política externa "*o Estado dos Bragança arquitetou para si, ao tempo da regência de D. João VI, a construção de um império americano, para compensar as perdas sofridas na Europa*"[139]. É assim que promoveu a invasão de Caiena[140] e a ocupação da *Banda Oriental*[141], não como braço do imperialismo inglês, ainda que contasse com a simpatia de Canning, que via no Brasil um contrapeso ao republicanismo norte-americano.

Rubens Ricúpero, comentando os tratados, assim assevera:

> Os historiadores brasileiros são unânimes em condenar os tratados, retomando os argumentos de um observador contemporâneo privilegiado, o jornalista Hipólito José da Costa, que acompanhou passo a passo as negociações nas colunas de seu Correio Braziliense, editado em Londres. A análise partia de uma verdade incontestável: não tinha sentido transplantar ao Brasil estipulações decorrentes da peculiar situação de Portugal em relação à Inglaterra pela evidente diferença das condições vigentes na colônia[142].

Em verdade, um país que esboçava suas feições autônomas já debutava no cenário internacional em condições subalternas. Inexistia, àquela altura, qualquer preocupação em espraiar a atividade econômica, tampouco em criar mecanismos de coabitação de poder. Estender à colônia o "débito" com as potências europeias privou o país da possibilidade de pensar um Direito, seja interno, seja externo, apto a fornecer um substrato de desenvolvimento econômico autônomo.

---

[139] *Id. ibid.*

[140] MAGNOLI, Demétrio. *O Corpo da Pátria*: imaginação geográfica e política externa no Brasil (1808-1912). São Paulo: Editora Unesp, 1997, p. 175 *et seq.*

[141] *Id, p.* 136 *et seq.* A Banda Oriental era a nomenclatura dada às porções de dominação espanhola na América Latina, que hoje formam, grosso modo, especialmente o Uruguai, e parte de Rio Grande do Sul (Missões Jesuíticas) Santa Catarina e Paraná.

[142] RICUPERO, Rubens. O Brasil no Mundo. *In:* COSTA E SILVA, Alberto (Org.). *Crise Colonial e Dependência 1808-1830*. Rio de Janeiro: Fundación Mapfre; Objetiva, 2011, p. 23.

No mesmo passo, não se propiciou um ambiente de construção jurídica amoldado à nova realidade do país, em que as forças políticas regionais vivenciavam, de modo repentino, a instalação da capital do Império. Outrora adaptados a uma realidade de fragmentação de poder, em que a centralidade política estava a léguas marítimas de distância, os potentados locais viram-se obnubilados pela presença da família real e toda sua corte, atraindo para a capital toda a energia produtiva do país.

Os tratados de 1810 são, portanto, o epítome de um modo descompromissado com a construção de uma arquitetura política interna equilibrada, harmônica e saudável.

3.3. CONSTITUCIONALIZAÇÃO DO IMPÉRIO PORTUGUÊS

A crítica iluminista ao Antigo Regime contou dentre suas diversas consequências o fomento do constitucionalismo, como forma privilegiada de concepção do poder estatal, simbioticamente atrelada à ideia de Estado de Direito. Essa ideia torna-se um *ex libris* da cultura política ocidental. José Luiz Borges Horta sintetiza o conteúdo da expressão *Estado de Direito* (*Rechtstaat* ou, ainda *Rechtszustand* – na original expressão hegeliana):

> O Estado de Direito é, assim, a forma política que confere aos direitos fundamentais primazia axiológica: não há norma jurídica mais importante que aquelas que, ao consagrarem direitos, tornam-se nucleares a todo o ordenamento jurídico[143].

Nas palavras de Danilo Zolo: "*a doutrina do Estado de Direito é provavelmente o patrimônio mais relevante que, hoje, nos inícios do terceiro milênio, a tradição política europeia deixa em legado à cultura política mundial*"[144]. O constitucionalismo, compreendido como doutrina política, deriva do contratualismo, assim explicado por Bobbio:

> Trata-se de um modelo claramente dicotômico [...]: o homem ou vive no estado de natureza ou vive no estado civil. [...] entre os dois estados, há uma relação de contraposição: o estado natural é o estado não político e o estado político é o estado não natural. Em outras palavras, o estado

---

[143] HORTA, José Luiz Borges. *História do Estado* [...]. *Op. cit*, p. 36.

[144] COSTA, Pietro, ZOLO, Danilo (Org.). *O Estado de Direito*; história, teoria, crítica. Trad. Carlo Alberto Dastoli. São Paulo: Martins Fontes, 2006, p. 51.

político surge como antítese do estado natural, [...] e o estado natural ressurge [...] quando esse deixa de cumprir a finalidade para qual foi instituído. [...] Na medida em que é antitético ao estado de natureza, o estado civil é um estado 'artificial', produto, como se diria hoje, de cultura e não de natureza (daí a ambiguidade do termo 'civil', que significa ao mesmo tempo 'político', de *civitas*, e civilizado, de *civilitas*)[145].

O constitucionalismo exsurge, portanto, como elemento central de nossa cultura política, explicitando-se seja como um elemento doutrinário, seja como eixo de estruturação institucional do Estado[146]. Nelson Saldanha assim resume:

> Uma vez que se considere o pensamento constitucional propriamente dito como um fenômeno do Ocidente contemporâneo, torna-se evidente sua interligação com o movimento chamado 'constitucionalismo' [...] [que] corresponde historicamente ao que se chama 'Estado de Direito' [...], embora [...] as duas expressões não sejam sinônimas: o constitucionalismo aparece mais como um movimento, um pro- cesso, uma tendência a um tempo doutrinária e institucional; o Estado-de-Direito, mais como um tipo, um modelo, uma estrutura a que o Estado moderno chegou[147].

A concatenação normativa de um conjunto de direitos e garantias fundamentais, bem como a imposição de limites ao exercício dos Poderes de Estado e a distribuição de um conjunto institucional de competências formam o cerne material desse movimento-processo denominado constitucionalismo.

As ideias liberais já granjeavam espaço no cenário político brasileiro, de, ao menos, 1789, com a *Inconfidência Mineira*[148]. Em 1817,

---

145 BOBBIO, Norberto. BOVERO, Michelangelo. *Sociedade e Estado na Filosofia Política Moderna*. Trad. Carlos Nelson Coutinho. 4 ed. São Paulo: Brasiliense, 1994, p. 62.

146 Fala-se, contemporaneamente, em *cultura constitucional*. *Cf.* BIELSCHOWSKY, Raoni. *Cultura Constitucional*. Tese de Doutorado. Belo Horizonte: Faculdade de Direito da Universidade Federal de Minas Gerais, 2016.

147 SALDANHA, Nelson Nogueira. *O Estado Moderno e o constitucionalismo*. São Paulo: Buchatsky, 1976, p. 39 *usque* 40.

148 Sobre os radicais liberais, *Cf.* FURTADO, João Pinto. Das múltiplas utilidades das revoltas: movimentos sediciosos do último quartel do século XVIII e sua apropriação no processo de construção da nação. *In*: MALERBA, Jurandir (Org.). *A independência brasileira*: novas dimensões. Rio de Janeiro: Editora FGV, 2006, p. 72 *et seq*.

a *Revolução dos Padres*[149], do Seminário de Olinda, esboça um movimento intelectual – com apoio dos grandes proprietários – em prol de reformas liberais, com a proposta, inclusive, de uma assembleia constituinte.

Em 1820, eclode em Portugal a *Revolução Liberal do Porto*[150], que coloca uma cunha definitiva no sistema colonialista. A família real, trasladada para o Brasil por ocasião das guerras napoleônicas, vê-se na contingência de devolver o Príncipe D. João ao continente europeu. O liberalismo predominante na Europa contrasta-se com o ímpeto de manutenção do colonialismo. Instala-se, de fato, no Brasil, uma espécie de guerra velada travada entre portugueses reinóis e brasileiros, aliados aos "portugueses enraizados".

Na correlação de forças políticas, o elitismo burocrático é a síntese do amálgama de interesses agrários, comerciais e administrativos, que demonstram sua íntima interdependência e identificação de propósitos. Se os portugueses enraizados, ao lado das elites agrícolas regionais, colocavam-se como antagonistas do projeto de recolonização do Brasil, anteviam na vitória do liberalismo na Europa continental a chave para a construção e sustentação de um novo e autônomo império tropical.

O art. 20, inciso II, do capítulo único do Título II da Constituição portuguesa de 23 de setembro de 1822 é claro ao prever a existência do Reino Unido de Portugal, Brasil e Algarves, incluindo no território português na América:

> o reino do Brasil, que se compõe das Províncias do Pará e Rio Negro, Maranhão, Piauí, Rio Grande do Norte, Ceará, Paraíba, Pernambuco, Alagoas, Bahia e Sergipe, Minas Gerais, Espírito Santo, Rio de Janeiro, S. Paulo, Santa Catarina, Rio Grande do Sul, Goiás, Mato Grosso, e das Ilhas de Fernando de Noronha, Trindade, e das mais que são adjacentes àquele reino.

---

149 BERNARDES, Denis Antônio de Mendonça. *O Patriotismo Constitucional:* Pernambuco, 1820-1822. Recife: Editora Universitária UFPE, 2006, p. 163.

150 *Cf.* sobre a Revolução do Porto, verbete *Revolução do Porto in:* SERRÃO, Joel. *Dicionário de história de Portugal.* v. 5. Porto: Livraria Figueirinhas, 1985. Ainda, ARAÚJO, Ana Cristina. *A cultura das luzes em Portugal*: temas e problemas. Lisboa: Livros Horizonte, 1980. *passim.*

No mesmo passo, o art. 128 da Constituição portuguesa de 1822 prescreve que *"haverá no reino do Brasil uma delegação do poder executivo, encarregada duma Regência, que residirá no lugar mais conveniente que a lei designar. Dela poderão ficar independentes algumas províncias, e sujeitas imediatamente ao Governo de Portugal"*. A despeito de ter sido a Constituição portuguesa promulgada após o *nosso brado de independência* de 07 de setembro, o avanço do liberalismo em Portugal expõe o miasma do Brasil. Se, de um lado, o Império português recebia com regozijo (senão da monarquia, ao menos das camadas médias) os ventos do constitucionalismo europeu, insistia e teimava em manter sua política colonial.

As elites regionais agrárias nacionais viam na criação de uma monarquia constitucional a ponte de ouro para a autonomia nacional (e de si próprias). De outro lanço, a interdependência dos interesses agrárias, comerciais e, sobretudo, administrativo-burocráticos ensejaram o surgimento de mecanismos comuns de defesa e de coesão das elites. As pressões do novo liberalismo econômico, oriundo do amadurecimento do capitalismo industrial forneceram a energia de ativação dos conflitos e expunham a contradição dos termos do modelo político português.

D. Pedro I converte-se ao Brasil por ambição de glória, tornando-se o símbolo de um modelo de Estado capaz de conciliar o então vigente liberalismo econômico, à moda de inícios do século XIX, com a escravidão. A aclamação de D. Pedro I configura, assim, uma espécie de transação entre o elemento nacional avançado e o elemento reacionário luso (Oliveira Viana), dando uma feição mais homogênea às elites nacionais. Assim, os diversos núcleos de poder regionais encontram na monarquia constitucional independente a via de acesso ao poder central, que irá se equilibrar sobre esse frágil picadeiro de interesses políticos paradoxais. O advento da Constituição imperial de 1824 dará início a um longo período de estabilidade institucional e avanço político.

3.4. OS CUSTOS E SIGNIFICADOS DA INDEPENDÊNCIA

O reconhecimento da Independência do Brasil constitui, com precisão, o primeiro conjunto de normas genuinamente nacionais, que interferiram nos destinos da nação. Ao rompimento político e econômico com Portugal, seguiram-se as iniciativas para a obtenção do reconhecimento da independência, bem como as concessões externas. Se a ruptura com Portugal é marcada por duas fases distintas, sendo a primeira de caráter nacionalista, liderada por José Bonifácio, a outra, que se inicia em 1823, teve caráter algo contrarrevolucionário e arredio à figura centralista do novo Imperador, com repercussões para a Assembleia Nacional Constituinte, de que cuidaremos mais adiante.

A obtenção e afirmação da independência foram urdidas com uma série de medidas levadas a cabo pelo Imperador D. Pedro I, sob a curial condução de José Bonifácio. O rompimento político-jurídico com as cortes portuguesas, que ameaçavam, inclusive militarmente, o país, foi moldado pelo *Patriarca da Independência*. Dentre as medidas, destacam-se a criação do Conselho dos Procuradores-Gerais das Províncias do Brasil (antecedente do Conselho de Estado), a convocação da Constituinte, a anistia para antigas dissenções, a imposição do *placet* para que se desse cumprimento a antigas leis portuguesas, a organização dos ministérios do Estado, o confisco de bens de portugueses reinóis, a expulsão das milícias portuguesas e a proibição do comércio bilateral com Portugal[151].

À diferença do que o senso comum costuma indicar, houve, de fato, uma inevitável guerra de independência. Os "partidos" estiveram presentes nessa movimentação. Ao passo que o partido português contava com uma tropa de cerca de 10 mil homens e uma marinha (com maior concentração no nordeste brasileiro), as forças brasileiras organizaram-se posteriormente, ainda que de modo rápido. Para além dos homens livres, houve o recrutamento de soldados e oficiais mercenários ingleses, franceses e americanos. A "demonstração de força prevaleceu sobre o combate"[152], mas houve custos, que recaíram sobre o Banco do Brasil.

---

[151] *Cf.* As atas do Conselho, mais importante instituição do Império, ao lado do Imperador e do Senado, podem ser consultadas em BRASIL. *Publicações do Arquivo Nacional.* v. XVIII. Rio de Janeiro: Imprensa Nacional, 1918, p. 7 *usque* 45. Sobre o tema, V. Melo Moraes, Alexandre José. *História do Brasil-Reino e Brasil-Império.* Rio de Janeiro: s. e., 1871. Monteiro, Tobias. *História do Império*: O Primeiro Reinado. Rio de Janeiro: s.e, 1939-1946. Fleiuss, Max. História Administrativa do Brasil. Rio de Janeiro, 1822. 2ª ed., Rio de Janeiro: s.e., 1925. Varnhagen, Francisco Adolfo de, Visconde de Sorocaba. História da Independência. *In*: Revista do Instituto Histórico e Geográfico Brasileiro, t. 79, Rio de Janeiro, s. e., 1916, p. 01 *et seq.*

[152] CERVO, Amado Luiz; BUENO, Clodoaldo. *História* [...]. *Op. cit*, p. 31.

Sobre o prisma da distribuição espacial de forças políticas, o movimento militar teve um duplo efeito. De uma parte, contribuiu para a união das províncias, a criação de assembleias locais e a substituição dos governos coloniais; de outra, fomentou a adesão nacional à figura do Imperador, fortalecendo-o, inclusive, no combate à *Confederação do Equador*[153], bem como deixou um legado de forças ociosas, que viabilizaram o recrudescimento dos apetites intervencionistas no Prata.

A questão do reconhecimento internacional da independência brasileira interessa-nos não sob o enfoque das repercussões em termos de política externa, mas, antes, como parte da engrenagem do sistema jurídico nacional e da construção do sistema de equilíbrio de forças. Nesse sentido, sob a perspectiva política, a síntese de Amado Cervo e Clodoaldo Bueno é precisa:

> A política externa à época da Independência, se foi nociva à nação, pelo menos serviu ao Estado, fornecendo-lhe, pelo reconhecimento internacional, uma legitimação que perdia internamente com a dissolução da Constituinte, o retorno do Partido Português e o autoritarismo de D. Pedro. É forçoso reconhecer que o imperador foi bem sucedido, se pretendia obter, com essa legitimação, os meios que lhe permitissem garantir a unidade do Estado monárquico[154].

Em 1824, o "imperador do Beni e Rei de Arjan, vassalo do Obá de Benin" reconheceu a existência do Brasil como nação autônoma[155]. Foi, porém, fruto da intermediação inglesa, pelas mãos de Canning e do embaixador Henry Chamberlain, que o Brasil adentrou o cenário internacional, malgrado as amplas concessões – reputadas um grave erro político – tenham trazido consequências perenes para toda a nação. As negociações mais relevantes, porém, foram aquelas travadas com Portugal e com as demais potências europeias.

---

153 MELLO, Evaldo Cabral. *A outra independência*: o federalismo pernambucano de 1817 a 1824. São Paulo: Editora 34, 2004, p. 218 *et seq*.

154 *Id*, p. 50.

155 O fato é lembrado como referência de aproximação cultural por CONTE, Daniel; AGUIAR, Rafael Hofmeister. *O Brasil que me (Des)Silencia*. In: SARAIVA, Juracy Assman; PUHL, Paula Regina. *Processos Culturais e sua Manifestação*. Novo Hamburgo: Universidade Feevale, 2013, p. 82

A Inglaterra, ciente de irreversibilidade da independência brasileira, colocou-se, ao lado da Áustria, como mediadora dos diálogos e negociações entre o Brasil e sua antiga metrópole. A resistência da Santa Aliança, que defendia uma postura legitimista e intervencionista, foi um dos obstáculos superados pelo Brasil recém independente, com o auxílio da intervenção de Canning. De outro lanço, como fruto da doutrina Monroe, o Brasil obteve o reconhecimento da independência pelos Estados Unidos da América, ainda em 1824, antes mesmo de que a Inglaterra pudesse fazê-lo (afinal, mercê de suas históricas relações com Portugal, aguardava-se o reconhecimento metropolitano).

O concurso dos bons ofícios da Inglaterra fora obtido à custa do sacrifício da soberania comercial do país. Explica-se: o país europeu via-se na contingência de procurar obter, pela via negociada, a renovação dos tratados de comércio assinados em 1810, com Portugal. Ainda além, procurava um compromisso definitivo pela abolição da escravidão. Na perspectiva estratégica, o Brasil era, àquela altura, a única monarquia, em um continente republicano. A manutenção da monarquia, embora decorra, em essência, das condições própria emancipação, também interessava aos ingleses.

Com a intermediação da Inglaterra, em especial do ministro plenipotenciário inglês, Charles Stuart, o Brasil obteve o reconhecimento português, com a seguinte fórmula:

> D. João VI reconhecia a independência e D. Pedro como imperador, assumia em seguida o título imperial para si mesmo e transferia para seu filho os direitos de soberania sobre o Império. D. Pedro anuía a que seu pai tomasse o título de imperador. Ficava patente, assim, que a independência decorrera dos esforços do povo brasileiro, mas não se excluía a concessão dos direitos de soberania a D. Pedro, por D. João VI[156].

Ultimadas as tratativas com Portugal, abria-se a via para o reconhecimento inglês, que imporia severos ônus ao país, bem como impactaria em nossa organização interna, inclusive sob o enfoque normativo. O reconhecimento da Inglaterra deu-se pela assinatura de uma *Convenção sobre o Tráfico Negreiro*, em 1826, e, em especial, do *Tratado de Comércio* de 1827.

---

[156] HOLLANDA, Sérgio Buarque de; *et all*. *História Geral da Civilização Brasileira*. v. I. t. II. 9. ed. São Paulo: Bertrand Brasil, 2007, p. 353.

Pelo Tratado de 1827, para além das vantagens comerciais – que aquinhoavam os ingleses com privilégios alfandegários iguais àqueles de que gozavam as mercadorias brasileiras, bem como lhes garantiam a isenção de impostos de consumo e a extinção de monopólios –, o acordo anglo-brasileiro previu a manutenção do *juiz conservador da nação britânica*. O artigo sexto do tratado assim estabelecia:

> Tendo a Constituição do Império abolido todas as jurisdições particulares, convém-se em que o lugar de Juiz Conservador da Nação Inglesa subsistirá só até que se estabeleça algum substituto satisfatório em lugar daquela jurisdição, que possa assegurar igualmente proteção às pessoas, e à propriedade dos súditos de Sua Majestade Britânica. Fica contudo entendido que os súditos de Sua Majestade Britânica gozarão no Brasil dos mesmos direitos, e vantagens, de que gozam os súditos brasileiros nas suas causas, tanto cíveis, como criminais; que eles não poderão ser presos sem culpa formada, e sem ordem assinada por autoridade legítima, exceto em casos de flagrante delito; e que as suas pessoas serão livres de prisão em todos os casos em que a lei admite fianças[157].

Para além da nítida submissão política, os tratados de 1827 estabeleceram uma tarifa privilegiada de 15% (quinze por cento) *ad valorem* para os produtos ingleses, bem como uma "cláusula de nação favorecida". Naquilo que concerne à questão da escravidão, o compromisso brasileiro feito em 1827 apenas contribuiu para a perda de popularidade do Imperador, sendo fator decisivo para sua abdicação em 1831[158]. A monarquia, enquanto instituição nacional, por diversas vezes (1810, 1817, 1827[159], 1831[160], 1850[161],

---

157 BRASIL. *Colleção das Leis do Império do Brazil de 1827*. Rio de Janeiro: Imprensa Nacional, 1891, p. 323.

158 MANCHESTER, Alan K. *Bristish preeminence in Brazil*: a study in European Expansion. Chapel Hill: North Carolina University Press, 1933, p. 360. Ainda, BETHELL, Leslie. *The Abolition of the Brazilian Slave Trade*. Cambridge: Cambridge University Press, 1970, p. 48.

159 Em 1810, 1817 e 1827, a monarquia demonstrou seu compromisso com a abolição do tráfico negreiro e com o fim da escravidão, em tratados celebrados com a Inglaterra.

160 A Lei Feijó de 1831, declarava livres todos os escravos vindos de fora do império. Recebeu a alcunha de "lei para inglês ver". *Cf.* BRASIL. *Coleção de Leis do Império do Brasil – 1831*. Vol. I. pt. I. Rio de Janeiro: Typografia Nacional, 1832, p. 182.

161 É de 1850 a Lei Eusébio de Queiroz, que proibiu o tráfico interatlântico de escravos. *Cf.* BRASIL. *Coleção de Leis do Império do Brasil – 1850*. Vol. I. pt. I. Rio de Janeiro: Typografia Nacional, 1851, p. 267.

1871[162], 1885[163] e 1888) posicionou-se contrariamente à escravidão[164]. A posição do Imperador face à *chaga negra* fez colidir o governo central com os interesses das oligarquias regionais, levando, inclusive, por duas vezes, à queda da monarquia, de modo definitivo em 1889.

Assentadas as questões com Portugal, Inglaterra e Estados Unidos as demais nações foram aderindo à força da realidade e reconhecendo a nação[165]. A obtenção da Independência teve o significado de cristalizar, em definitivo, a situação política, cujo desenlace começara em 1808. O Brasil debutava no cenário internacional, com importante e agressivo ator geopolítico no cone sul das américas. A mobilização das forças, por ocasião das recíprocas demonstrações de potencial bélico perante Portugal, dotou o país de um contingente mobilizado de homens, dando lastro para uma política intervencionista, na região do Prata – que em muito impactaria no crescimento dos regionalismos sulistas no país.

Se a via diplomática de obtenção da independência viabilizou o reconhecimento da maturidade nacional no contexto do concerto das nações, trouxe consigo, a um só tempo, consequências políticas internas de longo alcance. Os privilégios alfandegários concedidos à Inglaterra minaram o nascimento da indústria nacional. Essa inserção subordinada no mercado de trocas favoreceu as elites agrárias do sudeste, nordeste e sul do país. Nesse passo, politicamente, o país caminhava para a centralização dos poderes, na medida em que, paradoxalmente, o peso econômico das elites regionais ganhava, ainda que involuntariamente, peso desproporcional. Veja-se, portanto, que a dissintonia entre a dimensão política e a distribuição espacial do poder começa a tomar contornos.

---

162 É de 1871 a Lei Rio Branco, ou Lei do Ventre Livre, que declarava a liberdade dos filhos de escravos nascidos no país. *Cf.* BRASIL. *Coleção de Leis do Império do Brasil – 1871*. Vol. I. pt. I. Rio de Janeiro: Typografia Nacional, 1872, p. 147.

163 É de 1885 a Lei Saraiva-Cotegipe, conhecida como Lei dos Sexagenários, que declarou a liberdade dos escravos cativos maiores de 65 (sessenta e cinco) anos). *Cf.* BRASIL. *Coleção de Leis do Império do Brasil – 1885*. Vol. I. pt. I. Rio de Janeiro: Typografia Nacional, 1886, p. 14.

164 CONRAD, Robert. *Os últimos anos da escravatura no Brasil, 1850-1888*. Rio de Janeiro: Civilização Brasileira, 1975. *passim*. Ainda, MATTOS, Hebe. Racialização e cidadania no Império do Brasil. In: CARVALHO, José Murilo de; NEVES, Lucia Bastos Pereira das (orgs.). *Repensando o Brasil do Oitocentos*. Rio de Janeiro: Civilização Brasileira, 2009. *passim*.

165 Sobre o tema, *Cf.* HOLLANDA, Sérgio Buarque de; *et all*. *História Geral* [...]. *Op. cit*, p. 365 *et seq*.

4. O IMPÉRIO: A CONSTRUÇÃO DE UM EQUILÍBRIO DINÂMICO E DELICADO

4.1. A CONSTITUINTE: A QUESTÃO LIBERAL

O ambiente político no período imediatamente após a independência foi marcado pela polarização entre o chamado *partido* português e o *partido* brasileiro. Aliás, a terminologia partido político não se aplica com exatidão ao contexto da época. Os grupos, conquanto ordenados segundo a lógica de intervenção ideológico-partidária, eram destituídos de estrutura institucional e organização internas, correspondendo, assim, a uma espécie de facção, que alinhava vozes de iguais matizes.

O partido português, reinol, cujos membros também foram conhecidos como "chumbistas"[166], manteve seu fôlego político enquanto perdurou a presença da tropa lusa, logo vaporizada. Esses portugueses áulicos logo viram sua aspiração à restauração ser dissolvida pela consolidação do Império brasileiro. Sua agenda conservadora – de defesa do absolutismo, das limitações à cidadania política e de centralização vertical do poder – acabou assumida por brasileiros, de alcunha "corcundas"[167].

A aversão à restauração e à recolonização foram lembradas pelo próprio Imperador, por ocasião de seu discurso de abertura dos trabalhos da Assembleia Nacional constituinte, em 03 de maio de 1823:

> Deveríamos já ter gozado de uma representação nacional, mas a nação, não conhecendo há mais tempo seus verdadeiros interesses, ou conhecendo-os, e não os podendo patentear, vista a força e o predomínio do partido português, que sabendo muito bem a que ponto de fraqueza, pequenez e pobreza, Portugal já estava reduzido, e ao maior grau a que podia chegar a decadência, nunca quis consentir (sem embargo de proclamar liberdade, temendo a separação) que os povos do Brasil gozassem de uma representação igual àquela, que eles então tinham. Enganar-se-ão nos seus planos conquistadores, e desse engano provém nossa fortuna[168].

---

[166] MELLO FRANCO, Afonso Arinos de. *História e Teoria dos Partidos Políticos no Brasil*. São Paulo: Editora Alfa-Ômega, 1974, p. 24 *et seq*.

[167] Id. ibid.

[168] PINTO, Antonio Pereira (Org.). *Annaes do Parlamento Brazileiro*: assembléa constituinte – 1823. t. I. Rio de Janeiro: Typografia do Imperial Instituto Artístico, 1874, p. 13

Os liberais radicais, como Cipriano Barata e Gonçalves Ledo, abandonaram o processo constituinte. Nesse passo, a própria existência de uma agenda liberal *stricto sensu* restou prejudicada. O partido brasileiro, embora assumisse propostas mais arrojadas, naquilo que concerne à distribuição institucional e espacial do poder, foi marcado pela concepção andradista de constituição e de liberalismo:

> Partindo do pressuposto de que tudo é filho dos tempos e das luzes e de que os homens são entes sensíveis e filhos das circunstâncias, e não 'entes de razão ou ideias platônicas', José Bonifácio consideraria que 'a bondade de qualquer constituição é que esta seja a melhor que a nação possa e queira receber'. Entendendo-se por nação a parcela 'esclarecida' da sociedade limitada a um circuito restrito de proprietários. Numa de suas notas sobre o sistema eleitoral encontram-se os que vivem de 'soldada' ao lado dos criminosos, loucos e mendigos ('os criminosos, loucos, os que vivem de soldada e mendigos não podem ser eleitores'). José Bonifácio tomou a defesa das palavras do imperador, pronunciadas por ocasião da abertura da Assembleia Constituinte: 'espero que a Constituição que façais mereça a minha Imperial aceitação', palavras que a ala radical considerou intromissão indébita do executivo no legislativo. Na Assembleia Constituinte atacaria os que 'se apegam aos princípios metafísicos' sem conhecimento da 'natureza humana' e que, no seu entender, eram responsáveis pelos horrores cometidos na França 'onde as constituições nem bem aprovadas eram logo rasgadas, e na Espanha e em Portugal, nadando em sangue'; defendendo a ideia de uma constituição que 'nos dê aquela liberdade de que somos capazes, aquela liberdade que fez a felicidade do Estado e não a liberdade que dura momentos e que é sempre causa e fim de terrível desordem'. [...] No diálogo dos liberais, assumira a perspectiva conservadora. Não se deve, entretanto, superestimar a divergência que o separa dos elementos tidos como liberais, nem muito menos ver, nestes últimos, democratas, os representantes do povo. Analisando o diálogo dos Constituintes pode-se perceber que o tom geral é substancialmente o mesmo no que diz respeito à ideia de uma possível revolução que alterasse profundamente a ordem social e econômica existente. Divergiam apenas a propósito da delimitação do poder executivo e da definição do alcance das medidas liberais, tais como a liberdade de imprensa, a anistia dos presos políticos, a liberdade de culto. A Constituinte, na sua obra frustrada pela dissolução decretada pelo imperador em novembro de 1823, sequer chegaria a tratar da questão dos escravos[169].

---

169 COSTA, Emília Viotti da. *Da Monarquia à República*: momentos decisivos. 6 ed. São Paulo: Editora UNESP, 1998, p. 78 *et seq*.

A aversão ao republicanismo e ao federalismo foram marcas da pauta política dos liberais de então. As divergências centrais estavam nos limites dos poderes do Imperador, bem como naquilo que tangenciou a interface entre Estado e a Igreja[170]. O liberalismo à moda andradista pautou a elaboração do anteprojeto de Constituição de 1823, elaborado por uma comissão presidida por Antônio Carlos Andrada, irmão de José Bonifácio. O projeto, que recebeu a alcunha histórica de Constituição da Mandioca, em grande medida, criava um mecanismo de distribuição territorial do poder, ao prever um mecanismo censitário de aferição da capacidade eleitoral. Ainda além, o anteprojeto de 1823[171] entregava o comando das forças armadas ao parlamento e atribui ao Imperador o poder de veto suspensivo apenas sobre a Câmara.

Ainda que o Projeto de 1823 não tenha vingado, mercê da dissolução da Assembleia Constituinte em 13 de novembro de 1823[172], o ideário liberal brasileiro acabou sendo vencedor, ainda que em termos mais restritos. O país assumiu uma boa parcela do figurino liberal, sendo a nomenclatura adotada "Império do Brasil", em lugar de "Reino do Brasil", prova dessa opção. A ideia de limitação do poder executivo, a previsão de direitos individuais e de propriedade e a existência de um parlamento dão a dimensão do avanço.

A dissolução da constituinte, embora tenha sido uma vitória contra os Andradas, foi, em verdade, uma vitória de Pirro. Considerar a Constituição outorgada de 1824 uma vitória das ambições recolonizadoras é menosprezar a influência do liberalismo andradista, que pouco tem de econômico, mas muito teve de influência em nossa formação político-jurídica:

---

[170] Id. ibid.

[171] Cf. BRASIL. *Diário da Assembleia Geral Constituinte e Legislativa do Império do Brasil de 1823*. v. 1-3. Ed. fac-similar. Brasília: Editora do Senado, 2003. *passim*. Uma imagem do original do anteprojeto pode ser consultada em: <http://www12.senado.leg.br/institucional/arquivo/imagens/projeto-de-constituicao-de-1823/view>. Acessado em 20 jul. 2016, às 23h46min.

[172] Na chamada noite da agonia (12 de novembro de 1823), D. Pedro I dissolveu a Assembleia Nacional Constituinte, e determinou o exílio de Antônio Carlos, Martim Francisco e José Bonifácio de Andrada.

A divisão entre constitucionalistas e absolutistas ou 'corcundas' (reacionários, dir-se-ia hoje) é muito mais profunda do que aquela que há de opor os partidos do Segundo Reinado. Falar em liberal da época de D. Pedro I é referir-se a um tipo de mentalidade em cuja formação o fator econômico não será talvez decisivo mas é importante. Essa mentalidade, e não o patriotismo, é que distingue o liberal. Trata-se do amigo da propriedade e da ordem, amante, porém, da liberdade e da Constituição que deve garanti-la; amante, portanto, de *novidades*, capaz dessa grande novidade que é estar em oposição ao governo e ao próprio monarca. O absolutismo é o inverso, pretende apenas, feita a independência, conservar cabedais e a posição, é sobretudo amigo da segurança, não lhe fazem mossa os excessos de quem detém o poder, desde que conserve privilégios e tranquilidade. [...] Absurdo, portanto, será o critério histórico que atribui a um partido recolonizador mais ou menos mascarado a assunção do poder após a queda dos Andradas. Ou mesmo uma influência menos confessável do ponto de vista da soberania nacional, o que não quer dizer que não fosse maléfica do ponto de vista do interesse nacional, ligado ao aperfeiçoamento político do país, a influência tanto de áulicos portugueses, quanto de cortesãos brasileiros. A arma da oposição era confundir aqueles amplos interesses, e também às vezes empenhos de caráter mais pessoal, com soberania ameaçada ou ultrajada. Essa arma, usam-nas os Andradas em 23, os liberais a partir do fim desse ano (ou mesmo antes, nas províncias onde se antecipa o descontentamento). A distância, contudo, entre os Andradas e os seus adversários liberais, do ponto de vista estritamente político, é talvez a mesma, talvez maior do que aquela que separa os Andradas e os 'chumbeiros', sobretudo se alargarmos o epíteto ao imenso rol de gente que naquela época era nele incluída[173].

O processo constituinte de 1823 foi abruptamente encerrado pelo Imperador, mercê do desgaste com o ideário andradista. Se, em verdade, o ideário dos Andradas não pode ser considerado tipicamente liberal, em especial, em termos econômicos, com mais acerto poder-se-á dizer que se batera com todo afinco contra o absolutismo. O impasse político e as tensões no âmbito da assembleia nacional constituinte fervilharam por ocasião do episódio de Pamplona[174],

---

173 HOLLANDA, Sérgio Buarque de; *et all*. *História Geral da Civilização* [...]. *Op. cit*, p. 385

174 Tendo sido publicado na 'Sentinela' um artigo ofensivo às tropas lusas, os dois oficiais apontados como traidores foram à caça do suposto autor das ofensas. Daniel Pamplona Corte Real foi agredido pelos oficiais, tendo se queixado, posteriormente, à Assembleia Constituinte. O apelo foi enfaticamente encampado por Martim Francisco e Antônio Carlos Andrada, dando origem a agitações que culminaram com a dissolução da Assembleia, pelo Imperador. *Cf*. VAINFAS, Ronaldo. *Dicionário do Brasil Imperial*: 1822-1889. São Paulo: Objetiva, 2002, p. 524.

culminando com a dissolução da Assembleia pelo imperador e nomeação de uma comissão de notáveis[175], encarregados da redação da constituição imperial de 1824.

O absolutismo fora definitivamente derrotado, à custa do exílio dos irmãos Andrada. O país afastaria de si, em definitivo, o absolutismo, assumindo as feições de um império constitucional e liberal, naquilo que se concebe como um Estado Liberal de primeira geração[176]. Malgrado tenha sido outorgada e não produto da legitimidade da assembleia nacional constituinte, a Constituição do Império de 1824 perduraria por sessenta e cinco anos.

4.2. A CONSTITUIÇÃO DE 1824

A primeira Constituição brasileira trouxe consigo uma nova arquitetura institucional para o país. Mantida a fórmula imperial, incorporou elementos liberais e introduziu novos mecanismos de controle e distribuição do poder. Essa Constituição vigoraria até o final do Império, com seu modelo de governo monárquico, hereditário e constitucional.

Em sua abordagem social, a Constituição de 1824 silenciou-se, sob o prisma de seu texto posto, sobre superação do regime da escravatura, que perduraria até fins do século XIX. Os títulos nobiliárquicos foram mantidos, mas afastada a transmissão hereditária. No âmbito religioso, prevaleceu a Igreja Católica Apostólica Romana como a oficial do Império, conquanto se tenha permitido o culto privado de outras crenças.

---

175 A comissão foi constituída por aqueles que viriam a integrar o futuro Segundo Conselho de Estado: João Severiano Maciel da Costa, Ministro do Império; Luís José de Carvalho e Melo, Ministro dos Negócios Estrangeiros; Clemente Ferreira França, Ministro da Justiça; Mariano José Pereira da Fonseca, Ministro da Fazenda; João Gomes da Silveira Mendonça, Ministro da Guerra; Francisco Vilela Barbosa, Ministro da Marinha; bem como pelos Conselheiros José Egídio Álvares de Almeida, Antônio Luís Pereira da Cunha, Manuel Jacinto Nogueira da Gama e José Joaquim Carneiro de Campos. As atas das sessões do segundo Conselho de Estado podem ser consultadas em BRASIL. *Publicações do Arquivo Nacional*. v. XVIII. Rio de Janeiro: Imprensa Nacional, 1918. Ou, ainda, acessados na *web* em: <http://www.senado.gov.br/publicacoes/anais/pdf/ACE/ATAS2-Segundo_Conselho_de_Estado_1822-1834.pdf>. Acessado em 25 jul. 2016.

176 HORTA, José Luiz Borges. *História do Estado* [...]. *Op. cit*, p. 63 *et seq.*

Na filosofia do Estado, a tripartição de poderes é, talvez, mais importante inovação institucional da era moderna. Separar as funções executiva, legislativa e judiciária, mantendo-as em posição de equi-primordialidade, de modo que possam uma circunscrever e coarctar o espectro das demais, permitiu ao Estado superar, em definitivo, o patamar do absolutismo e da autocracia.

A Constituição de 1824, porém, foi inovadora, ao introduzir, no contexto da relação dentre os poderes de Estado, o Poder Moderador e o Conselho de Estado. Mangabeira Unger, em seu *O Direito e o Futuro da Democracia*, cunha a terminologia *imaginação institucional*, para referir-se ao conjunto de impulsos políticos que movimenta o processo de consolidação do projeto democrático e, por que não dizer, do próprio Estado, em si considerado. Nesse sentido, o projeto democrático, para Mangabeira Unger, deve centrar-se no movimento do experimentalismo, que rompe com o chamado *fetichismo institucional*, é dizer, o reconhecimento de que a convergência de modelos institucionais é falaciosa e não deve se impor ou pautar o *iter* de concepção e implementação de modelos institucionais aptos a promoverem o progresso democrático[177].

Sob o prisma metodológico, as intervenções devem desvencilhar-se do caráter individual, adquirindo feições coletivas e episódicas. Nesse passo, as inovações institucionais almejam a reestruturação de uma organização e, em última instância, do Estado. O apartar-se da rotina e a necessidade de evolução das estruturas sociais reclamam soluções criativas e pioneiras, que não se coadunam com a manutenção rígida de estruturas sociais e políticas, que perpetuam modelos já em decadência.

O que Mangabeira Unger defende é a suplantação de um reformismo conservador. Nesse sentido, afirma:

> Duas crenças e um compromisso definem o reformismo pessimista progressivo. A primeira crença é a que o caracteriza como uma espécie de reformismo conservador: mudança institucional não entra no jogo. Além disso, mesmo se tal mudança fosse possível e desejável, nós, os juristas, não poderíamos ser seus agentes legítimos e eficazes. A segunda

---

[177] MANGABEIRA UNGER, Roberto. *O Direito e o Futuro da Democracia*. Trad. Caio Farah Rodrigues e Marcio Soares Grandchamp. São Paulo: Boitempo, 2004, p. 18 *et seq.*

crença é a que o caracteriza como pessimista: na política de produção do direito, a maioria autofavorecedora vai periodicamente se aproveitando de grupos marginalizados e impotentes[178].

Por certo, o esforço de imaginação institucional, defendido por Mangabeira Unger, não é algo que fora por ele concebido. É, antes, parte inerente da dialética histórica ocidental. As forças políticas antagonistas mantêm permanente pressão em prol do desenvolvimento. Com efeito, Mangabeira Unger busca, sim, é fomentar a constante presença do experimentalismo e do espírito anti-conservador, como ferramentas para um projeto de permanente modernização e incremento das sociedades democráticas. E vai além, ao apontar a educação jurídica como protagonista da formação de uma consciência jurídica otimista, revolucionária e democrática.

Como já afirmamos, as inovações institucionais, conquanto não sejam induzidas de modo perene pelos sistemas políticos, ocupam o espaço principal no *moto* histórico-político nacional. As transições políticas que seguem as crises e superam os arranjos pretéritos são vocacionadas para a longa duração, quando seus atores são capazes de encontrar soluções institucionais novas, aptas a assimilarem os aspectos fundamentais geradores de instabilidade, entropia, pessimismo e assimetrias.

Como vimos, convocada a Constituinte em 1822, o quadro político brasileiro era delineado pela oposição entre o *partido português* e o *partido brasileiro*. A nação recém-independente ainda se afetava pela velha díade colônia-metrópole. Como dissemos, importa observar que membros radicais da elite local, como Cipriano Barata e Gonçalves Ledo, sequer tomaram parte da Assembleia Constituinte Nacional.

Ao passo em que o *partido brasileiro* granjeava apoio político e prestígio de ideias, o *partido português* via minguar suas fileiras, subsistindo como partido reinol apenas enquanto sobrevive a tropa lusa. Gradativamente, vai se transformando em uma espécie de refúgio de portugueses áulicos e dos "corcundas", como eram conhecidos os nacionais que aderiam à causa do *partido lusitano*.

---

[178] *Id. Ibid*, p. 28.

A posição dos liberais terminou por prevalecer nos debates constituintes. A "Constituição da Mandioca", resultado da *maroteira andradista*[179], ostentava as feições institucionais necessárias ao triunfo do partidarismo e do voto censitário de primeiro grau nas paróquias.

O ambiente da Assembleia Constituinte não viabilizava o consenso e o arrefecimento da efervescência política. Não se ofereciam mecanismos de suavização das arestas ideológicas e tampouco surgia qualquer horizonte de conciliação entre o aulicismo e o partidarismo. O incidente da morte de David Pamplona, erroneamente tomado por autor de um manifesto contra os militares portugueses integrantes do exército imperial, foi o estopim para a eclosão dos movimentos que culminaram com a dissolução da Assembleia Nacional Constituinte e com a outorga da Constituição de 1824.

A Constituição de 1824 criou o Conselho de Estado, o Senado vitalício, as nomeações diretas para a presidência de províncias (art. 183), o voto censitário de dois níveis, silenciou-se sobre escravidão e avançou na tolerância religiosa e premonitoriamente na educação[180] como função do Estado.

O Conselho de Estado foi disciplinado nos artigos 137 e seguintes da Constituição de 1824. Composto por dez membros, o texto constitucional deixa claro que os ministros, integrantes do Gabinete, não seriam, de *per se*, membros do Conselho de Estado. Isso demonstra a clara separação entre o Conselho e o Poder Executivo. Afinal, caberia ao Conselho de Estado assessorar o Imperador, no exercício das atribuições do Poder Moderador, salvo nas atribuições para nomear os Ministros de Estado. Interessante observar que, àquela altura, já se previa a responsabilização dos conselheiros de Estado, por conselhos opostos à lei e ao interesse do Estado – algo que, hoje, no regime constitucional de 1988, e, em especial, naquilo que toca ao exercício do poder judiciário e do poder de controle ministerial, ainda seria acanhado (apesar do texto expresso da Constituição). José Honório Rodrigues assim se manifesta:

---

179 LUSTOSA, Isabel. *As trapaças da sorte*: ensaios de história política e história cultural. Belo Horizonte: Editora UFMG, 2004, p. 74.

180 *Cf.* HORTA, José Luiz Borges. *Direito Constitucional da Educação*. Belo Horizonte: Decálogo, 2007, p. 39 *et seq*.

Na verdade, o Conselho de Estado tornou-se no reinado de D. Pedro II um quinto Poder, desconhecido na Constituição, mas suficientemente forte para influir, pressionar e preponderar na opinião dos poderes constituídos. Quem estudar o processo de decisão política no Império cometerá uma ingenuidade se esquecer o Quinto Poder, isto é, o Conselho de Estado[181].

É, porém, o Poder Moderador[182] a grande inovação da Constituição do Império. Considerado como "chave de toda a organização política", nos termos de seu art. 98, era delegado diretamente ao Imperador, para que *"incessantemente vele sobre a manutenção da Independência, do equilíbrio, e harmonia dos demais Poderes Políticos"*. Primeiramente, importa observar que o Poder Moderador não era considerado inato ao império ou divinamente atribuído ao Imperador. Ao contrário, o Poder Moderador era delegado, denotando, pois, sua origem essencialmente constitucional. O exercício da moderação era concretizado através da nomeação dos senadores, da convocação da Assembleia Geral extraordinariamente, podendo prorrogar ou adiar seus trabalhos, da sanção dos Decretos e Resoluções, da aprovação e suspensão das Resoluções dos Conselhos Provinciais, da possibilidade de dissolução da Câmara dos Deputados, da possibilidade de livre nomeação e demissão dos Ministros de Estado, da possibilidade de suspender os magistrados, da competência para perdoar e moderar as penas impostas ou conceder anistia.

---

181 RODRIGUES, José Honório. *Conselho de Estado*: quinto poder?. Brasília: Ed. Senado Federal, 1978, p. 6 *usque* 7.

182 A historiografia atribui à influência das obras de Benjamin Constant a concepção do Poder Moderador. Apesar de historicamente correta, a afirmação precisa ser matizada. O pensamento de Constant é marcadamente liberal e constitucionalista, não se podendo atribuir ao *Poder Real* (tampouco ao Poder Moderador da Constituição de 1824), pensado por Benjamin Constant, qualquer elemento de autoritarismo. Em seus *Princípios de Política*, ele distingue o poder ministerial do poder real, enfatizando a ausência de responsabilidade do monarca. Em síntese, o Poder executivo, para ele, residiria no Gabinete, estando reservado ao rei uma autoridade superior. *Cf.* CONSTANT, Benjamin. *Principes de Politique*. Paris: Guillaumin, 1872, p. 19 *et seq*. Ainda, sobre o Poder Moderador, *cf.* SCANTIMBURGO, João. *Poder Moderador*: história e teoria. s.l.: Livraria Pioneira, 1980. *passim*. BARRETO, Tobias. *A questão do Poder Moderador e outros ensaios brasileiros*. Petrópolis: Vozes, 1977. *passim*.

A Constituição de 1824 desperta, imediatamente, reações no território nacional, de que falaremos adiante. A *Confederação do Equador*, em Pernambuco, a *Guerra Cisplatina*, no território que hoje pertence ao Uruguai, são os principais episódios. Será, contudo, ultrapassados os anos buliçosos da regência, o II Reinado o maior período de estabilidade institucional de nossa história. Debeladas a *Farroupilha* e a *Praieira*, irrompe a década de 1850 como uma quadra de prosperidade política, acomodação social e progresso cultural, é o chamado *Tempo Saquarema*.

O Poder Moderador fornecerá, pois, sob o prisma político, o elemento de catalisação e composição entre o aulicismo e o partidarismo, permitindo que o Império se pacificasse e mantivesse a unidade territorial.

É interessante observar que, apesar de mantida a unidade territorial e a centralização do poder (e essa foi, aliás, constante preocupação do Império), a Constituição garantiu a existência das províncias (art. 2º da Constituição de 1824), politicamente organizadas, contando, inclusive, com um Conselho próprio (art. 71 e seguintes). As competências dos conselhos municipais estiveram restritas às matérias de interesse local e regional, sendo-lhes vedado imiscuir-se em assuntos nacionais (art. 81 c/c art. 83). Não estiveram esses propriamente investidos de poder legislativo decorrente, como se dirá dos atuais estados-federados, mas suas resoluções seriam apreciadas pela Assembleia nacional ou pelo Imperador, diretamente, se dignas de sua atenção, a fim de que se lhes fosse atribuída força vinculante.

Se aos conselhos das províncias – unidades regionais – foi denegada parcela do poder legislativo, a Constituição de 1824 reservou às Câmaras municipais o "governo econômico e municipal" das cidades e das vilas. Note-se, portanto, que se a Constituição não avançou plenamente em um projeto de federalismo e de partilha horizontal do poder, com o que tensionou as relações com as elites agrárias locais, a um só tempo, introduziu o elemento "municipalista", que maculará toda a história constitucional-política do federalismo brasileiro.

A Constituição de 1824 engendrou um sistema de articulação do poder que privilegiou a concentração e a verticalização, mas que semeou as bases de um federalismo ainda incipiente. Na medida em que as elites locais foram contempladas em suas aspirações econômicas e, bem assim, na composição dos gabinetes, o Império conseguiu se manter. Em fins do século XIX, o desgaste com as elites locais, que se manifesta sob diversas formas – a questão da escravidão, a questão militar e a questão republicana – impulsiona o desenvolvimento de uma nova ordem política, que inaugurará nossa fase republicana.

A outorga da Constituição de 1824 não foi infensa a reações políticas. A Confederação do Equador (1824/1825) opôs partes das elites pernambucanas ao governo central, que se valeram de um ideário liberal[183] para confrontar o Império. A revolta foi debelada pela armada imperial, liderado por Thomas Cochrane[184].

A Guerra da Cisplatina[185] (1825/1828) é catalogada, bem assim, entre os movimentos de reação à Constituição de 1824. Conquanto seu caráter inicial tenha sido de confrontamento entre Brasil e a

---

[183] No curso da revolta, chegou-se, inclusive, a proclamar uma república local, com a promulgação de uma constituição de inspiração bolivariana. O caráter de exacerbação federalista da revolta é notório. Nas palavras de Miriam Dolhnnikoff: *"Para parte da elite pernambucana, assim como para a paulista, a adesão a Lisboa ou ao Rio de Janeiro era um ato de vontade de cada província"*. *Cf.* DOLHNNIKOFF, Miriam. *O pacto imperial*: origens do federalismo no Brasil. Rio de Janeiro: Editora Globo, 2005, p. 44. Sobre o ideário da sublevação, *V.* CANECA, Frei Joaquim do Amor Divino. *Crítica à Constituição de 1824. In*: CANECA, Frei; JUNQUEIRA, Celina (Org.). *Ensaios Políticos*. Rio de Janeiro: PUC/RJ/Editora Documentário, 1976, p. 94 *et seq*. Para alguns autores, as origens da revolta estão da reunião do Conselho de Estado de 02 de junho de 1822, em que foram convocados apenas os representantes de Minas Gerais, Rio de Janeiro e São Paulo, a demonstrar a pretensão de articulação de um núcleo hegemônico de províncias, que se organizaria no entorno das propostas dos Andradas. *Cf.* BRANDÃO, Ulisses. *A Confederação do Equador*. Recife: Instituto Arqueológico, Histórico e Geográfico de Pernambuco, 1924, p. 128.

[184] Thomas Cochrane, décimo Conde de Dundonald e Marquês do Maranhão, foi um oficial naval britânico, que serviu às tropas do Chile e da armada brasileira. Expulso da marinha britânica, atuou ativamente nos confrontos contra San Martín e na Guerra de Independência brasileira. *Cf.* CORDINGLY, David. *Cochrane, The Dauntless*: the life and adventures of Admiral Thomas Cochrane (1775-1860). London: Bloomsbury, 2008, p. 269 *usque* 315.

[185] CARNEIRO, David. *História da Guerra Cisplatina*. Brasília: Editora UnB, 1983. *passim*. Ainda, NAPOLEÃO, Aluízio (Org.). *Arquivos do Barão do Rio Branco*. Brasília: Ministério das Relações Exteriores, 1951, p. 127 *et seq*. MELO, Arnaldo Vieira de. *Bolívar, o Brasil e os nossos vizinhos do Prata*: da questão de Chiquitos a guerra da Cisplatina. Rio de Janeiro: Gráfica Olímpia, 1963. *passim*. HOMEM, Joaquim Francisco de Salles Torres. *Annaes das guerras do Brazil com os Estados do Prata e o Paraguay*. Rio de Janeiro: Imprensa Nacional, 1911. *passim*.

República das Províncias Unidas do Rio da Prata, a guerra presta-se a fomentar o sentimento de autonomia e irredentismo da região. Como resultado da guerra, que terminou sem que o Brasil alcançasse sua ambição de anexação, a criação da República Oriental do Uruguai, sob influência da diplomacia de Canning, respondeu mais à intenção de manter a monarquia brasileira e a abertura do Prata, do que a outros propósitos neocolonialistas.

A outorga da Constituição de 1824 esboça os contornos de nossa organização federativa, revelando a inércia e o atavismo centralistas brasileiro, bem como anuncia a via do municipalismo como única alternativa para as elites locais. Se, de um lado, negligencia aspectos sociais e silencia sobre a escravidão – na contramão da marcha ocidental de afirmação dos direitos fundamentais, em pleno século XIX; de outro, positiva o Poder Moderador, como inovação no âmbito das nações ocidentais, naquilo que concerne aos mecanismos institucionais de ultrapassagem de crises e bloqueios políticos.

O sistema engendrado pela Constituição do Império irá prover o país de um substrato normativo, apto a propiciar várias décadas de estabilidade e protagonismo regional.

4.3. A LEI BERNARDO DE VASCONCELOS DE 1828

Bernardo Pereira de Vasconcelos[186] foi dos estadistas mais destacados do Império e, ao lado de José Bonifácio e dos irmãos Andrada, figura de especial importância para a moldagem de nossas instituições. Educado em Coimbra, foi homem de ideário liberal – em que pese sua postura conservadora, a partir de meados da década de 1830, derivando daí o epíteto "vira-casaca" – e defensor da monarquia, para um país constrangido pela permanente possibilidade de secessão, constitucional.

---

186 Sobre a fase liberal de Bernardo de Vasconcelos, veja-se a *Carta aos Senhores Eleitores da Província de Minas Gerais*, in: CARVALHO, José Murilo de (Org.). *Bernardo Pereira de Vasconcelos*. São Paulo: Editora 34, 1999, p. 58. É também de autoria de Bernardo de Vasconcelos o Código Criminal de 1830, que, sob inspiração do utilitarismo inglês, substituiu o Livro V das Ordenações do Reino, que ainda vigia no país.

Em 24 de setembro de 1828, é promulgada a lei que estende a qualquer produto importado a tarifa de importação de 15% (quinze por cento) *ad valorem*. Na prática, a medida significou o fim dos privilégios ingleses, em termos de fornecimento de manufaturas. O comércio exterior brasileiro, no início do século XIX, foi desastroso para os interesses nacionais[187]. O advento, porém, da Lei Bernardo de Vasconcelos marcou o início de um movimento político de predomínio dos liberais e de seu ideário, que iria culminar com o Ato Adicional de 12 de agosto de 1834 à Constituição do Império.

A lei marca o início do movimento de afirmação das elites nacionais, que superam em definitivo a herança colonial e começam a traçar as bases do arranjo federativo nacional. A luta dos liberais contra D. Pedro I irá progressivamente granjeando espaço no cenário político, até a abdicação em 1831. O combate não se esgotou com a abdicação do monarca português, ganhando contornos sangrentos e vivas cores de conflagração durante o período regencial. A existência nacional do Brasil, durante o período regencial, foi confrontada com sedições regionais e conflitos com potentados regionais – que muito definem nossa história federativa.

4.4. PERÍODO REGENCIAL: A PRESSÃO POR AUTONOMIA, INDEPENDÊNCIA E SEPARAÇÃO

O retorno de D. Pedro I a Portugal, deixando o filho imberbe, deu início à Regência do Império brasileiro, que teve lugar entre 1831 e 1840. O período foi marcado pela atuação política de diversas forças centrífugas, que mereceram as correspondentes respostas das instituições então empoderadas. Aliás, o período foi marcado, na Europa, pelo conflito entre as forças da restauração e o nascente liberalismo burguês, cuja maior expressão foram as Revoluções de 1830 e 1848, sobretudo em território francês[188]. Já no território brasileiro, o período

---

187 BRASIL. *Estatísticas Históricas do Brasil*: séries econômicas, demográficas e sociais, de 1550 a 1988. Rio de Janeiro: Instituto Brasileiro de Geografia e Estatística – IBGE, 1990, p. 81 *et seq* / p. 351 *et seq*.

188 Para um trabalho recente e completo sobre o período, v. CARON, Jean-Claude. *La France de 1815 a 1848*. Paris: Armand Colin, 2013. *passim*.

regencial foi marcado por diversas revoltas, quais sejam: a Balaiada (BA), a Cabanagem (PA), a Sabinada (BA) e a Farroupilha (RS)[189].

O quadro partidário nacional, nesta quadra histórica, é marcado pela completa obliteração do *partido português*, após a morte de D. Pedro I, em 1834, bem como pelo predomínio da facção liberal progressista – *tertium genus* entre os grupos radicais e regressistas do *partido brasileiro*. Nas palavras de Rodrigo Patto Sá Motta:

> O Partido Liberal surgiu da união dos políticos insatisfeitos com as tendências autoritárias reveladas pelo primeiro imperador. Os liberais consideravam o fechamento da Assembleia Constituinte um atentado imperdoável à liberdade e, naturalmente, recusavam legitimidade à Constituição de 1824. Estiveram à frente do jogo de articulações, pressões políticas e manifestações populares que culminaram com a abdicação do imperador em 1831, fato considerado como uma grande vitória da causa liberal. Durante o período regencial – arranjo estabelecido devido à impossibilidade do príncipe herdeiro, criança ainda, assumir o trono – conduziram o governo a maior parte do tempo. [...] Em linhas gerais, as principais propostas se concentravam na tentativa de descentralizar o poder. Os liberais questionavam o grande poder conferido ao governo imperial pela Constituição de 1824 [...]. Para concretizar a tão sonhada descentralização tornava-se necessário fortalecer outras instituições que pudessem desempenhar as funções retiradas do governo do Império[190].

---

189 Incluem-se, ainda, no contexto das rebeliões regenciais a Revolta dos Malês (BA) e a Rebelião das Carrancas ou Levante de Bella Cruz (MG). As revoltas regenciais são marcadas pelo acirramento das disputas locais e tentativas de reafirmação dessas elites. A Cabanagem e Sabinada tem nítido e declarado conteúdo separatista e predomínio das elites locais em sua condução. No contexto dessas rebeliões regenciais, a Farroupilha merece especial destaque, uma vez que alterou o jogo de poder na região sul, com consequências que se espraiaram até fins da República Velha. Ainda além, a Farroupilha reacende o risco da dominação argentina no Prata – colocando em perigo a unidade territorial – fazendo com o Brasil se alia-se aos colorados, no Uruguai, e à coalização anti-rosista, que lutava contra o Juan de Manuel Rosas, então governador da província de Buenas Aires. *Cf.* MOREL, Marcos. *O período das Regências*. Rio de Janeiro: Jorge Zahar, 2003, p. 52 *et seq.* ANDRADE, Marcos Ferreira de. *Elites Regionais e a formação do Estado Imperial brasileiro*. Rio de Janeiro: Editora do Arquivo Nacional, 2008, p. 225 *et seq*. Para os antecedentes da Guerra do Paraguai e a influência da Farroupilha, V. BETHELL, Leslie (Org.). *História da América Latina*: da independência a 1870. Trad. Maria Clara Cescato. v. III. São Paulo: Editora USP, 1985, p. 771 *et seq*.

190 MOTTA, Rodrigo Patto Sá. *Introdução à História dos Partidos Políticos Brasileiros*. Belo Horizonte: Editora UFMG, 1999, p. 29-30.

O período regencial viu prosperar o ideário liberal e, conseguintemente, testemunhou o esboço dos primeiros esforços de construção de um arranjo federativo. Sob o prisma cronológico, o período que medeia entre 1831 e 1837 (compreendendo as Regências Trina – provisória e permanente – bem como a Regência Una de Feijó) é conhecido como *Avanço Liberal*[191].

O grande desafio político do período regencial era a manutenção da monarquia – no contexto de uma América republicana, da escravidão (projeto econômico das elites agrárias) e, sobretudo, da unidade territorial. As múltiplas revoltas regenciais, com o combustível das rivalidades políticas regionais, puseram em risco a manutenção da integridade do território nacional. José Murilo de Carvalho atribui à homogeneidade das elites brasileiras o sucesso da empreitada de manutenção de um império de proporções continentais. Em suas palavras:

> Podem-se pontar traços comuns às elites que tiveram êxito na tarefa de formação do Estado em circunstâncias históricas desfavoráveis. Em primeiro lugar, uma condição fundamental é a homogeneidade. Pelo menos a curto e médio prazos, quanto mais homogênea uma elite, maior sua capacidade de agir politicamente. As razões são óbvias. Uma elite homogênea possui um projeto comum e age de modo coeso, o que lhe dá enormes vantagens sobre as elites rivais[192].

De outra parte, Luís Felipe Alencastro atribui o sucesso do projeto Brasil-continental ao quadro das relações internacionais da época. Em sua perspectiva, sendo o país a única monarquia do continente, recebeu o decidido apoio da Inglaterra, sem cujos préstimos o Brasil não teria mantido seus contornos coloniais, ainda que o tráfico de escravos tenha sido combatido com veemência pelo Império Britânico[193]. Seja como for, as instituições nacionais tiveram de buscar

---

191 MOREL, Marco. *O período* [...]. *Op. cit*, p. 20 *et seq.*

192 CARVALHO, José Murilo de. *A construção da ordem*: elite política impessoal, teatro das sombras. Rio de Janeiro: Editora UFRJ, 1996, p. 30. Bem por isso, foram os filhos dessas elites educados em duas únicas faculdades: a Faculdade de Direito do Largo de São Francisco, em São Paulo, e a Faculdade de Direito de Olinda, esta última hoje localizada no Recife.

193 *Cf.* ALENCASTRO, Luís Felipe. *Le commerce de vivants*: traites d'esclaves et "Paix Lusitana" dans l'Atlantique Sud. Tese de Doutorado. Paris: Université Paris X, 1986. *passim*. Ainda, MAGNOLI, Demétrio. O Estado em busca do seu Território, *In*: *Terra Brasilis* [Online], n. 4 – 5, 2003, p. 7. Consultado em 08 agosto 2016. URL: <http://terrabrasilis.revues.org/343>.

caminhos para equilibrar as forças políticas regionais e as aspirações da corte, de modo a manter unido o território.

Se, em um primeiro momento, o período do Avanço Liberal deslocou o centro do poder político para o legislativo nacional, a partir de 1831, com a Regência Trina permanente, as províncias passaram a assumir protagonismo nacional. A produção normativa do período reflete esse movimento de diástole política, ensaiando a construção de um sistema federativo *ex facto*.

Nosso direito positivo responde a esse estímulo político. A lei de 16 de dezembro de 1830 fez publicar o primeiro Código Penal brasileiro, concebido sob inspiração liberal-utilitarista. Para além da previsão expressa de diversos tipos que tutelavam o exercício regular dos poderes moderador, executivo e judiciário, o Código Penal de 1830 consagrou a figura do juiz de paz. À diferença da magistratura típica, que ascende aos cargos pela via das nomeações do Poder central, a justiça de paz, seguindo o modelo saxão, era uma justiça eleita e, sobretudo, *localmente* eleita.

Se hoje, as funções da justiça de paz não vão além da presidência de certos atos solenes, àquela altura histórica, incumbia ao juiz de paz uma plêiade de funções – em um misto de polícia administrativa, polícia de costumes e autoridade judiciária[194] – dentre elas várias de caráter eminentemente político, como, por exemplo, controlar as reuniões de pessoas e combater as "sociedades secretas" (arts. 282 e seguintes do Código Criminal de 1830).

Em 18 de agosto de 1831, a Regência faz publicar uma lei, que muito iria impactar na futura organização federativa do país. Como já se disse, a década de 1830, foi convulsionada por diversas rebeliões, as quais, após um breve período de trégua durante o reinado de D. Pedro I, reacenderam as caldeiras da sedição durante a Regência. O Exército brasileiro, composto pelas milícias e pela tropa de linha, era formado por contingente de homens pobres e desprovidos de adestramento. O oficialato era, em grande parte, formado por um

---

[194] O juiz de paz funcionava, na realidade, como um elemento de controle social e provedor de estabilidade política. Sobre o tema, *cf.* FLORY, Thomas. *El juez de paz y el jurado en el Brasil imperial, 1808-1871*: control social y estabilidad política en el nuevo Estado. México: Fondo de Cultura Económica, 1986. *passim*.

corpo de mercenários estrangeiros, do qual fez parte, por exemplo, o célebre Thomas Cochrane, primeiro Marquês do Maranhão. Ineficazes no combate às rebeliões regenciais, as milícias foram extintas, com a redução da tropa de linha.

O governo regencial concebeu uma alternativa civil, para promover a chamada "garantia da lei e da ordem". A lei de 18 de agosto de 1831 criou a folclórica Guarda Nacional, composta por corpo de serviço ordinário e por uma numerosa reserva. Mercê de seu caráter civil, a Guarda estava subordinada aos juízes de paz, aos juízes criminais, aos presidentes de províncias, bem como ao Ministro da Justiça (art. 7º). Sua estrutura era eminentemente municipal, onde estavam localizados seu serviço ordinário (art. 2º). Sob o prisma de sua composição, o alistamento e ingresso na Guarda estava restrito aos eleitores. Assim, em função do sistema censitário, instalado com a Constituição de 1824, a Guarda fora composta pelas elites econômicas locais[195], as quais ficaram também dispensadas do serviço militar no Exército de linha e na Armada (arts. 9º e 10).

A vocação política da guarda era evidente. Não apenas por que seus membros eram escolhidos dentre os eleitores, mas, em especial, pelo verso dessa moeda. Explica-se: à diferença dos militares conscritos, que eram privados de sua capacidade eleitoral, os membros da guarda dela se valeram para impulsionarem suas carreiras políticas. Se os coronéis e majores comandantes de legiões eram nomeados pelo governo, até 1834, os demais oficiais eram eleitos por seus pares guardas, em eleições presididas pelos juízes de paz. Concebida como uma força civil, a Guarda Nacional foi, com efeito, mais que isso, conformando-se como resultante da atuação das forças liberal e federal (tanto é assim que, nas revoltas liberais de 1842, em Minas e em São Paulo, grande contingente de revoltosos era composto por membros da Guarda Nacional). Nesse sentido, as palavras de Jeanne Berrance de Castro:

---

195 A renda necessária, porém, para o ingresso na Guarda, não era absurda. José Murilo de Carvalho lembra que a maioria dos trabalhadores assalariados no Brasil, à época, ganhava mais de 100 mil-réis por ano. *Cf.* CARVALHO, José Murilo de. *Cidadania no Brasil*: o longo caminho. 14 ed. Rio de janeiro: Civilização Brasileira, 2001, p. 29-30.

No terreno político e social, o liberalismo revelou-se entre nós antes um destruidor de formas preexistentes do que criador de novas formas e a milícia cidadã foi criada, modificada e anulada por sua influência[196].

A criação da Guarda Nacional permitiu às elites locais inserirem-se institucionalmente no arranjo político nacional. Se a Constituição de 1824 previu as Câmaras municipais e os Conselhos das Províncias, o passo definitivo para a institucionalização de estruturas horizontais de poder, geograficamente espalhadas pelo território, foi a instalação da Guarda, que, agora aparelhava com a força das armas as elites locais. Ao passo em que, de fato, as repercussões políticas, em termos de esboço do federalismo nacional, foram positivas, a cristalização dessas estruturas de poder locais, efetivamente desarticuladas do interesse nacional, enveredou para a disseminação de um modo de fazer política essencialmente patrimonialista, que em muito se assemelhou ao caudilhismo sul-americano[197].

O Avanço Liberal foi, também, responsável pela promulgação do Código de Processo Criminal de 1832. Para além dos inspetores de quarteirão, que, aos poucos, deixa de ter relevância na vida policial nacional, o Código amplia o conjunto de poderes dos juízes de paz. Essa figura, que ainda remanesce como um fóssil jurídico no ordenamento nacional, torna-se absolutamente relevante como ator principal da polícia administrativa e de costumes, amplia seus poderes instrutórios e de julgamento, no âmbito do processo criminal e, ainda, passa a deter competência para a realização de conciliações, na administração da justiça civil. A inovação de uma magistratura eleita

---

196 CASTRO, Jeanne Berrance de. *A milícia cidadã*: a Guarda Nacional de 1831 a 1850. Rio de Janeiro: Companhia Editora Nacional, 1977, p. 208.

197 Sobre o círculo vicioso, em termos eleitorais, que se estabeleceu com as relações de patronato e clientelismo, V. CARVALHO, José Murilo de. Mandonismo, Coronelismo, Clientelismo: uma discussão conceitual. *In*: *Revista de Ciências Sociais*, Rio de Janeiro, v. 40, n. 2, 1997, p. 241 *et seq*. Ainda, LEAL, Victor Nunes. *Coronelismo, Enxada e Voto*. Rio de Janeiro: Forense, 1948. *passim*. KAUFMAN, Robert R. *Corporatism, Clientelism, and Partisan Conflict*: A Study of Seven Latin American Countries. *In*: MALLOY, J. M. *Authoritarianism and Corporatism in Latin America*. Pittsburgh: University of Pittsburgh Press, 1977. *passim*. CARVALHO, José Murilo de. Barbacena: A Família, a Política e uma Hipótese. *In*: *Revista Brasileira de Estudos Políticos*, nº 20, Belo Horizonte, Universidade Federal de Minas Gerais, 1966, p. 153-194.

e municipalizada deu certo domínio da aplicação do Direito – ainda que produzido pelo poder central – às aristocracias locais, viabilizando sua imunização, conquanto parcial, a investidas despudoradas da burocracia vinculada ao poder central[198].

Será, porém, o Ato Adicional à Constituição Imperial, de 1834, a maior reação política, de caráter liberal-federativo, à tendência de centralização do Império. A Lei n. 16, de 12 de agosto de 1834, aprovada pela Câmara dos Deputados[199], deu novos contornos ao Império, prestigiando o ideário liberal e federalista, embora, à diferença do que propunha o substitutivo do Visconde de Uberaba (José Cesário Miranda Ribeiro), não chegasse, efetivamente, a instituí-lo. O Ato Adicional de 1834 foi moldado por Bernardo de Vasconcelos, embora seu texto original tenha sofrido muitos ajustes. É célebre sua frase, prolatada em sessão das Câmara dos Deputados, a 01 de julho de 1834: "[sou] *amigo das reformas, reformas necessárias ao Brazil, operadas pela razão e calma, e não reformas que em dous dias tornem este nome odioso ao Brazil*"[200], que é um verdadeiro epíteto de sua época.

O pensamento liberal granjeou espaço no período regencial, mercê do óbvio enfraquecimento da coroa, então titularizada pelo príncipe infante. A ideia central do Ato Adicional de 1834 era formar um poder executivo forte (tendo sido aventada, inclusive, a extinção do Poder Moderador), que pudesse coexistir com um parlamento prestigiado. Para além de criar a Regência Una, o Ato Adicional dissolveu o Conselho de Estado, manteve a vitaliciedade do Senado e criou o município neutro do Rio de Janeiro.

---

198 *Cf.* RODYCZ, Wilson Carlos. *O Juiz de Paz Imperial*: uma experiência de magistratura leiga e eletiva no Brasil. Dissertação de Mestrado. São Leopoldo: Faculdade de Direito da UNISINOS, 2002. Em 1828 foi criado o Supremo Tribunal de Justiça, cuja competência restringia-se às *revistas*, não lhe cabendo interpretar leis ou exercer controle de constitucionalidade, que cabia à Assembleia Geral Nacional. V. KOERNER, Andrei. *Judiciário e Cidadania na constituição da República Brasileira*. São Paulo: Hucitetc, 1998, p. 40-41.

199 O Poder Constituinte de Reforma fora atribuído à Câmara dos Deputados apenas em 1832.

200 BRASIL. *Annaes do Parlamento Brasileiro*: 1834. Rio de Janeiro: Tipografia do Instituto Histórico e Artístico, 1879, p. 12.

Seu maior avanço, em termos federativos, foi a criação das assembleias legislativas provinciais (art. 1º), as quais substituíram os conselhos gerais das províncias, dotadas de autonomia e uma considerável amplitude de competências legislativas, *in verbis*:

> Art. 10. Compete ás mesmas Assembléas legislar:
> § 1º Sobre a divisão civil, judiciaria, e ecclesiastica da respectiva Provincia, e mesmo sobre a mudança da sua Capital para o lugar que mais convier.
> § 2º Sobre instrucção publica e estabelecimentos proprios a promovel-a, não comprehendendo as faculdades de Medicina, os Cursos Juridicos, Academias actualmente existentes e outros quaesquer estabelecimentos de instrucção que para o futuro forem creados por lei geral.
> § 3º Sobre os casos e a fórma por que póde ter lugar a desapropriação por utilidade municipal ou provincial.
> § 4º Sobre a policia e economia municipal, precedendo propostas das Camaras.
> § 5º Sobre a fixação das despezas municipaes e provinciaes, e os impostos para ellas necessarios, com tanto que estes não prejudiquem as imposições geraes do Estado. As Camaras poderão propôr os meios de occorrer ás despezas dos seus municipios.
> § 6º Sobre repartição da contribuição directa pelos municipios da Provincia, e sobre a fiscalisação do emprego das rendas publicas provinciaes e municipaes, e das contas da sua receita e despeza.
> As despezas provinciaes serão fixadas sobre orçamento do Presidente da Provincia, e as municipaes sobre orçamento das respectivas Camaras.
> § 7º Sobre a creação e suppressão dos empregos municipaes e provinciaes, e estabelecimento dos seus ordenados.
> São empregos municipaes e provinciaes todos os que existirem nos municipios e provincial, á excepção dos que dizem respeito á administração, arrecadação, e contabilidade da Fazenda Nacional; á administração da guerra e marinha, e dos correios geraes; dos cargos de Presidente de Provincia, Bispo, Commandante Superior da Guarda Nacional, membro das Relações e tribunaes superiores, e empregados das Faculdades de Medicina, Cursos Juridicos e Academias, em conformidade da doutrina do § 2º deste artigo.
> § 8º Sobre obras publicas, estradas e navegação no interior da respectiva Provincia, que não pertenção á administração geral do Estado.
> § 9º Sobre construcção de casas de prisão, trabalho e correcção, e regimen dellas.
> § 10. Sobre casas de soccorros publicos, conventos e quaesquer associações politicas ou religiosas.
> § 11. Sobre os casos e a fórma por que poderão os Presidentes das Provincias nomear, suspender e ainda mesmo demittir os empregados provinciaes".

O avanço liberal permite, portanto, esboçar os contornos de uma nação de proporções continentais, mas já consciente de sua vocação federativa. O espaço político das elites locais é ampliado, com a criação e o robustecimento das Assembleias provinciais. Aliás, a própria burocracia estatal passa a se organizar em bases federativas, coordenada politicamente pelos órgãos políticos regionais.

As conturbações políticas decorrentes do período de revoltas regenciais fizeram com que os sentimentos conservadores pudessem recrudescer. Até liberais convictos, como o próprio Bernardo de Vasconcelos, fizeram uma translação para o espectro político conservador e centralista, pois as franquias federativas e liberais haviam, na visão majoritária do pós-1837[201], conduzido o país à anarquia. Era *hora de deter o carro da Revolução*.

A Regência Una de Feijó é encerrada, como decorrência das conturbações do período, atribuídas, de fato, às reformas liberais. O episódio Montezuma[202], que foi suspeito de facilitar a fuga de Bento Gonçalves, líder da Farroupilha, bem como a indisposição com o clero, fruto da insistência do Regente Feijó em combater o celibato[203], contribuíram para sua renúncia, que abriu espaço para a ascensão de Araújo Lima, futuro marquês de Olinda, e do *Regresso Conservador*[204]. O "Ministério das Capacidades", encabeçado pelo mesmo Bernardo de Vasconcelos – Ministro do Império e da Justiça – iria refrear a marcha liberal, que apontava para a consolidação de um Estado federal, ainda durante o Império.

O direito positivo nacional continuou refletindo o embate entre as forças políticas centralizadoras e aglutinadoras e o ímpeto federativo, àquela quadra identificado com o risco de fragmentação territorial.

---

[201] "Diversas são, e para pior, as circunstâncias do Brasil: nossas instituições não estão completas, faltam-nos muitas leis importantes, algumas existentes exigem consideráveis reformas, e muito há que vivemos sob o governo fraco das regências." VASCONCELOS, Bernardo Pereira. *Carta aos Senhores Eleitores da Província de Minas Gerais*. 2 ed. Rio de Janeiro: Alfarrabista Brasileiro, 1899, p. 29

[202] Francisco Gê Acayaba de Montezuma, então ministro dos Negócios Estrangeiros.

[203] Diogo Antônio Feijó era sacerdote católico, conquanto frágil defensor dos cânones e da tradição católicas.

[204] *Cf.* PRADOR JÚNIOR, Caio. *Evolução Política do Brasil* (e outros estudos). São Paulo: Companhia das Letras, 2012, p. 78 *et seq.*

Poucos meses antes do "golpe da maioridade", em 12 de maio de 1840, a Regência Una de Araújo Lima faz publicar a Lei n. 105/1840, a chamada Lei de Interpretação do Ato Adicional de 1834. O diploma legal, em síntese, revertia o processo de ampliação das competências das assembleias provinciais, reduzindo-as às questões de polícia e economia municipais (art. 1º). Além disso, reduziu a competência para nomear empregados e funcionários públicos, limitando-a àqueles diretamente relacionados às atividades de competência provincial (art. 2º c/c art. 3º).

O *Regresso Conservador* desperta um sentimento de unidade nas elites regionais, que viam seu projeto de poder ameaçado. O movimento "januarista", que apregoava a necessidade de que a Princesa Januária[205] substituísse a regência de Araújo Lima, afinal a "maioridade" era apenas uma questão física[206], acabou impulsionando um consenso das elites regionais, outrora empolgadas com os avanços liberais e federalistas, no entorno da antecipação da assunção de D. Pedro II, o que ficou conhecido como o "golpe da Maioridade", entronizando aos 14 (quatorze) anos o maior estadista da história do país.

Inaugurava-se o Segundo Reinado, que agasalhou, dentro de sua história, o dilema constitutivo do cenário político brasileiro – a ambição de unidade territorial e o atavismo centralista luso *versus* a inclinação ao federalismo e à partilha de poder com os projetos regionais.

4.5. SEGUNDO REINADO: A PACIFICAÇÃO INTERNA

A década de 1840 é aquela da pacificação interna do país. Derrotada a Farroupilha – em 1º de março de 1845 é assinado o Tratado de Paz de Ponche Verde, que torna definitivo o protagonismo de Duque de Caxias – e a Praieira, em inícios da de 1851, o Império, enfim, consegue se consolidar.

---

[205] Januária Maria de Bragança, Condessa d'Áquila, era filha do Imperador D. Pedro I e D. Leopoldina de Bragança, foi nomeada Princesa Imperial do Brasil, em 1831, quando se inicia a regência. Em 1836, aos 15 (quinze) anos, foi cogitada, por Deputados da Assembleia Nacional, para que assumisse a regência do país.

[206] VIANA, Hélio. *História do Brasil*. v. 2. São Paulo: Melhoramentos, 1963, p. 126. *Cf.*, ainda, ARARIPE, Tristão de Alencar; LEAL, Aurelino. *O Golpe Parlamentar da Maioridade*. Brasília: Senado Federal, 1978. *passim*.

A turbulência do período regencial, bem como o fôlego federativo que foi dado aos grupos políticos, pelo Ato Adicional de 1834, reconfiguraram a balança de poder e sua distribuição regional.

A década de 1840 inicia-se com a formação do chamado "Gabinete da Maioridade", marcada pelo predomínio do Partido Liberal e do "Clube da Joana"[207], facção áulica, de membros da corte que participaram do processo de educação do Imperador. Nas eleições de 1840, granjearam a fraude e a violência, o que lhe rendeu a alcunha histórica de "eleição do cacete". Em sua clássica obra sobre o Governo do período, Firmino Silva assim se manifesta:

> O que foi esse ministério nós o dissemos no princípio deste opúsculo – todos os seus atos se ressentiram mais ou menos dos vícios de sua organização – sempre tíbio e irresoluto, pensando ou fingindo pensar de um modo e obrando de outro, parecia ver o bem sem se animar a praticá-lo. Uma como força sobrenatural o reprimia o momento em que mais disposto se mostrava a repudiar deplorável política de rancores pessoais, que transmitira seu antecessor, em ordem a se lançar nos braços de outra mais de acordo com as necessidades do país[208].

O jovem Imperador, no uso do Poder Moderador que lhe atribuíra a Constituição de 1824, dissolve o Gabinete dos Irmãos[209] e impede a formação do Parlamento eleito nas eleições de 1841. Entre 1841 e 1844 instala-se um governo conservador, que irá promover o retrocesso de diversas medidas de desconcentração de poderes até então adotadas, desde o início da Regência. A Lei n. 261, de dezembro de 1841, trouxe uma reforma do Código de Processo Criminal de 1832. A figura do juiz de paz eleito perde importância (art. 4º, §1º), graças à criação da chefatura de polícia, de caráter municipal, mas nomeada pelo Imperador ou pelo presidente de província (art. 1º).

---

[207] O nome fazia referência à residência do mordomo da Casa Imperial, Paulo Barbosa da Silva, na Quinta da Boa Vista, nas cercanias do "rio Joana".

[208] SILVA, Firmino Rodrigues da. *A dissolução do Gabinete de 05 de Maio ou A Facção Áulica*. Rio de Janeiro: Typ. Imperial Francisco de Paula Brito, 1847, p. 42.

[209] O nome faz referência aos irmãos Antônio Carlos e Martim Francisco Andrada, bem como aos irmãos Francisco de Paula (futuro Visconde de Suassuna) e Antônio Francisco Cavalcanti de Albuquerque (futuro Visconde de Albuquerque) que compunham o gabinete ministerial de então.

O retrocesso fez eclodir as *Revoltas Liberais* de 1842, em Minas Gerais e em São Paulo, províncias que viam seu alijamento das decisões da Corte alargar-se. Os dois principais centros políticos do país, ao lado de Rio Grande do Sul, Bahia e Pernambuco, presenciavam os esgarçamentos das autonomias conquistadas no interstício regencial, ao tempo em que seguiam sustentando a economia nacional. Em parte, as reações de 1842, em São Paulo e Minas Gerais, remontam à insatisfação com a reforma do Código de Processo Criminal. Em São Paulo, houve registros de conflagrações em Areias, Lorena, Pindamonhangaba, Taubaté, Cunha, Itu, Sorocaba, Atibaia, Itapetinga, Faxina, Constituição, Silveiras, Porto Feliz e Capivari. Já em Minas, a Repartição dos Negócios da Justiça noticia conflitos em Barbacena, Pomba, São João Del Rei, São José, Lavras, Oliveira, Santa Bárbara, Queluz, Bonfim, Aiuruoca, Baependi, Sabará, Caeté e Curvelo[210].

Em São Paulo, liderada por Rafael Tobias de Aguiar e pelo outrora regente Pe. Feijó, e, em Minas Gerais, por Teófilo Ottoni, as revoltas foram reprimidas pelas tropas comandadas pelo então Barão de Caxias. Com contornos de dramaticidade, delineados na correspondência[211] trocada entre Diogo Feijó e Caxias, ambos os movimentos acabaram sufocados, rendendo à posteridade o epíteto de "Luzias"[212] aos liberais do Império.

O fato é que, apenas a partir de 1844, o país parece encontrar um certo consenso entre as elites políticas dos diversos matizes e interesses, que perdurará até fins da década de 1870. O chamado *Quinquênio Liberal*, entre 1844 e 1848, marca a ascensão dos liberais ao poder, sem que, contudo, uma agenda liberal-federalista radical obtivesse maior impacto. As décadas de 1840 e 1850 foram sintetizadas por um dos epigramas mais reproduzidos no anedotário

---

210 Outras inquietações políticas também são citadas, ocorrendo em Pernambuco e no Ceará. *Cf.* BRASIL. *Relatório da Repartição dos Negócios da Justiça apresentado à Assembleia Geral Legislativa na primeira Sessão da quinta Legislatura pelo Ministro e Secretário de Estado Paulino José Soares Souza*. Rio de Janeiro: Tipografia Nacional, 1843, p. 5; 13; 22.

211 *Cf.* CALDEIRA, Jorge (Org.). *Diogo Antônio Feijó*. São Paulo: Editora 34, 1999, p. 222 *et seq.*

212 O nome "Luzia" deriva da Vila de Santa Luzia, às margens do Rio das Velhas, onde se travou a batalha, comandada, que pôs fim à Revolta Liberal de 1842.

político brasileiro, enunciado na seguinte frase, atribuída a Holanda Cavalcanti: *"não há nada mais parecido com um Saquarema do que um Luzia no Poder"*[213].

Embora tradicionalmente interpretada como uma alusão à suposta ausência de distinção partidária, a constatação de Holanda Cavalcanti demonstra, ao contrário, o predomínio da agenda centralista no contexto político brasileiro. Os avanços em termos federativos conquistados no curso do interstício regencial foram ameaçados. Os liberais, de armas em punho, não conseguiram retomar as rédeas do destino nacional e, reassumindo o poder executivo em 1844, pouco avançaram. Em obra de referência sobre o tema, afirma Ilmar Matos:

> [...] Ora, ela [diferentes denominações dadas aos liberais, até sua unificação sob o epíteto de Luzias] permite por em destaque o interesse prevalecente entre os liberais àquela época de conduzir a política de modo a assegurar o predomínio de cada grupo em seu âmbito provincial, e que deveria expressar-se numa distribuição tendencialmente mais equilibrada do aparelho de Estado pelo território imperial. Observe-se, contudo, que esta unidade de propósito em torno de uma monarquia descentralizada [...] não era suficiente para estabelecer uma unidade de ação, em termos de política geral do Império. O triunfo conservador reduziria as pretensões e ilusões liberais a quase pó[214].

Ilmar Mattos sintetiza o "tempo saquarema" na dialética da ação, reação e transação. Embora Luzias e Saquaremas fizessem parte de grupos distintos do "mundo do Governo", a direção que foi imposta à nação foi aquela da centralização, com concessões aptas a acalmar os ânimos e pacificar as diferenças. Se o discurso político identificava a "democracia" à "descentralização" e, portanto, ao federalismo, os conservadores construíram a narrativa da identidade entre "liberdade" e "segurança", associada, assim, à noção de "ordem", à monarquia constitucional e à "integridade territorial". A "liberdade" assim construída era produto da soma das forças do governo e, portanto, do Poder Executivo.

Como dissemos, o direito positivo nacional torna-se o veículo de expressão desse modo de pensar político. Em agosto de 1844, o Decreto n. 376 instituiu a Tarifa Alves Branco, taxando, de modo

---

[213] NABUCO, Joaquim. *Um Estadista do Império*. 5 ed. v. 01. Rio de Janeiro: Top Books, 1997, p. 172.

[214] MATTOS, Ilmar Rohloff de. *O Tempo* [...]. *Op. cit*, p. 105.

uniforme, os produtos estrangeiros importados em 30% (trinta por cento)[215]. A medida, de caráter protecionista[216], atendia a interesses regionais, em especial dos sulistas. Se pode ser considerada um aceno para as elites farroupilhas, foi, em verdade, um último suspiro do avanço liberal, no sentido da política interna.

Entre 1848 e 1853, o país foi governado pelo gabinete da chamada "trindade saquarema", composta pelo Ministro da Justiça, Eusébio de Queiroz, pelo Ministro da Fazenda, o Visconde de Itaboraí e pelo Secretário de Negócios Estrangeiros, o Visconde do Uruguai. A agenda conservadora e de verticalização do poder político, com a concentração de competências no nível central de governo, orientaram a organização do Estado. É deste período, por exemplo, a Lei n. 581 de 04 de setembro de 1850, conhecida como Lei Eusébio de Queiroz, que proíbe o tráfico interatlântico de escravos negros, a qual, por atender à pressão inglesa (lembrando-se da vigência desde 1845 do *Slave Trade Supression Act* ou *Bill Aberdeen*) e às questões humanitárias, representou um sério golpe para os interesses das elites regionais agrárias.

É também de 1850 a Lei n. 601, conhecida na historiografia nacional como *Lei de Terras*. Inaugurava-se o direito agrário nacional, com diploma que viria a ser substituído apenas em 1964, pelo *Estatuto da Terra*. Com diversas repercussões, inclusive sobre a política imigratória, a Lei de Terras concentrou toda a gestão agrária do país no governo central, limitando a aquisição de terras devolutas à compra (art. 1º), bem como extinguiu as sesmarias incursas em comisso. Em um país de matriz econômica essencialmente agrícola, o governo central passou a controlar de modo sistemático o modo de acesso à terra, criando, inclusive, uma unidade técnico-burocrática (Repartição Geral de Terras Públicas), a cujo encargo estaria toda a gestão do espaço territorial (art. 21).

---

215 Seu texto original e completo pode ser consultado em: BRASIL. Decreto n. 376, 12 de agosto de 1844. Manda executar o Regulamento e Tarifa para as Alfandegas do Imperio. *In*: Lex: *Colecção das Leis do Imperio do Brasil*, tomo 7º, parte 2ª, seção 26ª. Rio de Janeiro: Typ. Nacional, 1844.

216 *Cf.* DEVEZA, Guilherme. *Política tributária no período imperial*. *In*: HOLANDA, Sérgio B. (Org.). *História Geral da Civilização Brasileira*. 5ª ed. V. 2. Tomo 4. Rio de Janeiro: Bertrand Brasil, 1995, p. 62-91.

No mesmo passo, a Guarda Nacional foi reorganizada em 1850, por intermédio da Instrução n. 722, de 25 de outubro daquele ano, submetendo-a, em definitivo, ao Ministério da Justiça[217]. Outrora instrumento da capilarização do poder, a guarda nacional passa a ser submetida hierarquicamente à autoridade do poder central, o que leva a seu paulatino embotamento. Outrora politicamente influente em si considerada, a *Guarda* tornou-se elemento do folclore social e cultural, símbolo de um poder já encanecido.

A indagação que se coloca é: como poderiam os liberais de então tolerar os recuos políticos? O período de estabilidade que se inicia com a derrota da Praieira em 1848, funda-se no "silêncio" dos liberais. A que custo? A chave para a compreensão do modo pelo qual se estabeleceu a hegemonia política do centralismo está na dimensão econômica da articulação das elites. Os núcleos de poder regionais abdicaram de um projeto de descentralização e federalização do império brasileiro, pois foram acomodados no contexto de distribuição dos ônus econômicos. Celso Furtado é esclarecedor sobre o tema:

> A forma de financiar o déficit do governo central com emissões de moeda-papel e a elevação relativa dos preços dos produtos importados – provocada pela desvalorização externa da moeda – incidiam particularmente sobre a população urbana. A grande classe de senhores agrícolas, que em boa medida se autoabasteciam em seus domínios e cujos gastos monetários o sistema de trabalho escravo amortecia, era relativamente pouco afetada pelos efeitos das emissões de moeda-papel. Esses efeitos se concentravam sobre as populações urbanas de pequenos comerciantes, empregados públicos e do comércio, militares, etc. Com efeito, a inflação acarretou um empobrecimento dessas classes, o que explica o caráter principalmente urbano das revoltas da época e o acirramento do ódio contra os portugueses, os quais, sendo comerciantes, eram responsabilizados pelos males que acabrunhavam o povo[218].

Houve um processo de alienação política consentida das elites regionais, que abdicaram (ou se contentaram) de um projeto mais dinâmico de empoderamento. As medidas de centralização vicejavam, ambicionando, inclusive, por rédeas mais visíveis na atividade comer-

---

217 *Cf.* SALDANHA, Flávio Henrique Dias. *Os oficiais do povo*: a guarda nacional em Minas Gerais Oitocentista, 1831-1850. São Paulo: Annablume, 2006, p. 17.

218 FURTADO, Celso. *Formação* […]. *Op. cit*, p. 162.

cial e empresarial. É sabido o impacto da liberalização de capitais, derivada da proibição do tráfico de escravos. A atividade comercial no país, até então regida pelas *Leis da Boa Razão* de 1769, necessitava de bases mais sólidas, para permitir não apenas seu desenvolvimento, mas a inversão de capitais excedentes, que se traduziam, muitas vezes, não só a forma de moeda, mas notas de câmbio, bilhetes ou títulos. Após uma longa gestação no Senado nacional, em 1850, foi publicado o Código Comercial brasileiro, sob a batuta do Visconde de Cairu. Assim, se os interesses da lavoura (*grande indústria*) eram acomodados com a política cambial, a troco da renúncia a um projeto alternativo de distribuição territorial de poder, a burguesia mercantil urbana (sobretudo os grandes atacadistas, com estreita ligação com as nações d'além mar) recebia do Império as garantias para sua livre-iniciativa, sem que, para isso, precisasse ameaçar a forma monárquica[219].

Após o aniquilamento da Praieira[220], as manifestações políticas liberais passaram a ser toleradas. Exemplo disso foi a ausência de qualquer punição a Francisco Salles Torres Homem, o Timandro, por seu *Libelo do Povo*[221], de 1849. Não apenas tolerar, mas assumir os liberais no contexto do exercício do poder era a nova missão do império.

---

[219] Para além do Código Comercial de 1850, que antecipava parte da regulamentação das atividades civis, afinal disciplinava assuntos como trocas, locações, fianças, hipotecas, penhores e depósitos, a segunda metade do século foi testemunha da elaboração dos famosos Regimentos 737 e 738, que estabeleceram as bases do Direito Processual brasileiro, orientado a preservar interesses de credores. Sobre o tema, v. BENTIVOGLIO, Júlio. *O império das circunstâncias*: o Código Comercial e a política econômica brasileira (1840-1860). Tese de doutorado. São Paulo: Faculdade de Filosofia, Letras e Ciências Humanas da Universidade de São Paulo, 2002. *passim*. Ainda, LIMA, Heitor Ferreira. *História do pensamento econômico brasileiro*. São Paulo: Nacional, 1969. *passim*.

[220] A revolta da Praieira (1848 e 1849), ocorrida em Pernambuco, opôs as aspirações liberais e federalistas das elites locais, contra o governo regencial. *Cf.* MARSON, Izabel Andrade. *O império do progresso*: a Revolução Praieira em Pernambuco. São Paulo: Editora Brasiliense, 1987. *passim*.

[221] O mais famoso panfleto liberal do Segundo Reinado, com acerbas críticas à monarquia. *Cf.* VIANNA, Hélio. Francisco Sales de Torres Homem. In: *Revista do Instituto Histórico e Geográfico Brasileiro*. n. 246. Rio de Janeiro: Departamento de Imprensa Nacional, 1963. p. 256 *usque* 281, p. 260.

O chamado Gabinete da Conciliação, que exerceu o ministério entre 1853 e 1858 irá consolidar o predomínio do ideário conservador e centralista, em termos nacionais. Carneiro Leão, o Marquês do Paraná, será a figura central do gabinete, que saberá costurar a aliança definitiva, no entorno da agenda centralista, com os liberais moderados. Em 1855, por exemplo, o gabinete do Marquês do Paraná financia a edição de *Ação, Reação e Transação*[222], de Justiniano José da Rocha, chamado de *"pena de aluguel"*, por Nelson Werneck Sodré[223], em função de suas ligações com o governo imperial.

A tese central do panfleto é a necessária conciliação das elites, para a formação de um consenso político, cuja resultante não seria outra senão a centralização do poder. Exemplo dessa centralização foi a recriação do Banco do Brasil (liquidado em 1829), em 1853 (por iniciativa do Visconde de Itaboraí), que passaria a deter, até 1866, a exclusividade na emissão de papel-moeda.

O Marquês do Paraná foi, também, suficientemente hábil para acenar com o atendimento de algumas das aspirações liberais. Foi assim, por exemplo, que em 1855 o Decreto n. 842[224], de 19 de setembro, cria a chamada "Lei[225] dos Círculos". Nos termos de seu art. 1º, §3º, as províncias do império passariam a ser divididas em tantos distritos eleitorais, quantos seus deputados eleitos para comporem a Assembleia Geral. Conquanto a primeira divisão houvesse de ser realizada pelo Governo (somente podendo ser alterada por lei), a medida representou um grande avanço para aqueles que ansiavam por maior densidade política regional. Do mesmo modo, a eleição dos membros das assembleias provinciais também passaria a ser realizada por distritos (art. 1º, §15), prestigiando as diversas paróquias e lhes atribuindo, em

---

[222] ROCHA, Justiniano José. Ação, Reação e Transação. In: *Revista do Instituto Histórico e Geográfico Brasileiro*, n. 219. Rio de Janeiro: Departamento de Imprensa Nacional, 1953, p. 206-238.

[223] SODRÉ, Nelson Werneck. *A história da imprensa no Brasil*. Rio de Janeiro: Mauad Editora, 1998, p. 182 *et seq.*

[224] BRASIL. Decreto nº 842, de 19 de setembro de 1855. Altera a Lei de 19 de agosto de 1846. In: JOBIM, Nelson; PORTO, Walter Costa. *Legislação eleitoral no Brasil*: do século XVI a nossos dias, v. 1. Brasília: Senado Federal, 1996, p. 115-117.

[225] Nessa época, inexistia precisão terminológica ou distinção relacionada à reserva de lei, em sentido formal, para quaisquer matérias. O princípio da legalidade estrita ainda integrava o texto constitucional brasileiro.

termos geopolíticos, especial envergadura. O diploma, ainda, inovou, ao estabelecer incompatibilidades eleitorais, para diversas autoridades nomeadas pelo Governo central, tais como os presidentes das províncias, os delegados de polícia, generais da tropa de linha, juízes municipais, inspetores da fazenda – ampliando, assim, o espaço para as lideranças regionais. Veja-se que os membros da guarda nacional poderiam candidatar-se e se eleger dentro de seu distrito.

A lei dos círculos garantia uma representação mais diversificada e, sobretudo, horizontalizada. Um de seus efeitos foi a diminuição do poder dos partidos políticos[226], o que, de resto, ia ao encontro das aspirações do Gabinete da Conciliação. Entre a formação de uma "representação carregada de virtudes" (defendida pelos conservadores e supostos defensores do bem comum da nação) e uma "representação por semelhança", prevaleceu esta em detrimento daquela. Como resultado, nas eleições de 1856, houve uma ampla renovação da Assembleia, com presença mais pronunciada dos potentados locais e de liberais.

A despeito da ascensão dos liberais, no âmbito do Poder Legislativo, com a morte do Marquês do Paraná, em 1856, o Imperador forma um gabinete conservador, que exercerá seu ministério entre 1858 e 1862. A dissidência liberal formada, dá origem à *Liga Progressista*, que passará a promover sérios embates com o governo, culminando com a formação de um gabinete liberal, entre 1862 e 1868. Essa quadra é caracterizada por uma espécie de experiência parlamentar no país, em que os gabinetes ministeriais foram formados a partir da maioria parlamentar. O período é de grande instabilidade interna e externa (em 1862 o país rompe relações diplomáticas com a Inglaterra[227] e em 1864 o Brasil retoma seu intervencionismo direto no Prata), o que leva à dissolução do Parlamento liberal e à formação de sucessivos gabinetes conservadores até 1878.

---

226 FERRAZ, Sérgio Eduardo. *O Império Revisitado*: Instabilidade Ministerial, Câmara dos Deputados e Poder Moderador (1840-1889). Tese de doutorado em História. São Paulo: Universidade de São Paulo, 2012, p. 254.

227 Fruto da chamada Questão Christie, que opõe o embaixador britânico no Brasil e o próprio Imperador, ao redor da indenização supostamente devida pelo saque do navio *Prince of Wales*. É célebre a frase do Imperador, ao pagar antecipadamente a indenização reclamada (que seria reputada indevida pelo árbitro eleito pelas partes, Rei Leopoldo I, da Bélgica): "homens de honra não discutem questões de dinheiro".

As diversas reformas do Gabinete Rio Branco (1871-1875) esvaziaram a agenda liberal. Foi, porém, no Gabinete Caxias-Cotegipe que ocorreu a principal reforma eleitoral do período, levada a cabo pela chamada *Lei do Terço*[228], consubstanciada no Decreto n. 2.675, de 20 de outubro de 1875. Para compreender a lei, é importante rememorar que as eleições imperiais eram indiretas, sendo escolhidos, durante as votações, os "eleitores-gerais", que formavam um colégio eleitoral, a fim de elegerem, subsequentemente, os futuros integrantes do parlamento. A Lei do Terço introduziu no Brasil o sistema de voto incompleto, por intermédio do qual apenas dois-terços do parlamento seriam preenchidos nas eleições (indiretas), restando o outro terço reservado à oposição. Em outras palavras, os "eleitores-gerais" escolheriam apenas o número de candidatos correspondente a dois terços do parlamento, de modo que as demais cadeiras vagas seriam indicadas diretamente pelo partido de oposição. Era esta a expressa dicção do texto normativo:

> Art. 1º
> [...]
> § 17. Para Deputados á Assembléa Geral, ou para membros das Assembléas Legislativas Provinciaes, cada eleitor votará em tantos nomes quantos corresponderem aos dous terços do numero total marcado para a Provincia.
> Se o numero marcado para deputado á Assembléa Geral e membros da Assembléa Legislativa Provincial fôr superior ao multiplo de tres, o eleitor addicionará aos dous terços um ou dous nomes de cidadãos, conforme fôr o excedente.
> § 18. Emquanto por lei especial não fôr alterado o numero de Deputados á Assembléa Geral, cada Provincia elegerá na mesma proporção ora marcada.
> § 19. Nas que tiverem de eleger Deputados em numero multiplo de tres, cada eleitor votará na razão de dous terços; nas que tiverem de eleger quatro Deputados, o eleitor votará em tres nomes, e nas que tiverem de eleger cinco Deputados, o eleitor votará em quatro.
> Nas provincias que tiverem de eleger sómente dous Deputados, cada eleitor votará em dous nomes.

---

[228] SILVA, Lyana Maria Martins da. *Reforma Gorada*: lei do terço e a representação das minorias nas eleições de 1876 em Pernambuco. Dissertação de Mestrado. Recife: Universidade Federal de Pernambuco, 2014, p. 83 *et seq*.

Para as eleições geraes de Deputados e Senadores, a Provincia do Rio de Janeiro e o Municipio da Côrte formam a mesma circumscripção eleitoral[229].

A Lei do Terço foi revogada, em 1881, pelo Lei n. 3.029, de 09 de janeiro, a qual inaugurou a eleição direta e a volta dos distritos uninominais. É certo, porém, que a eleição incompleta retornaria em 1881, com o Decreto n. 3340, que tratava das eleições das assembleias legislativas provinciais e das câmaras municipais. Já na República, voltou a ser limitado o voto para eleição dos deputados, pela Lei n. 35, de 26 de janeiro de 1892. O voto limitado extinguiu-se, em definitivo, com a nova regulação trazida após a Revolução de 1930 e com a introdução da representação proporcional.

Com efeito, a Lei do Terço não foi capaz de estancar em definitivo a crise política no país[230], que ainda perduraria, com agravantes, até 1889. Não se estava em jogo apenas a disputa fisiológica pelo controle do gabinete ministerial, entre liberais (agora agrupados como Partido Progressista) e conservadores, mas, sim, a verdadeira distribuição espacial e institucional do poder. É a chamada *geração de 1870* que desencadeará o ocaso do império. O processo político de embate entre as forças políticas centralistas e as forças regionalistas ou centrífugas é um processo de *longue-durée*; o esgarçamento do tecido imperial não é, assim, episódico e se forma ao longo das décadas seguintes a 1870. Por certo, uma multiplicidade de fatores contribui para a transição republicana, mas o Poder Moderador, como elemento de equilíbrio, já não mais provia plenamente o balanço político necessário ao país.

---

229 *Cf.* BRASIL. Decreto nº 6.097, de 12 de janeiro de 1876. Manda observar as instruções regulamentares para execução do Decreto nº 2.675 de 20 de outubro de 1875. In: *Coleção das Leis do Império do Brazil*. v. 01. Rio de Janeiro: Typ. Nacional, 1876, p. 69-135.

230 *"A introdução do sistema do voto incompleto (a lei do terço), durante o Gabinete Caxias-Cotegipe (1877), visando a fortalecer a oposição, não se mostra eficaz. O voto direto, contrário à vontade do imperador, mas reivindicado por conservadores e liberais, passa a ser a nova panaceia para resolver o problema da ilegitimidade da representação. O imperador imagina que somente a expansão da educação popular primária melhorará a qualidade do voto"*. ROCHA, Marlos Bessa Mendes da. *Matrizes da Modernidade Republicana*: cultura política e pensamento educacional no Brasil. Campinas: Editora Autores Associados, 2004, p. 63.

Sob o prisma cultural, o Segundo Reinado detém um projeto definido, qual seja aquele de construir uma identidade nacional, que se sobrepusesse aos elementos localistas. Ainda no Primeiro Reinado, D. Pedro fundou a Academia Imperial de Belas Artes (1808-1826), fruto de missão francesa de artistas. Imbuído do mesmo ideal, de promover uma "homogeneização das elites" e combater as forças políticas centrífugas, em 1837 (durante o Regresso) é fundado o Real Colégio Pedro II, que, ainda hoje, possui alçada constitucional. Em 1837, foi, bem assim, criado o Instituto Histórico e Geográfico Brasileiro (IHGB), que se converteu em bastião da historiografia imperial nacional. Aliás, foi sob os auspícios do IHGB que se forjou o romantismo brasileiro. Seja nas artes visuais (Pedro Américo e Vítor Meireles), seja na música (Carlos Gomes), seja na literatura (Gonçalves Dias, José de Alencar e Gonçalves Magalhães), o romantismo constrói uma narrativa da cultura e da identidade nacionais, promove o indianismo panegírico e, a um só tempo, rejeita o barroco colonial e o realismo europeu. Antonio Cândido bem exprime as implicações políticas da nova estética oficial do império:

> O período que se abre a nossa frente [romântico] prolonga sem ruptura essencial este aspecto [recurso de valorização do país], exprimindo-o de maneira bastante diversa, graças a dois fatores novos: a Independência política e o Romantismo, desenvolvido este a exemplo dos países de onde nos vem influxo de civilização. [...] Graças ao Romantismo, nossa literatura pode se adequar ao presente. [...] Assim como a Ilustração favoreceu a aplicação social da poesia, voltando-a para uma visão construtiva do país, a independência desenvolveu nela, no romance e no teatro, o intuito patriótico, ligando-se deste modo os dois períodos, por sobre a fratura expressional, na mesma disposição profunda de dotar o Brasil de uma literatura equivalente às europeias, que exprimisse de maneira adequada a sua realidade própria ou então como se dizia, uma 'literatura nacional'. Que se entendia por semelhante coisa? Para uns a celebração da pátria, para outros o Indianismo, para outros, enfim, algo indefinível, mas que nos exprimisse. [...] A Independência importa de maneira decisiva no desenvolvimento da ideia romântica, para a qual contribuiu pelo menos com três elementos que se podem considerar como redefinição de posições análogas ao Arcadismo: a) o desejo de exprimir uma nova ordem de sentimentos, agora reputados do primeiro plano, como o orgulho patriótico, extensão do antigo nativismo; b) desejo de criar uma literatura independente, diversa, não apenas uma colonial, o nacionalismo literário e a busca de modelos novos, nem clássicos

nem portugueses, davam um sentimento de libertação relativamente à mãe-pátria; finalmente; c) a noção... de atividade intelectual não mais apenas como prova de valor do brasileiro e esclarecimento mental do país, mas uma tarefa patriótica na construção nacional[231].

A ambição de conformar essa identidade nacional, capaz de obliterar as nuanças regionais, não se restringiu ao plano artístico. Como dissemos, o Direito é, como produto cultural, elemento fundamental de conformação da sociedade e, a um só tempo, veículo de explicitação das inclinações políticas dominantes. É parte desse espírito a criação das Faculdades de Direito de Olinda (posteriormente trasladada para Recife) e de São Paulo, instalada no largo de São Francisco, em 1827. Com efeito, se outrora a Universidade de Coimbra era a responsável por prover a educação jurídica e humanística, o Império, que se pretendia cada vez mais nacional e unitário, foi instado a patrocinar a criação dos Cursos de Ciências Jurídicas, de cujos bancos e à força do trabalho de seus lentes, viriam a embasar e sustentar o processo de formação do direito nacional[232]. E mais: unificando sob controle imperial, e longe da capital, o processo de formação das elites dirigentes, garantiu a unidade nacional de pensamento, aproximando expoentes de distintas regiões, de modo a imantá-los com os laços de um projeto de integridade territorial. Ainda, assegurou a homogeneidade nacional, necessária à salvaguarda identitária e territorial.

Para além dos planos artístico e acadêmico, o dilema da formação do Estado nacional brasileiro – que gravita entre sua vocação ancestral de

---

231 CANDIDO, Antonio. *Formação* [...]. *Op. cit*, p. 327 *et seq*. Sobre os elementos universais do Romantismo, *cf.* MAYOS SOLSONA, Gonçal. *Ilustración y Romantismo*: introducción a la polémica Kant y Herder. Barcelona: Herder, 2004, p. 61. Ainda, SAFRANSKI, Rüdiger. *Romantismo*: uma questão alemã. Trad. Rita Rios. São Paulo: Estação Liberdade, 2010, p. 21 *et seq*.

232 Sobre o tema, *cf.* BASTOS, Aurélio Wander. *O Ensino Jurídico no Brasil*. 2. ed. Rio de Janeiro: Lumen Iuris, 2000. BEVILACQUA, Clóvis. *História da Faculdade de Direito do Recife*. 2. ed. Brasília: INL/CFC, 1997. MACHADO NETO, A. L. *História das Ideias Jurídicas no Brasil*. São Paulo: Grijalbo/Edusp, 1969. Sobre o fenômeno do bacharelismo, que se converte, modernamente, em uma espécie de captura burocrática do Estado, v. SIMÕES NETO, Francisco Teotonio. *Os bacharéis na política e a política dos bacharéis*. Tese de Doutorado. São Paulo: Faculdade de Ciências Humanas e Letras da Universidade de São Paulo, 1983. Ainda, VENÂNCIO FILHO, Alberto. *Das Arcadas ao Bacharelismo*. São Paulo: Perspectiva, 1977.

se revelar como país-continente e potência territorial, e a propensão atávica à fragmentação – torna-se evidente, também, na geopolítica sul-americana. As interpretações acerca das causas da eclosão da Guerra do Paraguai têm evoluído. Se a interpretação "oficial", contemporânea aos fatos, atribuía o movimento beligerante às pretensões expansionistas de Solano Lopes, essa causalidade personalizada é posta em xeque, pelo revisionismo histórico das décadas de 1960 e 1970. A historiografia brasileira de matriz marxista debita à conta do imperialismo inglês os conflitos na região do Prata, reputando o país como uma espécie de títere dos interesses industriais ingleses.

Uma reinterpretação das causas da Guerra do Paraguai surge a partir dos anos 1990. Autores como Ricardo Salles[233] e Francisco Doratioto defendem que a *"Guerra do Paraguai foi fruto das contradições platinas, tendo como razão última a consolidação dos Estados nacionais na região"*[234]. Com efeito, a participação do país no evento bélico evidencia a importância atribuída à formação do Estado nacional, em bases territoriais amplas. Ao tempo em que o país era governador pela Liga Progressista, o Brasil alia-se à Argentina, de Mittre, e ao Uruguai, de Venâncio Flores, em guerra, cujo desenlace muito interessou aos estancieiros sulistas – não apenas tendo como resultado a manutenção das fronteiras, mas visando aos resultados econômicos e ao dinamismo da economia do Rio Grande do Sul.

O esgotamento do modelo centralista imperial é fruto de uma conjunção de fatores, amplamente explorados pela historiografia brasileira. A questão religiosa, a questão abolicionista e a questão militar foram, todas, essenciais para o "ocaso do Império", na expressão de Oliveira Viana. Interessam-nos, aqui, porém as chamadas questão ideológica e a questão republicana – as quais se confrontam, de modo mais imediato, com o modelo de organização do Estado, que desconsidera (ou menospreza) a articulação de forças políticas regionais.

---

[233] SALLES, Ricardo. *Guerra do Paraguai*: memórias e imagens. Rio de Janeiro: Ed. Biblioteca Nacional, 2003, p. 14 *et seq.*

[234] DORATIOTO, Francisco. *Maldita Guerra*: a nova história da Guerra do Paraguai. São Paulo: Companhia das Letras, 2002, p. 93.

Em 1871, no Gabinete Visconde do Rio Branco, derrotados os liberais, após a queda do Gabinete Zacarias Góes de Vasconcelos, desponta no ambiente político brasileiro uma geração de jovens bacharéis, alijados do Estado, que inicia a difusão de "novas ideias", com ênfase no cientificismo, no positivismo comtiano, no darwinismo social (Spencer) e, especialmente, no republicanismo. O chamado pela república não se restringia à alteração da forma de governo, mas vinha acompanhado da exigência de implantação de uma federação. Não por que república e federação fossem uma díade inseparável, mas porque mais o unitarismo, que o Império, tolhiam a vocação natural e o impulso atávico do país. Foi assim que, no Congresso de Itu, de 18 de abril de 1873, do Partido Liberal (que daria origem aos partidos republicanos estadualizados), foi publicado o Manifesto Republicano, de Quintino Bocaiúva, clamando não apenas pela república, mas também, e com muita ênfase, pela federação. Os republicanos históricos, que, em essência, correspondem às forças políticas estaduais, aderiram ao programa federalista e o disseram em seu manifesto:

> No Brasil, antes da ideia democrática, encarregou-se a natureza de estabelecer o princípio federativo. A topografia do nosso território, as zonas diversas em que ele se divide, os climas vários e as produções diferentes, as cordilheiras e as águas estavam indicando a necessidade de modelar a administração e o governo local acompanhando e respeitando as próprias divisões criadas pela natureza física e impostas pela imensa superfície do nosso território. Foi a necessidade que demonstrou, desde a origem, a eficácia do grande princípio que embalde a força compressora do regime centralizador tem procurado contrafazer e destruir. [...] O nosso Estado é, em miniatura, o Estado da França de Napoleão III. O desmantelamento daquele país que o mundo está presenciando com assombro não tem outra origem, não tem outra causa explicativa. E a própria guerra exterior que tivemos de manter por espaço de seis anos, deixou ver, com a ocupação do Mato Grosso e do Rio Grande do Sul, quanto é impotente e desastroso o regime de centralização para salvaguardar a honra e a integridade nacional. A autonomia das províncias é, pois, para nós mais do que um interesse imposto pela solidariedade dos direitos das relações provinciais, é um princípio cardeal e solene que inscrevemos na nossa bandeira. [...] Se carecêssemos de uma fórmula para assinalar perante a consciência nacional os feitos de um e outro regime, nós resumiríamos assim: – Centralização-Desmembramento. Descentralização-Unidade[235].

---

235 MELO, Américo Brasiliense de Almeida e. *Os programas dos partidos e o segundo Império*: primeira parte. São Paulo: Tip. Jorge Secler, 1878, p. 59 *et seq.*

O conturbado cenário interno – com revoltas sociais no Nordeste, como aquelas que se insurgem contra o Censo-Geral, bem como a Revolta do Quebra-Quilo, o movimento messiânico no Rio Grande do Sul, Revolta dos Mucker[236], a qual, em certa medida, expõe o miasma da derrota do projeto imigratório, e a Revolta do Vintém[237], no Rio de Janeiro – dão a tônica da exaustão do projeto político monárquico.

A corrente política que iria preponderar no processo de proclamação da república era, precisamente, esta dos republicanos históricos, que fundariam os partidos estadualizados. Isso por que a ala dos republicanos radicais (José do Patrocínio e Silva Jardim) foi desarticulada com a promulgação da Lei Áurea, de 1888. Já nos estertores do Império, a chamada Lei Saraiva (Decreto n. 3.029, de 9 de janeiro de 1881), amplia o rol de eleitores e acaba com as eleições indiretas no país. Um aceno aos anseios de ampliação da participação política, que foi incapaz de frear a decadência do império.

De outro lanço, é importante observar que os períodos da história nacional que circunscrevem os mais agudos momentos de crise institucional relacionam-se, em geral, à precarização da solução institucional encontrada para fazer as vezes do árbitro do jogo de poderes, outrora desempenhado pelo Poder Moderador, que garantiu quase cinco décadas de estabilidade às demais instituições nacionais, viabilizando, bem assim, a formação de uma identidade nacional e a manutenção da integridade territorial.

---

[236] Movimento liderado por Jacobina Mentz Maurer, cujos transes, que se iniciaram ainda quando jovem, a levaram a uma posição de liderança espiritual. A formação de uma comunidade, acalentada pela doutrina messiânica de Jacobina, agregou os elementos da decadência social do campesinato. A comunidade em breve bater-se-ia contra os poderes estabelecidos, tendo havido, inclusive, fortes embates armados. Cf. SCHUPP, Ambrósio. Os Mucker: episódio histórico ocorrido nas colônias Alemãs do Rio Grande do Sul. Brasília: Edições do Senado Federal (Vol. 32), 2004.

[237] Revolta motivada, em 1879, pela cobrança de um vintém nas passagens de bonde do Rio de Janeiro, determinada pelo futuro Visconde de Ouro Preto, Afonso Celso de Assis Figueiredo. Essa revolta marcou o ocaso da capacidade conciliatória do Poder Moderador, que se torna incapaz de mediar as crises dos Gabinetes. Recentemente, foi comparada pelo New York Times às manifestações contrárias à elevação das tarifas do transporte público. Cf. <http://www.nytimes.com/2013/06/14/world/americas/bus-fare-protests-hit-brazils-two-biggest-cities.html?_r=3&>. Acessado em 07 out. 2013.

O golpe militar que levou ao fim do Império almejava o fim do Gabinete Ouro Preto, mas derrubou a monarquia, como um fruto maduro que se desprende do pé. Seja sob a perspectiva civilista, seja sob o ângulo militarista, o fato é que Império desmoronou. A monarquia foi substituída por um agrupamento de força políticas, que concatenava interesses dos militares *tarimbeiros*[238], de setores progressistas urbanos, de cafeicultores interessados no incentivo à imigração, bem como, senão sobretudo, de oligarquias regionais. Emília Viotti da Costa sintetiza o período:

> As transformações econômicas e sociais que se processam durante a metade do século XIX acarretam o aparecimento de uma série de aspirações novas provocando numerosos conflitos. Os meios industriais pleiteavam uma política protecionista, nem sempre aprovada pela lavoura mais tradicional. Os fazendeiros do oeste paulista almejavam uma política favorável à imigração. Já os senhores de engenho ou fazendeiros mais tradicionais, que ainda dispunham de numerosos escravos, eram contrários a essa orientação preferindo estimular a formação de núcleos coloniais. Alguns grupos urbanos não comprometidos com o sistema escravista empenhavam-se na abolição e pleiteavam mais representação na vida política do país, exigindo a substituição do sistema de eleições indiretas que propiciava a preponderância de grupos tradicionais pela eleição direta. Os setores interessados no desenvolvimento da imigração sentiam dificuldades resultantes do fato de ser a religião católica declarada religião do Estado, e pleiteavam a separação entre Igreja e Estado. [...] Face a tantas contradições a solução parecia estar no sistema federativo. [...] A apreensão de Nabuco, quanto às possibilidades de se desenvolverem ideias separatistas no país, não era de todo infundada. Ao fazer essa afirmação, pensava certamente em alguns pronunciamentos feitos em São Paulo, por políticos de prestígio. O separatismo consubstanciava em São Paulo os anseios e aspirações das zonas progressistas[239].

---

238 O termo "tarimbeiro" foi comumente utilizado no jargão militar de modo pejorativo, para fazer referência aos oficiais que galgaram postos na hierarquia militar, pela via da promoção por ato de bravura ou heroísmo em combate. Em oposição aos oficiais "científicos", "positivistas" ou "bacharéis", que frequentaram as Academias militares, os tarimbeiros eram tidos por grosseiros e despidos de qualquer instrução militar na então Escola Militar da Praia Vermelha. *Cf.* CASTRO, Celso. *Os militares e a República*: um estudo sobre cultura e ação política. Rio de Janeiro: Jorge Zahar Editor, 1995, p. 50 *et circa*.

239 COSTA, Maria Emília Viotti. *Da monarquia* [...]. *Op. cit*, p. 341 *usque* 344.

A República se instala sob um frágil amálgama de anseios e aspirações políticos, cujo equilíbrio e coexistência estavam ligados à adoção do modelo federativo. O projeto oligárquico[240] tornar-se-á hegemônico, em bases federativas, ao menos até a década de 1930, e o direito positivo nacional irá se moldar a essa tendência política.

---

[240] Muitos anos mais tarde, Miguel Arraes assim descreveria a instauração da República no Brasil: "A 'República Oligárquica' correspondeu a uma fase nova na gestação da revolução burguesa. Na primeira vez, a revolução havia abortado, quando a oligarquia confiscou a República a seu proveito – como já havia feito na época da Independência – roubando-a ao povo que a havia proclamado. Na oposição ao regime, estabeleceu-se uma aparente unidade." ARRAES, Miguel. *O Brasil, o povo e o poder*. s.l.: TC Gráfica Editora Ltda, s. d, p. 130.

5. A REPÚBLICA: A FEDERAÇÃO COMO CHAVE DA UNIDADE – DOS REGIONALISMOS AO CENTRALISMO

5.1. PANORAMA GERAL DO QUADRO JURÍDICO-POLÍTICO

A República que se instaurava no Brasil, a partir do golpe de 1889, viu-se confrontada com a possibilidade de assumir três feições distintas. De um lado, havia o *projeto militar*, que comportava, dentro de si, duas inclinações: a ala dos deodoristas, que atribuíam ao Exército grande prestígio, e a ala dos positivistas (ou florianistas), ancorada nos egressos da Escola Militar da Praia Vermelha. Se tiveram protagonismo inicial, na chamada *década do caos* (1889-1894), retornariam ao poder apenas com Hermes da Fonseca, durante novo período de conturbações, permanecendo, a partir daí, afastados *formalmente* da institucionalidade do poder político, embora sempre influentes.

De outro lado, havia uma expectativa de que a República assumisse uma agenda *popular e jacobina*, promovendo profundas transformações sociais, instaurando o sufrágio universal e ampliando o espectro de proteção estatal. José Murilo de Carvalho, analisando as imbricações entre o tema político (proclamação da República), o tema da cidade e o tema da participação popular (cidadania), assim se manifesta:

> O povo assistiu bestializado à proclamação da República, segundo Aristides Lobo; não havia povo no Brasil, segundo observadores estrangeiros. [...] A liderança radical do movimento operário também não parava de se queixar da apatia dos trabalhadores, de sua falta de espírito de luta, de sua tendência para a carnavalização das demonstrações operárias [...]. No campo da ação política, fracassaram sistematicamente as tentativas de mobilizar e organizar a população dentro dos padrões conhecidos nos sistemas liberais. Fracassaram os partidos operários e de outros setores da população; as organizações políticas não-partidárias, como os clubes republicanos e batalhões patrióticos, não duraram além da existência dos problemas que lhes tinham dado origem; ninguém se preocupava em comparecer às urnas para votar. [...] Em termos de ação política popular, vimos que ela se dava fora dos canais e mecanismos previstos pela legislação e pelo arranjo institucional da República. Na maior parte das vezes, era reação de consumidores de serviços públicos. [...] O movimento que mais se aproximou de uma ação política clássica

foi o jacobinismo. Mesmo assim, não possuía organização, tendia ao fanatismo e perdia-se em intermináveis contradições. [...] Nossa República, passado o momento inicial de esperança de expansão democrática, consolidou-se sobre um mínimo de participação eleitoral[241].

Foi, assim, o projeto *oligárquico-liberal* que se tornou hegemônico, assumindo a agenda federalista de modo explícito e decidido. O país passou a se articular com base nos partidos estadualizados, que conduziam a ampliação do espectro de atuação dos estados-federados. A essa altura, o município ainda não era encarado como agente político, de modo que pouco se debateu ou se fez, em termos políticos, sobre aquilo que deveria ser a competência ou espaço de atuação das paróquias.

Outro símbolo político-econômico do período foi a política do "encilhamento" de Rui Barbosa. Concebida ainda no Império, malgrado não implementada, o ministro da Fazenda republicano descentraliza a política de emissão de moeda, franqueando-a aos bancos estaduais. Tratava-se, para além de uma medida econômica, que se justificava pela grave crise da época, mas também de uma medida política, como bem observa Caio Prado Júnior:

> Nestas condições o novo governo republicano não somente confirmou a faculdade emissora concebida pouco antes pelo Império, mas ainda a ampliou consideravelmente.
> Estará assim dado o primeiro passo de uma aventura que levaria muito longe. Desde logo diferentes fatores novos irão concorrer para estimular cada vez mais as emissões. A mudança do regime, o efeito psicológico que produziu, determinarão, como já vimos, um recrudescimento de atividades. Elas encontrarão no meio circulante em expansão um farto alimento; mas inversamente, estimulam aquela expansão pela pressão financeira que determinam.
> Virá reforçar este apelo a novas emissões a situação do Tesouro público, a braços com a perturbação produzida pela mudança de regime, o que não somente desorganiza no primeiro momento a normal arrecadação das rendas, mas logo depois transfere para os Estados alguns tributos, com grande desfalque para as finanças nacionais[242].

---

241 CARVALHO, José Murilo. *Os Bestializados*: o Rio de Janeiro e a República que não foi. 3a ed. São Paulo: Companhia das Letras, 1987, p. 140 *usque* 161.

242 PRADO JÚNIOR, Caio. *História Econômica do Brasil*. Brasília: Brasiliense, 1976, p. 164.

Sob a perspectiva do ordenamento jurídico, o governo provisório do Marechal Deodoro da Fonseca foi marcado pela edição de Decretos executivos à margem do parlamento. O Decreto n. 01, de 15 de novembro de 1889, proclamou a república e estabeleceu de modo peremptório a forma federativa, *in verbis*:

> Art. 2º As Províncias do Brasil, reunidas pelo laço da Federação, ficam constituindo os Estados Unidos do Brasil.

Tem, ainda, merecido destaque nas narrativas históricas o Decreto n. 04, de 19 de novembro de 1889, que estabeleceu os símbolos nacionais[243], denotando a clara consagração do positivismo político, bem como o Decreto n. 78-A, de 21 de dezembro de 1889, que exilou a família real brasileira (o que seria revogado apenas em 1920). O governo do marechal Deodoro seguiu governando por decretos, não apenas naquilo que concernia à organização política do Estado, mas também para tratar de temas de interesse dos grupos que a seu lado estiveram na assunção ao poder. Assim, Deodoro fez publicar o Decreto da "Grande Naturalização", em 08 de fevereiro de 1890, que recebeu o número 200-A[244].

Desde que Deodoro assume a presidência da República, o país passa a viver sob um regime de exceção constitucional. Será apenas em 23 de junho de 1890 que o Presidente irá convocar eleições para o Congresso Nacional constituinte. Foi, então, editado o Decreto n. 511/1890, chamado *Regulamento Alvim*. O Regulamento Alvim

---

[243] Para além da bandeira, das armas, selos e sinetes, fixados no decreto, é importante observar que a imagem da República brasileira não foi atrelada à *Marianne* (efígie alegórica da República Francesa, que ostenta um barrete frígio, imortalizada na obra *Liberdade Guiando o Povo*, de 1830, de Eugène Delacroix), que simboliza, em termos ocidentais, as repúblicas. No Brasil, foram as feições de Tiradentes (com notável apelo religioso) que identificaram a República, como seu herói nacional. *V* . CARVALHO, José Murilo de. *A formação das almas*: o imaginário da república no Brasil. Rio de Janeiro: Companhia das Letras, 2004, p. 68.

[244] Embora viesse ao encontro das aspirações da elite fazendeira, especialmente do oeste paulista, o decreto foi apontado, por alguns, como parte de uma estratégia de "branqueamento" da população brasileira. O decreto atribuiu a cidadania brasileira a um grande contingente de imigrantes, promovendo uma naturalização tácita do contingente de imigrantes emprego na lavoura nacional. *Cf.* DAL RI JÚNIOR, Arno. Da Grande Naturalização da Primeira República à Segurança Nacional no Estado Novo (1889-1995). *In*: RAMINA, Larissa; FRIEDRICH, Tatyana Scheila (Org.). *Direito Internacional Multifacetado*. v. 5. Curitiba: Juruá, 2014, p. 47-88.

restringiu a capacidade eleitoral passiva a determinados cidadãos, em termos do tempo de cidadania adquirida, pois, em função da grande naturalização, um grande contingente de outrora estrangeiros poderia, potencialmente, tornar-se membro da futura assembleia constituinte. O voto distrital foi revogado, estabelecendo o voto completo por lista fechada, em cada um dos estados-federados.

Na vertente do direito privado, o país continuava regido pelas *Ordenações Felipinas*, ainda do tempo colonial. Aliás, desde 1855 o Livro IV das Ordenações não continuava mais em vigor em Portugal, permanecendo, conquanto claudicante, no contexto do ordenamento brasileiro. A Constituição de 1824 havia determinado a elaboração de um Código Civil brasileiro, mas o Império não foi capaz de concluí-lo. Ainda no governo imperial, Teixeira de Freitas (que elaborara um anteprojeto de consolidação das leis civis) preparara um anteprojeto de Código, que vai sendo criticado e substituído por diversos outros projetos (Nabuco de Araújo, Felício dos Santos, Coelho Rodrigues e a Nova Consolidação de Carlos Carvalho), até que o projeto Bevilácqua pudesse ser aprovado, gerando o Código de 1916[245].

Em verdade, as relações privadas eram, em grande medida, e naquilo que concernia à circulação de bens e serviços, regidas pelo Código Comercial de 1850, que estendia sua disciplina para além dos típicos atos de comércio, adotados pelo diploma. A codificação do Direito Civil encartava-se em uma tendência universal, que predominou no tronco romano-germânico e que atendia a princípios dogmáticos-científicos que ultrapassaram gerações, mostrando-se, ainda hoje, francamente em voga e vigorosamente úteis. Desde o *code* napoleônico, a unificação do Direito Civil tem atendido a propósitos nacionalistas e românticos (vide, por exemplo, a influência da Escola Histórica do Direito, com Savigny, para a elaboração do BGB[246]).

---

245 *Cf.* sobre o tema, CÂMARA, José Gomes B. *Subsídios para a História do Direito Pátrio.* T. IV. Rio de Janeiro: Serviço Reprográfico do Instituto Brasileiro de Geografia e Estatística, 1967, p. 168 *et seq.* FERREIRA, Waldemar. *História do Direito Brasileiro.* V. I. São Paulo: Saraiva, 1962, p. 33 *et seq.* Ainda, ROBERTO, Giordano Bruno Soares. *História do Direito Civil Brasileiro*: Ensino e Produção Bibliográfica nas Academias Jurídicas do Império. Belo Horizonte: Arraes, 2016, *passim*.

Nesse sentido, o Projeto de Código Civil brasileiro era parte da engrenagem política do Império, interessado em manter a unidade nacional e a integridade territorial. Paradoxalmente, será apenas na Primeira República que o país terá seu Código Civil. As elites locais viam-se satisfeitas com o suporte normativo que lhes oferecia o Código Comercial de 1850, preferindo deixar aos costumes locais a regência supletiva das demais matérias da vida do homem comum.

Assim, convocado o Congresso Constituinte, o país iria ter sua primeira constituição republicana, que assumia o federalismo como forma de organização territorial-política.

5.2. A CONSTITUIÇÃO DE 1891

O Governo de Deodoro da Fonseca apresentou à Assembleia Constituinte um projeto de Constituição. Tratava-se de um projeto de um homem só, elaborado por Rui Barbosa. Em verdade, em fins de 1889 fora criada uma comissão de juristas, pelo Decreto n. 29, de 03 de dezembro de 1889, para a elaboração de um anteprojeto de Constituição. Chamada a "comissão de Petrópolis", era composta por Joaquim Saldanha Marinho, Antônio Luís dos Santos Werneck, Francisco Rangel Pestana, Américo Brasiliense de Almeida Melo e José Antônio Pedreira de Magalhães Castro.

Submetido à apreciação do Governo, Rui Barbosa, então ministro da Fazenda e interino do Ministério da Justiça, também vice-líder do governo provisório, muito o emendou e corrigiu, dando origem ao projeto final, publicado por intermédio do Decreto n. 510, de 22 de junho de 1890, e alterado pelo Decreto n. 914-A, de 23 de outubro de 1890.

O anteprojeto elaborado pelo Governo Deodoro frustrou, em alguma medida, os anseios federalistas, em função da timidez com que franqueou autonomia política e financeira aos estados. O anteprojeto atribuía a posse das terras devolutas (questão de intrínseco interesse político, após a edição da Lei de Terras) à União; concentrava as receitas tributárias no governo central; afirmava que, nos

---

246 WIEACKER, Franz. *História do Direito Privado Moderno*. Trad. Antonio Manuel Botelho Hespanha. 2 ed. Lisboa: Fundação Calouste Gulbenkian, 1980, p. 401 *et seq.*

assuntos pertencentes concorrentemente à União e aos estados-federados, o exercício da autoridade pela primeira obstava a ação dos entes subnacionais, anulando, por conseguinte, as leis e disposições dos governos estaduais; e admitia o subsídio da União aos entes da Federação nos casos de calamidade pública.

Debatido na Assembleia constituinte, veio a lume o texto constitucional de 1891, em 24 de fevereiro, o qual serviria à nação durante algumas décadas. O texto constitucional de 1891 garantiu a forma federativa, atribuindo ao país, na esteira do já citado decreto do governo provisório, o nome de República dos Estados Unidos do Brasil (art. 1º). As antigas províncias passariam a constituir os estados-federados (art. 2º). É curioso observar que antes mesmo de tratar da autonomia de cada dos estados-membros (art. 6º), o texto constitucional cuidou de esclarecer que cada um dos estados cuidaria das necessidades de seu governo e de sua administração às próprias expensas (art. 5º). Em outras palavras, a Assembleia Constituinte antes de garantir a autonomia e os recursos financeiros necessários ao custeio das atividades de cada ente subnacional, tratou de pôr às claras que aos estados-federados incumbia pagar suas despesas. A disposição topográfica e a ordem de enunciação das normas constitucionais mostram, com efeito, o modo "displicente" com que se buscou construir um edifício federativo.

Outra inovação do texto constitucional de 1891 foi a garantia da autonomia municipal, introduzida pela Emenda Constitucional n. 03, de 1926, no contexto de uma reforma geral, que previu a intervenção federal nos estados. É preciso lembrar que o governo Arthur Bernardes, que vai de 1922 a 1926, foi marcado pela crescente instabilidade, que começa com a Revolta do Forte de Copacabana, em 05 de julho de 1922. A efervescência do ideário tenentista, a convulsão social gerada pela Coluna Prestes, bem como a intervenção e o desmonte das máquinas oligárquicas dissidentes, foram controladas apenas com a decretação do estado de sítio, que duraria 04 (quatro) anos[247]. A abertura do regime, com a aprovação da Emenda Constitucional n. 03, de 03 de setembro (pouco mais de um mês antes da posse de Washington Luís), demonstrava que o único caminho

---

247 SCANTIMBURGO, João de. *História do Liberalismo no Brasil*. São Paulo: Editora LTr, 1996, p. 306.

para contenção dos ímpetos radicais e secessionistas das oligarquias dissidentes era abrir-lhes espaço na política do país, franqueando-lhes o controle dos municípios. Os municípios, assim, poderiam ser livremente controlados e geridos pelas oligarquias regionais marginais (em relação ao eixo Minas-São Paulo), convertendo-se em uma espécie de reduto de contenção, que contemplaria a fidelidade e subserviência ao cerne do poder. Essa margem de liberdade, contudo, não seria jamais plena, pois, ao passo em que se estatuía a autonomia municipal, instituia-se a intervenção federal.

Sob o prisma fiscal, a Constituição de 1891 reservou aos estados a competência para tributar a exportação das mercadorias produzidas em seu território; a propriedade de imóveis rurais e urbanos; a transmissão de propriedade; bem como as indústrias e profissões e, ainda, a competência para instituir taxas de selos, para os atos emanados de seus respectivos Governos.

Embora a União tenha mantido o controle sobre as emissões, o espaço fiscal dos estados-federados foi, assim, consideravelmente ampliado, *vis-à-vis* do modelo imperial. Ainda que comparado à estratificação tributária atual, aos estados-federados de então foram atribuídas consideráveis possibilidades de proverem seus tesouros. É de se observar, outrossim, que a Constituição de 1891 franqueou não apenas à União, mas também aos estados-federados uma competência tributária residual, para instituírem tributos, desde que respeitadas as limitações constitucionais (arts. 7º, 9º, 11, inciso I).

No âmbito político, foi conferido aos estados-federados o poder constituinte decorrente (art. 63), possibilitando a organização de constituições estaduais, observados os princípios da nóvel constituição federal. À diferença do previsto no anteprojeto governamental, as terras devolutas seguiram sendo de propriedade dos estados-federados, bem como, inovando agora, as minas subterrâneas (art. 64).

A Constituição de 1891 também inovou ao explicitar o princípio da autonomia municipal, inaugurando um federalismo de três níveis (art. 68), até então desconhecido em terras nacionais.

Com efeito, a nova ordem jurídico-política desenhou um país que se estruturava em bases federalistas, como reação ao centralismo, que contribuíra para o fim do império. Valorizava-se a alternância democrática, com a instalação do voto universal e aberto, bem como com o fim da vitaliciedade do senado. O país ganhava um ordenamento constitucional notoriamente liberal, albergando direitos e garantias fundamentais, e laico.

5.3. A MONTAGEM DA COLMEIA OLIGÁRQUICA

A Constituição de 1891 infundiu fortes expectativas nas elites, as quais foram, em parte, frustradas com a derrota de Prudente de Morais nas eleições indiretas para a presidência da República. O Governo constitucional de Deodoro enfrentou fortes embates com o Congresso nacional. O centralismo do qual o Presidente não conseguia se libertar não apenas incomoda, como também impede o desenvolvimento do projeto das elites brasileiras. A síntese de Emília Viotti da Costa é esclarecedora:

> As contradições presentes no movimento de 1889 vieram à tona já nos primeiros meses da República quando se tentava organizar o novo regime. As forças que momentaneamente se tinham unido em torno da ideia republicana entraram em choque. Os representantes do setor progressista da lavoura, fazendeiros de café das áreas mais dinâmicas e produtivas, elementos ligados à incipiente indústria, representantes das profissões liberais e militares nem sempre tinham as mesmas aspirações e interesses. As divergências que os dividiam repercutam em conflitos no Parlamento e eclodiam em movimentos sediciosos que polarizavam momentaneamente todos os descontentamentos, reunindo desde monarquistas até republicanos insatisfeitos. Rompia-se a frente revolucionária[248].

Um dos sintomas da crise foi a tentativa de fazer aprovar, por parte do congresso nacional, o projeto da chamada *Lei das Responsabilidades*, que regulamentava o crime de responsabilidade, previsto na Constituição de 1891. De outra parte, o então Presidente da República buscava fortalecer a centralização, com o projeto de extinção das magistraturas estaduais, bem como com a reforma eleitoral, que visava a acabar com a proporcionalidade nas eleições legislativas federais, de modo a enfraquecer os estados mais populosos. A tentativa de fechamento do congresso, aliada às greves urbanas e às Revoltas da Armada, levam ao fim do Governo Deodoro, com a ascensão de Floriano Peixoto.

---

[248] COSTA, Emília Viotti. *Op. cit*, p. 276.

O "florianismo" torna-se um fenômeno político de massas, oriundo das medidas populares, em termos econômicos, adotados pelo segundo presidente da República. Se, na perspectiva social, o projeto militar converge, em certa medida, com o jacobinismo, na seara política distancia-se dos anseios das elites locais. No Rio Grande do Sul, a *Revolução Federalista*[249] (1893-1895) dava mostras de que o centralismo não fazia parte do ideário político das elites que contribuíram para a proclamação da República[250]. A vitória dos castilhistas traria ainda consequências para a República, durante a Revolução de 1930.

A Segunda Revolta da Armada também convulsionara os primeiros anos da República e as negociações para a aprovação da intervenção estrangeira norte-americana levam à interrupção do ciclo militar na presidência da República. Nas palavras de Joaquim Nabuco:

> A verdade é outra: é que todos os perigos que podem ainda ser fatais à República foram aumentados em escala extraordinária pelo marechal Floriano; que nem um só foi eliminado ou diminuído por ele. O perigo da bancarrota, da carestia, da miséria pública, ele o agravou com a prodigalidade da sua administração militar, com a irresponsabilidade financeira que chegou a reivindicar para si e os seus agentes, com a cifra fantástica da guerra civil, com a desorganização que introduziu no Tesouro e em todos os serviços. O perigo da tirania, que torna odiosas as instituições, pode-se dizer que foi ele quem o criou. O perigo do militarismo e ao mesmo tempo o perigo do esfacelamento militar, ao qual se seguiria o esfacelamento nacional – aqueles perigos não são antitéticos, porque o militarismo pode existir sob a forma pretoriana da anarquia, tanto quanto sob a forma da união e da disciplina –, o

---

[249] Gaspar Silveira Martins, líder da Revolução Federalista fora um "republicano de primeira hora, [mas] não dobrou-se às arbitrariedades dos próprios republicanos, optando pela dissidência, pois a República proclamada a 15 de novembro, muito cedo deixou cair a máscara, mostrando a sua cara conservadora." ALVES, Francisco das Neves; *et all. Pensar a Revolução Federalista.* Porto Alegre: Editora da FURG, 1993, p. 62.

[250] A Revolução Federalista foi, em verdade, um conflito oligárquico, que opôs os *federalistas* (maragatos) e os *republicanos* (chimangos), liderados por Júlio de Castilhos. A despeito de brandir o ideário federalista, reclamando mais autonomia para o Rio Grande do Sul, os conflagrados faziam parte de uma oligarquia dissidente, que, derrotada nas eleições para a Constituinte, pretendiam impor um projeto que se opunha ao positivismo castilhista. O *federalismo* já se mostrava instrumento antes oligárquico que propriamente democrático.

perigo militar sob todas as suas faces cresceu consideravelmente com os precedentes e a lição viva do que se pode chamar o florianismo. Por último: o perigo revolucionário, aumentado pelo predomínio e ascendente de um elemento que se chama a si mesmo jacobino, e o perigo estrangeiro, tornado palpitante pela abdicação temporária do princípio de soberania (intervenção da Esquadra estrangeira, apelos repetidos à proteção norte-americana) e pelo sacrifício completo de todas as defesas do país: a sua fronteira aberta e anarquizada, a sua Marinha de guerra destruída, as suas finanças arruinadas, a sua união abalada, a sua altivez humilhada pela sensação da tirania[251].

A eleição de Prudente de Morais, em março de 1894, dá início ao ciclo republicano-oligárquico. O Partido Republicano Federalista é derrotado, pela articulação de Campos Salles, no entorno do Partido Republicano Progressista (PRP). Canudos é derrotada, após a quarta expedição militar. O atentado contra a vida do presidente Prudente de Morais é frustrado, viabilizando a repressão ao jacobinismo social e ao florianismo (que fora revigorado no período em que Manoel Vitorino assumira a presidência, por ocasião do afastamento do presidente eleito).

Será com assunção de Campos Salles, em novembro de 1898, que a República atingirá sua estabilidade política, com as feições que perdurariam até a Revolução de 1930. A redução das rendas do café, bem como a valorização da moeda, gerarou um quadro de aguda inflação. Aliás, a estrutura institucional que se estabeleceu com a proclamação da república contribuiu para o desequilíbrio financeiro. Nas palavras de Celso Furtado:

> Aos novos governos estaduais caberá, nos dois primeiros decênios da vida republicana, um papel fundamental no campo da política econômico-financeira. A reforma monetária de 1888, que o governo imperial não executou, do modo como foi aplicada posteriormente, pelo governo provisório, concedeu o poder de emissão a inúmeros bancos regionais, provocando subitamente em todo o país uma grande expansão do crédito. A transição de uma prolongada etapa de crédito excessivamente difícil para outra de extrema facilidade deu lugar a uma febril atividade econômica como jamais se conhecera. [...] A partir de 1898 a política de Murtinho reflete um novo equilíbrio de forças. [...] Se por um lado a descentralização republicana deu maior flexibilidade político-admi-

---

[251] NABUCO, Joaquim. *A intervenção estrangeira durante a Revolta de 1893*. Brasília: Ed. Senado Federal, 2003, p. 139.

nistrativa ao governo no campo econômico, em benefício dos grandes interesses agrícola-exportadores, por outro a ascensão política de novos grupos sociais – facilitada pelo regime republicano – , cujas rendas não derivavam da propriedade, veio reduzir substancialmente o controle que antes exerciam aqueles grupos agrícola-exportadores sobre o governo central. Tem início assim um período de tensões entre os dois níveis de governo – estadual e federal – que se prolongará nos primeiros decênios do século XX[252].

Renato Lessa[253] cunhou a expressão "invenção republicana" para referir-se ao conjunto de medidas que foram implementadas nos anos iniciais de nossa república e que viabilizaram sua perpetuação. É a partir da conjugação de esforços para a obtenção dos empréstimos de reescalonamento da dívida que se forma a *política dos governadores* ou *política dos estados*, substrato da chamada "colmeia oligárquica". Nas suas palavras:

> Fechado o ciclo militar, com o término do governo Floriano Peixoto, a experiência republicana não havia gerado respostas às questões institucionais deixadas em aberto com a queda do Império. Permaneciam sob a sombra da incerteza três variáveis cruciais para a sobrevivência do regime: os critérios de geração de atores políticos; as relações entre o poder central e os poderes regionais e os procedimentos de interação entre o Poder Legislativo e o Poder Executivo[254].

Em outras palavras, o Governo Republicano precisaria aprender a conviver com o partido que o elegera. Forma-se, assim, um "pacto não escrito", isto é, um pacto político que permanece fora da Constituição. Assim, a "colmeia oligárquica", que possibilitou a sobrevivência da república, assentou-se em uma série de inovações institucionais que se articulam no entorno do compromisso fundamental de não-intervenção do governo central na política regional.

Sob o prisma estritamente institucional, a *política dos estados* foi operacionalizada por uma alteração, sutil, mas estrutural, no Regimento da Interno da Câmara dos Deputados. Explica-se: segundo a Constituição de 1891, a decisão final a respeito das elei-

---

[252] FURTADO, Celso. *Op. cit*, p. 251-253.

[253] *Cf.* LESSA, Renato. *A invenção republicana*. Rio de janeiro: Top Books, 1990. *passim.*

[254] *Id. ibid.* p. 106.

ções e, portanto, da composição do Congresso Nacional, cabia a uma Comissão Verificadora de Poderes, que fazia as vezes de uma Justiça Eleitoral. Essa Comissão era presidida pelo parlamentar mais idoso, dentre os presumidamente eleitos. Estimulado por Campos Salles, Augusto Montenegro, então líder da Maioria na Câmara, levou a cabo uma alteração regimental. Nos termos dessa alteração, a presidência da Comissão passaria a ser exercida pelo mesmo presidente da legislatura anterior. Ainda além, definiu-se o conceito de diploma, que seria a ata geral da apuração da eleição, assinada pela maioria da Câmara Municipal. Operando essa inovação, Campos Salles subtraiu grande parte dos poderes da Comissão Verificadora[255] e, portanto, do próprio Legislativo, favorecendo a continuidade *sine die* da *situação*.

Nesse passo, trabalhando no plano institucional, a República Velha de Campos Salles conseguiu soerguer as bases de sua estabilidade política, que viria a se cristalizar com o *Pacto de Ouro Fino*, de 1913, celebrado entre Cincinato Braga, por São Paulo, e Júlio Bueno Brandão, por Minas, definindo a alternância entre os estados na presidência da República. Apenas quando a alternância é rompida pelo Partido Republicano Paulista, associada ao esgotamento da convivência bipartidária entre o castilhismo do PRR e o liberalismo do Partido Federalista do Rio Grande do Sul[256] é que as nuanças do poder republicano começariam a se revelar.

Ora, como se nota, se o Poder Moderador conseguiu superar a oposição entre aulicismo e partidarismo, a *política dos governadores* foi responsável por superar as oposições partidário-regionais dos anos iniciais de nossa república. Bem por isso, já se nota que o plano institucional é que dá materialidade ao conflito político, trazendo à tona os conflitos endogenéticos à organização social e política humana. A manutenção de um processo constante de incentivo à inovação garante que as crises sejam superadas, que o futuro se avizinhe e que o progresso se realize.

---

[255] *Cf. Id. ibid*, p. 146.

[256] Trata-se de conflito entre as oligarquias sulistas, que dera origem à Revolução Federalista, entre 1893 e 1895, de que tratamos. A polarização não se extinguiu com o término do conflito, permanecendo latente na política regional, opondo os partidários do castilhismo positivista e os federalistas, que, invocando a bandeira federativa, pretendiam tomar para a si a governança gaúcha.

A República Velha encontrou um arranjo institucional apto a permitir o desenlace do jogo democrático e o desenvolvimento econômico do país. Como qualquer modelo, esgotou-se, não apenas como fruto de suas contradições internas, mas como pela incapacidade de as superar (ou suprassumir) e inovar na arquitetura político-institucional.

O federalismo brasileiro resumiu-se a permitir uma alternância, no exercício da direção da nação, entre os estados-federados que assumiam a liderança econômica. O federalismo viveu, assim, encapsulado em determinadas práticas, permanecendo alheio aos imperativos de diversificação econômica, bem como intransigente com as elites urbanas.

Se os movimentos sociais – levante de Juazeiro (1913/1914), o Cangaço, o sebastianismo das Revoltas de Canudos (1896/97) e Contestado (1912/1961), a Revolta da Armada (1910) e a Revolta da Vacina (1904) – não ameaçaram as oligarquias, será, de fato, a ausência de mecanismos institucionais de renovação e redistribuição territorial de poder, que dará início ao processo político que leva à Revolução de 1930.

5.4. O REGIONALISMO E A FEDERAÇÃO

A Constituição de 1891 consagrou no país, como dito, um modelo de República Federativa, de inspiração norte-americana. Buscou o constituinte prestigiar os estados-membros, ampliando seu rol de competências, bem como os instrumentos para a manutenção de sua autonomia. Havia, porém, três problemas estruturais, em termos institucionais, a serem solvidos: (a) a geração e renovação de atores políticos, (b) a manutenção do equilíbrio e harmonia entre executivo e legislativo, e (c) a interdependência recíproca, sob a forma de uma interação saudável, entre o poder central e os diversos poderes regionais.

Sob o prisma político, a *política dos governadores* fornecia estabilidade, ao circunscrever os conflitos intra-oligárquicos ao âmbito estadual, sem que deles derivassem convulsões que pudessem ameaçar a República liberal, em si considerada. Na mesma toada, a Política dos Governadores suavizava as arestas entre o Poder Legislativo e o Executivo, permitindo uma coexistência pacífica, ao controlar as eleições parlamentares. Nas palavras de Marieta de Moraes Ferreira e Surama Conde Sá Pinto:

> A inovação política introduzida para efetivá-la foi a reforma do Regimento Interno da Câmara no tocante à Comissão de Verificação de Poderes. Anteriormente cabia ao parlamentar mais idoso entre os presumivelmente eleitos para a presidência da Câmara nomear cinco deputados para formar a comissão encarregada de decidir sobre a legitimidade dos mandatos dos demais congressistas. Como o novo critério o encarregado de nortear a Comissão de Verificação passou a ser o mesmo da legislatura anterior. Paralelamente se procedeu a uma definição mais precisa dos diplomas: pelo novo texto, o diploma passou a ser a ata geral da apuração da eleição, assinada pela maioria da Câmara municipal, encarregada por lei de coordenar a apuração eleitoral. Com essas mudanças, as eleições passaram a ser decididas antes que a Câmara deliberasse a respeito, tendo o Legislativo federal se transformado numa expressão de vontade política dos chefes estaduais[257].

A aliança entre Minas Gerais e São Paulo é comumente interpretada como o elemento de equilíbrio do federalismo da primeira república, compreendida em sua articulação com a chamada política dos governadores. Com efeito, a inovação política do período permitiu, ao menos a partir de 1920, alguma estabilidade. É, contudo, superficial a análise que atribui a esse padrão de concerto político a estabilidade estrutural de um país organizado sob o sistema federativo. A orquestração política do período estava despida de uma base institucional, derivando daí sua fragilidade. Se a aliança Minas Gerais e São Paulo predominava, não se pode dizer que tenha sido totalmente hegemônica, uma vez que o Rio Grande do Sul se apresentava, em conjunturas importantes, como parceiro preferencial dos mineiros[258]. A política do café-com-leite não foi infensa aos conflitos e não previa mecanismos institucionais para sua solução, mesmo por que esteve à margem das institucionalidades. O regime republicano da primeira república não encontrou no federalismo,

---

257 FERREIRA, Marieta de Moraes Ferreira; PINTO, Surama Conde Sá. *A Crise dos anos 1920 e a Revolução de 1930*. In: FERREIRA, Jorge; DELGADO, Lucília de Almeida Neves (Org.). *O Brasil Republicano*. T. I. Rio de janeiro: Civilização Brasileira, 2003, p. 391.

258 ENDERS, Armelle. *Pouvoirs et fédéralisme au Brésil, 1889-1930*. Thèse de doctorat. Paris: Université de Paris IV Sorbonne, 1993, p. 85 *et seq*.

tal qual concebido pelo constituinte, uma saída para uma de suas maiores disfuncionalidades, qual seja a necessidade de renovação[259].

As eleições de 1910, em que se sagrara vencedor o Marechal Hermes da Fonseca, com sua política do salvacionismo (uma espécie de antecedente histórico do tenentismo), expôs a instabilidade do período. Nem a campanha civilista de Rui Barbosa foi forte o suficiente para se contrapor ao discurso moralista e positivista, que levou o Marechal à presidência da república. A eleição de Hermes da Fonseca representou um duro golpe para a *política do café com leite*, tendo sido organizado, pelos esforços do senador Pinheiro Machado (antigo castilhista e combatente da Revolução Federalista), o Partido Republicano Conservador, cuja presidência fora entregue a Quintino Bocaiúva, para agregar os apoiadores do Marechal. Pinheiro Machado, com partido Republicano Conservador, tenta, valendo-se da força da presidência da República, impor uma cunha no sistema oligárquico estadualizado, inaugurando, não apenas um partido de âmbito nacional, mas também o *caciquismo político*[260]. Seus esforços, contudo, perdem força, com seu assassinato em 1916, sendo definitivamente extinto com a Revolução de 1930.

O fenômeno sócio-político do coronelismo, assim como descrito por Víctor Nunes Leal, foi uma decorrência de um contexto econômico que favorecia o mandonismo local, de uma compreensão patrimonialista do federalismo e, em especial, da ausência de um grau de densidade institucional, que permitisse a regulação dos mecanismos de renovação política. O coronelismo é antes fruto da decadência do velho senhoriato local, que produto de sua pujança:

> [...] concebemos o coronelismo como resultado da superposição de formas desenvolvidas do regime representativo a uma estrutura econômica e social inadequada. Não é, pois, mera sobrevivência do poder privado, cuja hipertrofia constituía fenômeno típico de nossa história colonial. É antes uma forma peculiar de manifestação do poder privado,

---

259 VISCARDI, Cláudia Maria Ribeiro. *O teatro das oligarquias*: uma revisão da política do café-com-leite. 2 ed. Belo Horizonte: Fino Traço, 2012, p. 34.

260 PINTO, Surama Conde de Sá. *A experiência político-partidária do Distrito Federal na Primeira República*. In: VISCARDI, Cláudia Maria R; ALENCAR, José Almino. *A República Revisitada*: construção e consolidação do projeto republicano brasileiro. Porto Alegre: Editora PUCRS, 2016, p. 249 *usque* 286.

ou seja, uma adaptação em virtude da qual resíduos do nosso antigo e exorbitante poder privado têm conseguido coexistir com um regime político de extensa base representativa. Por isso mesmo, o coronelismo é sobretudo um compromisso, uma troca de proveitos entre poder público, progressivamente fortalecido, e a decadente influência social dos chefes locais, notadamente dos senhores de terras[261].

O federalismo da primeira república centrava-se no acordo político, que opera única e exclusivamente segundo os juízos de conveniência e as paixões de seus atores. Faltava-lhe lastro institucional e mecanismos de renovação e autocontrole. Sendo político, mas carecendo de densidade normativa, ao menos no plano constitucional – que se contentava em declarar a organização federativa, sem, contudo, garantir-lhe a efetividade – o federalismo da primeira república fomentou o coronelismo, que correspondeu a seu verdadeiro amesquinhamento.

Esse modelo de federalismo da primeira república elevou o regionalismo a um paradoxo, pois, à medida em que favorecia a perpetuação das forças políticas regionais, tornava-as dependentes do poder central, uma vez que se soergueu com base nos vínculos de clientelismo, não de autonomia. Em outras palavras, em lugar de fomentar a capacidade de autodeterminação dos entes subnacionais, o arranjo federativo de então engendrou uma aliança política cunhada sob a insígnia da submissão silenciosa, fundada no negocismo e promotora da alienação.

Sob o prisma sociológico, o federalismo da primeira república foi responsável pelo já conhecido e analisado fenômeno do bacharelismo[262]. A influência do pensamento jurídico na estruturação cultural da sociedade brasileira já foi decantada por diversos especialistas, sob o epíteto de bacharelismo. A terminologia carrega consigo um ranço negativo, fazendo referência ao fenômeno de monopolização do

---

261 LEAL, Víctor Nunes. *Coronelismo* [...]. *Op. cit*, p. 23.

262 Sobre o tema, *Cf.* ADORNO, Sérgio. *Os Aprendizes do Poder*: o bacharelismo liberal na política brasileira. Rio de Janeiro: Paz e Terra, 1988, p. 157 *et seq*. Ainda, SALDANHA, Nelson. *Rui Barbosa e o Bacharelismo liberal. In*: CRIPPA, A. *As ideias políticas no Brasil*. São Paulo: Convívio, 1979. *passim*. VENÂNCIO FILHO, Alberto. *Das Arcadas ao Bacharelismo*. São Paulo: Perspectiva, 1977. *passim*.

poder político por certa classe de letrados[263], formados, em essência, em humanidades e letras jurídicas. [A filha dileta contemporânea do bacharelismo é a captura burocrática do Estado de Direito[264], por castas de servidores e daqueles que se supõem "membros de poder", conquanto não fruam de qualquer legitimidade democrática, isto é, em palavras diretas, sem que tenham sido submetido a eleições diretas.]

Em que medida o modelo federalista da primeira república contribuiu para essa anomalia política? As oligarquias estaduais construíram um modo dependente de se perpetuar no poder. O senso comum indica que o autoritarismo e o mandonismo sustentavam os oligarcas estaduais. Ao contrário, mantiveram-se no controle dos estados-federados aqueles que se submeteram ao império da União, contemplando o olímpico predomínio paulista-mineiro. Todas as demais oligarquias deram-se por satisfeitas, adotando uma atitude política *vis-à-vis* das matérias de interesse da nação que oscilava entre a indiferença, o conformismo e a lassidão. O *coronel* contenta-se antes em demonstrar prestígio – promovendo indicações (mas nunca nomeia), angariando recursos públicos (que parece obter como doação pessoal, mas não investimento) – que em exercer poder.

Afastando-se do cenário nacional, as elites políticas permitiram que as funções de Estado fossem ocupadas por uma camada social de bacharéis, que, aos poucos, foram se assenhoreando do próprio Estado. Nas palavras de Armelle Enders:

> Poucos coronéis saem do jogo político local e aspiram a funções de envergadura federal. Eles deixam essas últimas aos bacharéis que obtêm, em reconhecimento de sua influência e de sua devoção, a nomeação de juízes ou de comissários que os convém, ou o prolongamento oportuno

---

[263] "Não somente os bacharéis se apropriaram de todas as oportunidades oferecidas pelo 'mercado político', assim como se fizeram constituir em legítimos cidadãos". ADORNO, Sérgio. *Os Aprendizes* [...]. *Op. cit*, p. 94.

[264] *Cf.* sobre o fenômeno da despolitização e suas ameaças, *cf.* HORTA, José Luiz Borges. La Era de la Justicia: Derecho, Estado y límites a la emancipación humana, a partir del contexto brasileño. *In*: *Astrolabio: Revista Internacional de Filosofía*, n. 11, p. 75 *usque* 85, Barcelona, 2011, p. 83 *et seq*. Ainda, SALGADO, Joaquim Carlos. O Estado Ético e o Estado Poiéico. *Revista do Tribunal de Contas do Estado de Minas Gerais*, Belo Horizonte, Tribunal de Contas do Estado de Minas Gerais, v. 27, n. 2, p. 47-62, abr./jun. 1998. *passim*.

de uma estrada até suas vilas. Os bacharéis têm a 'última a palavra' sobre a República. As elites políticas federais são oriundas em sua grande maioria de profissionais liberais, ainda que sejam ligados, por parentesco ou delegação, à propriedade rural que constitui, de longe, a principal fonte de riqueza do país[265].

Omissão para com a pátria, indiferença em relação aos destinos do país, pequenez de espírito, timidez política ou acanhamento de ideias, seja lá como for, as elites regionais abdicaram de construir um país efetivamente federativo, refestelando-se no banquete do "beija mão", que lhes oferecia o poder central. O certo é que o projeto federalista estava incompleto, porque se, a um lado, centrava-se no acordo político, de outro, carecia de mecanismos de solução de impasses e gestão de crises. O modelo não estava preordenado à estabilidade e à perenidade.

Bem por isso, o padrão de organização político-federativa estabelecido na Constituição de 1891 não foi capaz de temperar as crises por que passaria o regime. Em 1909-1910, a campanha civilista de Rui Barbosa já prenuncia os primeiros sinais da inaptidão sistêmica e institucional da primeira república para lidar com as dissenções partidárias e inter-oligárquicas. Aliás, um dos resultados políticos da crise de 1909-1910 foi o fortalecimento do "salvacionismo" (Hermes da Fonseca), um dos gérmens do posterior movimento tenentista, que contribuiria para por fim à experiência federativa da primeira república.

Um acúmulo de crises mina a estrutura político-institucional da primeira república. Inspirado pela Revolução Russa de 1917, o movimento operário brasileiro organiza duas grandes greves gerais em 1917 e 1919. O então Partido Comunista do Brasil – PCB experimenta breves momentos de legalidade, entre março e julho de

---

265 *"Peu de 'coronéis' sortent du jeu politique local et briguent des fonctions d'envergure fédérale. Ils laissent ces dernières aux 'bacharéis' qui obtiennent, en reconnaissance de leur influence et de leur dévouement, la nomination de juges ou de commissaires qui leur conviennent, ou le pronlongement opportun d'une route jusqu'à leur village. Les bacharéis tiennent en effet le haut du pavé sous la République. Les élites politiques fédérales sont issues dans leur très grande majorité des professions libérales, même si elles sont liées, par parenté ou par délégation, à la propriété foncière qui constitue, et de loin, la principale source de richesse du pays".* ENDERS, Armelle. *Histoire du Brésil.* Bruxelles: Éditions Complexe, 1997, p. 69. [tradução livre].

1922, quando é extinto pela Lei Aníbal Toledo, ou Lei "Celerada"[266], tornando à legalidade entre janeiro e agosto de 1927[267]. Atuando sob o epíteto do Bloco Operário Camponês, o ideário comunista (com matizes do anarco-sindicalismo) passa a compor o cenário político nacional, sem que o arranjo democrático-federativo pudesse incorporá-lo ao debate e assimilar as críticas econômico-sociais que despejava sobre o governo.

Um dos sintomas da crise dos entes federados estaduais foi a moção dos estados de Minas Gerais, Espírito Santo e Rio de Janeiro para que fosse criado um instituto federal e nacional para disciplinar o comércio do café, até então gerenciado pelo Instituto Paulista do Café[268]. Já no governo Arthur Bernardes, foi feita uma reforma constitucional em 1926, antes tentada por Epitácio Pessoa, que alterou o art. 6º da Constituição de 1891, promovendo "os primeiros abalos"[269] no federalismo nacional. É preciso lembrar que o Governo Arthur

---

[266] Trata-se, em verdade, do Decreto nº 5.221, que "torna inafiançável os crimes definidos pelo Decreto nº 1.162, de 12 de dezembro de 1890", ou seja, "desviar os operários e trabalhadores dos estabelecimentos em que forem empregados, por meio de ameaças e constrangimento, assim como causar ou provocar cessação ou suspensão de trabalho, por meio de ameaças ou violências, para impor aos operários ou patrões aumento ou diminuição de serviço ou salário", e também autoriza o Governo a "ordenar o fechamento, por tempo determinado, de agremiações, sindicatos, centros ou sociedades que incidam na prática de crimes previstos nesta lei ou de atos contrários à ordem, moralidade e segurança públicas, e, quer operem no estrangeiro ou no país, vedar-lhes a propaganda, impedindo a distribuição de escritos ou suspendendo os órgãos de publicidade que a isto se proponham, sem prejuízo do respectivo processo criminal".

[267] *Cf.* REIS, Daniel Aarão; RIDENTI, Marcelo (Org.). *História do marxismo no Brasil*. v. 5. Campinas: Editora da Unicamp, 2002. *passim.*

[268] Em parecer da Comissão de Constituição e Legislação do Senado, de 01.12.1927, Adolfo Gordo defendeu a necessidade de se dar ao Poder Executivo mais amplitude de ações. *Cf.* CONGRESSO NACIONAL. *Diário do Congresso Nacional*. Rio de Janeiro: Imprensa Nacional, 1927, p. 6569 *et seq*. Produtores de cana-de-açúcar, charque e álcool também reclamavam uma maior atuação do poder executivo federal. Sobre a questão do café, *v.* NETTO, Antonio Delfim. *O problema do café no Brasil*. São Paulo: Editora Unesp, 1959. *passim.*

[269] HORTA, Raul Machado. *Perspectivas do Federalismo Brasileiro*. In: Revista Brasileira de Estudos Políticos, Coleção Estudos Sociais e Políticos, n. 2, Faculdade de Direito da Universidade Federal de Minas Gerais, Belo Horizonte, 1958, p. 22.

Bernardes lutava contra a Coluna Prestes, valendo-se inclusive da decretação do estado de sítio, para levar a cabo suas reformas. A reforma ampliou as hipóteses de intervenção federal nos estados, prevendo a possibilidade de intervenção da União em estados-federados, cuja dívida consolidada estivesse em moratória há mais de dois anos, bem como elencou um conjunto de princípios que estados e municípios deveriam respeitar em sua organização interna. Ainda além, a reforma instituiu o veto presidencial parcial e impôs o princípio da especificidade das leis orçamentárias, vedando os chamados "rabilongos", de que se valiam as bancadas estaduais, para obterem a aprovação de matérias de seu interesse[270]. Nas palavras de Luiz Toledo Machado:

> "Gradativamente, porém, o federalismo descentralizado refluía do localismo municipal para a hipertorfia dos Estados e, em seguida, para o intervencionismo federal, conforme a tendência da reforma constitucional de 1926. Finalmente, a partir de 1930, o poder central se reestrutura, adotando o federalismo centralizador."[271]

De outra parte, o tenentismo, que também concorre decisivamente para o desmoronamento da colmeia oligárquica, tem origens múltiplas, remontando à questão militar de fins do segundo reinado, ao positivismo dos anos iniciais da segunda república, e, em especial, ao discurso salvacionista de Hermes da Fonseca e à exclusão dos militares no arranjo político-institucional republicano de então. A agenda do soldado-cidadão[272] tampouco foi assimilada pelas instituições federal-democráticas, resultando na inflamação das armas, que aparelharam as oligarquias dissidentes.

---

[270] Sobre o tema, *cf.* a obra contemporânea à reforma ROSA, Othelo. *A Reorganização Constitucional Brasileira*. Porto Alegre: Livraria Globo, 1931. *passim*.

[271] MACHADO, Luiz Toledo. *Formação do Brasil* [...]. *Op. cit*, p. 158.

[272] José Murilo de Carvalho vê no alijamento político do exército, em especial no afastamento da capacidade eleitoral ativa e passiva dos militares, um dos fatores que levam ao fortalecimento do movimento tenentista. "[o soldado] por ser militar, era um cidadão de segunda classe e que devia assumir a cidadania plena sem deixar de ser militar ou, nas formulações mais radicais, exatamente por ser um militar". CARVALHO, José Murilo de. *Forças Armadas e Política no Brasil*. Rio de Janeiro: Jorge Zahar Editor, 2005, p. 39.

As efemérides dos fatos políticos que levam à cisão oligárquica não interessam, em específico, aos objetivos deste trabalho. Iniciado já nas eleições de 1922[273], o conflito entre as oligarquias estaduais tornar-se-á maduro em 1930. Articulados no entorno da Aliança Liberal, encabeçada por Getúlio Vargas, as diversas oligarquias rompem com o arranjo da primeira república, encerrando a primeira experiência de federalismo no país. A Constituição de 1891 mostrou o descompasso entre um ideário liberal-federalista e a fragilidade de um projeto ideológico-político despido de institucionalidade.

5.5. A FORÇA DA UNIDADE E A UNIDADE DA FORÇA: 1930-1945

A cronologia da "era Vargas" aponta para uma periodização daquele ciclo histórico que é demarcada pela existência e vigência, ou não, de um texto constitucional. Assim, comumente chama-se "Governo Provisório" o período que medeia entre 1930 e 1934, "Governo Constitucional", entre 1934 e 1937, e "Estado Novo", entre 1937 e 1945.

Um panorama geral do período aponta para a coexistência de uma multiplicidade de forças políticas e sociais que, representadas no movimento que pôs fim à República Velha, buscavam fazer prevalecer seu ideário ou, ao menos, almejavam nele alguma participação. As oligarquias dissidentes (que formaram a Aliança Liberal) da Paraíba, do Rio Grande do Sul e de Minas Gerais, as classes médias urbanas, a burguesia industrial, o operariado e o jovem oficialato do Exército congregaram-se conjunturalmente no entorno da figura de Getúlio Vargas, que buscava, ao menos no plano do discurso, instaurar uma nova ordem política.

O complexo cenário de forças políticas, que amalgamava uma pluralidade de supostos marginalizados do arranjo político oligárquico, produziu um quadro de crise hegemônica, em função da heterogeneidade de projetos articulados na Revolução de 1930. Se o objetivo comum era o combate às oligarquias estaduais, que monopolizavam o poder político no país, inexistia unicidade de expectativas. Se as oligarquias dissidentes almejavam apenas maior espaço político para si mesmas, os grupos mais jovens, com destaque para o jovem oficialato do Exército, ansiavam por alterações estruturais do regime

---

273 A "reação republicana" lançaria Nilo Peçanha, unindo forças da Bahia, Pernambuco, setores da capital do país, bem como os aliados de Borges de Medeiros, contra o candidato do "café com leite", o mineiro Arthur Bernardes.

político. O *salvacionismo* tenentista punha-se abertamente contra o federalismo. O proletariado urbano reivindicava reformas sociais. O "partido democrático" ambicionava controlar o governo paulista. Nas palavras de Marieta Ferreira e Surama Pinto:

> O *Estado de compromisso*, nesse sentido, nada mais é do que um estado que se abre a todas as pressões sem se subordinar necessariamente a nenhuma delas. Suas principais características são uma maior centralização, com a subordinação das oligarquias ao poder central, a ampliação do intervencionismo, que deixa de ser restrito à área do café, além do estabelecimento de certa racionalização na utilização de algumas fontes fundamentais de riqueza pelo capitalismo internacional[274].

Boris Fausto irá inaugurar a interpretação da Revolução de 1930 não como marco revolucionário propriamente dito, mas, antes, como atuação preventiva em face do proletariado, que se articulava desde 1928, com a formação do Bloco Operário Camponês, pelo Partido Comunista do Brasil. Em suas palavras:

> A possibilidade de concretização do Estado de compromisso é dada, porém, pela inexistência de oposições radicais no interior das classes dominantes e, em seu âmbito, não se incluem todas as forças sociais. O acordo se dá entre várias frações da burguesia; as classes médias – ou pelo menos parte delas – assumem maior peso, favorecidas pelo crescimento do aparelho do Estado, mantendo, entretanto, uma posição subordinada. À margem do compromisso básico fica a classe operária, pois o estabelecimento de novas relações com a classe não significa qualquer concessão política apreciável[275].

Há um progressivo abandono das fórmulas oligárquicas, embora nesse ponto a Constituição de 1934[276] tenha um formato ainda próximo daquela que o movimento de 1930 procurara suplantar. O

---

[274] FERREIRA, Marieta de Moraes Ferreira; PINTO, Surama Conde Sá. *A Crise dos anos 1920* [...]. *Op. cit*, p. 410.

[275] FAUSTO, Boris. *A Revolução de 1930*: historiografia e história. 16 ed. São Paulo: Companhia das Letras, 2010, p. 136-137.

[276] A Constituição de 1934 inaugura o constitucionalismo social do Brasil, ampliando as normas materialmente constitucionais, em modelo que seria perseguido pelas ordens constitucionais subsequentes. *Cf*. HORTA, José Luiz Borges. História, Constituições e Reconstitucionalização do Brasil. *In*: *Revista Brasileira de Estudos Políticos*, v. 94, Belo Horizonte, Faculdade de Direito da Universidade Federal de Minas Gerais, 2006, p. 121 *usque* 155, p. 129 *et seq*.

Governo Provisório de Vargas transforma-se, pois, a um só tempo, em uma espécie de síndico de um condomínio de poderes, e em um evento matriz, que catalisa a cultura política, o comportamento e as aspirações de uma multiplicidade setores e forças sociais.

O novo governo Vargas buscava apoios até então negligenciados pelo *corpus* político da República Velha. Foi imbuído desse propósito que se aproximou da Igreja Católica[277], franqueando, inclusive, o ensino religioso nas escolas públicas, por meio do Decreto n. 19.941, de 30 de abril de 1931.

A reação anti-oligárquica do governo provisório é expressada pela centralização econômico, social e político. No plano da economia, a emissão de moeda volta a ser centralizada no Banco do Brasil, diminuindo consideravelmente o ferramental dos governos estaduais na gestão de seus interesses. Criou-se, ainda, o Conselho Nacional do Café (1931), o Departamento Nacional do Café (1933), o Instituto do Cacau (1931) e o poderoso Instituto do Açúcar e do Álcool (1933)[278], todas entidades autárquicas encarregadas de entregar à burocracia os destinos da economia nacional. Com isso, Vargas subordinava economicamente as oligarquias regionais a seu projeto de desenvolvimento, colocando-as sob a direção de organismos estatais[279].

No plano social, o governo provisório buscou centralizar e controlar um novo elemento que despontava no cenário de forças, trazendo para si o protagonismo na organização do sistema sindical. A lei Lindolfo Collor, de 1931, em verdade um Decreto do governo provisório, de n. 19.770, de 19 de março de 1931, disciplinou o funcionamento dos sindicatos no país: incorporou o princípio geral da tutela estatal dos sindicatos, previu o imposto sindical (acrescido posteriormente ao texto normativo) e estatuiu a unicidade, como forma de sua organização. Os sindicatos converteram-se em uma espécie de órgão consultivo e de colaboração com o poder público, com capacidade de mobilização reduzida. O governo provisório cuidou, bem assim,

---

[277] É importante lembrar que a inauguração da estátua do Cristo Redentor, na então capital do país, ocorreu em 1931.

[278] Já no Estado Novo, Vargas promoveria a criação do Instituto do Mate (1938), do Pinho (1941) e do Banco da Borracha (1942).

[279] SZMRECSÁNYI, Tomás; GRANZIERA, Rui Guilherme. *Getúlio Vargas e a economia contemporânea*. Campinas: Editora UNICAMP, 2004, p. 38 *et seq.*

de organizar o Ministério do Trabalho, Indústria e Comércio, um verdadeiro "Ministério da Revolução". Nas palavras de Rosa Araújo:

> A massa dos assalariados estava interessada na nova legislação. A oficialização dos sindicatos tinha como vantagem, pelo menos em princípio, acabar com as repressões às manifestações [...]. A intervenção do Ministério do Trabalho na vida sindical acabou [porém] com a autonomia das associações de classe, que, quando registradas oficialmente passam a ser controladas pelo governo[280].

A tônica central do período foi aquela da reação às oligarquias estaduais e do controle, pela via da estatização, das forças sociais que ainda se organizavam. Ainda em 1931, Vargas cria o Departamento Oficial de Publicidade (que, em 1934, seria transformado no Departamento de Propaganda e Difusão Cultural), que se encarregaria de difundir os méritos do novo regime, algo com que a república oligárquica jamais se preocupara.

Duas iniciativas, no plano institucional, foram decisivas para solapar as bases do sistema de influência das oligarquias regionais, que se consolidara entre 1891 e 1930. Em 24 de fevereiro de 1932, Vargas baixou o Decreto n. 21.076, que instituía, em nome do governo provisório, o Código Eleitoral da República dos Estados Unidos do Brasil. Para além de disciplinar questões como alistamento, elegibilidade, garantias eleitorais e eleições, o decreto instituiu a justiça eleitoral[281], que mantém, até hoje, a estrutura então concebida, composta por um Tribunal Superior, por Tribunais Regionais, nas capitais dos estados, e por juízes eleitorais nas comarcas. A nova justiça eleitoral viria a substituir a Comissão de Verificação de Poderes, mecanismo institucional, concebido na República Velha, para limitar o acesso ao parlamento, pela via do controle da emissão dos diplomas eleitorais.

Em 1938, já durante o Estado Novo, Vargas cria o Departamento Administrativo do Serviço Público (DASP), cuja missão era prover o aparelho estatal de uma burocracia tipicamente weberiana. Assim, as

---

[280] ARAÚJO, Rosa Maria Barboza. *O batismo do trabalho*: a experiência Lindolfo Collor. Rio de Janeiro: Civilização Brasileira, 1981, p. 144

[281] Sobre as implicações do período, inclusive sobre o Supremo Tribunal Federal, *cf.* COSTA, Emília Viotti da. *O Supremo Tribunal Federal*: a construção da cidadania. São Paulo: Editora Unesp, 2001, p. 82 *et circa*. Ainda, ROCHA, Cármen Lúcia Antunes; VELLOSO, Carlos Mário da Silva. *Direito eleitoral*. Belo Horizonte: Del Rey, 1996, p. 11 *usque* 30.

indicações políticas para o exercício das funções públicas perderam espaço para um corpo de funcionalismo dedicado e especializado, já submetido ao crivo do concurso público, nos termos do art. 156, alínea 'b' da Constituição de 1937. Um dos mais efetivos mecanismos de assenhoreamento do Estado pelas oligarquias regionais consistia na ocupação de cargos públicos, pela dinâmica do apadrinhamento. Participar nas decisões cotidianas da administração pode parecer, em princípio, algo simplesmente mecânico e, em certa medida, irrelevante. O contrário, porém, tem se mostrado cada vez mais acertado. Isso porque, gradativamente, as decisões políticas são antecedidas de procedimentos técnicos, que as arrimam, seja sob o prisma de sua legitimação, seja sob o enfoque de sua legalidade estrita. Forma-se um *intermezzo* entre a esfera da legitimação e a esfera da decisão, que é controlado por um grupo bastante coeso de indivíduos, cujos propósitos e visão de mundo são muito convergentes. A perenidade da burocracia, com suas garantias institucionais, permitiu à nova república varguista preencher espaços de poder, garantindo um nível de uniformidade de procedimentos incompatível com o "loteamento oligárquico".

No plano legislativo, Vargas dissolveu o Congresso Nacional, bem como os poderes legislativos estaduais e municipais. No mesmo passo, demitiu governadores e nomeou interventores de sua confiança, muitos deles oriundos do movimento tenentista. Nas palavras de Dulce Pandolfi e Mario Grynszpan:

> De um modo geral, nos estados do Norte e do Nordeste a escolha dos interventores recaiu sobre os elementos 'tenentistas', podendo-se afirmar que, nos primeiros anos do processo revolucionário, ocorreu o fenômeno da militarização das interventorias. No ano de 1931, por exemplo, à exceção de Pernambuco e Paraíba, todos os chefes dos estados da região eram oriundos do setor militar. Também no centro-sul do país, a grosso modo, a escolha dos interventores se fez à margem das tradicionais máquinas partidárias. Esta relação entre os elementos vindos de fora e as forças políticas locais gerou descontentamentos e crises políticas, o que é demonstrado pela rotatividade dos interventores nos primeiros anos do processo revolucionário[282].

---

282 PANDOLFI, Dulce Chaves; GRYNSZPAN, Mario. Da Revolução de 30 ao Golpe de 1937: a depuração das elites. In: *Revista de Sociologia e Política*, n. 9, Niterói, Universidade Federal Fluminense, 1997, p. 7 *usque* 23, p. 10. Em Minas Gerais, foi indicado interventor Benedito Valadares, como terceira via, escolhida por Getúlio, no embate entre os interesses de Gustavo Capanema e Virgílio de

Juarez Távora, por exemplo, que se destacara no tenentismo, chegando mesmo a se juntar à Coluna Prestes, torna-se o supervisor de todas as interventorias do Acre até a Bahia, recebendo o epíteto de Vice-Rei do Norte. Urdiu-se, portanto, um sistema de interventorias-departamentos, que interligava e formava a interface entre as oligarquias regionais, apeadas do comando, os ministérios e a presidência da república.

Vargas foi ladino o suficiente para promover antes uma marginalização das oligarquias estaduais, que seu completo alijamento. Assim, não raras vezes, escolheu nomes não totalmente indiferentes aos núcleos de poder regionais, mas nunca figuras que outrora protagonizavam os debates políticos. Adhemar de Barros, em São Paulo, Benedito Valadares, em Minas Gerais, Agamenon Magalhães, em Pernambuco e Nereu Ramos, em Santa Catarina, são alguns exemplos do perfil um tanto cabotino dos interventores escolhidos[283]. No Rio Grande do Sul e em São Paulo, por exemplo, estados politicamente mais complexos e com poderosas milícias estaduais, o governo getulista adotou uma espécie de rodízio de interventores, a fim de evitar o precoce encastelamento na máquina pública de qualquer das facções[284].

Melo Franco. Getúlio opta por um nome também estranho ao jogo político local, como forma de evitar uma crise aguda entre seu gabinete e a bancada mineira. Figura ainda desconhecida e um tanto estapafúrdia, deu origem à célebre frase: "Será o Benedito?". Seria de Benedito Valadares a indicação futura de Adhemar de Barros para a interventoria em São Paulo, dando início à carreira do importante político paulista.

283 Como observa Hélio Silva, na Bahia, por exemplo, Juracy Magalhães era uma figura amplamente estranha ao *stablishment* político regional. Após um período de instabilidade, aproximou-se de Clemente Mariani, Góes Calmon e Medeiros Neto, arregimentando e coordenando forças locais, que dariam origem à UDN baiana. *Cf.* SILVA, Hélio da. *O ciclo de Vargas*: 1933, a crise do tenentismo. Rio de Janeiro: Civilização Brasileira, 1968, p. 113 *et seq.*

284 Em São Paulo foram nomeados os seguintes interventores: Cardoso de Melo Neto (1937-1938), Francisco Silva Júnior (1938), Ademar de Barros (1938-1941), Fernando Costa (1941-1945), Sebastião Nogueira de Lima (1945). No Rio Grande do Sul, foram nomeados os seguintes interventores: Daltro Filho (1937-1938), Maurício Cardoso (1938), Cordeiro de Farias (1938-1943), Ernesto Dorneles (1943-1945).

Nas palavras de Maria do Carmo Campello de Souza:

> O sistema de interventorias pouco ou nada interferia com os pilares econômicos do poder político nos estados, nem era esse seu intuito. Não obstante, enfraquecia as antigas situações, na medida em que o interventor, embora ligado à elite estadual, não devia a ela sua permanência no controle do estado, mas sim ao beneplácito do Executivo federal. Removia-se, assim, boa parte dos empecilhos à centralização administrativa e estabelecia-se, através do interventor, uma convivência entre as diversas correntes da política regional, sem que o governo central entrasse em conflito aberto com elas ou sequer acenasse com qualquer ameaça a seus interesses econômicos[285].

As interventorias, assim, representaram uma inovação institucional, replicadas de modo sistemático em todo o território nacional. Permitiram ao governo provisório varguista, prolongando-se, depois, também durante o Estado Novo, impor-se sobre as oligarquias regionais, mas mantendo um elemento de continuidade e permanência, que impediam a ruptura descontrolada e a nutrição de ódios sediciosos.

A centralização do país, embora tenha se apresentado de modo definitivo (no contexto do período) não foi, porém, infensa a reações. Sobretudo entre 1931 e 1932, articulou-se um movimento, centrado especialmente em São Paulo[286], que clamava pelas eleições e convocação da Assembleia Nacional Constituinte. A *Revolução Constitucionalista* de 1932 foi a materialização dos embates entre a classe média civil e os tenentes do *Clube 03 de outubro*, cuja pauta (da classe média) era essencialmente liberal. Conquanto derrotada militarmente, os apelos da *Revolução de 1932* ecoaram sobre o cenário político do país, culminando com a aprovação do supramencionado Código Eleitoral e com a convocação da constituinte. Em São Paulo, Armando Salles de Oliveira, civil e paulista, substituiu Cerqueira Filho, militar e gaúcho, na interventoria.

---

[285] CAMPELLO DE SOUZA, Maria do Carmo C. *Estado e Partidos Políticos no Brasil: 1930 a 1964.* São Paulo: Editora Alfa-Ômega, 1976, p. 88-89.

[286] Em São Paulo, foi organizado o movimento M.M.D.C, em alusão aos estudantes Mário Martins de Almeida, Euclides Miragaia, Dráusio Marcondes de Souza e Antônio Camargo de Andrade, mortos em confronto com tenentes, que invadiram a sede da Liga Revolucionária. O acrônimo serviu de referência a um grupo clandestino, que passou a articular a resistência ao governo getulista de então. *Cf.* interessante abordagem sobre o papel da Faculdade do Largo do São Francisco na resistência ao governo Vargas em DULLES, John W. F. *The São Paulo Law School and the anti-Vargas resistance* (1938-1945). Austin: University of Texas Press, 1986. *passim.*

A organização da Constituinte foi marcada por uma moção de Carlos Lima Cavalcante, que defendia uma representação igual dos estados na Assembleia Constituinte, de modo a *"criar um bloco do Norte, a fim de jogá-lo contra o Sul na Constituinte"*[287]. As eleições para a Constituinte foram disciplinadas pelo Código Eleitoral de 1932, que não previu a representação por estados, à moda do que pretendiam os interventores. Foi, porém, uma de suas inovações a representação classista para a Constituinte, que formou uma bancada de 40 (quarenta) deputados, maior, por exemplo, que a bancada mineira. A influência do voto classista foi imediata[288], contrabalançando a capacidade de mobilização da oposição, basicamente centrada em São Paulo e Rio Grande do Sul.

A Constituição de 1934, inspirada pela experiência de Weimar de 1919, irá inaugurar o constitucionalismo social no país, ampliar os direitos políticos e civis, bem como criar um modelo de intervenção do Estado na economia, calcado na progressiva nacionalização de setores estratégicos. Naquilo que interessa aos propósitos específicos deste trabalho, importa notar que a Constituição de 1934 retomou, ao menos sob o prisma do direito constitucional positivo, a forma federativa de Estado, sem, contudo, evidentemente, reconhecer os municípios como entes federativos.

Nos termos de seu art. 1º, a "nação brasileira" seria constituída pela "união perpétua e indissolúvel dos Estados, do Distrito Federal e dos Territórios dos Estados Unidos do Brasil". O texto manteve a larga amplitude das competências da União, sejam materiais, sejam legislativas (arts. 5º e 6º). Reconheceu-se, àquela altura, o poder constituinte derivado decorrente aos estados-membros, para que se organizassem, segundo uma constituição estadual. A Constituição

---

287 *Apud* HENRIQUES, Afonso. *Ascensão e Queda de Getúlio Vargas*. v. 01. Rio de Janeiro: Record, 1966, p. 185.

288 É interessante observar que mesmo Oliveira Vianna foi contra a representação classista, uma vez que, na sua visão, essa representação não se legitimaria pela simples previsão no direito positivo, dependendo, contudo, da evolução econômica e do trabalho lento das forças sociais. V. LIMA, Ranulpho Pinheiro. *A Representação Profissional no Brasil*: discursos [do Deputado Ranulpho Lima] pronunciados na Assembleia Nacional Constituinte de 1934. Rio de Janeiro: Irmãos Pongetti, s/d, p. 18 *et seq*.

de 1934 cuidou, porém, de garantir a autonomia dos municípios, sem que, entretanto, disso pudesse derivar sua personalidade jurídica política. A Constituição de 1934 urdiu um complexo de regras que permitia à União, a despeito da forma federativa de organização, preponderar sobre os estados. Isso porque ampliou as hipóteses de intervenção federal (art. 12), bem como previu regras de prevalência da legislação federal em hipóteses de concorrência de competências, inclusive tributárias (art. 11).

A lógica de organização político-administrativa dos municípios foi *sui generis*. A Constituição assegurou-lhes a autonomia, prevendo, inclusive, eleições para o cargo de prefeito municipal e para a vereança, admitindo-se, todavia, as eleições indiretas do prefeito municipal pela câmara de vereadores (art. 13), bem como a nomeação direta dos prefeitos das capitais e das estâncias hidrominerais pelos governadores dos estados (art. 13, §1º). A Constituição previu, ainda, explicitamente, a possibilidade de intervenção dos estados nos municípios (art. 13, §4º), bem como a necessidade de criação de uma entidade de assistência técnica municipal.

A Constituição de 1934 foi pioneira, inclusive, ao prever mecanismos de proteção do "pacto federativo", proibindo, por exemplo, a instituição de tributos por parte de um ente federado, em relação aos demais, ou seja, criando uma imunidade tributária político-federativa (art. 17, inciso X), bem como impôs a homogeneidade tributária em todo o território nacional (art. 18). É importante notar, outrossim, que a Constituição de 1934 resgatou o papel de coordenação dos poderes federais, garantindo, ali, a representação dos estados federados, nos termos do art. 88. Ainda além, naquilo que toca à distribuição territorial do poder, o art. 4º das Disposições Constitucionais Transitórias, já previa novamente o traslado da capital federal para uma localidade central do Brasil, visando a dar um sentido maior de unidade, bem como a desconcentrar o eixo de poder político-econômico centrado no Rio de Janeiro e São Paulo.

Com Vargas eleito indiretamente, a Constituição de 1934 não logrou seu propósito de prover equilíbrio institucional ao país. O tenentismo, enquanto movimento político específico, viu seu declínio, não tendo as iniciativas do Clube de 03 de outubro avançado. Dos vinte interventores, apenas nove foram eleitos governadores, mas, dentre eles, cinco dos mais fortes se aproximaram das oligarquias regionais: Armando Sales de Oliveira, em São Paulo; Flores da Cunha, no Rio Grande do Sul, ligado ao grupo de Borges de Medeiros; Benedito Valadares, em Minas Gerais; Juraci Magalhães, na Bahia; e Carlos de Lima Cavalcanti, em Pernambuco.

As fraturas políticas do período não se manifestaram no plano partidário, transcorrendo, assim, à margem da moldura institucional nacional. O principal fator que explica esse fenômeno foi, a nosso juízo, a corrosão do poder dos partidos estaduais, bem como a obliteração parlamentar levada a cabo pelo centralismo getulista. Os embates, que se encaixavam na tônica de polarização internacional daquela quadra histórica, gravitaram no entorno de duas organizações políticas não-partidárias, que atingiram escala nacional. A Ação Integralista Brasileira (AIB) e a Aliança Nacional Libertadora (ANL) conseguiram impulsionar uma grande mobilização, em prol de suas atuações programáticas bastante definidas e divergentes entre si.

A ANL, que articulava importantes elementos oriundos do tenentismo, desempenhava a mais severa oposição ao regime, conclamando e organizando, inclusive, levantes militares e sociais em abril e novembro de 1935. A situação de convulsão social, com o movimento conhecido como *Intentona Comunista*, daquele ano, levou à aprovação da Lei de Segurança Nacional (um complexo normativo, aliás, formado pela Lei n. 38, de 04 de abril de 1935, e pela Lei n. 136, de 14 de dezembro de 1935). Nas palavras de José Augusto Drummond:

> Os levantes [militares] de novembro de 1935, embora menos violentos que a maioria dos levantes militares de 1930, foram tratados com singular intolerância pela cúpula militar e pelo governo Vargas, depois de 13 anos de turbulência militar (e duas anistias, em 1930 e 1934). Finalmente chegava ao fim a tolerância da cúpula militar com a iniciativa política autônoma da jovem oficialidade[289].

Isolado no intuito de prorrogar seu mandato presidencial, Vargas perdeu o apoio dos governadores de São Paulo, Rio Grande do Sul, Pernambuco e Bahia. Dentre os estados de maior relevância, apenas Benedito Valadares participou das articulações, que desembocaram

---

[289] DRUMMOND, José Augusto. *O movimento tenentista*: intervenção militar e conflito hierárquico. Rio da Janeiro: Graal Editora, 1986, p. 267-268.

no Estado Novo. As articulações para a sucessão presidencial foram interrompidas pela divulgação, pela imprensa, da peça de ficção que ficou conhecida como "Plano Cohen"[290], que dava conta de uma suposta coordenação de forças comunistas para assumir o poder no país, o que redundou na aprovação, pelo Congresso Nacional, de novo pedido de declaração de estado de guerra. Após a missão preparatória do deputado Negrão de Lima pelos estados, em 10 de novembro de 1937, o Congresso Nacional foi fechado por tropas da polícia militar.

Não como um desdobramento lógico da Revolução de 1930, o Estado Novo era instalado como decorrência da diluição do amálgama que dera lastro ao movimento de sete anos antes, resultando no afastamento de lideranças civis e militares que apoiaram o fim da República Velha. Ao lado de Getúlio, Góis Monteiro, Eurico Dutra, Agamenon Magalhães, Benedito Valadares, Negrão de Lima, Francisco Campos e Filinto Muller iriam ditar o ritmo da política nacional até 1945.

Inaugurava-se um período de centralização política, com o esfacelamento do federalismo e a compressão das oligarquias regionais, que precisariam de quinze anos para reagirem. No Brasil, consolida-se, inclusive, o poder marginal de uma imprensa pouco isenta, nas mãos duvidosas de Assis Chateaubriand, preenchendo parte do vácuo de poder deixado pela retração federativa.

Um dos episódios de maior significado e simbolismo para a trajetória federativa do país ocorreu em 27 de novembro de 1937. Getúlio mandou preparar uma cerimônia para celebrar o Dia da Bandeira e, a um só tempo, homenagear as vítimas da Intentona Comunista de 1935, que se realizou na esplanada do Russell, na então capital federal. A data foi comemorada com a incineração de todas as bandeiras estaduais, como sinal efetivo da obliteração das unidades subnacionais. Foram hasteadas vinte e uma bandeiras nacionais, em substituição às bandeiras estaduais, ao som do hino nacional, em canto orfeônico, regido por Heitor Villa Lobos. O discurso do Ministro da Justiça, Francisco Campos, ilustra o ideário do período:

---

[290] Para uma interessante análise do perfil do Exército de então, bem como envolvimento de oficiais na concepção do plano Cohen, *cf.* McCANN, Frank D. *Soldiers of the Patria*: a history of the Brazilian Army, 1889-1937. Stanford: Stanford University Press, 2004, p. 419 *et seq.*

[...] Bandeira do Brasil, és hoje a única. Hasteada a esta hora em todo o território nacional, única e só, não há lugar no coração dos brasileiros para outras flâmulas, outras bandeiras, outros símbolos. Os brasileiros se reuniram em torno do Brasil e decretaram desta vez com determinação de não consentir que a discórdia volte novamente a dividi-lo, que o Brasil é uma só pátria e que não há lugar para outro pensamento do Brasil, nem espaço e devoção para outra bandeira que não seja esta, hoje hasteada por entre as bênçãos da Igreja e a continência das espadas e a veneração do povo e os cantos da juventude. Tu és a única, porque só há um Brasil – em torno de ti se refaz de novo a unidade do Brasil, a unidade de pensamento e de ação, a unidade que se conquista pela vontade e pelo coração, a unidade que somente pode reinar quando se instaura pelas decisões históricas, por entre as discórdias e as inimizades públicas, uma só ordem moral e política, a ordem soberana, feita de força e de ideal, a ordem de um único pensamento e de uma só autoridade, o pensamento e a autoridade do Brasil[...][291].

O "ritual de unificação"[292] proposto por Vargas demonstrava que desmobilizar as oligarquias regionais passava por regredir na via federalista. O governo de Getúlio tomava consciência de que, no Brasil, o federalismo sempre serviu aos propósitos oligarcas e, bem por isso, o Estado Novo adotou um modelo unitário e centralista.

Para além do unitarismo, o Estado Novo impôs ao país um modelo de desenvolvimento nacionalista, que marcaria as décadas seguintes de nossa história política. Medidas como a proibição do ensino de línguas estrangeiras nas escolas, o culto aos símbolos nacionais e a difusão da doutrina da segurança nacional, foram atrelados ao centralismo decorrente do modelo corporativista de diálogo e interação social e à ojeriza aos partidos políticos (identificados com o oligarquismo regionalista). O resultado dessa síntese foi uma desmobilização político-social, que perduraria ao menos até 1942, com a adesão do país à *Segunda Guerra Mundial*.

---

291 CAMPOS, Francisco. *Discurso na cerimônia do Dia da Bandeira em 27 de novembro de 1937*, publicado no Jornal Correio da Manhã, à página 03, da edição de 28 de novembro de 1937. O original pode ser consultado na hemeroteca da Biblioteca Nacional, em http://memoria.bn.br/pdf/089842/per089842_1937_13207.pdf (acessado em 23.11.2016).

292 OLIVEN, Ruben George. *A parte e o todo*: a diversidade cultural no Brasil-nação. Petrópolis: Vozes, 2006, p. 53.

A Constituição outorgada de 1937, porém, previu a manutenção da forma federativa de Estado, em seu art. 3º. É importante observar que o texto da *polaca* – epíteto que recebeu, em referência a seu caráter autoritário[293] – não chegou a entrar formalmente em vigor, uma vez que o plebiscito a que aludia o art. 187 nunca ocorreu. A manutenção expressa da forma federativa não foi empecilho para a plena e completa redução da autonomia dos entes subnacionais, para assegurar, conforme o próprio preâmbulo constitucional, a "unidade nacional". O art. 9º da Constituição de 1937 elevou as interventorias à alçada constitucional, sendo que a limitação de seu aspecto de intervenção adveio apenas com a Lei Constitucional n. 09, de 28 de fevereiro, de 1945, às vésperas do fim do Estado Novo. Ainda além, a Constituição atribuiu ao presidente da República a competência para expedir decretos-lei, cujo conteúdo normativo seria idêntico àquele das normas aprovadas pelo parlamento. A competência legislativa dos estados foi sensivelmente reduzida (art. 18), bem como criou-se uma nova tipologia normativa, qual seja aquela da lei estadual delegada pela União, cuja entrada em vigor estaria condicionada não apenas à aprovação pelo parlamento estadual, mas também à aprovação do Governo Federal (art. 17)[294]. Foram mantidas as competências tributárias dos estados-federados, com a ressalva de que, em caso de eventual bitributação, prevaleceriam os impostos federais.

Naquilo que toca aos municípios, embora não se lhes fosse reconhecida a personalidade jurídico-política, como integrantes da federação, a Constituição de 1937, na esteira da arquitetura institucional inaugurada pela Constituição de 1934, registrou a autonomia municipal. A Constituição de 1937, porém, extinguiu as eleições para o poder executivo municipal, cominando a sua nomeação aos governadores dos estados (art. 27).

---

293 Ou ao seu caráter promíscuo, já que polacas eram os epítetos usuais dados às prostitutas do cais do Porto do Rio.

294 "Art. 17 Nas matérias de competência exclusiva da União, a lei poderá delegar aos Estados a faculdade de legislar, seja para regular a matéria, seja para suprir as lacunas da legislação federal, quando se trate de questão que interesse, de maneira predominante, a um ou alguns Estados. Nesse caso, a lei votada pela Assembleia estadual só entrará em vigor mediante aprovação do Governo federal."

Sob o prisma institucional, a grande inovação da Constituição de 1937 foi a extinção do Senado Federal, criando, em seu lugar, o Conselho Federal, previsto no art. 50 e seguintes do texto constitucional. Suas atribuições foram drasticamente reduzidas, bem como instituiu-se a previsão de que seria presidido por um Ministro de Estado, indicado pelo Presidente da República (art. 56), regra, aliás, que apenas deixou de vigorar com a Lei Constitucional n. 09, de 1945. Aliás, o poder legislativo em si considerado recebeu um tratamento *sui generis* pelo texto constitucional, uma vez que na dicção do legislador constituinte seria exercido pelo Parlamento (composto pela Câmara dos Deputados e pelo Conselho Federal), com a "*colaboração do Conselho de Economia Nacional e do Presidente da República*" (art. 38). Em verdade, o Estado Novo foi de completa nulificação do poder legislativo, em função, inclusive, do fechamento dos partidos políticos, bem como da centralização política e administrativa.

Se existe uma tendência à identificação, no plano teórico, entre federalismo e democracia, quando pouco, uma associação de razão diretamente proporcional entre um e outro – tendência, aliás, cujo desmonte, ao menos, em parte, e no âmbito brasileiro, constitui objeto desta tese – em igual medida associa-se o centralismo e o autoritarismo ao nacionalismo. Isso se deve, em grande parte, às raízes intelectuais do Estado Novo.

Os fundamentos teóricos do Estado Novo remontam a duas correntes nacionais do pensamento político que em grande parte se aproximam. O positivismo de Benjamin Constant, de fins do século XIX, que assume seu auge no governo Hermes da Fonseca, tem em Alberto Torres[295] seu maior expoente, com a crítica à emulação de modelos estrangeiros para a realidade brasileira, bem como à contraposição entre o Brasil-real e o Brasil-legal. De outra parte, o tenentismo dos anos 20 do século XX recupera o ideário positivista, associado a uma agenda de centralização política e de militarismo, que imanta não apenas a Revolução de 1930, mas também o próprio Estado Novo getulista. Grosso modo, três correntes do pensamento nacional autoritário conviveram à época, sejam articuladas no entorno do pensamento católico (Jackson Figueiredo e Alseu Amoroso

---

295 *Cf.* TORRES, Alberto. *O problema nacional brasileiro* [...]. *Op. cit*, p. 196 *et circa*.

Lima), cujo eixo era o Centro Dom Vital, sejam corporificadas no *Integralismo* (Plínio Salgado, Miguel Reale e Gustavo Barroso), sejam imbuídas da visão autoritária (Oliveira Viana, Azevedo Amaral e Francisco Campos)[296].

O Estado Novo foi decisivo para a consolidação da identidade entre nacionalismo e autoritarismo. Nas palavras de Boris Fausto:

> Antes do surgimento na cena intelectual e política dos mais expressivos pensadores autoritários, convém mencionar a existência prévia de movimentos de características nacionalistas, com marcas autoritárias, e de pensadores que se inclinaram a esta perspectiva. Tomando marco inicial os primeiros anos da República, lembremos os grupos ou correntes que identificaram na figura do marechal Floriano Peixoto a corporificação da defesa dos interesses nacionais, em oposição à república de fazendeiros, oligárquica e liberal. Dentre eles teve certa significação o jacobinismo carioca, radical no seu discurso plebeu e em suas ações, tendo como alvo principal conspiradores monarquistas, reais ou verdadeiros, e a colônia portuguesa do Rio de Janeiro. No curso da Primeira Guerra Mundial, a preocupação com os 'destinos da nacionalidade' e as aspirações nacionalistas ganharam terreno, abrangendo movimentos de natureza diversa. [...] A corporificação plena de uma ideologia nacionalista autoritária ocorreu a partir da década de 1920, tendo como expressões maiores Oliveira Viana, Azevedo Amaral e Francisco Campos. A origem desses autores e suas carreiras são distintas; suas concepções não são idênticas, sendo necessário ainda levar em conta que o pensamento de cada um deles, em maior ou menor grau, variou ao longo do tempo, não tanto quanto ao núcleo de suas ideias, mas quanto à ênfase posta em determinadas questões. Entretanto, há um conjunto de princípios comuns unindo esses autores, de tal forma que a referência a seus textos permite estabelecer o conteúdo essencial do pensamento autoritário no Brasil[297].

No plano cultural, o Estado Novo também procurou introjetar o centralismo como valor político-social, sendo exemplos disso o fomento ao *Carnaval*, com o expurgo da figura do "malandro", a valorização do trabalhador e a entronização dos temas nacionais nos sambas-enredos, como condição para a fruição de verbas públicas[298].

---

296 *Cf.* FAUSTO, Boris. *O pensamento nacionalista autoritário*. Rio de Janeiro: Jorge Zahar, 2001. *passim*.

297 FAUSTO, Boris. *Id. Ibid*, p. 22-26.

298 Sobre o tema, v. CABRAL, Sérgio. *Getúlio Vargas e a Música Popular*: ensaios de opinião. Rio de Janeiro: Inúbia, 1975. *passim*.

Coincide ainda com o período do governo ditatorial de Vargas a popularização do futebol como "paixão nacional", centrada, sobretudo, nos grupos urbanos das grandes cidades, operando uma verdadeira transformação social, pela inclusão do "negro"[299] como figural de prestígio e valorizada por seu talento. As forças locais, ainda que fortemente impactadas pelo centralismo nacional-autoritário do governo Vargas, permanecerão latentes. O regionalismo aparecerá, pois, como força contra-cultural (para os padrões estéticos de temário da época) na literatura, com a difusão dos romances regionalistas de Érico Veríssimo (RS), Jorge Amado (BA), José Lins do Rego (PB), Rachel de Queiroz (CE) e Graciliano Ramos (AL).

A erosão do coronelismo, enquanto fenômeno de cultura política, derivou, bem assim, do redesenho institucional feito por Vargas. Nesse contexto, o Departamento de Imprensa e Propaganda (DIP) teve papel de especial relevância, por conseguir dotar o discurso político, no plano da substância, de um caráter mais homogêneo e nacional, e no plano da forma, de mais capilaridade. É assim que a estatização da Rádio Nacional (1940) e a criação da "Voz do Brasil" dão o tom da direção imposta pelo governo Vargas[300].

Em síntese, portanto, o governo do Estado Novo almejou extirpar as forças políticas regionais do cenário político brasileiro, quer pela demonstração de sua obsolescência, quer pela desconstrução do sistema de voto-retribuição que a alimentava, quer pela privação da participação nas decisões, ainda que, formalmente, seus membros pudessem integrar a cadeia de comando.

Ainda no plano institucional, Vargas criou em 1938, como já dissemos, o Departamento Administrativo do Serviço Público – DASP, cujo objetivo inicial era promover um estudo global da estrutura

---

[299] FILHO, Mário Rodrigues. *O negro no futebol brasileiro*. 2 ed. Rio de Janeiro: Civilização Brasileira, 1964. *passim*.

[300] A criação da revista "Cultura Política", editada pelo DIP entre 1941 e 1945, de um lado, bem como do periódico "O Cruzeiro", de outro, corroboram os esforços de promoção da coesão social e política do país. Sobre a importância das publicações do DIP, no contexto ideológico do Estado Novo, *Cf.* CÂMARA, Marcelo Barbosa. *Cultura Política – Revista Mensal de Estudos Brasileiros (1941 a 1945)*: um vôo panorâmico sobre o ideário do Estado Novo. Tese de Doutorado em Ciências Sociais. São Paulo: PUC/SP, 2010.

administrativa do país, com vistas a incrementar sua economia e eficiência. Na prática, porém, o DASP promoveu uma alteração da lógica de administração ministerial, convertendo-se em uma esfera suprapolítica de decisão, comandada diretamente pela presidência. Nas palavras de Lawrence Graham:

> Na teoria, o DASP foi concebido como uma organização técnica, o que significava que os órgãos ministeriais se sujeitariam a ele em relação a assuntos técnicos, mantendo-se sujeitos à hierarquia usual para os assuntos de administração geral. Na prática, contudo, o DASP funcionava de modo diferente. Tendo surgido no contexto de uma ditadura comprometida com a modernização, sem um partido de massas, o departamento criou meios convenientes para o controle central do sistema administrativo. Como agência do governo federal, exercia responsabilidades que iam além das preocupações técnicas. Na realidade, o DASP tornou-se uma espécie de super-ministério[301].

A estrutura federal do DASP era replicada em cada um dos estados, nos chamados "daspinhos". Ao lado das interventorias, os "daspinhos" verdadeiramente substituíram os legislativos estaduais, em um sistema que articulava os interventores, a burocracia técnica dos "daspinhos" e o Ministério da Justiça. Supostamente infensos às pressões clientelísticas, a burocracia arvorou-se em censora e, quiçá, substituta dos poderes legislativos estaduais[302].

---

[301] Tradução livre de: *"In theory, DASP was designed to operate as a technical organization. For individual ministerial organs this meant they were responsible to DASP for what were deemed to be technical affairs and to the usual hierarchy of ministerial authority for general administrative patterns. In practice DASP functioned quite differently. Since it came into existence within the context of a dictatorship committed to modernization without the mechanism of a mass-based party, it provided a convenient means for central control over the national administrative system. As an agent of the executive it exercised responsibilities, which went beyond purely technical concerns. DASP became a sort of superministry [...]"*. GRAHAM, Lawrence S. *Civil Service Reform in Brazil*: Principles *versus* Practice. Austin: University of Texas, 1968, p. 29.

[302] Em entrevista com Goffredo da Silva Telles, presidente do "daspinho" paulista, o grande jurista Karl Loewenstein dá conta de que o burocrata jactava-se de, com seis colegas, fazer as vezes da antiga Câmara estadual, bem como de 271 (duzentas e setenta e uma) câmaras municipais, sempre sem ser atrapalhado pela "política" estadual e municipal. *Cf.* LOEWENSTEIN, Karl. *Brazil under Vargas*. 2 ed. London: Macmillan Company, 1942, p. 67.

Essa anomalia, que mesclava as interventorias, diretamente ligadas ao poder central, bem como a usurpação burocrática do poder legislativo, foi explicitada pelo Decreto-Lei n. 1.202, de 08 de abril de 1939, que dispunha sobre "a administração dos estados e municípios". Nos termos do decreto-lei, até que sobreviesse a outorga das constituições estaduais, os estados seriam administrados, em coordenação, pelo Interventor (ou Governador) e pelos Departamentos Administrativos ("daspinhos"), cujas competências foram exaustivamente arroladas no texto normativo.

Com efeito, o Estado Novo procurou engendrar um mecanismo de anulação dos poderes políticos regionais, baseado no centralismo administrativo, na supressão das franquias federativas e no fortalecimento da burocracia de Estado, com o que, aliás, plantou o gérmen da atual captura *poiética*[303], que granjeia espaço a passos largos no Brasil contemporâneo (e de que falaremos). O Estado Novo duraria cerca de 18 (dezoito) anos, agravando o centralismo brasileiro, em detrimento da construção de um sistema político saudável de negociações e concessões.

O processo de desgaste do modelo imposto pelo Estado Novo varguista tem início sobretudo a partir de 1942, quando as contradições internas do regime principiam seu afloramento. No âmbito interno, o governo de Getúlio Vargas procurou se escorar em um discurso *sui generis*, que pode ser sintetizado na fórmula da *invenção do trabalhismo*, cunhada por Ângela de Castro Gomes. Se a terminologia *populista* não designa com precisão o modelo sócio-político varguista, o *trabalhismo* espelha com mais precisão o amálgama de apelo popular, valorização do valor-trabalho, autoritarismo e simbolismo que caracteriza o período. A interlocução direta com o povo, a criação de um calendário festivo e a entronização de uma ideologia de outorgas moldaram um modelo de exercício do poder que independia da legitimidade representativa da via eleitoral, bem como fazia parecer indiferente ao cidadão comum a concentração de poderes e o crescente autoritarismo.

As palestras do então Ministro do Trabalho, Alexandre Marcondes Machado Filho, sintetizavam a imagem do líder nacional, que estava a merecer não apenas a adesão da população, mas sua obediência:

---

303 *Cf.* SALGADO, Joaquim Carlos. *Estado ético e estado poiético* (...). *Op. cit. passim.*

Em um deles [discursos por ocasião do aniversário do Presidente Vargas], em 1942, Marcondes sintetizava o tipo de visão que se buscava fixar: o grande, o maior responsável pela forma como se estabeleceu o direito social no Brasil fora o presidente Vargas. Em outras nações o processo fora sangrento pela ausência de qualidades populares dos dirigentes, incapazes de sentir as dores e sacrifícios dos trabalhadores. Tal fato não ocorrera no Brasil justamente porque Vargas reunia, era 'povo e patriciado'. Era povo porque consubstanciava as virtudes e sentimentos das 'gentes das várias regiões do país'; era patriciado porque abarcava 'o saber, o patriotismo, o gênio' dos grandes estadistas do passado brasileiro. [...] A caracterização da obediência como um 'sagrado dever' é enfatizada [...] pela hora 'tão grave' que o país atravessava[304].

O "momento grave" a que aludia o Ministro Marcondes era, precisamente, o ingresso do país na Segunda Guerra Mundial, batendo-se contra as ditaduras do Eixo. O contraste resultante do alinhamento ideológico-estratégico externo, com a realidade autoritária doméstica, expunha a fragilidade do regime. A declaração de princípios do Primeiro Congresso Brasileiro de Escritores[305], em 1942, criticou durante o regime de Vargas, impondo a primeira cunha no invólucro dogmático que se construiu.

Em 1943, surge um dos grandes documentos da história política nacional[306], que ficou conhecido como o *Manifesto dos Mineiros*[307]. Circulando inicialmente na clandestinidade, o documento serviu

---

304 GOMES, Ângela de Castro. *A invenção do Trabalhismo*. 3 ed. Rio de Janeiro: Fundação Getúlio Vargas, 2005, p. 223-224.

305 A primeira ata e a declaração de princípios do Primeiro Congresso Brasileiro de Escritores podem ser localizados no arquivo *Astrojildo Pereira* do Centro de Documentação e Memória da Universidade Estadual Paulista Júlio de Mesquita Filho – UNESP. Uma versão fac-similar pode ser acessada em: www2.marilia.unesp.br/revistas/index.php/cedem/article/download/524/420 (acessado em 28.11.2016). Sobre o Congresso, *cf.* ABREU, Alzira Alves. *Primeiro Congresso de Escritores. In*: ABREU, Alzira Alves de (coord.). *Dicionário Histórico-Biográfico Brasileiro pós-1930*. 2a ed. v. II. Rio de Janeiro: FGV/CPDOC, 2001, p. 1535-1536.

306 WEHLING, Arno. *Documentos históricos do Brasil*. Rio de Janeiro: Editora Nova Aguilar, 1999, p. 150 *et seq*.

307 Uma recente edição fac-similar do original pode ser consultada em impressão recente da Imprensa Oficial do Estado de Minas Gerais. *Cf.* CARDOSO, Adauto; at all. *Manifesto dos Mineiros*. Belo Horizonte: Imprensa Oficial do Estado de Minas Gerais, 2013.

como uma espécie de carta de princípios *avant-la-lettre* da futura União Democrática Nacional – UDN, que propunha uma profunda ruptura ideológica, ao defender a possibilidade de um governo tão nacionalista quanto o getulista, mas essencialmente democrático. O *Manifesto dos Mineiros* conclamava, expressamente, à restauração democrática e, especialmente, federativa.

Em 24 de fevereiro de 1945, José Américo de Almeida, ativo participante da Revolução de 1930, aliado de primeira hora do Presidente Vargas, concede longa entrevista ao jornalista Carlos Lacerda, no *Correio da Manhã*, criticando duramente o regime e exortando o país à realização de eleições: "*a eleição por processos idôneos não desune. Ela reconcilia a Nação consigo mesma e restabelece o rumo do seu legítimo destino democrático*"[308].

O Ato Adicional de 28 de fevereiro de 1945, ou Lei Constitucional n. 09, pôs fim à censura política, anistiou os presos políticos, permitiu a formação de partidos políticos e convocou eleições para nova Constituinte. O cenário político em 1945 foi povoado por atores institucionais novos. A União Democrática Nacional – UDN, concentrando a oposição mais humanista e ética em defesa do Estado de Direito, lançou a candidatura do Brigadeiro Eduardo Gomes[309], baseada em uma plataforma que tentava conciliar e viabilizar a coexistência de um governo nacionalista com os princípios democráticos. O Partido Social Democrático – PSD, concebido sob o pálio da proteção governamental, reunindo os antigos interventores estaduais, já acostumados ao monopólio da máquina pública, integrava o bloco getulista ao lado do Partido Trabalhista Brasileiro – PTB. O PSD lança a

---

[308] A edição pode ser consultada na hemeroteca digital da Biblioteca Nacional, em: <http://memoria.bn.br/DocReader/089842_05/24805>. Acessado em 28 nov. 2016.

[309] A campanha de Eduardo Gomes passara a degringolar a partir de um discurso seu, em 19 de novembro daquele ano. Ao criticar o Estado Novo, disse não precisar do voto da "malta de desocupados". O jornalista queremista Hugo Borghi, acorrendo ao dicionário, traduziu o discurso como mais lhe aprouvera. A "malta" tornou-se "os marmiteiros". A partir do episódio "marmiteiros", devidamente explorado pelo marketing político da época, a candidatura do Brigadeiro passa a ser identificada a um movimento anti-popular e não encontra forças nem recursos para se recuperar. *Cf.* DRUMOND, Cosme Degenar. *O Brigadeiro*: Eduardo Gomes, trajetória de um herói. São Paulo: Editora Cultura, 2011, p. 173.

candidatura do General Eurico Gaspar Dutra, em aliança com o PTB, que acolhe as múltiplas candidaturas[310] de Vargas para o Senado e a Câmara dos Deputados, por distintos estados.

Tendo sido afastado da presidência[311], por movimento liderado pelo General Góis Monteiro, Vargas é conclamado a lançar sua candidatura pelo movimento *queremista*[312], que recebe a adesão do Partido Comunista Brasileiro. Inviabilizada a candidatura de Getúlio, o PCB, no breve período de legalidade que experimenta, lança Yêdo Fiúza à presidência da república, recebendo cerca de 10% (dez por cento) dos votos, nas eleições de 1945 que se seguiram à derrubada de Vargas[313].

A eleição de Dutra marcará o início do período da *Experiência Democrática*, entre 1945 e 1964, em que o controle da nação esteve associado ao desenvolvimentismo, à restauração das franquias democráticas, ao nacionalismo e ao predomínio das legendas pessedista e petebista, as quais, porém, nunca conseguiram implementar um projeto, senão com o apoio da UDN.

5.6. A EXPERIÊNCIA DEMOCRÁTICA E O CONFLITO ENTRE AS OLIGARQUIAS NO CONTEXTO DO DESENVOLVIMENTISMO: SERIA O FEDERALISMO UMA SOLUÇÃO?

O período compreendido entre 1946 e 1964 seria testemunha dos governos Eurico Gaspar Dutra (1946-1951), Getúlio Vargas (1951-1954), Juscelino Kubitschek (1956-1961), Jânio Quadros (1961) e João Goulart (1961-1964), o que evidencia o predomínio político do Partido Social Democrático (PSD) e do Partido Trabalhista Brasileiro (PTB), que elegeram todos os presidentes, à exceção de Jânio Quadros, eleito pelo Partido Trabalhista Nacional (PTN), com apoio do Partido Libertador (PL), do Partido Democrático Cristão

---

[310] Vargas fora eleito para o Senado por São Paulo e pelo Rio Grande do Sul, tendo assumido o mandato representando este último estado-federado.

[311] Passou a ser exercida interinamente por José Linhares, até dezembro de 1945.

[312] Sobre as relações entre o movimento conjuntural do *queremismo* e o petebismo, cf. DELGADO, Lucília de Almeida Neves. *PTB*: do getulismo ao reformismo. São Paulo: Marco Zero, 1989, p. 47 *et seq.*

[313] Dutra obteve 55% (cinquenta e cinco por cento dos votos) e o Brigadeiro Eduardo Gomes 35% (trinta e cinco por cento).

(PDC), do Partido Republicano (PR) e, posteriormente, da União Democrática Nacional (UDN).

A tônica geral da agenda política fora o desenvolvimentismo, que assumiria ares distintos daquela política varguista de barganhas. O país tomava o rumo do desenvolvimento nacionalista, de matriz cepalina, cujo trunfo era *"converter em projeto socialmente deliberado e controlado o processo de desenvolvimento econômico-social"*[314]. O Estado assume o papel central de fomento da atividade econômica e, com isso, passa a catalisar funções e protagonismo social. Sob o prisma da inserção internacional, os debates políticos oscilam entre o cosmopolitismo e o nacionalismo, encartando-se na polarização internacional.

A Constituição de 1946, do Governo Dutra, restaura o federalismo, mantendo, inclusive, o nome Estados Unidos do Brasil para designar a nação. O texto deu destaque para a questão da intervenção federal nos estados (art. 7º *et seq*), e manteve um esquema então já tradicional de repartição de competências materiais e tributárias (art. 15 *et seq*). Naquilo que toca aos municípios, sua autonomia foi tratada de modo discreto, circunscrevendo-se às questões locais (art. 28). Os prefeitos municipais das capitais e das estâncias hidrominerais seguiam sendo nomeados pelos Governadores dos Estados (art. 28, §1º), com a inovação de que o prefeito da capital federal, nomeado pelo Presidente da República, deveria ser previamente aprovado pelo Senado Federal (art. 26 *caput* e §1º).

Uma das novidades da Constituição de 1946 foi a representação do Distrito Federal, ao lado dos estados-membros, no âmbito do Senado Federal (art. 60), que passaria a ser presidido pelo Vice-Presidente da República. Esse dispositivo prenunciava o alargamento da compreensão acerca da abrangência do federalismo, que passaria a se precipitar em direção à incorporação de entes federativos de abrangência também local. O Distrito Federal, embora aglutinasse as competências de um ente federado, dado sua limitação geográfica e seu especial caráter político de sede do país, nunca tinha figurado autonomamente no âmbito do Senado Federal. A Constituição de 1946 demonstra a

---

[314] JAGUARIBE, Hélio. *O nacionalismo na atualidade brasileira*. Rio de Janeiro: Instituto Superior de Estudos Brasileiros, 1958, p. 51.

propensão em ampliar a compreensão dos entes federados, incluindo, ainda que timidamente, o Distrito Federal, até então tratado como espécie de zona neutra.

As eleições de 1950 opuseram Getúlio Vargas, candidato pelo PTB, com o apoio de Adhemar de Barros, pelo Partido Social Progressista (PSP), que agregava as oligarquias (dependentes da máquina administrativa pública, desde as interventorias) do extinto Partido Republicano Paulista (PRP), Cristiano Machado, lançado candidato pelo PSD e o Brigadeiro Eduardo Gomes, candidato pela UDN. Com o abandono da candidatura de Cristiano Machado pelo próprio partido e a identificação do Brigadeiro Eduardo Gomes às forças contrárias à manutenção da política do salário mínimo, Getúlio Vargas sagrou-se vencedor, não sem fazer grandes concessões ao PSD e à ala paulista do PSP.

O segundo governo Vargas foi marcado pela forte oposição da ala conhecida como "banda de música" da UDN, que se batia em defesa do Estado de Direito, e da "*Tribuna da Imprensa*"[315], liderada por Carlos Lacerda, que se precipita, de modo mais virulento, com a contestação da vitória de Vargas, ao argumento de que não obtivera a maioria absoluta dos votos no pleito. Nas palavras de Maria Antonieta Leopoldi:

> Desde o início do seu mandato, o presidente começou a sentir a força da oposição que se montaria contra o seu governo. De um lado, a UDN, contestando os resultados eleitorais com o argumento da maioria absoluta; de outro, o silêncio da grande imprensa, que decidiu não prestigiá-lo. No Congresso, Getúlio Vargas não conseguiu formar um bloco partidário de apoio, mas também não encontrou uma postura generalizada de obstrução às iniciativas governamentais. Por detrás de cada decisão dava-se uma combinação diversa. A UDN formou um bloco oposicionista com o PL, o PR e o PDC, mas isso não a impediu de favorecer a criação da Petrobrás, sugerindo, inclusive, o caráter de monopólio estatal que o projeto original não possuía. O PTB e o PSD dividiam-se internamente nas votações, atravessados pelas controvérsias internas e pelas disputas regionais. Quando a UDN lança críticas agressivas a Getúlio Vargas através de sua banda de música e de Carlos Lacerda (via *Tribuna da Imprensa*), não há um bloco partidário equivalente que venha

---

[315] Jornal fundado por Carlos Lacerda, que deve seu nome à coluna homônima, por ele mantida, até 1949, no *Correio da Manhã*.

em defesa do presidente. Com relação aos governos estaduais, Getúlio foi perdendo aos poucos os apoios com que contara, em virtude dos novos acordos para recompor o ministério em 1953. Assim, foi se afastando de Adhemar de Barros, que rompe publicamente com ele em janeiro de 1954 e desestrutura o PTB do distrito federal[316].

Os primeiros anos da década de 50 são, assim, testemunhas de um governo esquizofrênico, em que a agenda concebida pelos setores de formulação e estratégia não é encampada pela articulação política. O que de fato avança, a pauta verdadeiramente nacionalista, o faz graças ao apoio e pressão da UDN, evidenciando a fragilidade política do governo central.

No contexto federativo, se o plano central de governo avança nas políticas nacionalistas (seja em termos econômicos, seja em termos de relações exteriores, desde a chancelaria de João Neves da Fontoura), os estados-federados vão se convertendo em refúgios políticos de dissidências e se alheando de modo decisivo da agenda nacional. As armas, sobretudo a Marinha e a Aeronáutica, somam-se ao contingente de descontentes políticos, cujo prestígio fora não apenas sabotado, como também temerariamente ignorado por Vargas. O golpe derradeiro no frágil organismo político do segundo Governo Vargas foi desferido por Carlos Lacerda, não como vítima do abominável, conquanto desastrado atentado da rua Toneleiros, mas como feroz opositor político, que encontra no financiamento público para a criação do Última Hora de Samuel Wainer poderoso argumento contra o já frágil governo. Encantoado e sem qualquer apoio, o suicídio de Vargas abre caminho para a perpetuação do poder do PSD e a completa desfiguração do federalismo.

O interregno compreendido entre agosto de 1954 e janeiro de 1956, quando ocorre a posse de Juscelino Kubitschek, foi marcado pela rápida sucessão de presidentes da república e golpes de Estado. O Governo Café Filho (1954/1955) tem apoio da UDN e da Aeronáutica, conseguindo se viabilizar, ainda que por um curto lapso temporal. As eleições de 1955 opõem, novamente, o PTB e o PSD, de um lado,

---

[316] LEOPOLDI, Maria Antonieta P. *O difícil caminho do meio*: Estado, burguesia e industrialização no segundo Governo Vargas (1951-1954). In: GOMES, Ângela de Castro (Org.). *Vargas e a Crise dos Anos 50*. Rio de Janeiro: Associação de Pesquisa e Documentação Histórica, 1994, p. 180.

lançando Juscelino Kubitschek, e a UDN, que endossa o nome de Juarez Távora, nome historicamente ligado ao tenentismo, em lugar do Brigadeiro Eduardo Gomes. A ala paulista do PSP lança Adhemar de Barros, visando a avançar em seu projeto de hegemonização da política nacional.

A licença médica de Café Filho, vice-presidente do falecido Vargas, abre espaço para a rápida assunção do presidente da Câmara e udenista Carlos Luz, desencadeando a reação do Ministro da Guerra, Marechal Lott, com quem já convivia às turras, à custa da polêmica acerca da punição ao Coronel Mamede[317]. Nereu Ramos, então presidente do Senado, é conduzido à presidência da República[318], garantindo a posse de Juscelino Kubitschek, à custa da prisão domiciliar do presidente Café Filho, no que golpe de Estado que a história consagrou como *Novembrada*[319].

Sob a ótica de suas feições políticas, a presidência de Juscelino Kubitschek representou a tentativa de obter a estabilidade política, a recuperação dos militares, os esforços para a conciliação com a oposição, bem como o atalhamento das instituições, obtido pela solene desconsideração de rituais burocráticos. Uma das inovações do presidente "bossa-nova" foi a investida contra a burocracia estatal, com a criação dos chamados "comitês executivos", que fundaram uma "admi-

---

[317] O Coronel Jurandir Bizarria Mamede pronunciara violento discurso contra a posse de Juscelino Kubitschek, desencadeando processo disciplinar punitivo, por determinação do Ministro da Guerra, Marechal Henrique Teixeira Lott. Carlos Luz, no exercício das funções de Comandante-em-Chefe das Forças Armadas, deixa de promover a punição, desencadeando a degradação de suas relações com o Ministro da Guerra. *Cf.* verbete MAMEDE, Jurandir Bizarria. *In*: ABREU, Alzira Alves (Org.). *Dicionário Histórico Biográfico Brasileiro pós-1930*. 2ª ed. Rio de Janeiro: Editora FGV, 2001.

[318] Um interessante panorama das teses jurídicas aventadas, bem como do deslinde da detenção de Café Filho (em ações de mandado de segurança e de *habeas corpus* impetrados perante o Supremo Tribunal Federal) pode ser encontrado na obra de Rubens Beçak. A estratégia da alegação da convocação de estado-de-sítio por Nereu Ramos, para que fosse afastada a apreciação das ações impetradas por Café Filho, é esmiuçada pelo autor, a partir das alegações de inconstitucionalidade da Lei n. 2.654, de 25 de novembro de 1955, em função da ilegitimidade de Nereu. *Cf.* BEÇAK, Rubens. *Sucessão Presidencial de 1955*: aspectos políticos e jurídicos. São Paulo: Editora Juarez Oliveira, 2003, p. 25 *et seq*.

[319] "Toda violação da ordem jurídica de um país, por meio da força, é revolução." *Id. ibid*, p. 41.

nistração paralela"[320]. O ambiente geral, portanto, foi de otimismo[321]. A ambição da política econômica desenvolvimentista angariou os apoios da "ala-moça"[322] do PSD e da ala "bossa-nova"[323] da UDN, propiciando

---

[320] *Cf.* LEVY, Evelyn; DRAGO, Pedro. *Gestão Pública no Brasil Contemporâneo.* São Paulo: Edições FUNDAP, 2005, p. 383.

[321] Em todas as searas o Brasil parecia sobressair. Fora campeão mundial de futebol, em 1958. Maria Esther Bueno conquistara o prestigioso campeonato de Wimbledon em 1959, 1960 e 1964 e Éder Jofre se destacava no pugilismo. Na poesia, os irmãos Aroldo e Augusto de Campos destacavam-se no movimento concretista, que ecoava a própria construção da capital. Na música, a *Bossa-Nova* conquistava o mundo, nas letras e melodias de João Gilberto e Antônio Carlos Jobim, mesclando o samba e o jazz. No cinema, o *Pagador de Promessas*, epítome do *"Cinema-Novo"*, de Anselmo Duarte leva a *Palme d'Or* em Cannes, em 1962, na senda trilhada pelo neorrealismo italiano (Vittorio de Sicca, com o *Ladri di biciclette*), o filme brasileiro, de sua parte, influenciaria, mais tarde, o *Dogma 95*, de Lars von Trier. Sobre o tema: BENEVIDES, Maria Victoria de Mesquita. *O governo Kubitschek*: a esperança como fator de desenvolvimento. *In*: GOMES, Ângela de Castro (Org.). *Op. cit*, p. 21 *usque* 38.

[322] A ala-moça reunia jovens deputados federais, que apoiaram e sustentaram o Governo JK, como Renato Archer e Cid Carvalho (MA), José Joffily (PB), Oliveira Brito e Vieira de Melo (BA), Ulysses Guimarães e João Pacheco e Chaves (SP), Leoberto Leal (SC) e Nestor Jost (RS).

[323] A ala da "bossa-nova" contrastava-se com os integrantes da "banda de música" (ala mais humanista e defensora da chamada pauta moral), ferrenhos opositores do Governo JK, à semelhança da postura que mantiveram contra Getúlio Vargas, em função da qual se notabilizaram. Liderada por José Aparecido de Oliveira (MG), Clóvis Ferro Costa (PA), José Sarney (MA) e João Seixas Dória (SE), buscavam a implementação de uma nova tática política, que pudesse angariar mais apoio popular. Vitoriosa na convenção da UDN de 1961, realizada no Recife, direciona a UDN para uma agenda de centro-esquerda, alinhada, inclusive, com a doutrina social da igreja católica. Foram, assim, acusados pela dissidência interna de comporem uma verdadeira "chapa-branca", governista e adesista. Com o decorrer dos anos, recebeu importantes adesões internas, como a de Francelino Pereira (MG), Heitor Cavalcanti (PI) e Antônio Carlos Magalhães (BA). Ao lado da "ala-moça" do PSD, do "grupo compacto" do PTB e da ala progressista do Partido Democrático Cristão (PDC) irão dar suporte às reformas de base do governo Jango, que sucederia Jânio Quadros, apoiado com veemência pelo grupo. No âmbito interno do partido, foi combatida pelos "bacharéis" da ala da "banda de música", pelos lacerdistas e por aqueles vinculados à Ação Democrática Parlamentar, tendo apresentado, na convenção de 1963, com o apoio dos governadores Magalhães Pinto (MG), Petrônio Portela (PI) e Seixas Dória (SE), uma moção de apoio às reformas agrária, bancária, tributária e urbana, bem como à Política Externa Independente, à democratização do ensino e à consolidação de Brasília. V. BENEVIDES, Maria Victoria de Mesquita. *A UDN e o udenismo*. São Paulo: Paz e Terra, 1981, p. 115 *et seq.*

um quadro de estabilidade até então desconhecido. Nada obstante, o governo patrocinou a censura ao rádio e, em um atentado contra o Estado de Direito, a tentativa de cassação do mandato de Carlos Lacerda, ato rejeitado brava e civicamente pela Câmara dos Deputados, talvez no mais altivo momento de sua história[324].

O movimento em prol do "novo" e do otimismo não impulsionou, porém, no plano das relações federativas, qualquer avanço significativo. Ao contrário, o governo JK é mola propulsora do centralismo, que produz, como reação política, a usurpação dos espaços políticos regionais pelos grupos que permanecem à margem da partilha do poder central. O grande símbolo da prevalência da instância central de governo foi a construção e fundação de Brasília, para o traslado da Capital Federal, atendendo a comando já insculpido na Constituição de 1946, como na de 1891. Se a interiorização da capital atendia a imperativos de ordem militar (melhor defesa do território) e geográfica (ocupação do vazio demográfico e promoção da integração territorial), sob a ótica política ela sintetiza o triunfo do centralismo e o isolamento e insulamento dos partidos políticos e da Democracia. O Governo JK foi, assim, promotor do sombreamento da política pela agenda econômica e desenvolvimentista. A agenda federalista permaneceu como coadjuvante, obnubilada pelas questões econômico-nacionalistas.

---

[324] Carlos Lacerda impôs a mais dura oposição à posse de Juscelino Kubitschek, chegando, inclusive, a convocar as Forças Armadas para que a impedissem, o que rendeu, talvez injustamente, à UDN a pecha de golpista, uma vez que todo o processo já estava maculado desde a *novembrada*. O episódio que quase levou à cassação de seu mandato foi a leitura do chamado *Telegrama n. 295*, que, vazado de fontes ligadas ao Itamaraty, dava conta de suposto envolvimento de João Goulart com negócios escusos na Argentina, relacionados à venda de pinho. O governo federal requereu à Câmara autorização para processar Lacerda, com base na Lei de Segurança Nacional, com o entusiasmado apoio de Assis Chateaubriand. Comícios contrários à cassação tomaram as ruas do país, em benefício de Lacerda e do "Clube da Lanterna", ala da UDN que o seguia. Em votação secreta, a Câmara negou o pedido do governo, reforçando a invencibilidade de Lacerda, cujos limites estaria doravante disposto a testar. Para uma completa e interessante biografia de Carlos Lacerda, Cf. MENDONÇA, Marina Gusmão. *O Demolidor de Presidentes*. São Paulo: Códex, 2002, p. 189 *et seq*.

A eleição de Jânio Quadros, em 1960, foi fruto, sobretudo, da tendência de afirmação prática (embora, paradoxalmente, não consagrada expressamente no contexto eleitoral) de parte do ideário udenista, o que já se iniciara contra a gestão de Juscelino. Um dos sinais mais evidentes disso foi o impulso aos mecanismos de combate à corrupção, pauta descendente da velha inspiração tenentista, que se incorporara ao discurso udenista, ainda na década de 1950. O conturbado período do Governo Jânio Quadros, ao que se seguiu a ascensão de João Goulart centrou-se na consolidação do chamado projeto nacional. O epicentro das discussões políticos encontrava-se no posicionamento do país no espectro ideológico mundial, com evidente destaque para a chamada Política Externa Independente, inaugurada pelo chanceler Afonso Arinos de Melo Franco[325], tendo nela prosseguido o chanceler San Tiago Dantas.

A renúncia de Jânio Quadros e a crise que se instaura em nada contribuem para a reforma federativa ou a consolidação de um projeto de genuínas liberdades para os entes de federados. A solução de continuidade da Emenda Constitucional n. 04, de 02 de setembro de 1961, que instaurou o sistema parlamentarista, em nada alterou o equilíbrio espacial de poder, relegando os núcleos regionais e locais aos grupos de apoio particularizados.

Seria das instâncias regionais de poder, porém, que proviriam os apoios ao vice-presidente Jango, através da *Campanha da Legalidade* liderada por Leonel Brizola, Governador do Rio Grande do Sul, com o apoio do General Comandante do III Exército, Machado Lopes. Os estados-federados, no curso da experiência democrática que vai de 1946 a 1964, não conseguiram superar sua condição subalterna, para se articularem como instâncias políticas equiprimordiais à União.

---

325 *Cf.* QUADROS, Jânio. Brazil's New Foreign Policy. *In: Foreign Affairs*, Council on Foreing Relations, New York, Oct., 1961, p. 19 *usque* 27. *Cf.* ainda, na vasta bibliografia sobre o tema, FONSECA JR., Gelson. *Mundos diversos, argumentos afins*: notas sobre aspectos doutrinários da política externa independente e do pragmatismo responsável. *In*: ALBUQUERQUE, J. A. G. de (Org.). *Sessenta anos de política externa brasileira 1930-1990*: crescimento, modernização e política externa. v. 1. São Paulo: Cultura Nupri, 1996, p. 299 *usque* 336. Aliás, será um tema de política externa que levará a UDN a abandonar o governo, em face da condecoração de Ernesto "Che" Guevara com a *Grã Cruz da Ordem Nacional do Cruzeiro do Sul*, em agosto de 1961.

O cenário jurídico-político, em que pese a moldura federativa da Constituição de 1946, foi dominado pelos debates nacionalistas, que acentuaram o centralismo. O aprofundamento do federalismo não foi encarado como alternativa plausível para o enfretamento de crises, tampouco como mecanismo de ampliação de liberdades ou de incremento da eficiência administrativa.

Os debates públicos foram, desde o governo JK, centrados na política econômica e no alinhamento internacional do país aos blocos capitalista e socialista, sem que a arquitetura institucional e política interna pudesse ocupar lugar de destaque especial. A polarização interna, decorrente das reformas de base, propostas por Jango, a inoperância imediata do plano trienal de Celso Furtado e das reformas estruturalistas, a questão da reforma agrária, a multiplicação das greves em 1963 e a ameaça de sublevação interna, tornada clara com a Revolução dos Sargentos de 1963[326] catalisaram o desfecho do movimento militar, que encerraria o período democrático.

5.7. O GOVERNO MILITAR: 1964-1985

Deposto o presidente João Goulart, assume um tal *Conselho Supremo da Revolução*, uma junta militar que passaria a definir os destinos do país. Embora a Constituição de 1946 tenha sido formalmente mantida, assim como as Constituições Estaduais, o Ato Institucional, de 09 de abril de 1964 deu novos contornos juspolíticos ao país. O país entrara em regime de exceção, com a suspensão das garantias constitucionais e a designação de eleições indiretas para a presidência da República.

A conservação formal da Constituição de 1946 cultivou uma aparência federativa, mesmo por que foram mantidas as constituições estaduais. Importa observar, porém, que a simples leitura do Ato Institucional n. 01/1964, demonstra que, na prática, inexistia qualquer margem de liberdade política franqueada aos entes federados.

---

326 Trata-se de sublevação de praças e suboficiais, sobretudo da Aeronáutica e Marinha, ocorrida em setembro de 1963, em face da decisão do Supremo Tribunal Federal que impediu a diplomação de militares eleitos no pleito de 1962, a qual fora tratada com leniência por Jango. *Cf.* FERREIRA, Marieta de Moraes. *João Goulart*: entre a memória e a história. 1 ed. Rio de Janeiro: Editora FGV, 2006, p. 14.

Observe-se, por exemplo, que, nos termos do art. 7º do AI n. 01/1964 as penalidades administrativas de demissão, dispensa, aposentadoria compulsória e disponibilidade remunerada, ainda que impostas pelos Governadores dos Estados, desafiariam recurso hierárquico para o Presidente da República, demonstrando a completa submissão dos demais entes federativos ao poder central.

Se a eleição do Marechal Castello Branco representara uma vitória da ala dos militares acadêmicos, ligados à Escola Superior de Guerra (grupo da *Sorbonne*), as eleições estaduais de 1965 desencadeariam a edição do Ato Institucional n. 02, de 27 de outubro de 1965, considerado uma vitória da ala da "linha-dura" do Exército nacional[327]. Isso porque a oposição saiu vitoriosa nas eleições de Minas Gerais e da Guanabara: em Minas Gerais, fora eleito o antigo colaborador de JK, Israel Pinheiro[328] (PSD) e, na Guanabara, um personagem ligado ao Governo Vargas, Negrão de Lima[329] (PSD), egresso da Faculdade de Direito de Minas Gerais.

---

[327] A edição do Ato Institucional n. 02/1965, impulsionada pelas eleições de Israel Pinheiro e Negrão de Lima, bem como pelo retorno de JK do exílio, representou um verdadeiro "golpe dentro do golpe", que apenas prosperou após a demissão de Milton Campos, então ministro da Justiça, que a ele se opusera. Castello Branco, porém, de próprio punho deixara sua marca indelével: o então presidente ficaria inelegível para futuras eleições. CHAGAS, Carlos. *A Ditadura Militar e os Golpes dentro do Golpe*: 1964-1969. São Paulo: Record, 2014, p. 355 *et seq.*

[328] Se, de um lado, Israel Pinheiro fora ligado a JK, como engenheiro-chefe da NovaCap, enfrentando, ao lado do então presidente, todas as acusações ligadas à construção da nova capital em Brasília, de outro, descendia da linhagem da família Pinheiro, que teve em João Pinheiro seu grande expoente. Fora João Pinheiro o responsável pela modernização econômica do estado, com propostas ousadas para a época, como o pagamento de "prêmios de animação para o estímulo à iniciativa particular", o "auxílio indireto dos poderes públicos para estabelecimento de sociedades cooperativas de produção" e o "protecionismo para as mercadorias nacionais produzidas", ainda em inícios do século XX. *Cf.* GOMES, Ângela de Castro. Memória, Política e Tradição Familiar: os Pinheiro das Minas Gerais. *In*: GOMES, Ângela de Castro. *Minas e os Fundamentos do Brasil Moderno*. Belo Horizonte: Editora UFMG, 2005, p. 79 *usque* 109. Ainda, DULCI, Otávio. João Pinheiro e as origens do desenvolvimento mineiro. *In*: *Id, ibid*, p. 109 *usque* 137. BOMENY, Helena. O Brasil de João Pinheiro: o projeto educacional. *In*: *Id, ibid*, p. 137 *usque* 193.

Os militares logo perceberam a manutenção das liberdades federativas permitiria à oposição estruturar-se para atacar o regime a partir das antigas trincheiras oligárquicas. Para sufocar a oposição seria necessário privar-lhe de qualquer espaço e, com isso, desconsiderar qualquer aspecto da organização federativa que pudesse franquear um mínimo de liberdades políticas. O Ato Institucional n. 02/1965, malgrado tenha mantido formalmente a vigência da Constituição de 1946, ao lado das demais medidas de exceção (como, *v.g.*, a possibilidade de cassar mandatos e suspender direitos políticos) alterou a organização do poder judiciário[330], que passou a sofrer influência mais direta do poder executivo nacional, ampliou os poderes jurisdicionais da justiça militar e assentou as eleições indiretas para a presidência da república, extinguindo a democracia pluripartidarista e submetendo a Nação ao regime bipartidarista. A partir de então, o país deveria dividir-se entre a ARENA (Aliança Renovadora Nacional) e o MDB (Movimento Democrático Brasileiro).

Tomando consciência dos propósitos aos quais até então se prestara o federalismo nacional, a remuneração dos vereadores foi expressamente proibida (art. 10), como forma de desestimular o enraizamento da oposição nas máquinas administrativas e políticas municipais. Ampliaram-se as hipóteses de intervenção federal (art. 17), bem como almejou-se limitar a criação de municípios pela imposição da necessidade de demonstração da "prova cabal" de sua viabilidade econômico-financeira.

---

[329] Francisco Negrão de Lima, mineiro de São João Nepomuceno, formou-se em Direito, pela Faculdade Livre de Minas Gerais, em 1924. Fora deputado constituinte em 1933, tendo sido eleito pelo Partido Progressista, da base de apoio a Getúlio. Ao lado de Benedito Valadares, articulou com os governadores do nordeste (à exceção de Juraci Magalhães, na Bahia, e Carlos de Lima Cavalcanti, em Pernambuco) o apoio ao golpe que daria origem ao Estado Novo. *Cf.* verbete Negrão de Lima, *In*: ABREU, Alzira Alves de (Org.). *Dicionário Histórico Biográfico Brasileiro pós-1930*. 2 ed. Rio de Janeiro, Ed. FGV, 2001.

[330] Dentre outras medidas, a AI-2 aumentou o número de ministros do Supremo Tribunal Federal, diluindo seus poderes, passou a atribuir ao Presidente da República a prerrogativa para a indicação dos juízes federais, que tiveram sua competência alargada.

Assim, à medida que o perfil mais moderado de Castello Branco ia perdendo espaço para a linha dura, a própria estrutura federativa do Estado perdia sentido, seja porque era logica e politicamente incompatível com a "revolução", seja porque, sob o ponto de vista pragmático, era conveniente diminuir os espaços disponíveis. Nas palavras de Carlos Fico:

> Reiteradamente caracterizado como 'legalista' e 'moderado', o perfil de Castelo Branco serviu até mesmo para adjetivar um conjunto de militares que com ele partilhariam uma formação intelectual mais refinada (diferentemente dos *troupiers*, propensos a ações práticas e métodos violentos), um apego às normas legais e uma forma mais branda de tratar os inimigos da 'revolução'. [...] Terá sido o fracasso de Castelo de pôr cobro aos anseios punitivos de militares radicalizados que fomentou o crescimento do que se chamava até então de 'força autônoma', que se autonomeara 'guardiã dos princípios da revolução'[331].

A Constituição de 1967, promulgada em 24 de janeiro[332], entrou em vigor a 15 de março, mantendo, ao menos no plano formal, o federalismo. A federação era composta pela União, os estados-federados e os territórios, não havendo qualquer menção à incorporação dos municípios como entes políticos. Embora o texto constitucional fizesse menção à autonomia municipal, os entes locais estavam ainda longe do *status* que lhes seria concedida em 1988. A Constituição de 1967 franqueou eleições diretas para a escolha dos prefeitos municipais, malgrado tenha reservado à nomeação direta do Governador do Estado os prefeitos das capitais e das estâncias hidrominerais e, mediante prévia aprovação do Presidente da República, os prefeitos

---

[331] FICO, Carlos. Versões e Controvérsias sobre 1964 e a ditadura militar. *In*: *Revista Brasileira de História*, v. 24, n. 47, jan.-jun., São Paulo, 2004, p. 28 *usque* 60, p. 33.

[332] Em uma de suas acerbas e brilhantes páginas, em crônica chamada do dia seguinte, dizia ter encontrado um camelô na rua, um "extrovertido ululante", segundo ele, que assim pranteava: "A nova prostituição do Brasil foi promulgada". Nas suas palavras: "O sujeito está berrando: — A nova Prostituição do Brasil! A nova Prostituição do Brasil! E erguia um folheto, só faltava esfregar o folheto na cara da pátria. Todavia, não me espanto, ninguém se espanta. As pessoas passam e nem olham. Há qualquer coisa de *vacum* no lerdo escoamento da multidão. O camelô continua empunhando o folheto como um estandarte dionisíaco: — A nova Prostituição do Brasil! A nova Prostituição do Brasil!". RODRIGUES, Nelson. *A menina sem estrela*: memórias. São Paulo: Companhia das Letras, 1993, p. 12.

dos municípios considerados de interesse da segurança nacional, assim definidos em lei (art. 16, §1º). Restabeleceu-se, ainda que limitadamente, as remunerações dos vereadores municipais, adotando-se um critério populacional.

O esquema de repartição de competências materiais e tributárias foi mantido, observando-se a tradição constitucional republicana, conquanto tenha sido tratada com minudência a questão da intervenção federal (art. 10). A possibilidade de intervenção dos estados-federados nos municípios foi limitada às hipóteses previstas no art. 16, §3º da Constituição de 1967. De sua parte, o Senado Federal passaria a contar apenas com a representação dos estados-federados e tendo sido excluída a representação do Distrito Federal, tendo sido mantidas suas atribuições legislativas típicas, que se estenderiam excepcionalmente, em caráter privativo ao Distrito Federal (art. 45, inciso III), bem como sendo-lhe atribuídas competências de Estado, para (a) deliberar sobre a nomeação de magistrados, Ministros do Tribunal de Contas da União, do Procurador-Geral da República, do Prefeito do Distrito Federal, dos Governadores de Territórios e dos Chefes de Missão Diplomática e (b) autorizar empréstimos e operações externas de qualquer natureza de todos os entes da federação.

A assunção de Costa e Silva, um condestável do Governo Castello Branco, em 1967, representou a ascensão da "linha-dura" ao comando do país, com o correspondente recrudescimento da violência e da repressão. A oposição, na impossibilidade de se articular em quaisquer níveis de poder, organizou-se sob múltiplas formas, seja através do movimento estudantil, seja no contexto dos sindicatos, no seio dos meios culturais (sobretudo na música e no teatro), seja na guerrilha e, em especial, na oposição democrática. Se as guerrilhas provocaram uma rachadura na oposição de esquerda, a *Frente Ampla*, obra de Lacerda[333], conseguiu coordenar diversos matizes políticos que se opunham ao regime.

---

[333] De "chefe civil e intérprete da revolução", Lacerda passou a ser ferrenho opositor do regime. Lacerda começa a articular uma alternativa ao MDB, ainda tímido na oposição. Em 01 de setembro, o *Jornal da Tarde* anuncia a adesão de nomes como Jânio, Jango, Juscelino, Brizola e do próprio Lacerda à empreitada. O único compromisso que manteriam entre si seria a redemocratização do país. *Cf.* MENDONÇA, Marina Gusmão de. *Op. cit*, p. 360 *et seq.*

A resposta do Governo Costa e Silva às guerrilhas e à *Frente Ampla*, que lhe são anteriores[334], foi a edição do Ato Institucional n. 05, de 13 de dezembro de 1968. Em que pese tenha mantido, no plano formal, a vigência da Constituição de 1967, o Ato Institucional n. 5/1968 desconfigurou todo o arranjo do Estado brasileiro. Isso porque o Presidente da República fora autorizado a colocar em recesso o Congresso Nacional, as Assembleias Legislativas e as Câmaras de Vereadores, tendo sido, bem assim, positivada a intervenção federal direta em estados e municípios, independentemente das limitações previstas na Constituição de 1967, ao lado do estabelecimento de diversas medidas de exceção, como a suspensão de direitos políticos, o confisco de bens e a suspensão do *habeas corpus*.

Na prática, após o advento do Ato Institucional n. 05/1968, a organização do Estado brasileiro passou a assumir uma feição unitária e concentrada, ainda que, no plano formal, houvesse alguma repartição de poderes e competências. Em plena vigência do Ato Institucional n. 05/1968, o Presidente Costa e Silva planejava uma nova constituição, como nos informa Elio Gaspari:

> Costa e Silva planejava outorgar uma nova Constituição, baseada num trabalho coordenado por Pedro Aleixo. Em julho [de 1969], reunira-se em Brasília uma das menores e mais apressadas Constituintes da história nacional. Foi composta pelo presidente, pelo vice, três ministros e três sábios do regime. Trabalhou durante quatro dias, em sete sessões que duraram cerca de 21 horas. Produziu uma versão radicalizada da Carta de 1967. Expandiu os poderes do Executivo, reduziu os do Legislativo e incorporou as extravagâncias que o poder militar impusera ao direito brasileiro, nos dez meses anteriores. Tornou indiretas as eleições dos governadores marcadas para 1970. O texto chegou a ser enviado à Imprensa Nacional, e lá foram impressas algumas cópias. No essencial, a nova Carta mantinha o AI-5, mas permitia ao presidente, por decreto, suspender qualquer de seus dispositivos. Segundo três de seus colaboradores, Costa e Silva pretendia valer-se desse poder para decretar o fim do recesso do

---

334 A guerrilha do Caparaó, promovida pelo Movimento Nacionalista Revolucionário – MNR, fora a primeira instalada contra a ditadura, ainda em 1965-1966, tendo sido debelada pela Polícia Militar mineira, em 1967. A adesão ao movimento armado, aliás, foi um dos fundamentos da cisão, em 1962, do PCB e do PC do B (este último, à época, equivocadamente). *Cf.* COSTA, José Caldas da. *Caparaó*: a primeira guerrilha contra a Ditadura. São Paulo: Boitempo, 2007, p. 20 *et seq.*

Parlamento, reabrindo-o no início de setembro. Essa providência, ainda que superficial, em relação ao conjunto do AI-5, era condição necessária para qualquer iniciativa de restabelecimento da ordem institucional[335].

O projeto de uma nova constituição, que pudesse indicar uma rota de normalização política do país foi interrompido em função do afastamento do Presidente Costa e Silva, acometido por uma isquemia cerebral. Pedro Aleixo, então vice-presidente, e coordenador dos trabalhos de elaboração de uma nova constituição, foi impedido de assumir a presidência da república, para dar lugar a uma junta militar, jocosamente chamada de "*os três patetas*" pelo timoneiro da oposição, Ulysses Guimarães, logo substituída pelo Presidente Médici, cujo governo estender-se-ia até 1974.

O Governo Médici coincidiu com o apogeu econômico do período e, no plano político, com a intensificação da luta da esquerda armada contra o regime. Na vertente internacional, o país passaria a adotar uma postura nacionalista e autonomista, criticando o congelamento de poderes pretendido pelas potências nucleares de então (oposição ao Tratado de Não-Proliferação de Armas Nucleares), alinhando-se aos governos ditatoriais latino americanos (Pinochet), com a crítica ferrenha à doutrina Betancourt[336], e, de fato, abandonando o discurso terceiro-mundista.

No plano do direito positivo, a Junta Militar fizera promulgar, alguns dias antes da posse do General Médici, a Emenda Constitucional n. 01, de 17 outubro de 1969, que alterou, por completo, o texto da Constituição de 1967. O federalismo foi mantido, como mera forma de organização de Estado, na dicção do texto, havendo sido conferido o poder constituinte decorrente aos estados-federados, para organizarem suas constituições. A matriz de repartição de bens e competências materiais e tributárias foi mantida, observando a já longa tradição republicana. Os municípios, se não foram reconhecidos

---

335 GASPARI, Elio. *Ditadura Escancarada*. São Paulo: Companhia das Letras, 2002, p. 75.

336 Proposta pelo Presidente venezuelano Rômulo Betancourt, que defendia de modo intransigente os governos democráticos da América Latina, mas no interesse econômico do país exportador de petróleo. *Cf.* CERVO, Amado Luiz. *Relações Internacionais da América Latina*: velhos e novos paradigmas. Brasília: IBRI, 2001, p. 233 *et seq.*

como entes federados, tiveram sua autonomia garantida, podendo, salvo as exceções já presentes na Constituição de 1967, organizarem suas próprias eleições diretas, para escolha do prefeito municipal, à diferença das eleições presidenciais, que se realizariam de modo indireto, por um colégio eleitoral. A intervenção federal ganhou contornos um pouco mais limitados, excluindo-se a previsão absolutamente genérica do resguardo da segurança nacional, malgrado o elenco de hipóteses tenha se mantido bastante amplo e com redação compreensiva, como se denota, por exemplo, daquela consignada no art. 10, inciso III, *in verbis*:

> Art. 10 A União não intervirá nos Estados, salvo para:
> [...]
> III – pôr termo a perturbação da ordem ou ameaça de sua irrupção ou a corrupção no poder público estadual.

Embora tenha formalmente caminhado na direção do restabelecimento da normalidade institucional e democrática, a Emenda n. 01/1969 manteve as medidas de exceção praticadas pelo Conselho Supremo da Revolução, excluindo-as, inclusive, do controle judicial, nos termos de seu art. 181. De um modo geral, naquilo que nos interessa para os objetivos deste estudo, a Emenda n. 01/1969 em nada alterou o regime federativo, que carecia de qualquer efetividade.

A partir de 1974, o ambiente político geral do país começa a se alterar. A luta armada pós-1968 vai se arrefecendo, à medida em que o MDB cresce e em que Geisel começa a distensão "lenta, gradual e segura". As eleições de 1974 marcam o avanço do Movimento Democrático Brasileiro – MDB na Câmara e no Senado. No mesmo ano, Ulysses Guimarães é lançado à presidência da república, àquela altura mais como anticandidato que propriamente como aspirante ao posto. É também a partir de 1974 que a esquerda que dissentia da guerrilha começa a vencer a batalha, com a eleição de 16 (dezesseis) senadores daquele ano.

De toda sorte, a oposição democrática consegue esboçar alguma reação, que começa a reconfigurar o balanço de poderes. A Emenda Constitucional n. 11, de 13 de outubro de 1978 põe, na prática, fim ao Ato Institucional n. 05/1968, a censura prévia gradualmente vai se extinguindo e o Presidente Geisel afronta e exonera o Ministro da Guerra[337], Sylvio Frota, contrário à distensão.

O processo de distensão, porém, não favoreceu amplamente o debate democrático, tampouco a horizontalização federalista. A Lei 6.339, de 01 de julho de 1976, conhecida como Lei Falcão, foi uma resposta ao crescimento do MDB, limitando as campanhas eleitorais e a divulgação dos candidatos. No mesmo passo, em 14 de abril de 1977, com o congresso em recesso, o Presidente Geisel edita os Decretos federais de n. 1.538, 1.539, 1.540, 1.541, 1.542 e 1.543, que ficariam conhecidos, em seu conjunto, como o *"pacote de abril"*.

As normas limitavam, ainda mais, as campanhas eleitorais nas eleições indiretas (presidente da República e governadores de estados), davam nova disciplina à reunião do colégio eleitoral, para as eleições da presidência da república, disciplinavam as eleições indiretas para o cargo de governador de estado, criava as fabulosas sublegendas (listas autônomas de candidatos, concorrendo a um mesmo cargo, pelo mesmo partido a que eram filiados), para permitir à Arena recompor as suas bases, ampliava o mandato presidencial e reduzia o *quorum* para aprovação de emendas à constituição.

No contexto federativo, a principal alteração do chamado pacote de abril foi a criação da figura que ficou conhecida como "senador biônico", pelo Decreto n. 1.543/1977. Acompanhando a tradição constitucional, o Senado era então composto por três representantes de cada estado-federado, com mandatos de 08 (oito) anos, renovados a cada 04 (quatro) anos, à razão de 1/3 (um terço) e 2/3 (dois terços), alternadamente, e, à diferença das eleições presidenciais, os senadores eram eleitos pelo voto direto majoritário. A alteração imposta por Geisel previa que, nas eleições seguintes, o preenchimento de uma das vagas, na renovação de dois terços do Senado, seria feito por

---

[337] Na história republicana brasileira, os embates entre os Ministros da Guerra e os Presidentes da República, até então, sempre tinham se resolvido em favor daqueles. Foi assim nas rusgas entre o General Hermes da Fonseca e Afonso Pena e o Marechal Lott e Carlos Luz. Sílvio Frota, porém, não teve o mesmo destino, o que demonstra o rumo que tomava o regime. O General Sylvio Frota narrou a passagem, em um livro de memórias, atribuindo sua exoneração à frustração dos ideais da revolução. *Cf.* FROTA, Sylvio. *Ideais Traídos*. Rio de Janeiro: Zahar Editor, 2006. *passim*. Suas viúvas remanescem derrotadas pelo movimento de abertura e, especialmente, pela anistia e pela redemocratização.

eleição indireta, havida no mesmo colégio eleitoral[338] responsável pela eleição dos governadores dos Estados.

De modo geral, portanto, o federalismo no período do regime militar limitou-se a fornecer espaço para a acomodação de aliados da ARENA, sem colaborar para a desconcentração de poderes. Prestou-se, assim, não a equilibrar o país, mas a pacificar internamente a própria ARENA.

O Governo Figueiredo, que se inicia em 1979, dá continuidade à abertura do regime, fazendo aprovar a Lei da Anistia e restabelecendo o pluripartidarismo, com vistas a impor uma divisão às múltiplas forças que se alinhavam no MDB. A ARENA dará origem ao Partido Democrático Social (PDS). O MDB, de outra parte, será cindido, para dar a origem ao Partido do Movimento Democrático Brasileiro (PMDB). O *novo sindicalismo* dará origem ao Partido dos Trabalhadores (PT). As correntes do trabalhismo getulista formarão duas agremiações, o Partido Trabalhista Brasileiro (PTB), àquela altura entregue a Ivete Vargas, e o Partido Democrático Trabalhista (PDT), comandado por Brizola.

O chamado "emendão de 1985", que estabeleceu as eleições indiretas (a despeito da campanha das "Diretas Já!", em favor da emenda Dante de Oliveira) retornou para a legalidade os partidos comunistas, que deram origem ao Partido Comunista Brasileiro (PCB), de orientação moscovita, e o Partido Comunista do Brasil (PC do B), então de orientação maoísta[339].

O pluripartidarismo operou como um elemento de desagregação da oposição e, sobretudo, do MDB e das esquerdas brasileiras. Os dois grandes partidos que se originavam da clivagem ideológica do

---

338 O colégio era formado pelo plenário das assembleias legislativas estaduais, bem como por delegados das câmaras de vereadores.

339 O Partido Comunista Brasileiro sempre esteve alinhado às orientações da União Soviética, tendo sido reconhecido pela *internacional comunista*. Sua linha de atuação sempre fora democrática, tendo, inclusive, aderido à Frente Ampla. O PC do B, como dissidência, origina-se de uma ala mais radical e stalinista, que apoiara as guerrilhas e, em especial, o movimento guerrilheiro do Araguaia. A dissidência é de 1962, anos antes do próprio golpe militar.

período militar, PDS e PMDB, de sua parte, mais tarde, também se subdividiram internamente[340].

Completava, ainda, o cenário partidário da transição o intrigante Partido Popular (PP), cuja maior liderança era Tancredo Neves[341], futuramente eleito para por fim ao regime militar. Idiossincrático, o PP permitiu a Tancredo Neves lançar-se como um dos grandes nomes da transição, fora da esfera de influência imediata de Ulysses Guimarães, símbolo maior do PMDB. O PP, que mais tarde fundir-se-ia ao PMDB, abrigou outrora adversários, como Magalhães Pinto e o próprio Tancredo Neves, demonstrando sua vocação mais pragmática que ideológica. Antes mesmo da 1985, com a eleição de Tancredo, a proibição das coligações e o voto unitário (em que o eleitor poderia escolher apenas candidatos por uma mesma legenda), impostos pelo executivo, fizeram desmoronar o PP, que se viu instado a fundir-se com o PMDB.

O país ansiava por uma nova ordem constitucional, que devolvesse à cidadania a liberdade; às famílias a tranquilidade; e ao Estado a normalidade. Nas palavras de Ulysses Guimarães, na célebre sessão de 05 de outubro de 1988: *"Chegamos, esperamos a Constituição como um vigia espera a aurora!"*[342].

---

[340] A dissidência interna do PDS dando origem ao Partido da Frente Liberal (PFL) em 1985, e a dissidência interna do PMDB dando origem ao Partido da Social Democracia Brasileira (PSDB), em 1988.

[341] Ao lado de Magalhães Pinto, com quem promoveria uma união mineira, Olavo Setúbal e Hebert Levy, recebendo, por isso, a alcunha de Partido dos Banqueiros. É de se destacar, também, a figura de Petrônio Portela, tolerada pelos militares como alternativa civil viável para o fim do regime. Bem por isso, recebeu também a alcunha de "Partido do Petrônio".

[342] Discurso do Presidente da Assembleia Constituinte Nacional, Deputado Ulysses Guimarães, por ocasião da promulgação da Constituição de 1988. Disponível em: <http://www2.camara.leg.br/camaranoticias/radio/materias/CAMARA-E-HISTORIA/339277-INTEGRA-DO-DISCURSO-PRESIDENTE-DA-ASSEMBLEIA-NACIONAL-CONSTITUINTE,-DR.-ULYSSES-GUIMARAES-(10-23).html>. Acessado em 13 jan. 2017.

PARTE II
O FEDERALISMO CONTEMPORÂNEO: DISFUNCIONALIDADES E ASSIMETRIAS

6. *AVANT-PROPOS*: BREVE INTRODUÇÃO AO QUADRO GERAL POLÍTICO, JURÍDICO, CULTURAL E FEDERATIVO NO PÓS-1988

As eleições indiretas que levaram Tancredo Neves à presidência da República marcaram a vitória da Aliança Democrática, que, pelas astúcias da razão, levaram José Sarney à presidência, em função da trágica e prematura morte de Tancredo Neves. O país colocar-se-ia sob a égide de uma nova Constituição, inédita na ampliação de direitos sociais, transgeracionais e difusos e que empoderava o judiciário[343], confiando-lhe a guarda dos desígnios do constituinte.

---

[343] De um modo geral, desde a Constituição de 1937, em que se implanta o Estado social, o executivo vinha assumindo dimensões hipertrofiadas, mostrando-se como legislador preferencial no contexto do sistema político. *Cf.* BEÇAK, Rubens. *A Hipertrofia do Executivo Brasileiro*: o impacto da Constituição de 1988. Campinas: Millenium, 2008. *passim*. Essa tendência é, contudo, invertida nos anos mais recentes, graças ao desenfreado ativismo do Supremo Tribunal Federal, levando autores inclusive a sugerirem que o tribunal fosse transformado em corte constitucional exclusiva. "As preocupações do autor são aqui partilhadas, na medida em que observa-se, e o nosso foco é o Brasil, um acirramento do fenômeno [ativismo judicial], com possíveis consequências a provocar cautela. Episódios como as relativamente recentes decisões de nosso STF, no sentido da interpretação da denominada 'cláusula de barreira' ou mesmo da fidelidade partidária, exigem reflexão se não estaríamos às portas de um deslocar da atividade política para órgãos não escolhidos pelo critério democrático tradicional. Não estamos a dizer, por claro, que falte legitimidade a nosso Judiciário. É meramente um refletir sobre o real valor da democracia, enquanto fator necessário ao desenvolvimento da atividade política. Entendemos que o papel do Judiciário deve ser sim o de colmatar os espaços deixados omissos pelo legislador – por uma série de fatores, é bem verdade – mas talvez, como, aliás, é a reflexão já citada de Klaus Schlaich, seja o caso de o Judiciário, mais especificamente o Tribunal Constitucional, remanescer apenas como mediador, diríamos regulador do processo. Tal proceder asseguraria que o processo político como um todo permanecesse adstrito aos Poderes democraticamente incumbidos, sem os riscos evidentes de a vontade geral vir a ser exercida de outra forma. Não se deve deixar de mencionar que os próprios Poderes incumbidos do processo político têm contribuído para esta situação, na medida em que se observa que muitas vezes são estes próprios Poderes, notadamente o Legislativo, que recorrem ao STF, buscando respostas políticas deste órgão, em esgotar suas tradicionais formas de resolução. Este é um dos motivos porque vem se avolumando a discussão sobre a necessidade de transformação (entendemos, mais do que oportuna) do STF em Tribunal Constitucional exclusivo." BEÇAK. Rubens. A separação de Poderes, o Tribunal Constitucional e a Judicialização da Política. *In*: *Revista da Faculdade de Direito da Universidade de São Paulo*, v. 103, jan./dez. 2008, São Paulo, Universidade de São Paulo, 2008, p. 325 *usque* 336, p. 330."

No aspecto político, a característica mais marcante do período foi a brutal ampliação do pluripartidarismo, dando origem a agremiações orientadas para uma degeneração do pragmatismo, que se converte afinal em verdadeiro negocismo. A proliferação de siglas corresponde, na lógica partidária, ao mesmo fenômeno político que dá origem ao municipalismo. Isso porque o sistema político brasileiro não conseguiu, com o Texto de 1988, livrar-se de seu oligarquismo residual.

O descompromisso ideológico das agremiações políticas demonstra que, no mais das vezes, elas se prestam unicamente a acolherem os grupos oligárquicos sob determinada legenda, de modo a franqueár-lhes o acesso às instâncias de poder institucionais. Não é, assim, de se espantar que o país tenha se engajado, com o mesmo entusiasmo, na ampliação de entes federados, quanto o fez na dilatação de seu espectro partidário. Afinal, era preciso acomodar todos os setores e grupos que tradicionalmente monopolizavam os núcleos decisórios do país. As oligarquias regionais, que durante o regime militar permaneceram em estado de quase latência política, precisavam encontrar alternativas de alocação de seus quadros e contemplação de seus interesses.

As eleições para governadores de Estado, em 1986, demonstraram a força acachapante do PMDB, que ameaçava os arranjos oligárquicos, mesmo após a implementação do pluripartidarismo de Geisel e Golbery. A Constituição por vir precisaria conceber mecanismos que pudessem permitir aos já estabelecidos núcleos políticos regionais uma acomodação pacífica e, sobretudo, que pudessem ser travestidos com o discurso democrático. A combinação do pluripartidarismo com a radicalização federativa, corporificada no municipalismo, propiciou esse ambiente acolhedor para o oligarquismo, paradoxalmente aninhado em um ecossistema político autoproclamadamente democrático.

No aspecto cultural, o Brasil nunca foi marcado por distinções severas, sejam aquelas de cariz linguístico, religioso, étnico ou mesmo, prosaicamente dizendo, gastronômico. À diferença da confederação helvética, que deu origem à Suíça atual, com cantões cultural e linguisticamente distintos, e à diferença da Alemanha, que unificou diversos principados, mantendo, inclusive, a autoridade dos príncipes eleitores, a nação brasileira arrima-se nos legados culturais imperiais, mantendo uma só língua e uma identidade cultural mais ou menos homogênea, conquanto mestiça. Trata-se, aliás, da unidade da diferença, apropriando-nos no vocabulário cultural hegeliano. O Brasil, ainda, difere do contexto norte-americano, em que colônias, com metrópoles e costumes distintos, deram origem a uma nação federal. No Brasil, os regionalismos culturais traduzem uma relação de afirmação da própria identidade brasileira, cuja maior distinção é precisamente a miscigenação e o sincretismo. O próprio movimento *modernista* vê no nacional a chave de compreensão do universal (embora, é claro, seja patente, aqui ou ali, algum bairrismo paulista). O *regionalismo* tem sido atrelado à afirmação de particulares modos de vida ligados a formas de produção, com especial destaque para os regionalismos nordestino[344] e gaúcho, que enfatizam uma relação um tanto típica do homem com o meio rural, sem sequer arriscar a colocar em xeque sua nacionalidade.

A dualidade entre o regional e o nacional mostra-se muito mais como resultado dos atritos entre o urbano e o rural, que propriamente como implicação de uma fratura de caráter territorial. Os novos atores políticos que surgem a partir da redemocratização apresentam clivagens variadas, que demonstram antes um pluralismo que um sectarismo cultural[345]. Nas palavras de Ruben Oliven:

> O que se observou no Brasil a partir de sua redemocratização foi um intenso processo de constituição de novos atores políticos e a construção de novas identidades sociais. Elas incluem a identidade etária (representada, por exemplo, pelos jovens enquanto categoria social), a identidade de gênero (representada, por exemplo, pelos movimentos feministas e pelos homossexuais), as identidades religiosas (representadas pelo crescimento das chamadas religiões populares), as identidades regionais (representadas pelo renascimento das culturas regionais no Brasil), as identidades étnicas (representadas pelos movimentos negros e pela crescente organização das sociedades indígenas), etc. [...] Essa redescoberta das diferenças e a atualidade da questão da federação numa época em que o país se encontra bastante integrado do ponto de vista político, econômico e cultural sugerem que no Brasil o nacional passa pelo regional[346].

---

[344] Gilberto Freyre afirma no *Manifesto Regionalista*, que sua ambição é oferecer uma "nova forma de organização nacional". FREYRE, Gilberto. *Manifesto Regionalista*. Recife: Instituto Joaquim Nabuco, 1976, p. 55.

[345] A própria Tropicália, como movimento de contestação estética, jamais chegou a apresentar um regionalista exacerbado e radical.

[346] OLIVEN, Ruben. *A parte e o todo* (...). *Op. cit*, p. 57. (grifo nosso)

Com efeito, a organização geográfica do território brasileiro demonstra que sua rede urbana está configurada de um modo reticular, compreendendo verdadeiros polos de dinamismo que se interconectam diretamente e, dos quais, partem as múltiplas ligações de segundo nível com as demais localidades. A Constituição de 1988, ao contrário, ao criar seu modelo de federalismo não mimetizou essa organização, optando por inserir no rol dos entes políticos toda a multiplicidade de municípios (em detrimento, muitas vezes, dos próprios estados-federados), ao argumento falacioso de aumentar a capilaridade do poder público e sua proximidade com os cidadãos. Tudo se fez ao amparo da confortável narrativa democrática.

Em verdade, porém, o federalismo contemporâneo mostra-se injustificavelmente desequilibrado e, quiçá mesmo, alienado. Ao passo em que exasperou os limites federativos, contemplando, de modo inusitado, os municípios no concerto institucional, garantiu, com o passar dos anos, a preponderância anômala da União, com sua *vis attractiva* de recursos. O exército de peões municipais serve apenas à rainha União, deixando os *Kurfüsten*[347] estaduais (para nos apropriarmos alegoricamente da imagem histórica alemã) encantoados.

A dinâmica federativa, desde 1988, vendo sendo pautada, ao contrário do que se anuncia sem pudor, pelo agravamento do grau de oligarquismo político, que praticamente veda o acesso às instâncias decisórias aos *outsiders*. Os governos Sarney e Collor de Mello estiveram ocupados em debelar a crise econômica que recebem da década de 1980, pouco evoluindo no tema do arranjo federativo.

O governo Itamar Franco, graças à sua higidez moral e à força de sua personalidade mercurial, conseguiu avançar na estabilização econômica do país, descortinando uma janela de oportunidades para que o governo Fernando Henrique Cardoso pudesse debater e avançar na reforma política e federativa. Lamentavelmente, os esforços tucanos de então limitaram-se a obter a aprovação do regime antidemocrático da reeleição presidencial, sem alterar substancialmente o edifício federativo, para além de introduzir as mudanças, perniciosas a nosso juízo, no campo tributário, que conduziram a um maior grau de centralização.

---

347 Eram os príncipes eleitores alemães (*principes electores imperii*) do Sacro Império Romano Germânico, abolido por Napoleão, em 1806.

De um modo geral, portanto, o conflito entre centralismo e regionalismo político, verdadeiro elã da história política nacional e motor da construção de nosso ordenamento jurídico-positivo constitucional, manifesta-se de um modo candente na realidade pós-1988. Ainda além, esse conflito é só aparentemente resolvido, com a expansão dos entes federativos, mas, paradoxalmente, em um ambiente onde impera ainda o centralismo, em uma lógica de dependência-retribuição.

7. O FEDERALISMO JUSPOLÍTICO NA CONSTITUIÇÃO DE 1988: UMA VITÓRIA OLIGÁRQUICA

7.1. LINEAMENTOS GERAIS DO MODELO DE FEDERALISMO PENSADO EM 1988

O processo constituinte de 1987 foi marcado pela aversão radical ao centralismo político. Os anos do regime militar provocaram um trauma político no país, que pretendeu, pelo advento da nova Constituição, sepultar, de modo definitivo, o autoritarismo. Desde que se inicia a abertura política no Governo Geisel, com a edição da Emenda Constitucional n. 11, de 13 de outubro de 1978 (entraria em vigor em 1979), o país volta-se de modo decidido para a ampliação e consolidação das franquias democráticas. A aprovação da Lei Federal n. 6.683, de 28 de agosto de 1979 – Lei da Anistia[348], promove a restituição do *status quo* necessária à construção política de uma paz possível, que viabilizasse a restauração democrática.

Embora as eleições indiretas de 1985 tenham sido marcadas pela polarização entre o PDS e o PMDB, que recebera importante apoio de dissidentes, órfãos da candidatura de Mário Andreazza, as agendas predominantes não diferiam agudamente. O ponto de convergência era o restabelecimento das liberdades civis, a positivação dos direitos fundamentais de primeira, segunda e terceira gerações, bem como a estruturação do sistema eleitoral de voto direto. Mesmo a forma republicana de governo esteve em debate, organizando-se, inclusive, um plebiscito, para 1993, que acabou optando pela república presidencialista. De outro lanço, o federalismo, em si considerado, não foi objeto de maiores questionamentos, estando presente desde o *Anteprojeto Afonso Arinos*[349].

---

[348] Embora o Supremo Tribunal Federal tenha reconhecido a recepção da Lei da Anistia, nos autos do julgamento da Arguição de Descumprimento de Preceito Fundamental (ADPF) n. 153, parcela importante da doutrina constitucional brasileira defende sua revisão, em prol de uma "justiça de transição". A respeito do tema, analisando casos da América Latina e da África do Sul, *cf.* MEYER, Emilio Peluso Neder. *Ditadura e responsabilização*: elementos para uma justiça de transição no Brasil. Belo Horizonte: Arraes Editores, 2012.

[349] O *Anteprojeto Afonso Arinos*, presidente da comissão de notáveis, pode ser consultado nos anais da constituinte. Disponível em: <http://www.senado.gov.

A adoção da forma federalista foi, portanto, tratada com naturalidade pelos constituintes. Isso decorre, em ampla medida, da tradição histórica, como acima explicitamos, de associação, no texto constitucional, entre a forma republicana e o federalismo, mesmo naqueles períodos de maior e mais destacado autoritarismo. Em certa medida, a forma federativa é, também, vista como mais moderna, sobretudo em termos de gestão pública, e apta a viabilizar os governos de estados com longas extensões territoriais. Em terceiro lugar, o federalismo é associado, ao menos no plano do discurso, à plenitude dos direitos democráticos, viabilizando, ao menos em tese, uma maior proximidade entre o agente político e seus constituintes, no contexto das democracias representativas. Não são esses, porém, os propósitos aos quais o federalismo brasileiro tem servido, ao menos de modo implícito.

A Constituição Federal de 1988 estampa a forma federativa já no nome atribuído ao Estado brasileiro, qualificado como República Federativa já no preâmbulo do texto constitucional. Em seu art. 1º, a Constituição refere-se à "união indissolúvel dos Estados, Municípios e do Distrito Federal", que constituem um Estado Democrático de Direito. Sob a ótica deontológica, o federalismo foi erigido à condição de princípio constitucional, dotado de força normativa vinculante. Aliás, para além de ser elevado à alçada constitucional, o princípio federativo foi assumido como cláusula pétrea da Constituição Federal de 1988, nos termos de seu art. 60, §4º, inciso I, bloqueando, inclusive, qualquer alternativa política à sua instituição, porquanto dotado de força esterilizadora, não apenas jurídica, mas também política[350].

---

br/publicacoes/anais/constituinte/AfonsoArinos.pdf>. Acessado em 29 nov. 2016. Dentre os integrantes da comissão, destacavam-se, além de seu Presidente Afonso Arinos de Melo Franco, nomes como: Alberto Venâncio Filho, Cândido Antônio Mendes de Almeida, Cristovam Cavalcante Buarque, Celso Furtado, Edgar de Godói da Mata-Machado, Gilberto Freyre, Josaphat Marinho, José Afonso da Silva, Sepúlveda Pertence, José Saulo Ramos, Miguel Reale, Orlando Magalhães Carvalho, Paulo Brossard, Raphael de Almeida Magalhães e Raul Machado Horta.

350 Veja-se que as cláusulas pétreas rechaçam não apenas normas que com elas conflitem, mas, também, operam como censura política, uma vez que vedam, inclusive, a simples deliberação parlamentar.

O Constituinte de 1988 institui um sistema federalista muito característico e particular, que o aparta e o diferencia dos demais sistemas federativos jamais imaginados. Isso porque, no país, vige um sistema federativo de três níveis[351], composto pelo nível central, a União, pelo nível regional, os estados-federados, e pelo nível local, os municípios. A Constituição de 1988 não inovou na previsão da existência dos municípios, que, de longa tradição, já contavam, inclusive, com autonomia administrativa. Inovou, porém, ao conceber os entes municipais como entes políticos, integrantes da federação, em situação de equiprimordialidade com os demais entes federados.

Os entes municipais, em 1988, foram alçados a um novo patamar. Antes tidos como unidades administrativas, a Constituição de 1988 tornou-os integrantes da Federação, atribuindo-lhes personalidade jurídica política de direito público. Bem por isso, ao lado da União e dos Estados, foram-lhes reservados patrimônio (bens dominiais), competências materiais e legislativas (art. 30 da Constituição de 1988). Mais do que isso, os prefeitos municipais e vereadores foram considerados, na plenitude da expressão, agentes políticos, sujeitos ao regime remuneratório e previdenciário que lhes é típico, bem como qualificados como sujeitos ativos potenciais de crime de responsabilidade.

Nesse passo, foi inaugurado no país um sistema federativo sem precedentes mundiais – o federalismo de três níveis. Nacional, regional e local passaram a se articular politicamente para compor o quadro político-jurídico brasileiro. Nas palavras de Paulo Bonavides:

> todavia, no Brasil, com a explicitação feita na Carta de 1988, a autonomia municipal alcança uma dignidade federativa jamais lograda no direito positivo das Constituições antecedentes. Traz o art. 29, por sua vez, um considerável acréscimo de institucionalização, em apoio à concretude do novo modelo federativo estabelecido pelo art. 18, visto que determina seja o município regido por lei orgânica, votada por *quorum* qualificado de dois terços dos membros da Câmara Municipal – requisito formal que faz daquele estatuto um diploma dotado de grau de rigidez análogo

---

[351] Na África do Sul, Índia e Nigéria há, também, um forte conteúdo local, embora os municípios não estejam em pé de igualdade política com os demais entes de abrangência nacional e regional. V. SHAH, Anwar. *Introduction*: principles of fiscal federalism. *In.*: SHAH, Anwar (Org.). *The practice of fiscal federalism*: comparative perspectives. Canada: McGill-Queen's University Press, 2007, p. 3 *et seq.*

ao que possuem as cartas constitucionais. Enfim, o art. 30, discriminando a matéria de competência dos municípios, tem uma latitude de reconhecimento constitucional desconhecida aos textos antecedentes de nosso constitucionalismo. A combinação dos três artigos será doravante a pedra angular de compreensão da autonomia do município, que qualitativamente subiu de degrau com a adição política feita ao todo federativo, em cujo arcabouço se aloja. [...] [não há] uma única forma de união federativa contemporânea onde o princípio da autonomia municipal tenha alcançado grau de caracterização política e jurídica tão alto e expressivo quanto aquele que consta da definição constitucional do novo modelo implantado no País com a Carta de 1988[352].

Assim, a ordem constitucional vigente no país inovava em termos de organização da forma de seu Estado, incluindo entes locais no contexto geral de sua arquitetura federativa. O texto constitucional não se limitou a atribuir genericamente a personalidade jurídica política aos municípios, inserindo-os, inclusive, na trama eleitoral, mas preocupou-se em lhes garantir plena autonomia. Nesse passo, a Constituição de 1988, além de atribuir competências tributárias específicas aos municípios (art. 156), urdiu um intrincado sistema de repartição de receitas tributárias, visando a assegurar que os entes municipais pudessem gozar de ampla autonomia.

No contexto federativo, para além da decisão constituinte de criar um sistema federativo, integram o panorama geral do sistema (a) a efetiva repartição de competências legislativas e materiais entre os três níveis de governo, (b) a garantia do poder de auto-organização de cada um dos entes federados, pelo exercício do poder constituinte derivado decorrente, (c) a previsão da existência do Senado Federal, como ente legislativo da União, de representação dos entes-federados, (d) a previsão de intervenção federal e estadual, da União nos Estados, e destes nos municípios, respectivamente, (e) a possibilidade de que as Assembleias Legislativas estaduais possam, em conjunto, propor emendas à constituição federal, (f) a possibilidade de criação ou extinção de entes federativos, desde que ouvidas as populações afetadas, (g) a existência de órgãos nacionais do poder judiciário, responsáveis por dar uniformidade à aplicação das leis

---

[352] BONAVIDES, Paulo. *Curso de Direito Constitucional*. 6 ed. São Paulo: Malheiros: 1996, p. 212 *et seq.*

federais (Superior Tribunal de Justiça) e por dirimir conflitos federativos (Supremo Tribunal Federal)[353].

Nesse passo, o legislador constituinte pensou e ordenou um sistema federativo *sui generis*, concebido para operar em três níveis, associados, em grande medida, a aspectos territoriais. Isso porque, em síntese, as questões de interesse local (em essências aquelas que interessam aos aspectos de urbanização) foram atribuídas à esfera de decisão político-jurídica dos municípios, as questões de interesse nacional (relações exteriores, defesa, política macroeconômica, *etc*) permaneceram no feixe de competências da União, relegando-se aos estados-membros as chamadas competências residuais (repartição horizontal de competências). Ainda além, o legislador constituinte criou um número considerável de hipóteses de competências concorrentes e comuns (repartição vertical de competências), exercidas concomitantemente pelos entes federados, embora à União tenha sido atribuída a competência para ditar normas gerais[354].

Em essência, o constituinte cometeu concorrentemente aos três níveis de governo as competências de fiscalização e efetivação de direito difusos e transindividuais, como a tutela do meio-ambiente e a preservação do patrimônio histórico e cultural. É, assim, que a Constituição de 1988 não estabeleceu um modelo de federalismo dual perfeito, como o fez a décima emenda à Constituição americana de 1787, em vigor desde 1791, embora o *New Deal* de Roosevelt tenha lançado as bases de uma cooperação federativa mais decisiva[355].

---

[353] *Cf.* HORTA, Raul Machado. *Estudos de Direito Constitucional*. Belo Horizonte: Del Rey, 1995, p. 347 *et seq*.

[354] Inexiste no regime constitucional brasileiro o chamado princípio do primado da lei federal. Nas palavras de Celso Ribeiro Bastos: "esse princípio americano tem tido efeitos nefastos sobre a nossa doutrina, onde muitas vezes encontramos a afirmação de um alegado ou suposto princípio de hierarquia das leis, que colocaria a lei federal acima da lei estadual. Quer-nos parecer que essa é uma extrapolação acrítica e simplificadora do princípio americano, só aplicável, reiteramos, nos casos bem restritos em que há uma lei federal constitucional que está sofrendo contrariedade de uma lei estadual." BASTOS, Celso Ribeiro. *Curso de Direito Constitucional*. São Paulo: Celso Bastos Editor, 2002, p. 479.

[355] FILHO, Francisco Bilac Pinto. *Traços da formação e da evolução do Estado Federal norte-americano*. In: VIEIRA, José Ribas (Org.). *Temas de direito constitucional norte-americano*. Rio de Janeiro: Editora Forense, 2002, p. 39.

A lógica central, portanto, do federalismo, no modelo criado em 1988, centra-se na repartição de competências, atribuindo a cada esfera federativa a capacidade de autogoverno, para se comportar como lhe digam os interesses representados no parlamento de cada esfera de governo. Nesse sentido, as palavras de Dalmo Dallari:

> Para muitos autores esse é o verdadeiro ponto diferenciador do Estado Federal: a União e os Estados têm competências próprias e exclusivas, asseguradas pela Constituição. Nem a União é superior aos Estados, nem estes são superiores àquela. As tarefas de cada um são diferentes mas o poder político de ambos é equivalente[356].

Assim, o federalismo brasileiro, hoje, é marcado pela tripartição de competências, em modelo que é *sui generis* no contexto das nações ocidentais. Ao lado dos três entes federados e seus respectivos poderes, na perspectiva institucional, compõem o cenário federativo o Senado e o Supremo Tribunal Federal, como árbitro originário dos conflitos que exsurgem de sua interação política. Em suma, o federalismo brasileiro sempre foi protegido e cultuado sob o pálio do princípio democrático, porque, ao menos no plano do discurso, permite, nas palavras de Fernanda Almeida:

> a aproximação entre governantes e governados na tomada, pelos primeiros, das decisões que afetam os segundos, [...] como um ambiente onde muito bem se aclimatam a Democracia e o Estado de Direito[357].

Não é essa, contudo, a realidade de nosso sistema. Basta que nos apercebamos no déficit de legitimidade e representatividade de nosso congresso nacional e, especialmente, da presidência da república, para que nos demos conta de que o país não ruma para o progresso das instituições. No mesmo passo, nossa federação mostra-se verdadeiramente embotada, sendo a autonomia dos entes nada mais que uma formalidade constitucional. Nosso modelo federalista, na contramão da mítica democrática que o envolve, presta-se a fortalecer o oligarquismo de nosso sistema político, criando verdadeiras cápsulas reticulares de mandonismo, que bloqueiam o acesso às vias principais

---

356 DALLARI, Dalmo de Abreu. *O Estado Federal*. São Paulo: Ática, 1986, p. 22

357 ALMEIDA, Fernanda Dias Menezes de. *A federação a serviço da democracia e do Estado de direito. In*: HORBACH, Carlos Bastide (Org.). *Direito constitucional, Estado de direito e democracia*: homenagem ao Prof. Manoel Gonçalves Ferreira Filho. São Paulo: Quartier Latin, 2011, p. 224.

do sistema político. As múltiplas prefeituras de pequenas e microcidades são ocupadas por grupos locais de poder, que, se não aspiram a carreiras mais abrangentes, monopolizam as instituições locais, vedando, na prática, o acesso a *outsiders*. Os prefeitos funcionam como captadores de votos no amplo de sua circunscrição territorial que, via de regra, são despejados na legenda por ele indicada nas eleições nacionais e estaduais. Com isso, garantem a viabilidade política dos candidatos aos pleitos de maior amplitude, em troca do apoio pontual, episódio e nada sistemático que recebem para os projetos em seus municípios.

7.2. O PRESIDENCIALISMO E O REGIME FEDERATIVO: DISTORÇÕES DE REPRESENTAÇÃO

A Constituição Federal de 1988 fez coexistir no país um modelo de federalismo radicalizado com o presidencialismo majoritário. O Brasil não é o único país em que federalismo e presidencialismo convivem. Argentina e Estados Unidos da América são exemplos de nações em que o federalismo convive, no plano constitucional político, com o presidencialismo. É certo, porém, que, sob o prisma da operacionalidade política e da densidade democrática, essa coexistência é exitosa apenas no Estados Unidos da América.

Uma das características centrais do presidencialismo é a exacerbação do poder executivo, que gera, em grande medida, o sombreamento das competências do poder legislativo. Ocorre, porém, que o sistema federativo depende umbilicalmente de um poder legislativo soberano, que possa fruir em plenitude de suas competências constitucionais. Isso por uma razão bastante simples, consistente no fato de que é o poder legislativo o *locus* institucional onde estão representados os entes federados, em patamar de igualdade – ao menos no Senado.

Cada ente federado tem seu próprio poder executivo, legislativo e judiciário (à exceção, é claro, dos municípios, de que trataremos mais adiante), que exercem as competências repartidas constitucionalmente. É, porém, no âmbito do poder legislativo federal (ou, como preferimos chamar, poder legislativo nacional) que cada ente federado se faz representar, para, em posição de igualdade, definir os destinos do país e da própria federação. Essa participação dos entes federados ocorre, em caráter imediato, no Senado, e mediatamente, na Câmara dos Deputados, por intermédio das bancadas estaduais. Ao, quando pouco, mitigar a real envergadura do poder legislativo, o sistema presidencialista promove interferências no equilíbrio federativo.

Com efeito, a experiência norte-americana salta aos olhos, naquilo que concerne à compatibilização entre o regime presidencialista e o princípio federativo. A nosso juízo, porém, o êxito do sistema reside, em grande parte, no modelo eleitoral norte-americano, que se baseia nas eleições de dois níveis, com a formação do colégio eleitoral.

O art. 2º, seção I, cláusulas 2ª e 4ª, da Constituição norte-americana de 17 de setembro de 1787, bem como a décima segunda emenda, regulamentam o sistema eleitoral presidencial[358]. Em síntese, cada estado realiza uma eleição indireta, para escolher seus *eleitores*. Cada um desses *eleitores* vota diretamente, na capital de seu estado, para a presidência e vice-presidência da república. Cada estado possui tantos *eleitores* (ou delegados), quanto seus representantes no congresso (Senado e *House of Representatives*), sendo que *Washington D. C.* dispõe de tantos representantes quantos aqueles do estado menos representado.

Os *eleitores* escolhidos nas eleições em cada um dos estados (à exceção do *Maine* e de *Nebraska*) submetem-se a um sistema de *winner-take-all*, ou seja, o partido que obtiver a maioria dos votos em um determinado estado-federado obtém a totalidade dos *eleitores* daquela unidade federada. Em apertada síntese, portanto, o sistema de eleição presidencial norte-americana mitiga o princípio majoritário. As eleições presidenciais nacionais conformam, em verdade, um amálgama de eleições estaduais, em que cada estado confere ao candidato escolhido por aquela unidade federada um conjunto de *eleitores*, os quais, reunidos no colégio eleitoral, definem o presidente da república. Nesse passo, o sistema majoritário é mitigado, sopesando-se a relevância política de localidades hiper-populosas. O sistema eleitoral norte-americano viabiliza, pois, um componente federativo

---

[358] Uma interessante versão anotada com a jurisprudência da Suprema Corte norte-americana pode ser consultada em: <https://www.congress.gov/content/conan/pdf/GPO-CONAN-REV-2016-9-3.pdf>. Acessado em 08 dez. 2016.

nas eleições presidenciais, de modo a impedir que determinadas unidades federativas monopolizem o acesso à presidência da república. Por certo, há críticas que recaem sobre o sistema, fundadas, em suma, na possibilidade de disparidade entre o voto popular (que atende ao princípio majoritário) e o resultado das eleições no colégio eleitoral dos *eleitores*[359].

Com efeito, o modelo do colégio eleitoral norte-americano, ao suavizar o caráter aglutinador do princípio majoritário, permite uma melhor distribuição territorial do poder, dá sustentação mais horizontalizada ao presidente eleito e, a um só tempo, prestigia a autonomia legislativa e reforça o poder dos parlamentos regionais. Malgrado, a nosso juízo, um sistema de governo parlamentarista se coadune, com mais sintonia, ao modelo federativo de forma de Estado (*v.g.* Itália, Alemanha, etc.) é preciso reconhecer que a estratégia de diluição do princípio majoritário, nas eleições presidenciais norte-americanas, permite adaptar o sistema presidencialismo aos influxos do princípio federativo.

Em verdade, nos moldes em que posta nossa constituição, as eleições presidenciais, organizadas segundo a lógica majoritária pura, fazem com que o acesso à presidência da república esteja atrelado à existência de uma sólida base eleitoral em estados populosos. Se, de uma parte, ao menos no plano formal, o modelo brasileiro prestigia a maioria eleitoral, de outra, ele estrangula a via de acesso ao poder executivo, permanecendo infenso ao balanço de forças federativas. Sem a intermediação do colégio eleitoral, como ocorre nos Estados Unidos da América, os estados e regiões mais populosos concentram seus votos em determinados candidatos, potencializando em demasia suas chances de eleição, em detrimento da salutar alternância de poderes, bem como do empoderamento de outras correntes políticas.

Observe-se, assim, que desde a Constituição de 1988, as forças políticas de São Paulo ofereceram a esmagadora maioria de candidatos viáveis e Presidentes da República. A eleição de Tancredo Neves, realizada de modo indireto, bem como a ascensão de Itamar Franco,

---

359 *Cf.* ROSS, Robert E. Federalism and the Electoral College: the development of general ticket method for selecting presidential electors. *In*: *The Journal of Federalism*, v. 46, n. 2, Oxford, Oxford University Press, 2015, p. 147 *usque* 169.

após o *impeachment* do Presidente Collor de Mello, foram os únicos eventos que retiraram a presidência da república do controle paulista. Ainda assim, tratam-se de episódios excepcionais na história política nacional, seja porque Tancredo Neves tenha sido eleito indiretamente, no contexto da transição democrática, seja porque Itamar Franco tenha sido eleito vice-presidente, em uma chapa eleitoral cuja extravagância terá sido seu maior trunfo. As presidências de Fernando Henrique Cardoso, Luiz Inácio Lula da Silva, Dilma Rousseff e, hoje, Michel Temer, demonstram o monopólio político das correntes paulistas das agremiações mais relevantes, quaisquer sejam seu posicionamento no espectro político-ideológico.

O princípio majoritário puro, portanto, favorece, em termos de influência eleitoral, os estados e regiões mais populosos, os quais, via de regra, costumam coincidir com aqueles em que a economia é mais dinâmica. Desse modo, esses estados e regiões acabam por influenciar, de modo desproporcional, o resultado dos pleitos, reclamando, como contrapartida, maiores investimentos em infraestrutura, que potencializa a concentração econômica, atraindo mais população. Gera-se, assim, um ciclo vicioso, que retroalimenta a concentração política e econômica.

Se a essência central do modelo federalista é, precisamente, a repartição territorial do poder, nosso sistema presidencialista majoritário opera na contramão desse propósito. O modelo favorece a concentração de poderes nas facções paulistas dos partidos (dotados, sob o prisma constitucional, de caráter obrigatoriamente nacional), em detrimento da almejada redução das desigualdades regionais. O ciclo vicioso completa-se ao fortalecer o poder executivo, em detrimento do legislativo, desconhecendo, em verdade, qualquer possibilidade de desconcentração e horizontalização de poderes.

O presidencialismo em si considerado introduz uma ideia geral de *winner-take-all*, que desconsidera, na liderança do país, qualquer influencia e participação das correntes eventualmente derrotadas no processo eleitoral; com isso, não apenas se fomenta a concentração de poderes, mas, também, no plano da formação cultural política, desincentiva-se a colaboração e se cristaliza uma imagem de inacessibilidade da vida pública. Nas palavras de Juan Linz:

Talvez a mais importante implicação do presidencialismo é que ele introduz um forte elemento de jogo de soma-zero na política democrática com regras que tendem para um resultado no modelo *winner-take-all*. As eleições parlamentares podem produzir uma maioria absoluta para um partido em particular, mas geralmente ela dá representação a um número de partidos. Algum partido talvez obtenha uma pluralidade mais ampla que os demais, e algumas negociações e partilha de poder tornam-se necessários para obtenção do apoio da maioria para o primeiro ministro ou a tolerância a um governo de minoria. Isso significa que o primeiro ministro estará muito mais atento às demandas dos diferentes grupos e muito mais preocupado em manter seu apoio. Em contrapartida, diferentes partidos não perdem a expectativa de exercerem uma parcela do poder, a habilidade de controlarem, e a oportunidade de obterem benefícios para seus apoiadores. [...] Certamente, tem havido e há governos de coalizações multipartidárias, baseados na necessidade de uma 'união nacional', mas eles são excepcionais e frequentemente insatisfatórios para seus participantes. Os custos para que um partido junte-se a outro para ajudar um presidente em apuros são altos. Se a empreitada é bem sucedida, o presidente recebe o crédito; se falha, os partidos são culpados, e o presidente sempre pode demitir seus ministros, sem que possa ser formalmente responsabilizado por essa decisão. Essas considerações contribuíram para a decisão de Fernando Henrique Cardoso de não servir como ministro do Presidente Collor, em 1992[360].

---

360 Tradução livre de: *"Perhaps the most important implication of presidentialism is that it introduces a strong element of zero-sum game into democratic politics with the rules that tend toward a 'winner-take-all' outcome. A parliamentary election might produce an absolute majority for a particular party, but more normally it gives representation to a number of parties. One perhaps wins a larger plurality than others, and some negotiations and sharing of power become necessary for obtaining majority support for a prime minister or tolerance of a minority government. This means that the prime minister will be much more aware of the demands of different groups and much more concerned about retaining their support. Correspondingly different parties do not lose the expectation of exercising a share of power, an ability to control, and the opportunity to gain benefits for their supporters. [...] Certainly there have been and are multiparty governments in presidential systems, based on the need for 'national unity', but they are exceptional and often unsatisfactory for the participants. The costs to a party of joining others to save a president in trouble are high. If the endeavor succeeds, the president gets the credit; if it fails, the party is blamed; and the president always has the power to dismiss the ministers without being formally accountable for his decision. Those considerations entered into the decision of Fernando Henrique Cardoso not to serve in the cabinet of President Collor in 1992."* LINZ, Juan J; VALENZUELA, Arturo. *The failure of Presidential Democracy*: comparative perspectives. v. 1. Baltimore: Johns Hopkins University Press, 1994, p. 18-19.

Em última análise, urge que se compreenda que existe uma *contradictio in terminis* entre o presidencialismo majoritário e o princípio federativo, nos moldes brasileiros. Se a ideia central do federalismo é a dispersão territorial do poder político, como estratégia para ampliar o grau de liberdades individuais e *accountability* dos governantes, um sistema presidencialista majoritário puro opera em sentido diverso, alimentando, a um só tempo, a concentração territorial de poder e a centralização política, típica dos sistemas em que o poder executivo prepondera sobre o legislativo. O que se obtém dessa mescla é um poder executivo que não se alterna, e unidades federadas subservientes, cujo único propósito é obter a conivência do poder central para a manutenção das oligarquias regionais e locais.

7.3. O SENADO FEDERAL: RAÍZES HISTÓRICAS, INSTITUCIONALIDADE E AÇÃO POLÍTICO-ESTRATÉGICA

O Senado é uma instituição milenar, que o ocidente herdou do império romano. Aliás, mais precisamente, o Senado data do período da *Realeza Romana*, do século VII a. C., que antecede tanto a República, quanto o Império. Ao lado do *rex*, e da cidadania (*populus*), o Senado é um dos pilares sobre o qual Roma vai se erigir, permanecendo como um legado para o próprio conceito de Estado, que surge com a paz de Westflália no século XVII[361].

Em seus primórdios, o senado organizava-se como uma instância política intermediária, entre a própria cidadania e o rei. Há testemunhos que nos dão conta de que os membros do Senado eram livremente escolhidos pelo *Rex*[362]. De outra parte, a tradição também oferece elementos que nos conduzem a crer que a composição do Senado não estava ao sabor das determinações e escolhas reais. Exemplo disso é a denominação *patres*, que se dá aos senadores, o caráter vitalício do cargo, a correlação do número de senadores

---

[361] DE VISSCHER, Charles. *Théories et réalités en droit international public*. Paris: A. Pedoné, 1955, p. 21 *et seq.*

[362] TITO LÍVIO. *Ab urbe condita*. I, 8. Consultados a seguinte versão: TITO LÍVIO. *Oeuvres de Tite-Live (Histoire romaine)*. Trad. M. Nisard. Tome I. Paris: 1864. Essa opinião é encampada por romanistas de prestígio, destacando-se o clássico trabalho de RUBINO, Joseph. *Untersuchungen über römische Verfassung und Geschichte*. Kassel: J.C. Krieger, 1839, p. 144 *et seq.*

e a incorporação de novas *gentes* à Cidade, que implica, por seu turno, a distinção entre *patres maiorum* e *patres minorum gentium*. Desses exemplos pode-se inferir que havia, desde a *Realeza* romana, uma relação entre a entidade assemblear do Senado e as *gentes*. Para Niebuhr[363], na esteira da fórmula ciceroniana – *potestas in populus* – o poder, considerado como vontade fundante e constituinte, pertencia ao *populus*, que o delegava ao Rei e ao Senado, organizado este segundo o princípio da representação.

Parece-nos que a escolha dos membros do Senado estava, àquela altura, intimamente ligada à dignidade própria do escolhido. O testemunho de Dioníso de Halicarnasso anuncia a eleição dos membros do Senado pelo *populus*[364]. Sem adentrar nas particularidades da organização do Senado, bem como de sua composição e número de seus membros, basta-nos esclarecer que cada tribo e cada cúria era representada por um número de senadores, em geral homens já maduros e integrantes do exército (decúrios)[365]. O pertencer ao senado foi, ao menos até o reinado de Tarquinius Priscus, reservado à nobreza (patriciado).

---

[363] NIEBUHR, G. B. *Römische Geschichte*. Berlim: G. Reimer, 1827, p. 350 *et seq*.

[364] DIONÍSIO DE HALICARNASSO. *Rhomaike Archaiologia*. II, 14. Consultamos a seguinte versão: DYONISIUS OF HALICARNASSUS. *Roman Antiquities*. Trad. Earnest Cary. Boston: Harvard University Press, 1950.

[365] Há polêmica naquilo que tange à representação no Senado pelos decúrios (chefes dos exércitos das cúrias). Embora não haja menção expressa à idade mínima para que um cidadão romano assumisse funções senatoriais, especula-se que a *aetas senatoria* gire no entorno dos trinta e dois anos, porque se sabe, pela *Lex Annalis* do tribuno Villius (*cf.* a seminal biografia de Cícero em ORELLI, Johann Caspar von. *Onomasticon Tullianum*. Vol. III. Hildesheim: Olms, 1965.), que a idade fixada para a magistratura da questura era de trinta e um anos. Como após a expiração da magistratura da questura o cidadão era imediatamente elevado à condição de senador, especula-se que a idade mínima para um senador romano seja de trinta e dois anos. Augusto, já no império, fixa a idade senatorial em vinte e cinco anos (*cf.* CASSIUS DIO. *Roman History*. Trad. Earnest Cary. Boston: Harvard University Press, 1914. LII, 20). Dada a maturidade com que se atingia os pincaros senatoriais, é estranho pensar que cidadãos já maduros seguissem como chefes das forças militares.

As matérias que eram levadas à deliberação do Senado versavam sobre temas de relações de Roma com outros povos, finanças (tesouro) e normas. Nenhuma medida poderia ser levada à consideração do *populus* sem que houvesse discussão prévia no âmbito do Senado. O Senado apresenta-se, portanto, como *medium* de concretização da vontade política. As principais atribuições do Senado romano eram o *interregum* e a *auctoritas patrum*. O *interregum* é o exercício das atribuições do Rei, quando se encontra vacante o trono. A dignidade real era transferida a um senador – *decem primi*[366] –, que se renovava no cargo a cada cinco dias. O exercício da *auctoritas* é a confirmação dos acordos feitos no âmbito dos comícios das cúrias, os quais, sem assentimento dos *patres*, não adquiriam força vinculante, derivando desse instituto a máxima ciceroniana *cum potestas in populo auctoritas in Senatus sit*[367]. É preciso compreender o contexto dessa colocação. Esse brocardo está inserido no diálogo entre Marcus e Quintus, no qual Cícero expõe a importância do Senado, onde se decidem as matérias de interesse do Estado (*Nam ita se res habet, ut si senatus dominus sit publici consilii*). O que fornece sustentação ao Senado é a consideração de que todos os decretos que dele emanam têm força obrigatória (*Eius decreta rata sunto*), que é suportado por todos (*quodque is creuerit defendant omnes*) e que as ordens inferiores aceitem que a república seja governada por conselhos superiores. Neste passo, pode-se considerar que o poder remanesce com o povo e que a autoridade pertence ao Senado. O sentido da separação entre estes dois institutos, assim, reporta-se ao fundamento da autoridade. Os decretos senatoriais vinculavam, no contexto romano, não em função da força, mas em consideração à *dignitas* que imanta aquela instituição. Os *decreta* do Senado eram, portanto, dotados de vinculatividade em atenção à dignidade (qualidade) daquela instituição. A função da autoridade senatorial é zelar pela continuidade de Roma e sua repercussão social é a irresistibilidade do comando da lei, para que a cidade se mantenha na moderação e na concórdia (*teneri ille moderatus et concors ciuitatis status*)[368].

---

[366] TITO LÍVIO. *Op. cit.* I, 17.

[367] ("O poder pertence ao povo, mas a autoridade ao Senado"). CICERUS, Marcus Tullius. *De Legibus. Op. cit.* III,12. Consultamos as obras completas em CICERON. *Oeuvres Completes de Cicerón*. Trad. M. Nisard. Paris: Dubochet, 1840.

[368] *Id. Ibid.*

A tradição política assimilou o Senado como instituição basilar do Estado, estando presente, nas democracias contemporâneas que adotam o sistema bicameral, como uma espécie de câmara alta do parlamento. Da tradição romana, que imantou o sistema político ocidental, ao menos o europeu-continental, recebemos a instituição do Senado, como instância política representativa não da cidadania, mas de uma coletividade política. Se, em Roma, os *patres* representavam as cúrias (tribos ou *gentes*), que se agregaram para constituir a *civitas*, na contemporaneidade os senadores representam, no contexto das nações federais, as unidades subnacionais.

No Brasil, durante o império, que assumia, a despeito das forças oligárquicas que lhe eram ontogenéticas, a forma unitária, o Senado detinha uma natureza distinta. Àquela quadra histórica, o caráter dignitário do Senado prevaleceu sobre sua função representativa, integrando, como vimos acima, ao lado do Conselho de Estado e do Poder Moderador (titularizado pelo Imperador) o cerne das instituições de equalização política do Brasil império.

Na tradição constitucional do Brasil república, o Senado tem sido a Casa de representação dos estados-federados, no poder legislativo nacional. Essa representação é paritária, com uma duração de mandatos estendida, cuja renovação ocorre à razão de 1/3 (um terço) ou 2/3 (dois terços) a cada quatro anos. No sistema constitucional de 1988, o Senado acumula determinadas funções (nos termos do art. 52 da Constituição Federal de 1988), que transcendem a simples participação no processo legislativo. Isso porque exerce, em caráter de exclusividade, determinadas funções de Estado, que consistem, por exemplo, na aprovação de ministros-embaixadores (política externa), na sabatina dos indicados ao Supremo Tribunal Federal (função de moderação) e demais cargos indicados no art. 52, inciso III, no funcionamento como tribunal para o julgamento dos crimes de responsabilidade do Presidente da República (função de moderação), bem como incumbe-lhe suspender a execução de lei declarada inconstitucional por decisão definitiva do Supremo Tribunal Federal (função legislativa negativa atípica).

O Senado Federal detém, bem assim, um conjunto de competências de gestão fiscal do país, elencadas no art. 52, incisos VI a IX. Grosso modo, o Senado Federal define os critérios e limites de endividamento do Brasil, bem como as condições em que a União possa prestar garantia a operação de crédito. Isso porque os níveis de endividamento são agregados macroeconômicos, que, a despeito de serem geridos pela União, interessam a todos os entes federados.

Em verdade, a rigor, apenas a União pode se endividar, emitindo títulos públicos, representativos de uma obrigação, para fazer frente a seus déficits orçamentários. Essa faculdade, outrora concedida também aos estados membros, permite à União ter o pleno controle da política monetária nacional. Observe-se, porém, que a definição dos limites de endividamento, por contratação de operações de crédito, interessa a todos os demais entes federados, os quais, não raramente, recorrem a contratos de mútuo, com instituições financeiras nacionais e internacionais. Como a questão perpassa as esferas de direitos de toda a federação – uma vez que empréstimos contraídos por quaisquer de seus entes repercutem sobre os agregados macroeconômicos – o constituinte, sabiamente, atribuiu ao Senado a competência para tratar do tema. É certo, porém, que, nos tempos atuais, o exercício dessa competência tem sido exercida em caráter apenas homologatório, em relação aos pareceres e encaminhamentos propostos pela Secretaria do Tesouro Nacional – STN, vinculada ao Ministério da Fazenda.

As federações são, por si sós, ambiente propício para que vicejem os conflitos. A convivência de unidades políticas dotadas de autonomia, no contexto de um mesmo Estado, com a superposição territorial, é palco de disputas e atritos horizontais e verticais. Aqueles derivados da competição, inerente ao próprio ambiente político, em que predomina o pensamento estratégico (de que é exemplo a guerra fiscal); estes, oriundos dos cerceamentos de autonomias e da colateralidade de efeitos de políticas adotadas em nível central de governo (de que é exemplo a crise financeira dos estados exportadores de *commodities*).

A doutrina constitucionalista contemporânea, especialmente brasileira, tem sido hegemonizada, ao menos no plano da divulgação das ideias, pela corrente crítica de cariz habermasiano, da Escola de Frankfurt. Em síntese, o ambiente político-democrático é tratado sob seu aspecto puramente formal, porque se esgota em propiciar uma arena de debates, diálogo e consenso. A abordagem habermasiana desconhece qualquer substância democrática, porque lhe é indiferente o resultado concreto do consenso. Em suma, satisfaz-se na universalidade abstrata do debate, em prejuízo da concretude. Nesse passo, uma teoria da constituição unicamente fundada na *Theorie des kommunikativen Handelns*[369] não consegue tratar da realidade dos conflitos políticos. Resumir a tarefa da democracia à oferta de um ambiente de consenso é confiar que o diálogo possa confluir para o consenso. Ocorre, porém, que os embates políticos teimam em desmentir essa proposição. No sistema federativo, não é diferente. As diversas unidades federativas comportam-se de modo estratégico, buscando obter as melhores vantagens competitivas para si. A estabilidade do sistema depende, portanto, de uma instância de arbitramento.

No federalismo alemão, a constituição alemã (Lei Fundamental de Bonn de 1949)[370] previu a existência do Conselho Federal – *Bundesrat*, que, apesar de subordinado ao parlamento (*Bundestag*), detém especial relevância nos assuntos federativos. O *Bundesrat*, embora não seja tecnicamente integrante do parlamento alemão, é tratado como uma espécie de "câmara alta", uma vez que seus membros são indicados por cada um dos *Länder* (estados federados). O *Bundesrat* opera como uma espécie de censor de atos do processo legislativo central, que possam interferir no âmbito de autonomia dos estados federados, mitigando, assim, a possibilidade de conflitos federativos verticais.

---

[369] HABERMAS, Jürgen. *Faktizität und Geltung*: Beiträge zur Diskurstheorie des Rechts und des demokratischen Rechtsstaates. v. 01. Frankfurt am Main: Suhrkamp, 1992. *passim*. *Cf*., ainda, a tradução em HABERMAS, Jürgen. *Direito e democracia*: entre facticidade e validade. Trad. Flávio Beno Siebeneichler. 2.ed. Rio de Janeiro: Tempo Brasileiro, 2003. Para um contraponto sobre o tema, é importante perceber que se pode pensar o constitucionalismo e, portanto, a democracia em termos de ação estratégica – díade que se opõe ao agir comunicativo habermasiano – que se ocupa de resultados, antes que de formas. *Cf*. HORTA, José Luiz Borges. Urgência e emergência do constitucionalismo estratégico. *In*: *Revista Brasileira de Estudos Constitucionais*, v. 23, Belo Horizonte, Forum, 2012, p. 783 *usque* 808.

[370] Inicialmente concebida para disciplinar a República Federal da Alemanha, seus autores preferiram o termo *Grundgesetz*, traduzido como Lei Fundamental, à nomenclatura *Verfassung*, que designaria a Constituição, reservando este último para a futura Carta da Alemanha reunificada. Com a reunificação, em 1990, preferiu-se manter a *Grundgesetz*, pela estabilidade que proporcionara nos quarenta anos de sua existência. Uma versão em português pode ser consultada em: <http://www.brasil.diplo.de/contentblob/3160404/Daten/1330556/Gundgesetz_pt.pdf>. Acessado em 12 dez. 2016.

Nesse passo, as matérias de competência concorrente exigem a aprovação (*Zustimmung des Bundesrates*), para que possam entrar em vigor, nos termos dos artigos 73 c/c 74 da Lei Fundamental[371], bem como exige-se a aprovação do *Bundesrat* para a intervenção federal (ou imposição de medidas coercitivas federais – "*Bundeszwang*"). Do mesmo modo, quando as matérias a serem apreciadas no parlamento envolverem competências legislativas dos estados, sua organização administrativa e seus processos administrativos, o parecer do *Bundesrat* é levado em conta de modo prevalente ("*die Auffassung des Bundesrates maßgeblich zu berücksichtigen*"), nos termos do art. 23 (5) da Lei Fundamental alemã.

Ainda no contexto alemão, o *Bundesrat*, órgão de tutela federativa, tem poder de veto sobre as emendas à constituição, nos termos do art. 79 (2), sendo, também, cláusula pétrea a separação federativa do Estado, como dispõe o art. 79 (3). A Lei Fundamental alemã inova, no contexto do processo legislativo, ao prever a possibilidade de um veto suspensivo (*Einspruch*), a cargo do *Bundesrat*, ainda que a matéria aprovada pelo parlamento não seja de conselho daquela instituição. Embora esse veto suspensivo possa ser derrubado pelo parlamento, o expediente garante que o *Bundesrat* participe de todas as deliberações da nação federal. Com isso, pode-se, inclusive, incrementar o *quorum* necessário para a aprovação de leis, uma vez que a derrubada, pelo parlamento, do veto suspensivo do *Bundesrat* depende de aprovação pelo mesmo *quorum* de rejeição. Note-se, assim, que o Conselho Federal funciona, no sistema constitucional teutônico como guardião federativo, prevenindo conflitos e defendo os interesses autonômicos dos *Länder*[372].

---

[371] É interessante observar que, em caso de conflito, existe uma regra geral de preeminência das normas federais sobre as estaduais ("*Bundesrecht bricht Landesrecht*"), nos termos do art. 31 da Lei Fundamental alemã. Veja-se, porém, que a lógica da preeminência das normas federais é, contudo, mitigada pela regra geral de atribuição de competência para exercício dos poderes estatais ("*staatliche Befungnisse*") e o cumprimento das funções (ou tarefas) públicas ("*staatliche Aufgaben*") aos estados federados, *ex vi* do disposto no art. 30.

[372] Para uma interessante comparação das "segundas casas" dos parlamentos (ou casas de representação regional), especialmente do *Bundesrat* alemão com o senado australiano *cf.* SWENDEN, Wilfried. *Federalism and The Second Chambers*: regional representation in parliamentary federations. Brussels: Peter Lang, 2004, p. 283 *et seq.*

No Brasil, o Senado Federal, conquanto seja, no contexto institucional, o *locus* de representação dos estados-federados, não dispõe de competências específicas para a proteção da federação. Isso porque sua participação no processo legislativo federal alinha-se àquela da Câmara dos Deputados, ainda que a questão federativa seja relevante. O Senado Federal, no contexto específico da preservação do equilíbrio federativo, exerce apenas competências, ainda assim reduzidas, na seara fiscal, cabendo-lhe (a) fixar alíquotas máximas para o imposto sobre transmissão *causa mortis* e doações (art. 155, §1º, inciso IV), (b) estabelecer as alíquotas do imposto de circulação de mercadorias e serviços nas operações interestaduais (art. 155, §2º, inciso IV), (c) estabelecer as alíquotas mínimas desse tributo nas operações internas (art. 155, §2º, inciso V, alínea 'a'), bem como, para resolver conflito federativo específico que envolva interesses de distintos estados, (d) definir alíquotas máximas nas operações internas (art. 155, inciso V, alínea 'b').

A baixa densidade institucional do Senado Federal em termos de equalização federativa, fez com o centro de arbitramento de conflitos fosse deslocado para o Supremo Tribunal Federal, que, ao argumento de exercer a competência que lhe é confiada pelo art. 102, inciso I, alínea 'f' da Constituição Federal de 1988, termina por se arvorar na condição de *ultima ratio* da política[373]. Com isso, abre-se espaço para o *consequencialismo* judicial, para posturas ativistas e, sobretudo, para o exercício de poderes políticos derivados da soberania, por atores institucionais que não são legitimados a tanto[374].

Uma das decorrências dessa rarefação dos poderes do Senado e da correspondente ampliação do espectro de atuação do Supremo Tribunal Federal é a vulgarização do chamado "princípio da simetria". Em breve síntese, cuida-se de princípio constitucional implícito, segundo a interpretação que lhe empesta o Supremo Tribunal Federal, cuja força normativa é deduzida do princípio federativo, que poderia ser enunciado como o dever dos entes federados, no exercício de sua

---

[373] Sobre o conflito entre o papel político da Corte Constitucional e sua posição institucional, *Cf.* ZAGREBELSKY, Gustavo. *Principios y votos. El Tribunal Constitucional y la política.* Trad. Manuel Martínez Neira. Madrid: Editorial Trotta, 2008. *passim.*

[374] *Cf.* HORTA, José Luiz Borges. La Era de la Justicia (…). *Op. cit. passim.*

autonomia, de adotarem regras simétricas, ou semelhantes, àquelas adotadas pela União e pela Constituição Federal. Em outras palavras, trata-se de construção jurisprudencial do Supremo Tribunal Federal, cujo teor deontológico é limitador do direito de auto-organização dos entes federados.

A criação pretoriana presta-se, portanto, a coarctar as liberdades federativas, ao argumento de manutenção de uma suposta unidade e coerência normativas. Trata-se, porém, de um argumento essencialmente retórico, cujo uso estimula o casuísmo, permite soluções *ad hoc*, fomenta o ativismo judicial, municiando o Poder Judiciário com um ferramental argumentativo, desprovido de fundamento lógico-jurídico. É bem por isso que a invocação do "princípio da simetria" reveste as decisões do Tribunal de uma aparência de juridicidade e tecnicidade, quando, em verdade, está a última instância do Poder Judiciário a arbitrar politicamente os conflitos, adotando ou não o "princípio da simetria" ao sabor de convicções ideológicas e de juízos de conveniência, que não pertencem ao campo exclusiva da asséptica cientificidade jurídica em que se encastela o Supremo Tribunal Federal[375]. Não que essa arbitragem política seja negativa, não o é.

---

[375] Veja-se, a partir do cotejo dos seguintes excertos de decisões, a variabilidade e elasticidade da aplicação do princípio da simetria, que atende, unicamente, à apreciação voluntarista dos ministros que integram a Corte, sem que haja, entre os casos analisados, qualquer razão ontológica que possa definir pela aplicação do suposto princípio. *Cf.* os seguintes excertos: (a) "Afronta os princípios constitucionais da harmonia e independência entre os Poderes e da liberdade de locomoção norma estadual que exige prévia licença da Assembleia Legislativa para que o governador e o vice-governador possam ausentar-se do País por qualquer prazo. Espécie de autorização que, segundo o modelo federal, somente se justifica quando o afastamento exceder a quinze dias. Aplicação do princípio da simetria. [ADI 738, rel. min. Maurício Corrêa, j. 13-11-2002, P, *DJ* de 7-2-2003.]"; (b) "A reserva de lei constante do art. 81, § 1o, da CF, que é nítida e especialíssima exceção ao cânone do exercício direto do sufrágio, diz respeito tão só ao regime de dupla vacância dos cargos de presidente e de vice-presidente da República, e, como tal, é da óbvia competência da União. E, considerados o desenho federativo e a inaplicabilidade do princípio da simetria ao caso, compete aos Estados-membros definir e regulamentar as normas de substituição de governador e de vice-governador. De modo que, quando, como na espécie, tenha o constituinte estadual reproduzido o preceito constitucional federal, a reserva de lei não pode deixar de se referir à competência do próprio ente federado. E, predefinido seu caráter não eleitoral, não há excogitar ofensa ao princípio da anterioridade da lei eleitoral

Negativo é, sim, que seja feita fora do parlamento eleito e à margem do Senado Federal. O quadro que se pinta é de um legítimo *decisionismo schmittiano*, em que o Supremo faz as vezes do *Souverän*[376]. *Decisionismo* com aparência de juridicidade, mas que segue sendo "ocasionista"[377] e desprovido de fundamento de legitimidade.

O robustecimento institucional do Senado Federal perpassa a assunção de sua vocação para árbitro das questões federativas horizontais, o qual, uma vez provocado, editaria decisões com força vinculante. É, ali, o ambiente para que o debate possa se desenvolver, mantendo a paridade de armas entre os estados-federados. Naquilo que toca aos conflitos federativos verticais, é preciso encontrar uma alternativa para o protagonismo solitário do Supremo Tribunal Federal, conjugando sua autoridade externa com uma efetiva participação do parlamento, seja na construção das decisões, seja na sua eventual censura.

---

estabelecido pelo art. 16 da Constituição da República. [ADI 4.298 MC, voto do rel. min. Cezar Peluso, j. 7-10-2009, P, *DJE* de 27-11-2009.]"; (c) "O cargo de conselheiro do Tribunal de Contas do Estado do Paraná reveste-se, à primeira vista, de natureza administrativa, uma vez que exerce a função de auxiliar do Legislativo no controle da administração pública. Aparente ocorrência de vícios que maculam o processo de escolha por parte da Assembleia Legislativa paranaense. À luz do princípio da simetria, o processo de escolha de membros do Tribunal de Contas pela Assembleia Legislativa, por votação aberta, ofende, a princípio, o art. 52, III, *b*, da Constituição. [Rcl 6.702 MC-AgR, rel. min. Ricardo Lewandowski, j. 4-3-2009, P, *DJE* de 30-4-2009.]"; (d) "Inexistência de violação ao princípio da simetria pelo disposto no art. 74, § 1o, da Constituição estadual, uma vez que a necessária correlação de vencimentos dos conselheiros do tribunal de contas se dá em relação aos desembargadores do tribunal de justiça. Precedente: RE 97.858, Néri da Silveira, *DJ* de 15-6-1984. [ADI 396, rel. p/ o ac. min. Gilmar Mendes, j. 27-5-2004, P, *DJ* de 5-8-2005.]".

376 Carl Schmitt abre sua *Teologia Política* com o seguinte adágio: "*Souverän ist, wer über den Ausnahmezustand entscheidet*", ou seja, "Soberano é quem decide sobre o estado de exceção". SCHMITT, Carl. *Politische Theologie*. Berlin: Duncker & Humblot, 1996, p. 13. Há, com efeito, toda uma construção argumentativa, que deriva das normas constitucionais princípios não-escritos (e, portanto, supostamente implícitos), para fundamentar decisões, que, em verdade, não extraem sua cogência senão pelo "estar-decidido" pelo órgão de cúpula do poder judiciário.

377 *Cf.* LÖWITH, Karl. Der okkasionelle Dezisionismus von Carl Schmitt. Heidegger – Denker in dürtiger Zeit. *In*: LÖWITH, Karl. *Sämtliche Schriften VIII*. Stuttgart: Metzler, 1984, p. 32 *usque* 71. Ainda, HEINZ, Marion; GRETIC, Goran. *Philosophie und Zeitgeist im Nationalsozialismis*. Würzburg: Köningshausen & Neumann, 2006, p. 104 *et seq*.

Nesse sentido, tramitam perante o Congresso Nacional duas Propostas de Emenda à Constituição, de números 3/2011 e 33/2011, que atribuem ao Congresso Nacional competência para sustar decisões proferidas pelo Supremo Tribunal Federal. Compreensivelmente, em função do chamado *moral hazard*, a tendência geral é de se considerar as propostas ofensivas ao princípio da separação dos poderes. Não cremos, porém, que essa interpretação possa ser definitiva. Isso porque o princípio da separação de poderes não protege única e exclusivamente o Poder Judiciário, deixando-o olimpicamente infenso a qualquer controle *a posteriori*, sobretudo em tempos em que vicejam o ativismo e o *decisionismo*. A própria constituição prevê mecanismos recíprocos de controle *a posteriori* dos poderes, sendo que a submissão das leis à sanção presidencial[378] e o poder parlamentar de sustentar atos normativos que exorbitem as margens legais são exemplos típicos desse controle. Apenas o Poder Judiciário teima em intervir no equilíbrio federativo, sucumbindo, via de regra, às pressões da União, sem que qualquer mecanismo institucional de controle possa ser acionado.

No contexto das nações federativas a proposta, se não corresponde à via comum, tampouco seria absolutamente inédita. O *Constitutional Act* canadense, de 17 de abril de 1982, adaptou a ordem constitucional britânica para a América do Norte (*Constitutional Act*, de 1867) à realidade canadense, instituindo uma Carta de Direitos e Liberdades. A seção 33 do *Constitutional Act* criou a chamada "*notwithstanding clause*", que permite ao parlamento federal (e até mesmo às legislaturas provinciais) declarar que uma determinada lei vigora, por tempo determinado (limitado a 05 anos), ainda que contrária às normas constitucionais. Em outras palavras, na eventualidade de que determinada lei seja considerada inconstitucional pela Corte Suprema, o

---

[378] Sobre o instituto da sanção, assim se manifesta Menelick de Carvalho Netto: "A competência, o direito e o dever da decisão pertencem única e privativamente a ele, sobre quem, exclusivamente, recairá a responsabilidade política do ato. Ao Judiciário não compete desautorizar, ao arrepio da Ciência do Direito, os pactos *conscientemente* realizados, quando, não obstante portadores de algum vício formal, se provem idôneos para a consecução dos fins colimados" NETTO, Menelick de Carvalho. *A sanção no processo legislativo*. Belo Horizonte: Del Rey, 1992, p. 298.

parlamento pode determinar que ela siga vigorando[379], por tempo determinado. No sistema constitucional norte-americano, o art. 3º, seção II, da Constituição de 1787, prevê a chamada *regra da exceção* (ou *jurisdiction-stripping*)[380] que permite ao Congresso eliminar o *judicial review* de determinadas matérias ou transferi-lo para as cortes estaduais, modulando a competência recursal da Suprema Corte.

Como quer que seja, o sistema constitucional e político nacional precisa reforçar e requalificar o peso institucional do Senado seja para a definição de questões federativas, seja para dirimir os conflitos delas decorrentes, como forma de reforçar o princípio democrático, garantir as autonomias regionais e prestigiar a legitimidade eleitoral.

7.4. A QUESTÃO DO MUNICIPALISMO

Como dissemos, a tradição constitucional republicana brasileira valoriza, de longa data, a autonomia municipal, sobretudo desde a reforma constitucional de 1926, no governo Arthur Bernardes. Essa tradição foi, contudo, extremada e radicalizada, como observamos, no contexto da Constituição Federal de 1988, mercê, em especial, dos trabalhos da subcomissão dos municípios e regiões[381], parte da Comissão de Organização do Estado, da Assembleia Constituinte.

---

[379] *Cf.* BILLINGSLEY, Barbara. *The Constitutional Override Clause*. *In*: ROTMAN, Leonard I.; ELMAN, Bruce P.; GALL, Gerald (coord.). *Constitutional Law:* Cases, Commentary and Principles. Scarborough: Thomson, 2008, p. 1313 *usque* 1324. A questão, porém, é longe de ser incontroversa, sendo que seu uso é absolutamente restrito, *v.* TUSHNET, Mark. *Weak Courts, Strong Rights*. New Jersey: Princeton University Press, 2008, p. 59 *et seq.*

[380] *Cf.*, sobre o tema, e a ausência de uso do instituto da *"jurisdiction stripping"* pelo Congresso norte-americano FARBER, Daniel A. *Legislative Constitucionalim in a System of Judicial Supremacy*. *In*: BAUMAN, Richard W.; KAHANA, Tsvi. *The Least Examined Branch*: the role of legislatures in the Constitutional State. Cambridge: Cambridge University Press, 2006, p. 431 *et seq.*

[381] Integrada pelos seguintes constituintes: Waldeck Ornelas, Eraldo Trindade, Luis Alberto Rodrigues, José Dutra, Sérgio Brito, Mello Reis, Ivo Cersósimo, Geraldo Melo, Luiz Freire, Aluysio Chaves, Lavoisier Maia, Mauro Miranda e Denisar Arneiro.

No âmbito da subcomissão, o Instituto Brasileiro de Administração Municipal – IBAM, a Associação Brasileira de Municípios, a Confederação Nacional de Municípios e, em especial, a Frente Nacional Municipalista tiveram papel destacado, na defesa da *hipervascularização* do sistema federativo nacional. Embora tivessem sido cogitadas alternativas à colocação do município como ente federativo, tendo sido aventada a hipótese de um condomínio metropolitano pelo constituinte José Dutra[382], a essência municipal acabou prevalecendo no texto constitucional, graças a uma defesa aguerrida dos parlamentares adeptos da tese municipalista, e impulsionados pela Frente Nacional Municipalista, capitaneada, no âmbito da subcomissão, por Roberto Requião, então prefeito de Curitiba.

A presença de constituintes decididamente defensores da radicalização da autonomia municipal, como o mineiro Mello Reis[383], que fora prefeito de Juiz de Fora e presidente de associações municipais, condicionou os trabalhos e favoreceu o ambiente para que se consagrasse um federalismo de pluralidade, em detrimento de arranjos regionais. As palavras do relator da subcomissão, Aloysio Chaves[384], bem ilustram o espírito dos constituintes:

> O SR. RELATOR (Aloysio Chaves):
> – Sr. Presidente, no parecer por nós emitido as razões estão perfeitamente claras. O Conselho Regional, como concebido, é algo que se situa entre a estrutura atual e aquela reivindicada, proposta e defendida por alguns Constituintes no sentido de avançarmos para o federalismo regional. Nesta Subcomissão, a proposta de Parlamento, de Congresso regional foi aventada. Há possibilidade até de a coordenação administrativa ficar a cargo de um Vice-Presidente da República. Cito a proposta porque aqui foi defendida, inclusive num dos painéis que realizamos. Ficamos numa posição que me parece realista, além do que há atualmente, mas aquém desse federalismo regional com o qual não concordamos absolutamente. Consideramos que ele caminharia para uma ideia sensacionalista, de secessão, de separação. Teríamos uma espécie de cinco brasis dentro do Brasil. Isso é absolutamente contrário aos interesses nacionais. O maior patrimônio que temos é a unidade nacional que se coloca, como Alberto Torres anunciou, como uma questão fundamental do nosso futuro. Então, se se criar apenas um Conselho regional não me parece

---

382 Eleito pelo PMDB do Amazonas.
383 Fora eleito para a Constituinte pelo PDS.
384 Eleito constituinte pelo PFL do Pará.

suficiente nessa proposta preliminar, que será submetida a sucessivos exames, ainda na Comissão Temática. Na Comissão de Sistematização há a pura enunciação de que fica criado e instituído esse Conselho, deixar para a lei complementar essa competência essencial, nuclear desse Conselho, ela poderá vir ou não. Ele poderá ser estatuído de uma maneira satisfatória ou insatisfatória, futuramente. Então, esta parte essencial parece-me que é indispensável, pelo menos nesse primeiro passo, apresentá-la. Ademais, o nobre Constituinte Waldeck Ornélas se referiu ao problema do planejamento. É evidente que o planejamento regional se insere no planejamento nacional. Sempre foi assim e não poderá ser de maneira diferente. Os planos regionais ou setoriais, como o PDA, Plano de Desenvolvimento da Amazônia se insere depois no PND, Plano Nacional de Desenvolvimento. A aprovação é a nível regional, mas todos os planos de desenvolvimento passam necessariamente pela aprovação do Congresso Nacional. Nem poderíamos imaginar que no momento de redemocratização do País e de revitalização do Congresso, da restituição ao Congresso das suas prerrogativas inalienáveis, se pudesse dele subtrair uma questão tão essencial e fundamental. É aprovação a nível regional, como tão bem compreendeu o nobre Constituinte Maurício Fruet, quando propôs que se acrescentasse nessa competência a definição de critérios para elaboração de planos de reforma agrária regional e utilização de recursos naturais. Por último, é evidente que não podemos transformar esse Conselho regional, por maior apreço que tenhamos, apenas nos foros dos governadores, seja do Norte seja do Nordeste, porque há uma conjugação de interesses. Há o interesse nacional e o regional. Os dois têm de caminhar pari passu e a União não pode ser excluída desse estudo, do debate e da participação nesses trabalhos. A paridade é realmente a representação ideal para um organismo dessa natureza. Por essas razões, Sr. Presidente, é que o Relator lamenta não poder concordar, como não o fez anteriormente, com essa proposta[385].

A opção da constituição de 1988 foi, portanto, aquela de ampliação e radicalização do federalismo, adotando um sistema de três níveis inédito no conjunto das nações ocidentais. A doutrina há muito tem se referido ao federalismo brasileiro como um federalismo centrífugo[386], como decorrência da aplicação do critério da origem histórica das federações. Essa classificação funda-se, sobretudo, nos conceitos de direito internacional público, que buscam classificar as nações

---

[385] CONGRESSO NACIONAL. *Anais da Assembleia Nacional Constituinte*: subcomissão dos municípios e regiões. Brasília: Senado Federal, 1988, p. 166.

[386] *Cf.* BARACHO, José Alfredo de Oliveira. *Teoria Geral do Federalismo*. Belo Horizonte: FUMARC, 1982, p. 189.

formadas por processos de agregação ou segregação[387], para, então, definir os estados federais. Cuida-se, pois, de uma classificação estática, que considera o processo de formação histórico-política de uma determinada nação. A nosso aviso, conquanto a díade federação centrífuga vs. federação centrípeta seja um bom operador teórico, o enfoque de abordagem deve ser distinto.

O equilíbrio de forças em uma federação não se define apenas no momento da constituição do estado nacional, malgrado seu processo histórico de formação seja bastante relevante. O equilíbrio entre as forças centrípetas e centrífugas é dinâmico, relevando-se, aliás, no caso brasileiro, como um movimento pendular. A transição constitucional de 1987 e 1988 transportou para o texto da nova carta magna do país os ressentimentos políticos amealhados e alimentados durante o governo militar. A reação ao centralismo consistiu em deixar prevalecer as forças centrífugas no texto constitucional, moldando um federalismo particular.

Os municípios foram erigidos à condição de entes federativos, avançando não apenas na sua autonomia, mas também em sua estatura política. Promulgado o texto constitucional, muito se debateu acerca da real dimensão federativa dos entes municipais. As críticas à sua classificação como entes federativos centravam-se na inexistência de um poder judiciário municipal, bem como na ausência de representação municipal no âmbito do Senado Federal e a impossibilidade de se falar em uma união histórica de municípios[388]. De resto, porém, pouco restou da crítica, sobretudo em face da afirmação política municipal. Os entes locais não foram contaminados por qualquer timidez e passaram a exercer as competências que lhes foram atribuídas na Constituição, como um feixe próprio e autônomo em relação à União e aos Estados, exercendo, bem assim, em plenitude, sua capacidade tributária ativa.

---

387 SCELLE, Georges. *Manuel de Droit International Public*. Paris: Domat-Montchrestien, 1948, p. 253 *et seq.*

388 *Cf.* MAGALHÃES, José Luiz Quadros de. Um novo município: federação de municípios ou miniaturização dos Estados-membros. In: *Revista da OAB*, s.l., ano XXVI, n. 62, 1996, p. 69 *et seq.* Ainda, MAGALHÃES, José Luiz Quadros de. *Poder municipal*: paradigmas para o estado constitucional brasileiro. 2. ed. Belo Horizonte: Del Rey, 1999. *passim.*

A Constituição de 1988 foi um marco para o pensamento municipalista, que se tornou uma bandeira comum do *centrão* político. Aos municípios foi conferida importante base tributária – graças à introdução da distinção artificial entre circulação de mercadorias e prestação de serviços -, bem como se lhes foi garantida uma participação relevante nas receitas dos demais entes federativos. Não apenas a abertura política[389], mas também a facilidade de acesso ao fundo de participação dos municípios, fez com que, após a promulgação da Constituição de 1988, houvesse um surto emancipacionista.

A Emenda Constitucional n. 15, de 1996, alterou substancialmente o regime jurídico aplicável à criação e desmembramento de municípios, refreando, em parte, o surto emancipatório. Rio Grande do Sul, palco da maior disputa partidária do período (travada entre o PMDB de Pedro Simon e a oposição que unia circunstancialmente PDS e PDT, capitaneados por figuras como Valdomiro Lima)[390], foi campeão na criação de municípios, com o incremento, em números absolutos, de 33% (trinta e três por cento) do total geral dos municípios do estado.

Nesse passo, entre 1989 e 2001 foram criados impressionantes 1.181 municípios no país, que totalizaram, naquele ano, 5.533 unidades no país, excluindo-se as capitais dos estados e o Distrito Federal[391], alcançando-se 5.564 em 2007. Observe-se, ainda, que 24,5% (vinte e quatro e meio por cento) dos municípios do país foram criados entre 1989 e 2007, como decorrência do novo quadro constitucional. Dentre os chamados micromunicípios, com população de até 5.000 (cinco mil) habitantes, esse percentual aumenta significativamente. Considerado apenas esse universo, 51,7% (cinquenta e um inteiros e sete décimos por cento) foram criados entre 1989 e 2007 e, ainda,

---

389 BREMAEKER, François E. J. de. Os novos municípios brasileiros. In: *Revista de Administração Municipal*, Rio de Janeiro, v. 38, n. 200, jul./set. 1991, p. 82 *et seq.*

390 ELMIR, Cláudio Pereira. *Os 170 anos do Parlamento Gaúcho*: a democracia reconquistada (1983-2004). Porto Alegre: Assembleia Legislativa do Estado do Rio Grande do Sul, 2005, p. 58 *et seq.*

391 BRANDT, Cristina Thedim. A criação de municípios após a Constituição de 1988: impacto sobre a repartição do FPM e a Emenda Constitucional n. 15, de 1996. In: *Revista de Informação Legislativa*, ano 47, n. 187, jul./set., Brasília, Senado Federal, 2010. p. 59 *usque* 75, p. 63

considerando-se uma população de até 20.000 (vinte mil habitantes), essa cifra chega a 95% (noventa e cinco por cento do total).

Seja uma decorrência da abertura política, seja uma decorrência do acesso a uma fonte automática de receitas não-tributárias (o Fundo de Participação dos Municípios), o período imediatamente posterior à promulgação da Constituição Federal de 1988 foi testemunha da hiper-fragmentação federativa, com a multiplicação das entidades municipais. Esse processo cria distorções significativas, inclusive naquilo que concerne à distribuição do Fundo de Participação dos municípios, como alerta Cristina Brandt:

> Em suma, a criação de municípios absorve um volume significativo de recursos do FPM, que, principalmente se esses municípios tiverem populações muito pequenas, traduz-se em transferências *per capita* superiores, em detrimento das populações dos demais municípios do mesmo estado. O ganho relativo *per capita* para as populações dos novos municípios é maior quanto menor a sua população. A forma de partilha do FPM foi estabelecida com caráter distributivo, no intuito de favorecer os pequenos municípios que têm menor capacidade de gerar receitas próprias. Entretanto, o surto de emancipação de pequenos e micromunicípios contribuiu para o agravamento das distorções já presentes nos critérios de distribuição do FPM[392].

O reforço político dos entes municipais tem sido, invariavelmente, associado à ideia de ampliação das bases democráticas da sociedade[393]. A identificação entre federalismo e democracia pode ser sintetizada na observação de Lênio Streck e José Luís Bolzan de Morais:

> A federação aparece como bloqueio à concentração autoritária do poder, em face da descentralização de poder que fomenta. Há uma transferência de atividades do centro para a periferia. Dessa forma, federação e democracia têm uma tendência simétrica, embora tal não seja uma contingência inexorável[394].

---

392 *Id*, p. 67.

393 *Cf.*, *v.g.*, ROCHA, Cármen Lúcia Antunes. *República e federação no Brasil*: traços constitucionais da organização política brasileira. Belo Horizonte: Del Rey, 1997, p. 113 *et circa*. Ainda, CASTELLS, Manuel. *Cidade, democracia e socialismo*. 2ª Ed. Rio de Janeiro: Paz e Terra, 1980. *passim*. MAGALHÃES, José Luiz Quadros de. *Poder Municipal*: paradigmas para o Estado Constitucional brasileiro. Belo Horizonte: Del Rey, 1997. *passim*.

Essa associação entre federalismo e democracia funda-se na assunção de que a segmentação do poder político favorece a interação mais próxima entre eleitores e seus representantes, bem como possibilita a criação de mecanismos mais efetivos de promoção da *accountability*. Identifica-se o federalismo municipalista à possibilidade que o cidadão possa experimentar mais proximamente o processo político, opondo-o ao suposto alheamento em relação ao governo nacional.

A dispersão organizada do poder no território viabilizaria a formação de "espaços de diálogo" (e notamos aqui, mais um vez, a influência do pensamento formalista habermasiano) mais qualificados, uma vez que "os governos periféricos devem se comprometer com a redução das desigualdades sociais"[395], rompendo com a "frustração coletiva"[396] originada da planificação centralizada de expectativas diversas. Em suma, o elogio à radicalização federativa corresponde à compreensão de que a fragmentação do Estado e vários entes dispersos pelo território melhor atende à expectativa de aperfeiçoamento democrático. Ocorre, porém, que essa fragmentação radicalizada permite que o Estado seja enfraquecido, em prol

---

[394] STRECK, Lênio Luiz; MORAIS, José Luís Bolzan de. *Ciência Política e Teoria Geral do Estado*. 3. ed. Porto Alegre: Livraria do Advogado, 2003, p. 159. Ainda: "o melhor clima das relações entre cidadãos e autoridades deve iniciar-se nos municípios, tendo em vista o conhecimento recíproco, facilitando o diagnóstico dos problemas sociais e a participação motivada e responsável dos grupos sociais na solução dos problemas, gerando confiança e credibilidade. As políticas públicas, através da estrutura e operações do governo local, tomam nova conscientização, com referências ao conceito político do federalismo". BARACHO, José Alfredo de Oliveira. O Princípio da Subsidiariedade: conceito e evolução. In: *Revista de Direito Administrativo*, Rio de Janeiro, v. 200, abr./jun. 1995, p. 33-34.

[395] FABRIZ, Daury César. Federalismo, Municipalismo e Direitos Humanos. In: *Revista do Tribunal de Contas do Estado de Minas Gerais*, v. 77, n. 4, ano XXVIII, Belo Horizonte, out.-nov.-dez., 2010, p. 76 *usque* 95, p. 90.

[396] Id. ibid.

de mecanismos de governança, os quais não constituem outra coisa senão instrumentos de captura política. Trata-se da ilusão de que os indivíduos podem substituir o Estado[397].

Aliás, um dos principais mecanismos que sintetiza o triunfo do municipalismo é o "orçamento participativo", cujas origens remontam às administrações municipais do Partido dos Trabalhadores nas cidades de Porto Alegre e Belo Horizonte, entre fins da década de 1990 e início dos anos 2000[398]. Obtempere-se que o mecanismo promove a consciência cidadã e introduz um elemento de democracia, que, a par de prestigiar a participação popular, recobra a credibilidade do sistema político. Esquece-se, porém, que tudo se faz em prejuízo da eficiência alocativa, das economias de escala e do princípio da representação política, franqueando, bem assim, a brecha para captura social das decisões por minorias organizadas e aparelhadas.

Com efeito, a evolução histórica do federalismo e, sobretudo, da positivação constitucional do pensamento municipalista, na tradição republicana brasileira, demonstra uma identidade entre o avanço do federalismo e a densificação do oligarquismo. Os entes federados subnacionais funcionam como que refúgios para as elites que não conseguem se articular para alcançar a instância central de governo, as quais passam a manter uma relação de simbiose entre as elites dominantes e as elites periféricas.

Conscientes de que em um sistema político oligárquico não pode haver uma alternância plena das camadas dirigentes, as oligarquias periféricas preferem a composição à dissidência. Articula-se, assim,

---

[397] Convém, neste ponto, mencionar a observação de José Alfredo Baracho: "As democracias de poder aberto não podem aceitar o entendimento schmitiano de que os interesses da sociedade colidem ou são incompatíveis com os interesses superiores do Estado. A auto-organização da sociedade não exclui o princípio da unidade política, desde que a unidade que se procura, por meio do consenso, é a que se efetiva na pluralidade." BARACHO, José Alfredo de Oliveira. O princípio da subsidiariedade (...). *Op. cit, p.* 24.

[398] Sobre o tema, SANCHEZ, Félix. *Orçamento Participativo*: teoria e prática. São Paulo: Editora Cortez, 2002. GENRO, Tarso; SOUZA, Ubiratan de. *Orçamento Participativo*: a experiência de Porto Alegre. 4 ed. São Paulo: Editora Fundação Perseu Abramo, 2001. ARICATO, Ermínia. *Brasil, cidades*: alternativas para a crise urbana. 2 ed. Petrópolis: Vozes, 2001. DANIEL, Celso; *et all. Poder Local e Socialismo*. São Paulo: Editora Fundação Perseu Abramo, 2002.

uma *engenharia constitucional*[399] que, a um só tempo, garanta um *locus* para as oligarquias periféricas e as vincule aos grupos dominantes, em uma relação proteção-retribuição. Fomentar a autonomia municipal e exacerbá-la, longe de constituir um imperativo de ordem democrática, consistiu em uma estratégia de composição política e acomodação de oligarquias periféricas. A vitória do projeto municipalista, em 1988, não representou um avanço democrático, mas, sim, significou um triunfo do oligarquismo. Em verdade, a estratégia foi absolutamente bem-sucedida, porque conseguiu viabilizar um ecossistema favorável à perpetuação das oligarquias, com aparência democrática e apelo social. Bem sucedido, também, porque miniaturizou os debates políticos, apequenando a função representativa parlamentar, que pôde ser substituída por setores sociais e suas pautas enviesadas.

O federalismo assenta-se na premissa de que a distribuição espacial do poder contribui para o controle e serve como medida de prevenção contra a autocracia. Ocorre, porém, que o constituinte, em 1988, exacerbou os limites da federação e, em lugar de promover uma distribuição auto-reguladora de poder, criou nichos de acomodação para grupos políticos marginais.

Os municípios, ao contrário do que se apregoa, não tornam a prestação de serviços mais eficiente, tampouco otimiza programas sociais ou incrementam a rede de proteção assistencial. São, ao contrário, entes ensimesmadas, cujo único propósito de existência é a manutenção de sua própria burocracia. Segundo os dados do Instituto Brasileiro de Geografia e Estatísticas[400], 48,2% (quarenta e oito inteiros e dois décimos por cento) dos municípios gastam entre 20% (vinte por cento) e 40% (quarenta por cento) de sua receita com pessoal e 44,4% (quarenta e quatro inteiros e quatro décimos por cento) das entidades municipais despendem entre 40% (quarenta por cento) e 60% (sessenta por cento) com o pagamento de seus servidores. Na média, segundo informações da Secretaria do Tesouro

---

399 HORTA, Raul Machado. Organização constitucional do federalismo. *In*: *Revista da Faculdade de Direito da Universidade Federal de Minas Gerais*, ano 33, n. 28-29, Belo Horizonte, 1985-86, p. 10.

400 Disponível em: <http://www.ibge.com.br/home/estatistica/economia/financasmunic/19982000/default.shtm>. Acessado em 20 dez. 2016.

Nacional[401], as despesas com pessoal dos municípios chegam a 45,7% de suas receitas.

As eleições municipais do último pleito, realizadas em outubro de 2016, custaram cerca de R$ 650.000.000,00 (seiscentos e cinquenta milhões de reais), conforme informação do Ministro Presidente do Tribunal Superior Eleitoral[402]. O custo com a manutenção das estruturas políticas municipais não se esgota no processo eleitoral. A Secretaria do Tesouro Nacional, através do sistema Finanças Públicas do Brasil – Finbra[403], compila os gastos de todos os entes públicos nacionais. Em pesquisa ao banco de dados, apuramos em, no exercício de 2013, consideradas apenas as despesas pagas, na função orçamentária "legislativa", podemos verificar que as câmaras municipais custaram ao país – em um único ano! – a impressionante cifra de R$ 10.367.970.284,00 (dez bilhões, trezentos e sessenta e sete milhões, novecentos e setenta mil, duzentos e oitenta e quatro reais)[404].

Os municípios, assim, esgotam seus recursos na manutenção da dispendiosa máquina administrativa e política, sem que fomentem qualquer sentimento de pertencimento democrático, estimulem a confiança nas instituições, tampouco aperfeiçoem a prestação de serviços públicos. Os índices de rejeição à classe política se agigantam, na mesmo proporção em que cresce a indiferença em relação aos pleitos municipais, que registram crescente número de abstenções.

As máquinas municipais prestam-se a controlar o acesso aos benefícios do Sistema Único de Assistência Social e, com isso, maximizar um determinado potencial eleitoral, bem como a prover oportunidade de empregos e ocupações para um contingente de cabos eleitorais

---

[401] Disponível em: <http://www3.tesouro.fazenda.gov.br/gfm/perfil/PERFIL_EVOLUCAO_1998_2004.pdf>. Acessado em 20 dez. 2016.

[402] Cf. <http://www.tre-es.jus.br/imprensa/noticias-tre-es/2016/Julho/tse-divulga-dados-oficiais-sobre-as-eleicoes-municipais-2016>. Acessado em 20 dez. 2016.

[403] Disponível em: <https://siconfi.tesouro.gov.br/siconfi/pages/public/consulta_finbra/finbra_list.jsf>. Acessado em 20 dez. 2016.

[404] Tomamos apenas as despesas efetivamente pagas, desconsiderando o montante total empenhado e liquidado. Para uma análise das propostas de emenda à constituição, que estipulam um teto de gastos para as câmaras municipais, v. MENDES, Marcos José. *Limite para as despesas das câmaras de vereadores*: texto para discussão. Brasília: Consultoria do Senado Federal, 2009. *passim*.

ligados a essas oligarquias periféricas, a quem são destinados os governos locais. Tornam-se, assim, componentes de controle de acesso aos níveis mais centrais de governo, acomodando parcelas das elites locais, que se integrem fisiologicamente ao projeto oligárquico subjacente: *latet anguis in herba*[405].

7.5. NOVOS ARRANJOS TERRITORIAIS FEDERATIVOS

A compreensão de que o modelo municipalista atende a interesses, inconfessados e inconfessáveis, leva à conclusão de que o sistema federativo precisa ser repensado. A revisão da fragmentação política perpassa a requalificação da dispersão do poder, bem como a valorização de novos arranjos territoriais. O direito positivo nacional não desconhece completamente essas alternativas.

No plano infraconstitucional, a lei federal n. 11.107, de 06 de abril de 2005, prevê a existência dos consórcios públicos, para a realização de objetivos comuns dos entes federados. Os consórcios públicos surgem no contexto da uma minirreforma da administração pública brasileira, que almejava a racionalizar gastos e elevar os níveis de qualidade da prestação de serviços públicos. Seu escopo de atuação é, porém, limitado, uma vez que da associação de entes públicos surge uma entidade privada, cuja natureza jurídica é associação, a qual, na esmagadora maioria das vezes, assume o regime jurídico privado, ainda que a lei mencione a possibilidade que assumam feições autárquicas, integrando a administração indireta de cada um dos entes consorciados.

Na experiência da administração, os consórcios desempenharam um papel relevante na organização dos serviços de saúde pública e de coleta de resíduos sólidos, permitindo que pequenos entes pudessem se organizar para oferecer uma prestação mais racionalizada e efetiva[406]. De toda sorte, sua vocação é eminentemente operacional, uma vez que são desvestidos de qualquer feição política, funcionando apenas como verdadeiros centros de custos e de operacionalização da prestação de serviços públicos.

---

405 Locução latina, que, em vernáculo, significa "na relva se esconde a serpente". Aparece na *Bucólica* de Virgílio (verso 93) e se torna um *topos* na cultura ocidental.

406 Sobre o tema, *cf.* PIRES, Maria Coeli Simões; *et all*. *Consórcios Públicos*: instrumento do federalismo cooperativo. Belo Horizonte: Editora Forum, 2008. *passim*.

Na alçada constitucional, o art. 25, §3°, da Constituição de 1988 deu competência aos estados-membros para instituir regiões metropolitanas, aglomerações urbanas e microrregiões, com vistas a integrar a organização, o planejamento e a execução das chamadas funções públicas de interesse comum. Embora o conceito de funções públicas de interesse comum seja um conceito normativo-positivo, sob o aspecto ontológico, são todas aquelas tarefas ou serviços públicos que, por sua natureza, possam repercutir no território de múltiplas entidades federativas, em função de seu aspecto territorial e locacional.

A repercussão que caracteriza e qualifica as funções públicas de interesse comum pode decorrer da própria dinâmica da execução da tarefa e do serviço, como por exemplo, o transporte público de passageiros, a gestão viária e o recolhimento e tratamento de esgoto e resíduos sólidos, como, também, pela dinâmica populacional das migrações pendulares. Sob esse último aspecto, serviços inicialmente singularizados e próprios de cada ente, como educação e saúde públicas, podem assumir feições transfronteiriças, pressionando os orçamentos dos municípios pólo de cada uma das regiões metropolitanas, sobretudo em face das conurbações.

Sobre as regiões metropolitanas, assim se manifesta Milton Santos:

> Agora a metrópole está presente em toda parte, e no mesmo momento. A definição do lugar é, cada vez mais no período atual, a de um lugar funcional à sociedade como um todo. E, paralelamente, através das metrópoles, todas as localizações tornam-se hoje funcionalmente centrais. Os lugares seriam, mesmo, lugares funcionais da metrópole. [...] Mas, ao contrário do que muitos foram levados a imaginar e a escrever, na sociedade informatizada atual nem o espaço se dissolve, abrindo lugar apenas para o tempo, nem este se apaga. O que há é uma verdadeira multiplicação do tempo, por causa de uma hierarquização do tempo social, graças a uma seletividade ainda maior no uso das novas condições de realização da vida social. A simultaneidade entre os lugares não é mais apenas a do tempo físico, tempo do relógio, mas do tempo social, dos momentos da vida social. Mas o tempo que está em todos os lugares é o tempo da metrópole, que transmite a todo o território o tempo do Estado e o tempo das multinacionais e das grandes empresas. Em cada outro ponto, nodal ou não, da rede urbana ou do espaço, temos tempos subalternos e diferenciados, marcados por dominâncias específicas. Com isso, nova hierarquia se impõe entre lugares, hierarquia com nova qualidade, com base em diferenciação muitas vezes maior do que ontem, entre os

diversos pontos do território. Nenhuma cidade, além da metrópole, chega a outra cidade com a mesma celeridade. Nenhuma dispõe da mesma quantidade e qualidade de informações que a metrópole. [...] Está aí o novo princípio da hierarquia, pela hierarquia das informações... e um novo obstáculo a uma interrelação mais frutuosa entre aglomerações do mesmo nível, e, pois, uma nova realidade do sistema urbano[407].

Se a realidade urbana não é compatível com o *status* federativo dos municípios, tampouco é sua estatura política coerente com os propósitos democráticos da Constituição. Sob o aspecto gerencial, a multiplicidade de micro e pequenos municípios provocam significativas deseconomias de escala, inchaço burocrático e aumento de despesas fixas, incompatível com o nível de prestação dos serviços oferecidos. Ineficiência, desperdício e corrupção vicejam nas administrações municipais, que funcionam como verdadeiros sumidouros de recursos públicos.

Como mostram Gustavo Maia Gomes e Maria Cristina MacDowell, as populações dos municípios menores não são as mais pobres, bem como a proliferação de pequenos e micro municípios geram um aumento mais que proporcional das despesas administrativas, custeadas unicamente por transferências constitucionais. Ainda além, esses pequenos núcleos forçam artificialmente a redistribuição de renda (de que não se beneficia sua população, mas apenas suas máquinas públicas), pela via do Fundo de Participação dos Municípios[408] e da partilha do Imposto sobre Circulação de Mercadorias e Serviços – ICMS[409]. É preciso, portanto, repensar a própria existência dos municípios como entes federativos, seja porque, sob o prisma econômico, configuram uma desfuncionalidade e um elemento de ineficiência, seja porque, politicamente, represen-

---

[407] SANTOS, Milton. *A urbanização brasileira*. 5 ed. São Paulo: Editora USP, 2008, p. 101-102.

[408] Apenas em 2015, foram repassados cerca de R$ 68.399.000.000,00 (sessenta e oito bilhões, trezentos e noventa e nove milhões de reais) pelo Fundo de Participação dos Municípios. *Cf.* <http://www.tesouro.fazenda.gov.br/documents/10180/327905/pge_boletim_fpm_fpe_dez2015.pdf>.

[409] GOMES, Gustavo Maia; MACDOWELL, Maria Cristina. *Descentralização política, federalismo fiscal e criação de municípios:* o que é mau para o econômico nem sempre é bom para o social. Brasília: IPEA, 2000, p. 11 *et seq* Disponível em: <http://www.ipea.gov.br/portal/images/stories/PDFs/TDs/td_0706.pdf.>. Acessado em: 22 dez. 2016.

taram, ao contrário da imagem que infundem no ideário nacional, uma vitória do oligarquismo.

No exercício da imaginação institucional, como quer Mangabeira Unger, pensemos em uma federação em que os municípios não sejam considerados entes federativos e, portanto, dotados de personalidade política de direito público, mas, sim, autarquias estaduais territoriais. Sua gestão ficaria a cargo de um prefeito, nomeado pelo Governador do Estado, e de um conselho deliberativo, formado por munícipes não remunerados. Para além disso, cada autarquia territorial teria sua competência inicialmente limitada à gestão urbana[410], podendo firmar contratos de gestão com os estados-federados para ampliação de sua autonomia e competências, desde que comprovada a viabilidade econômica e a capacidade gerencial.

No contexto federativo, as regiões metropolitanas seriam erguidas à condição de entes federativos, substituindo os municípios, sendo-lhes, inclusive, franqueada a representação no senado federal. Seu espectro de competências seria um pouco mais dilargado, para compreender as questões relativas a meio ambiente, destinação de resíduos sólidos e educação básica e fundamental. As regiões metropolitanas manteriam um parlamento metropolitano, devidamente eleito e remunerado, à semelhança do que hoje ocorre com os municípios, em substituição ao atual modelo de governança, que se baseia em órgãos estaduais sem condições efetivas de condicionarem as vontades municipais[411], hoje protegidas pelo manto de sua autonomia federativa.

Reformar o federalismo não é restringe a tentar resgatar as parcelas de autonomia dos entes que vem sendo usurpadas pela União, especialmente naquilo que concerne à dimensão fiscal do arranjo federativo, como veremos adiante. É preciso remexer as bases sobre as quais

---

[410] A gestão urbana, em sentido amplo, incluiria a elaboração e gestão do plano diretor, a disciplina do parcelamento uso e ocupação do solo, o zoneamento urbanístico e ambiental, bem como a edição de normas de posturas urbanas e gestão do transporte público municipal.

[411] SOL, Garson. *Regiões Metropolitanas*: por que não cooperam? Rio de Janeiro: Letra Capital, 2009, p. 69 *et seq.*

se assenta, promover movimentos de alta energia[412], reconfigurando, ainda que de modo de experimental, os fundamentos do edifício federativo. E tudo passa por compreender que a radicalização federativa, representada pelo municipalismo, operou efeitos contrários àqueles aparentemente tão caros a seus defensores. Nas palavras de Mangabeira Unger: *"se somos suficientemente ousados e imaginativos, podemos ter, simultaneamente, mais salvaguardas e mais plasticidade"*[413].

---

[412] Sobre o conceito de democracia de alta-energia de Mangabeira Unger, em que deve predominar o experimentalismo e o engajamento, *Cf.* MANGABEIRA UNGER, Roberto. *Democracy Realized*: the progressive alternative. New York: Verso, 2001, p. 122 *et circa*.

[413] MANGABEIRA UNGER, Roberto. *O que a esquerda deve propor*. Trad. Antonio Risério Leite Filho. Rio de Janeiro: Civilização Brasileira, 2008, p. 69-70.

8. O FEDERALISMO FISCAL DE 1988: ASSIMETRIAS E DISFUNCIONALIDADES

8.1. A AUTONOMIA FINANCEIRA DOS ENTES SUBNACIONAIS NO CONTEXTO INTERNACIONAL

Um dos elementos centrais do federalismo é a capacidade das unidades subnacionais de se automanterem, seja percebendo receitas próprias, seja por intermédio de um sistema qualquer de transferências. Na Teoria do Estado comparada, coexistem diversos modelos de sustentabilidade econômica do federalismo, sempre calcados no binômio receitas próprias *versus* transferências intergovernamentais ou interfederativas.

Nos Estados Unidos, por exemplo, o auxílio da União aos estados federados aumenta substancialmente após a crise de 1929, no governo Roosevelt, que vai cunhar a terminologia *new federalism*. O sistema legal de transferências, desde então, transita para um modelo de ampliação da liberdade de emprego de fundos federais transferidos, que deixam de se vincular a um propósito específico (*categorical grants*), para se converterem em auxílios genéricos (*block grants*)[414]. No Canadá, o sistema de repartição de riquezas detém alçada constitucional (seção 36 do Ato Constitucional de 1982[415]) e é especialmente matizado pelo viés de redução das desigualdades regionais, fundando-se em transferências equalizadoras, cujo objetivo é prover à população serviços públicos homogêneos em todo o território. Assim, o modelo canadense de transferências intergovernamentais leva em conta, principalmente, a aptidão de cada estado para gerar receitas tributárias próprias[416].

---

[414] *Cf.* WALLIN, Bruce A. *From revenue sharing to deficit sharing*: revenue sharing and cities. Washington: Georgetown University Press, 2007, p. 3. Ainda, SCHWARTZ, Bernard. *O Federalismo Norte-Americano atual*. Trad. Élcio Cerqueira. Rio de Janeiro: Forense Universitária, 1984, p. 65.

[415] Disponível em: <http://laws.justice.gc.ca/eng/Const/Const_index.html>. Acessado em 14 nov. 2016.

[416] CANADA. Department of Finance. *Achieving a national purpose*: putting equalization back on track. Expert panel on equalization and territorial formula financing. Executive summary. Disponível em: <http://publications.gc.ca/collections/Collection/F2-176-2006-1E.pdf>. Acessado em 14 nov. 2016.

No cenário europeu, a Alemanha desponta como um modelo de garantia da autonomia financeira dos entes subnacionais (*Länder*). A Lei Fundamental alemã de 1949 (*Grundgesetz*) prevê, em seu art. 104(b), a possibilidade de transferências do nível central de governo para cada estado-federado, objetivando a evitar distúrbios no equilíbrio econômico geral, equalizar diferentes capacidades econômicas e promover o crescimento econômico. Para além das transferências, o sistema federativo alemão contempla, bem assim, a participação direta dos entes subnacionais na arrecadação tributária do governo central, conforme disciplina do art. 106, itens 3, 4 e 7 da Lei Fundamental. O modelo misto alemão, que contempla tanto transferências, quanto a partilha direta do produto da arrecadação tributária, é espelhado, em grande medida, pelo modelo brasileiro, concebido em 1988, ambos visando a obter a redução das desigualdades regionais (ou a "uniformidade das condições de vida", *Einheitlichkeit der Lebensverhältnisse*, no texto alemão). É interessante observar, outrossim, que a Lei Fundamental alemã zela pela autonomia, contemplando um interessante mecanismo de salvaguarda dos orçamentos estaduais. Explica-se: o acréscimo de despesas (ou redução de receitas), imposto a um determinado ente subnacional, por norma nacional, deve ser compensado por repasses adicionais, com vistas a mitigar a sobrecarga, nos termos do que dispõe o art. 106 (4).

Ainda no continente europeu, a experiência suíça parece ser a mais distinta. Em que pese sua pequena extensão territorial, o país é dividido em 25 (vinte e cinco) cantões, em função de suas particularidades históricas, étnicas e linguísticas. Cada cantão compartilha a mesma base tributária com os demais e com o governo central, fixando seus próprios mecanismos de controle de endividamento e sendo vedado o socorro federal a qualquer deles. A confederação suíça, porém, arrima-se sobre uma sólida base cooperativa, em que as transferências horizontais podem ser pactuadas diretamente cantão a cantão, assim como prestação compartilhada de serviços públicos[417].

---

[417] A própria organização das instâncias deliberativas federativas, no contexto suíço, ocorre de forma horizontal, destacando-se a Conferência dos Ministros Cantonais de Fazenda. Sobre o tema, v. DAFFLON, Bernard; TÓTH, Krisztina. *Fiscal Federalism in Switzerland*: relevant issues in Central and Eastern Europe. Washington: World Bank, 2005, p. 10 *et seq.*

No contexto latino-americano, a Argentina organiza-se sob a forma federativa desde 1853. Esse federalismo, contudo, não se manifesta de modo uniforme, sobretudo no período compreendido pós-1966 e durante o justicialismo peronista, em que prevaleceu o "unitarismo prático"[418]. A Constituição da Nação Argentina de 1994 fixa, de modo peremptório, a autonomia fiscal do nível provincial de governo, prevendo, inclusive, a existência de uma *ley de convenio*, a disciplinar as transferências intergovernamentais. A equalização entre as unidades subnacionais é feita através do chamado *Regímen de Coparticipación Federal*, na forma de fundos de origem nacional (com repasses baseados em coeficientes fixos) e de repasses específicos, para determinados programas.

O México também se organiza sob a forma federativa, nos termos de sua Constituição Política dos Estados Unidos do México[419], de 1917, com acentuado caráter municipalista (embora longe de ser tão exacerbado quanto o brasileiro). Há, porém, uma concentração de receitas fiscais no nível central de governo, que detém a competência para instituir tributos sobre as mais amplas bases impositivas, como a renda, a circulação de mercadorias e a produção industrial. Na década de 1980, foi promulgada a *ley de coordinación fiscal*[420], que instituiu um Fundo Federal de Participações, em que 80% (oitenta por cento) da arrecadação tributária é destinada à União e 20% (vinte por cento) compõem um Fundo Geral de Participações, que é rateado entre os estados, o distrito federal e os municípios.

No Brasil, o Constituinte de 1988 institui um intrincado sistema de repasses e segmentação das competências tributárias e prestacionais, com vistas a garantir a autonomia administrativa e financeira de cada um dos entes federados. No contexto latino-americano, o Brasil destaca-se com o maior índice de descentralização fiscal, chegando ao

---

[418] FERNANDEZ, Carlos R. *El federalismo fiscal argentino*. In: AFFONSO, Rui de Britto Álvares; SILVA, Pedro Luiz Barros (Org.). *A Federação em perspectiva*: ensaios selecionados. São Paulo: FUNDAP, 1995, p. 192-193.

[419] O texto pode ser consultado em: <http://www.diputados.gob.mx/LeyesBiblio/htm/1.htm>. Acessado em 14 nov. 2016.

[420] *Ley de Coordinación Fiscal*, de 27 de dezembro de 1978, cujo texto pode ser consultado em: <http://www.diputados.gob.mx/LeyesBiblio/pdf/31_180716.pdf>. Acessado em 14 nov. 2016.

índice de 10% (dez por cento) do Produto Interno Bruto de receitas subnacionais diretas, ao passo que, por exemplo, a Argentina gira no entorno de 6% (seis por cento) e México equivale a zero[421], sendo que a média do continente equivalente a menos de 4% (quatro por cento).

A despeito da relativa descentralização fiscal, o espraiamento territorial dos recursos não se traduz em qualidade fiscal ou em garantia do princípio federativo. Há um elemento que chama atenção, na análise dos agregados econômicos da arrecadação fiscal do país. Do total das receitas subnacionais (considerados os recursos oriundos da arrecadação direta e das transferências interfederativas genericamente denominadas), cerca de 80% (oitenta por cento) corresponde ao nível local (municipal) de governo[422]. Isso demonstra que existe uma concentração desproporcional de recursos nas mãos dos municípios, em cotejo com aqueles disponíveis para os estados-federados. Esse dimensionamento das receitas locais, *vis-à-vis* do nível regional (estados-federados) é mais um sintoma da hiperplasia municipalista do país. As transferências constitucionais obrigatórias, aliadas ao sistema de alinhamento político vertical, pulverizou recursos nos milhares de municípios que compõem o país, promovendo deseconomias de escala, superposição de tarefas e permitindo que vicejasse a ineficiência administrativa e o imobilismo político generalizado.

8.2. A QUESTÃO DAS FUNÇÕES ECONÔMICO-FISCAIS DOS ENTES FEDERADOS

A atuação estatal na esfera econômica centra-se em três tipos de atividades: alocativa, distributiva e estabilizadora[423]. A primeira função opera para corrigir falhas de mercado, a segunda visa a evitar os efeitos mais deletérios da excessiva concentração de renda[424], como decorrência natural do capitalismo e a terceira exsurge como atuação anticíclica em momentos de crise.

---

[421] CIBILS, Vicente Fretes; TER-MINASSIAN, Teresa. *Decentralizing Revenue in Latin America*: why and how. New Yor: Interamerican Development Bank, 2015, p. 21.

[422] Id. ibid, p. 18.

[423] MUSGRAVE, Robert. *The theory of Public Finance*. New York: McGraw-Hill, 1959, p. 3 *et seq*.

[424] BATISTA JÚNIOR, Onofre Alves. *O outro Leviatã e a corrida ao fundo do poço*. São Paulo: Almedina, 2005. *passim*.

O chamado *teorema da descentralização de Oates*[425] (também conhecido como princípio da subsidiariedade) defende que a descentralização deve ser a regra na função alocativa, deixando as funções distributiva e estabilizadora para as instâncias centrais de governo. Modernamente, o teorema de Oates tem sido questionado[426], mercê da simplificação que impõe e, em especial, da ausência de homogeneidade territorial das nações, da livre mobilidade de pessoas e capitais e da complexidade dos sistemas políticos democráticos.

No Brasil contemporâneo, o sistema federativo garante que a União concentre as funções estabilizadoras (com raras exceções, como os estados-federados de Minas Gerais, Espírito Santo, Santa Catarina, Rio Grande do Sul, Paraná, que possuem em suas administrações públicas bancos de desenvolvimento[427]), atuando, inclusive, com exclusividade na condução da política monetária e cambial. Com isso, o legislador constituinte pretendeu dar mais agilidade a processos de decisão, que visem a combater a inflação e o desemprego, por exemplo. Ao contrário, as funções alocativa e redistributiva estão dispersas no texto constitucional, mercê da intrincada rede de inter-relações federativas instituídas em 1988.

As definições da arquitetura institucional de um país que se organize sob o primado o federalismo perpassam as respostas a um roteiro mais ou menos definido de indagações: a) que nível de governo faz o quê? b) quais tipos de tributos são arrecadados pelos diferentes níveis de governo? c) como são equacionados os inevitáveis desequilíbrios, verticais e horizontais, entre receitas e despesas?[428].

---

[425] OATES, Wallace E. *Fiscal Federalism*. San Diego: Harcourt Brace Jovanovich, 1972, p. 33 *et seq.*

[426] PIANCASTELLI, Marcelo; *et all*. *Descentralização Fiscal, harmonização tributária e relações intergovernamentais*: como distintas federações reagem aos desafios da globalização. *In*: REZENDE, Fernando (Org.). *Desafios do Federalismo Fiscal*. Rio de Janeiro: Editora FGV, 2006, p. 30.

[427] Em Minas Gerais, há o Banco de Desenvolvimento de Minas Gerais. No Espírito Santo, o Banco de Desenvolvimento do Espírito Santo. O Banco Regional de Desenvolvimento do Extremo-Sul, foi criado pela inciativa conjunta dos estados do sul do país. O Estado do Rio Grande do Sul possui, ainda, um banco múltiplo, o Banco do Estado do Rio Grande do Sul – BANRISUL. Em São Paulo, existe a Agência de Fomento Paulista.

[428] PIANCASTELLI, Marcelo; *et all*. *Descentralização* (...). *Op. cit*, p. 31

A Constituição Federal de 1988 engendrou um sistema de repartição de competências e atribuições que segmenta, ainda que de modo não totalmente estanque, as responsabilidades de cada ente da federação, frente às demandas e necessidades da população. As chamadas competências materiais da União estão consignadas no art. 21 da Constituição Federal de 1988. O legislador constituinte cometeu à União apenas e tão-somente competências diretivas e regulatórias, ressalvada a manutenção dos poderes, na órbita federal, bem como as atividades de polícia judiciária, nos limites de suas atribuições. Naquilo que concerne à prestação de serviços públicos, a União tem competência absolutamente restrita e mediatizada, uma vez que o rol de serviços previstos no inciso XII[429] é, com raríssimas exceções, prestado indiretamente por concessionários, permissionários ou autorizatários do poder público federal.

8.3. A DISTRIBUIÇÃO CONSTITUCIONAL DE TAREFAS OU O FEDERALISMO FISCAL SOBRE A PERSPECTIVA DO GASTO PÚBLICO

Contemporaneamente, os serviços públicos federais prestados diretamente pela União, por intermédio de sua administração direta, autárquica e fundacional, restringem-se aos serviços de pesquisa e estatística, ao ensino superior e a determinadas e específicas atividades de difusão cultural (Fundação Biblioteca Nacional, Fundação Casa de Rui Barbosa, Fundação Cultural Palmares, Fundação Nacional de Artes – FUNARTE, Instituto Brasileiro de Museus – IBRAM, Fundação Joaquim Nabuco e a Fundação Alexandre de Gusmão). No âmbito da Seguridade Social, a União gerencia o Regime Geral de Previdência Social – RGPS (mas arrecada a integralidade das contribuições de custeio). Naquilo que concerne à saúde e assistência

---

429 Art. 21. Compete à União: [...] XII – explorar, diretamente ou mediante autorização, concessão ou permissão: a) os serviços de radiodifusão sonora, e de sons e imagens; b) os serviços e instalações de energia elétrica e o aproveitamento energético dos cursos de água, em articulação com os Estados onde se situam os potenciais hidroenergéticos; c) a navegação aérea, aeroespacial e a infraestrutura aeroportuária; d) os serviços de transporte ferroviário e aquaviário entre portos brasileiros e fronteiras nacionais, ou que transponham os limites de Estado ou Território; e) os serviços de transporte rodoviário interestadual e internacional de passageiros; f) os portos marítimos, fluviais e lacustres.

social, a União apenas supervisiona e co-financia os Sistemas Únicos de Saúde – SUS[430] e de Assistência Social – SUAS.

De outra parte, a Constituição de 1988 reservou aos municípios a prestação de serviços públicos de primeira necessidade, com ampla capilaridade, nos termos do que dispõe o art. 30[431] do texto constitucional. Além de toda a gestão do espaço urbanos, aos municípios incumbiria cuidar da educação infantil e fundamental, e ofertar o transporte público municipal, bem como fornecer os serviços de saúde geral (baixa e média complexidade) à população. Veja-se que os municípios, sob o ponto de vista prestacional, converteram-se na porta de acesso da população aos serviços públicos, bem como à seguridade social, através dos equipamentos chamados Centros de Referência em Assistência Social (CRAS).

Naquilo que toca aos estados-membros, a Constituição federal de 1988 reservou-lhes a chamada competência residual, nos termos de seu art. 25, §1º. Foi expresso o texto constitucional apenas na atribuição de titularidade aos estados-membros para a exploração do serviço de distribuição de gás canalizado, limitando-se no mais a prever as competências comuns da União, dos estados e dos municípios, na forma do art. 23 da Constituição Federal de 1988.

---

430 No âmbito da Saúde, a União opera diretamente poucas unidades, que se restringem, grosso modo, aos hospitais universitários (os quais, a rigor, são atividade de extensão universitária) e a redes especializadas (como, por exemplo, a Rede Sarah Kubitschek, a qual, aliás, é uma Organização Social, que tem com a União um contrato de gestão, com fundamento na Lei. 8.246, de 22 de outubro de 1991).

431 Art. 30. Compete aos Municípios: I – legislar sobre assuntos de interesse local; II – suplementar a legislação federal e a estadual no que couber; III – instituir e arrecadar os tributos de sua competência, bem como aplicar suas rendas, sem prejuízo da obrigatoriedade de prestar contas e publicar balancetes nos prazos fixados em lei; IV – criar, organizar e suprimir distritos, observada a legislação estadual; V – organizar e prestar, diretamente ou sob regime de concessão ou permissão, os serviços públicos de interesse local, incluído o de transporte coletivo, que tem caráter essencial; VI – manter, com a cooperação técnica e financeira da União e do Estado, programas de educação infantil e de ensino fundamental; VII – prestar, com a cooperação técnica e financeira da União e do Estado, serviços de atendimento à saúde da população; VIII – promover, no que couber, adequado ordenamento territorial, mediante planejamento e controle do uso, do parcelamento e da ocupação do solo urbano; IX – promover a proteção do patrimônio histórico-cultural local, observada a legislação e a ação fiscalizadora federal e estadual.

É certo, porém, que o aparente silêncio do texto constitucional não se traduz em uma ausência de incumbências ou tarefas públicas a cargo dos estados-federados. Ao contrário, recaem sobre eles os pesados ônus de manutenção das atividades de segurança pública, com custeio das polícias civil (art. 144, §4º) e militar (art. 42), bem como, no âmbito do Sistema Único de Saúde, a prestação de todas as chamadas atividades de média e alta complexidade[432]. Ainda além, compete aos estados-federados prover a educação fundamental e o ensino médio (art. 211, §3º), que correspondem a elevados custos de manutenção, o que se soma à multiplicidade de políticas públicas culturais e assistenciais que cada ente desempenha.

Como se vê, a Constituição Federal de 1988 erigiu em sistema em que a efetiva prestação de serviços públicos e a promoção da assistência social são atribuições municipais e, especialmente, estaduais. À União toca apenas dirigir as políticas públicas – com o que, aliás, correntemente interfere nas órbitas políticas estaduais – sem, contudo, executar quaisquer atividades materiais concernentes ao atendimento às necessidades da população.

---

[432] O Supremo Tribunal Federal tem reconhecido a solidariedade passiva dos três entes da federação, para o fornecimento dos serviços de saúde. *Cf.*, v. g., RE 607.381-AgR, Rel. Min. Luiz Fux, Primeira Turma, Dje 17.6.2011. Sobre a questão da cooperação federativa, assim se manifesta Gilberto Bercovici: "A coordenação é, na realidade, um modo de atribuição e exercício conjunto de competências no qual os vários integrantes da federação possuem certo grau de participação. A vontade das partes é livre e igual, com a manutenção integral de suas competências: os entes federados sempre podem atuar de maneira isolada ou autônoma. A coordenação é um procedimento que busca um resultado comum e do interesse de todos. A decisão comum, tomada em escala federal, é adaptada e executada autonomamente por ente federado, adaptando-a às suas peculiaridades e necessidades. A materialização da coordenação na repartição de poderes são as competências concorrentes. [...] Na cooperação, nem a União nem qualquer ente federado pode atuar isoladamente, mas todos devem exercer sua competência conjuntamente com os demais. Na repartição de competências, a cooperação se revela nas chamadas competências comuns, consagradas no art. 23 da Constituição de 1988". BERCOVICI, Gilberto. A descentralização de políticas sociais e o federalismo cooperativo brasileiro. *In: Revista de Direito Sanitário*, v. 3, n. 1, São Paulo, *s.e.*, 2002, p. 16.

Exceção seja feita à previdência social, importante pilar do sistema de seguridade (art. 194). A União é mantenedora e administradora, para além do Regime Próprio de Previdência Social dos servidores federais, do Regime Geral de Previdência Social, que atende à ampla maioria da população brasileira. Com efeito, a manutenção da previdência social, com seus diversos benefícios, é dispendiosa. Ocorre, todavia, como veremos, que a simples circunstância de que a previdência social seja custeada pela União, não implica em desequilíbrio do sistema federativo-fiscal, uma vez que todas as contribuições sociais, instituídas especificamente para o custeio da seguridade, são arrecadadas pela União. Perfunctoriamente, já se nota que, se aqui há desequilíbrio, a desmesura pende em desfavor de estados-membros e municípios, os quais têm a seu encargo diversas tarefas inerentes à operação do sistema de seguridade social (saúde e assistência social), sem que titularizem as competências constitucionais para instituição de quaisquer contribuições sociais.

O quadro geral, portanto, da organização federal-administrativa do estado brasileiro aponta para uma desoneração da União, em termos de atividades e tarefas materiais prestacionais, com a consequente sobrecarga de estados-membros e municípios. Analisar o equilíbrio fiscal da federação depende de apreciar a articulação constitucional de duas dimensões da atuação estatal, isto é, de verificar o (des)equilíbrio entre a dimensão da arrecadação (receitas) e aquela das despesas.

Sob o prisma das despesas, a Constituição Federal de 1988 impõe um regime rígido aos entes subnacionais, fixando percentuais de investimento e custeio em atividades ditas essenciais. Assim, nos termos do art. 198, § 2º, inciso II e III[433], regulamentado pela Lei

---

[433] "Art. 198 [...] § 2º A União, os Estados, o Distrito Federal e os Municípios aplicarão, anualmente, em ações e serviços públicos de saúde recursos mínimos derivados da aplicação de percentuais calculados sobre: I- no caso da União, a receita corrente líquida do respectivo exercício financeiro, não podendo ser inferior a 15% (quinze por cento); II – no caso dos Estados e do Distrito Federal, o produto da arrecadação dos impostos a que se refere o art. 155 e dos recursos de que tratam os arts. 157 e 159, inciso I, alínea a, e inciso II, deduzidas as parcelas que forem transferidas aos respectivos Municípios; III – no caso dos Municípios e do Distrito Federal, o produto da arrecadação dos impostos a que se refere o art. 156 e dos recursos de que tratam os arts. 158 e 159, inciso I, alínea b e § 3º"

Complementar n. 141[434], de 13 de janeiro de 2012, cabe aos estados-membros aplicar 12% da arrecadação dos impostos de sua competência, bem como das transferências constitucionais que recebe, em despesas de saúde. Do mesmo modo, cabe aos municípios aplicar 15%, calculado sobre a mesma base de cálculo. A União, até o advento da Emenda Constitucional n. 86, de 17 de março de 2015[435], não via pesar sobre seu orçamento qualquer constrição percentual de aplicação de recursos em saúde, limitando-se outrora, ainda assim apenas desde a edição da Lei Complementar n. 141/2012, a aplicar o mesmo valor ano a ano, corrigido pela variação do PIB[436]. Após a edição da EC n. 86/2015, a União passou a se submeter ao limite mínimo de aplicação orçamentária com despesas de saúde, calculado em 15% (quinze por cento) sobre a receita corrente líquida (observe-se que a base de cálculo da aplicação mínima constitucional imposta aos

---

[434] "Art. 6º Os Estados e o Distrito Federal aplicarão, anualmente, em ações e serviços públicos de saúde, no mínimo, 12% (doze por cento) da arrecadação dos impostos a que se refere o art. 155 e dos recursos de que tratam o art. 157, a alínea "a" do inciso I e o inciso II do caput do art. 159, todos da Constituição Federal, deduzidas as parcelas que forem transferidas aos respectivos Municípios." Ainda, "Art. 7º Os Municípios e o Distrito Federal aplicarão anualmente em ações e serviços públicos de saúde, no mínimo, 15% (quinze por cento) da arrecadação dos impostos a que se refere o art. 156 e dos recursos de que tratam o art. 158 e a alínea "b" do inciso I do caput e o § 3º do art. 159, todos da Constituição Federal."

[435] A Emenda Constitucional n. 86/2015, se impôs ao orçamento federal restrições outrora já impostas aos demais entes subnacionais – cujo cumprimento efetivo ocorrerá apenas em 2020, nos termos do art. 2º da EC n. 86/2015, insistiu no erro de prefixar o orçamento, o que, aliás, a nosso juízo não apenas tolhe o livre exercício do Poder Legislativo, como é imprestável para os interesses da nação, pois antecipa juízos econômicos que são antes circunstanciais e essenciais. Aliás, a Emenda Constitucional n. 86/2015 não apenas restringiu a amplitude dos poderes de deliberativos genéricos do parlamento, em termos de orçamento público, como também limitou o escopo das emendas parlamentares, ao incluir o §9º, ao art. 166 da Constituição Federal de 1988, que prevê, in verbis: "as emendas individuais ao projeto de lei orçamentária serão aprovadas no limite de 1,2% (um inteiro e dois décimos por cento) da receita corrente líquida prevista no projeto encaminhado pelo Poder Executivo, sendo que a metade deste percentual será destinada a ações e serviços públicos de saúde".

[436] Critério, aliás, menos limitador, uma vez que a variação do PIB pode, inclusive, ser negativa, refletindo a situação econômica do país.

entes subnacionais não é a receita corrente líquida[437], mas o produto total da arrecadação, deduzido das transferências aos municípios).

No mesmo passo, o sistema financeiro constitucional impõe aos estados-membros e municípios um percentual mínimo fixo para despesas com educação, superior àquele imponível à União[438]. Ao passo em que a União tem 18% (dezoito por cento) de sua receita de impostos vinculados às despesas com educação, esse percentual, nos entes subnacionais, monta a 25% (vinte e cinco por cento), nos termos do art. 212[439] da Constituição Federal de 1988.

Note-se, portanto, que a vinculação orçamentária, de índole constitucional, é relativamente muito mais constrangedora, naquilo que concerne aos entes subnacionais, do que no que toca ao orçamento federal. Constrangimento orçamentário é, antes de tudo, constrangimento político.

Não bastassem os constrangimentos constitucionais, em 1997, sob o argumento de permitir à União assumir as dívidas dos estados-federados, foi editada a Lei Federal n. 9.496, de 11 de setembro de 1997, que criou o Programa de Apoio à Reestruturação e ao Ajuste Fiscal dos Estados. Em síntese, a União tomou para si um estoque de dívidas dos entes subnacionais, refinanciando-a, em bases distintas e, diga-se, mais onerosas. Ocorre, porém, que os contratos de refinanciamento de dívidas impostos[440] preveem um limite de

---

[437] A receita corrente líquida corresponde ao produto das receitas tributárias, de contribuições, patrimoniais, industriais, agropecuárias e de serviços, deduzidas as transferências constitucionais, nos termos do art. 2º da Lei de Responsabilidade Fiscal.

[438] A vinculação de despesas à educação remonta, aliás, à célebre emenda João Calmon à Constituição de 1967, datada de 1976, que visava a restabelecer a vinculação já presente na Constituição de 1946 e na Lei de Diretrizes e Bases da Educação (então Lei Federal n. 4.024, de 1961). V. HORTA, José Luiz Borges. *Direito Constitucional* (...). *Op cit*, p. 112 *et seq*.

[439] "Art. 212. A União aplicará, anualmente, nunca menos de dezoito, e os Estados, o Distrito Federal e os Municípios vinte e cinco por cento, no mínimo, da receita resultante de impostos, compreendida a proveniente de transferências, na manutenção e desenvolvimento do ensino."

[440] Com efeito, o vocábulo imposição não se refere, por óbvio, a eventual efeito de uma força física sobre os estados, mas, antes, ao sentido jurídico do verbo impor. Em realidade, os entes subnacionais sempre estiveram em verdadeiro estado de necessidade, fazendo com que sua vontade política nunca tenha se manifestado plenamente livre.

comprometimento orçamentário, para fazer face ao serviço da dívida, perante o Governo Federal, cuja média é de 13% (treze por cento) da receita líquida real[441].

Assim, os estados-federados tem seu orçamento pré-fixado, sem qualquer interferência dos parlamentos estaduais, em mais de 50% (cinquenta por cento) do total de seus ingressos. Essa cifra, aliás, pode chegar a mais de 60% (sessenta por cento) de limitação, quando considerados os duodécimos referentes às despesas dos Poderes Legislativo e Judiciário e do Ministério Público. Nesse sentido, sob a ótica dos desembolsos, nota-se que os entes subnacionais dispõem de pouca (ou quase nenhuma, uma vez que a esmagadora maioria dos estados membros vive à margem do limite prudencial de gastos com pessoal, que é de 49% (quarenta e nove por cento) da receita corrente líquida) margem de inovação no desempenho de suas tarefas constitucionais.

A inexistência de espaço orçamentário (veja-se, por hora, estamos analisando apenas a dimensão orçamentária, ou seja, a capacidade de planejamento, sem qualquer menção à capacidade financeira, que é a disponibilidade de numerário) é característica de um federalismo débil. Ao urdir um sistema de pré-comprometimento de gastos, o legislador constituinte enfraquece as instâncias polícias regionais, limita o espectro de inovação institucional e torna mais a lenta a capacidade de resposta dos poderes executivos às vicissitudes econômicas.

Ainda naquilo que toca ao regime jurídico das despesas, para além da maior margem orçamentária, em termos de vinculação de recursos, conferida à União, não se pode olvidar que, desde 1994[442], o ente federativo central frui da liberdade orçamentária franqueada

---

[441] O conceito de RLR encontra-se na Lei nº 9.496/97, em seu art. 2º, parágrafo único, in verbis: RLR é a receita realizada nos doze meses anteriores ao mês imediatamente anterior àquele em que se estiver apurando, excluídas as receitas provenientes de operações de crédito, de alienação de bens, de transferências voluntárias ou de doações recebidas com o fim específico de atender despesas de capital e, no caso dos Estados, as transferências aos Municípios, por participações constitucionais e legais.

[442] Em 1994, o mecanismo de desvinculação orçamentária foi chamado Fundo Social de Emergência e concebido para contribuir para a estabilização da inflação, após o advento do Plano Real.

pela Desvinculação das Receitas da União – DRU. Explica-se: o art. 76 do Ato das Disposições Constitucionais Transitórias – ADCT desvincula 30% das receitas da União "relativa às contribuições sociais, sem prejuízo do pagamento das despesas do Regime Geral da Previdência Social, às contribuições de intervenção no domínio econômico e às taxas".

8.4. O FEDERALISMO FISCAL-TRIBUTÁRIO: A RECEITA PÚBLICA

A teoria geral do direito tributário[443] indica a diferença fundamental entre os diversos tipos de tributos (impostos, taxas, contribuições sociais e de intervenção no domínio econômico, contribuições de melhoria e empréstimos compulsórios) a partir da destinação do produto da arrecadação.

Se os impostos têm proibição constitucional de vinculação (ressalvado o acréscimo de alíquota específico, para destinação aos fundos de erradicação da pobreza e combate à miséria, nos termos do art. 79 c/c 80 do ADCT), as taxas e, em especial, as contribuições sociais têm em mira o custeio das atividades, às quais sua instituição está ligada.

Nesse sentido, as contribuições sociais federais (dentre elas hoje se destacam a Contribuição Previdenciária, Contribuição Social sobre Lucro Líquido – CSLL, a Contribuição Social para o Financiamento da Seguridade Social – COFINS, o Programa de Integração Social – PIS, o Programa de Formação do Patrimônio do Servidor Público – PASEP, o "Salário Educação", bem como as diversas contribuições para o sistema 'S') foram concebidas pelo legislador constituinte para custear a previdência e a saúde públicas, bem como a assistência social. A título de exemplo, apenas em 2015, a União arrecadou, a título de PIS, COFINS, CSLL, PASEP e Contribuição Previdenciária o valor de R$ 710.737.000.000,00 (setecentos e dez bilhões, setecentos e trinta e sete milhões de reais)[444]. Esse número não é exaustivo, pois a base

---

443 Cf., v. g., ATALIBA, Geraldo. *Hipótese de Incidência Tributária*. 4 ed. São Paulo: Editora Revista dos Tribunais, 1990, p. 15 *et seq.* Ainda, BALEEIRO, Aliomar. *Direito Tributário Brasileiro*. 11 ed. Rio de Janeiro: Forense, 2011, p. 68 *et seq.*

444 Fonte: <http://idg.receita.fazenda.gov.br/dados/receitadata/arrecadacao/relatorios-do-resultado-da-arrecadacao/arrecadacao-2015>. Acessado em 18 out. 2016, às 23h03min.

de cálculo da DRU – Desvinculação de Receitas da União – inclui, ainda, a arrecadação com as contribuições de intervenção no domínio econômico (v.g. CIDE-combustíveis), bem como as demais taxas instituídas pelo Governo Federal. De toda sorte, o número mostra o vulto da arrecadação federal.

Nesse passo, o Governo Federal pode redirecionar recursos especificamente destinados ao custeio de determinadas políticas públicas a seu encargo, de modo a tornar mais flexível a execução orçamentária da União. Os chamados "tributos finalisticamente afetados" são, portanto, desnaturados no contexto orçamentário, dando maleabilidade ao Poder Executivo federal. Solução distinta, porém, foi adotada para os demais entes subnacionais. Nos termos dos arts. 76-A e 76-B do Ato das Disposições Constitucionais Transitórias, são desvinculados de órgão, fundo ou despesa, até 31 de dezembro de 2023, 30% (trinta por cento) das receitas dos Estados, do Distrito Federal e dos Municípios, relativas a impostos, taxas e multas.

Ora, a solução adotada pelo constituinte é despida de qualquer dimensão prática, recaindo no verdadeiro vazio. Explica-se: os impostos são, por natureza, desvinculados, de modo que, em relação a eles, a suposta desvinculação não surte qualquer efeito. Dessa sorte, a desvinculação constitucional das receitas dos entes subnacionais tem aplicação prática limitada, aprofundando a disparidade de instrumentos de gestão fiscal à disposição da União e dos demais entes federados.

Vista a organização fiscal-administrativa sobre o prisma das despesas, passaremos a analisar o modo como o legislador constituinte aparelhou cada ente da federação para arrecadar os recursos necessários ao desempenho de suas competências. Essa análise perpassa o exame das competências para tributar, bem como dos mecanismos de redistribuição do produto da arrecadação.

Segundo o modelo da Constituição Federal de 1988, à União cabe tributar a produção industrial (IPI), a renda de pessoas físicas e jurídicas (IRPF e o IRPJ), a propriedade rural (ITR), as operações financeiras (IOF), bem como as atividades de importação (II) e exportação (IE), bem como sobre as grandes fortunas, tudo a teor do que dispõe o art. 153 da Constituição Federal de 1988.

Aos estados-membros foi reservada a competência para instituir o imposto sobre propriedade de veículos automotores (IPVA), o imposto sobre transmissões *mortis causa* e doações (ITCMD) e o imposto sobre circulação de mercadorias e serviços (ICMS), que é a fonte da maioria esmagadora dos recursos que apostam aos cofres públicos estaduais, *ex vi* do disposto no art. 155 da Constituição Federal de 1988. Aos municípios a Constituição atribui competência para instituir impostos sobre a propriedade territorial urbana (IPTU), sobre a transmissão *inter vivos* de bens imóveis e de direitos reais sobre imóveis, exceto os direitos de garantia (ITBI), bem como sobre as prestações de serviços de qualquer natureza (ISSQN), nos termos do que estatui o art. 156 da Constituição Federal de 1988.

No curso dos trabalhos da Assembleia Nacional Constituinte, os entes subnacionais atuaram como uma força política para ampliar sua autonomia financeira, na esteira da autonomia política que, aos poucos, foram readquirindo em fins do governo militar, ao menos desde as eleições diretas para governadores de estados-federados de 1982. O intento foi, em parte, àquela altura, bem-sucedido. Nesse passo, bases tributárias até então exclusivamente tributadas pelo governo federal – como combustíveis, fornecimento e distribuição de energia elétrica e serviços de telecomunicações –, foram inseridas no âmbito do antigo imposto estadual, ICM, dando origem ao ICMS. De outra parte, foi, bem assim, ampliada a lista de serviços tributados pelos municípios.

Na vertente da despesa, setores tradicionalmente ligados aos movimentos sociais demandaram a ampliação da base de financiamento da seguridade social, que redundou na criação de diversas contribuições sociais, previstas no art. 195 da Constituição Federal de 1988, bem como mecanismos de blindagem dos recursos a ela destinados. Foi assim que a Constituição de 1988 criou um orçamento exclusivo[445]

---

[445] Hoje, o orçamento da União é composto pelo orçamento da administração direta e indireta, o orçamento de investimento (relacionado às estatais) e o orçamento da seguridade social. No regime anterior, além dessas contas orçamentárias, existia a chamada "conta compensação", previsto, de forma genérica, no art. 105, §5º da Lei Federal 4.320, de 17 de março de 1964, ainda em vigor. Em síntese, até 1985, havia uma identidade entre Banco Central, Banco do Brasil e Tesouro da União. Na prática, àquela época, o Banco do Brasil e o Tesouro

da seguridade social. Assim, criou-se um sistema de dualidade fiscal, formado por um sistema tributário geral e um sistema da seguridade.

É, com efeito, a ampliação das fontes de arrecadação vinculadas à seguridade social, que fizeram atrofiar o processo de implementação do federalismo. Essa ampliação, aliás, ocorre no (a) único interesse da União, a qual, afinal, tem fruído, em caráter continuado, dos benefícios da desvinculação das receitas da União (DRU) e (b) à revelia dos demais entes subnacionais.

Como dissemos, a Constituição Federal de 1988, almejando reduzir distorções e alargar o espectro de nosso federalismo, transferiu para a base de arrecadação dos estados-federados (ICMS) diversas atividades produtivas, outrora exclusivamente tributadas pela União. Paralelamente, o rol de benefícios assistenciais foi ampliado, mercê, em especial, da implementação do benefício de renda mínima para pessoas com deficiências e idosos (BPC)[446], bem como da aposentadoria rural[447]. A consequência imediata foi a ampliação das contribui-

---

Nacional poderiam realizar despesas à descoberto, bastando, para tanto, fazer o respectivo lançamento na conta orçamentária compensação, o que desencadeava o suprimento automático de numerário. Assim, o aumento das despesas da União não era acompanhado, necessariamente, de ampliação da dívida pública, mas, sim, uma vez acionada a conta compensação, pela expansão da base monetária e, consequentemente, da inflação. Isso fez dos Presidentes do Banco do Brasil de então verdadeiras eminências pardas da administração pública federal. *Cf.* CYPRIANO, Marcelo P. *Relações entre o Banco Central e o Tesouro Nacional*: Evolução institucional. Separação de contas. Troca de passivos. Dissertação de Mestrado em Economia. Campinas: Instituto de Economia da Unicamp, 1994. *passim*. Ainda, CORAZZA, Gentil. O Banco Central do Brasil: evolução histórica e institucional. *In: Perspectiva Econômica*, v. 2, n. 1, jan-jun., São Leopoldo, Unisinos, 2006, p. 1 *usque* 23.

[446] É o chamado Benefício de Prestação Continuada, que garante renda de um salário mínimo para os assistidos, nos termos da Lei Orgânica de Assistência Social – LOAS, Lei Federal 8.742, de 07 de dezembro de 1993.

[447] O benefício, de caráter híbrido previdenciário-assistencial, para os trabalhadores rurais remonta ao período do regime militar, com a Lei Complementar n. 11, de 25 de maio de 1971, que instituiu o Programa de Assistência ao Trabalhador Rural (PRORURAL). Contemporaneamente, é previsto no art. 143 da Lei Federal 8.213, de 24 de julho de 1991 (que disciplina o Regime Geral de Previdência Social), com as modificações de regime jurídico previstas na Lei Federal n. 11.718, de 20 de junho de 2008.

ções sociais, uma vez que o sistema de retroalimentação do orçamento de seguridade, com aportes verticais dos entes subnacionais, nunca se tornou viável[448].

Se em 1988 as contribuições sociais correspondiam a 17% (dezessete por cento) da arrecadação federal, essa fatia sobe para 45% (quarenta e cinco por cento) em 1993[449], chegando a 58% (cinquenta e oito por cento) em 2015[450]. Veja-se, portanto, que mais da metade da arrecadação centralizada não integra o regime de compartilhamento federativo, pela via dos fundos de participação dos estados e municípios.

No quadriênio 1994-1998, a receita tributária disponível da União representava cerca de 57% (cinquenta e sete por cento) das receitas do país[451], ampliando sua participação gradativamente. Em 2001[452], esse percentual chegou a 59,3% (cinquenta e nove inteiros e três décimos por cento) e 68,47% (sessenta e oito inteiros e 47 décimos por cento) em 2014[453].

---

[448] Observe-se que a seguridade social inclui, para além da assistência e da previdência, também a saúde. Com a canalização de recursos para os benefícios previdenciários e assistenciais, a pressão política dos setores ligados à saúde pública condicionou, de modo ainda mais vigoroso, a ampliação das contribuições sociais, culminando, inclusive, com a criação da Contribuição Provisória sobre Movimentações Financeiras, a CPMF, em 1997. Como lembra Fernando Rezende, o sistema de seguridade alberga, sob uma mesma lógica de financiamento, políticas públicas universais, de índole coletiva (saúde), com políticas públicas individuais homogêneas, de caráter contributivo (previdência), gerando, sempre, inequívocos conflitos. *Cf.* REZENDE, Fernando. Brasil: Conflitos Federativos e Reforma Tributária. *In*: REZENDE, Fernando. *Desafios do Federalismo Fiscal*. Rio de Janeiro: Editora FGV, 2006, p. 86.

[449] *Id. ibid*, p. 87.

[450] Fonte: <http://idg.receita.fazenda.gov.br/dados/receitadata/arrecadacao/relatorios-do-resultado-da-arrecadacao/arrecadacao-2015>. Acessado em 25 out. 2016.

[451] *Cf.* REZENDE, Fernando. *Op. cit*, p. 91.

[452] Fonte: <http://idg.receita.fazenda.gov.br/dados/receitadata/estudos-e-tributarios-e-aduaneiros/estudos-e-estatisticas/estudos-diversos/sistema-e-administracao-tributaria>. Acessado em 25 out. 2016.

[453] Fonte: <https://idg.receita.fazenda.gov.br/dados/receitadata/estudos-e-tributarios-e-aduaneiros/estudos-e-estatisticas/carga-tributaria-no-brasil/29-10-2015-carga-tributaria-2014>. Acessado em 25 out. 2016.

Observa-se, assim, que existe uma concentração de receitas tributárias no nível central de governo, muito em função da ampliação das contribuições sociais. E quais razões levaram à adoção dessa estratégia? Em primeiro plano, assim atuando, o governo federal buscou desvencilhar-se da desconcentração federativa ideada pelo Constituinte de 1988, ao ampliar a base de arrecadação do ICM, transformando-o em ICMS. Em segundo lugar, as contribuições sociais estão menos susceptíveis às limitações constitucionais ao poder de tributar, bastando que se recorde que estão excluídas do princípio da anterioridade[454], a teor do disposto no art. 195, §6º da Constituição de 1988. Por derradeiro, as contribuições são tributos mais fáceis de arrecadar e gerir, quando comparadas aos impostos.

De outra parte, a alternativa fiscal encontrada pela União introduziu assimetrias e ruídos no equilíbrio federativo nacional. Aliás, a cada vez que se procura contornar uma regra constitucional (no caso, aquela da desconcentração tributária) com a adoção de manobras fiscais unilateralizadas (incremento e ampliação das contribuições sociais), produzem-se distorções. Assim, na perspectiva econômica, é preciso observar que as contribuições sociais são impostos cumulativos, incidindo em todas as etapas do processo produtivo, de modo que sua ampla aplicação aprofunda o peso morto tributário. Ainda além, elas contribuem para o enrijecimento da margem de manobra fiscal, uma vez que o produto de sua arrecadação é vinculado, ainda que a União se refestele com a desvinculação destas receitas.

Ao fim e ao cabo, o nível central de governo infla sua arrecadação tributária, concentrando receitas, ao passo em que mantém a descentralização dos gastos, uma vez que a provisão de serviços públicos, de assistência social e saúde é tarefa material majoritariamente atribuída aos entes subnacionais. A expectativa de que a Constituição de 1988 pudesse ampliar a autonomia dos entes subnacionais foi subvertida. A União, por vias transversas, ampliou a arrecadação da seguridade social, para, ato contínuo, desvincular as receitas de suas finalidades constitucionais. A estratégia, para além de aumentar a carga tributária, contribuiu para o incremento da cumulatividade do sistema, agravando a ineficiência distributiva dos tributos[455].

---

[454] Isso significa que as contribuições sociais podem ser exigidas no mesmo exercício financeiro em que entrou em vigor a lei que as instituiu ou majorou, devendo apenas ser observada a espera nonagesimal.

8.5. A QUESTÃO DAS TRANSFERÊNCIAS INTERFEDERATIVAS

Em face dessa perplexidade institucional, engendrou-se no país um sistema de dependência interna dos entes subnacionais, com repercussões políticas, como veremos adiante. A resultante da combinação centralização de receitas *versus* descentralização de gastos coexiste com um sistema intrincado de transferência verticais de recursos. No contexto, há varias espécies de transferências verticais, que podem ser subdivididas em quatro grupos: (a) as transferências constitucionais obrigatórias; (b) as quotas-partes na arrecadação de tributos de competências de entes federativos de maior escala, (c) a repartição de *royalties* e (d) as transferências voluntárias.

As transferências constitucionais obrigatórias englobam os seguintes repasses: (a) fundo de participação dos estados (FPE), (b) o fundo de participação dos municípios (FPM), (c) as transferências no âmbito do SUS, (d) as transferências do Fundo de Desenvolvimento do Ensino Fundamental – Fundef, (c) o fundo de compensação das exportações, (d) as transferências aos estados à conta da Lei Kandir[456], Lei Complementar n. 87, de 13 de setembro de 1996.

O fundo de participação dos estados, previsto no art. 34, §2º da Constituição Federal de 1988, prevê que 21,5% (vinte e um inteiros e cinco décimos por cento) da arrecadação de IR e IPI sejam repartidos entre os estados, em razão direta de população e inversa de renda *per capta*. O fundo de participação dos municípios, também previsto no art. 34, §2º da Constituição de Federal de 1988, prevê que 22,5% (vinte e dois inteiros e cinco décimos por cento) da arrecadação do IR e IPI sejam destinados aos municípios, sendo 10% (dez por cento) desse fundo repartido entre as capitais dos estados-federados, levando em conta a população (razão direta) e a renda *per capta* (razão inversa), e os 90% (noventa por cento) restantes repartidos entre os demais municípios, segundo critérios definidos em 1989.

---

[455] Sobre o chamado "peso-morto" dos tributos, v. MANKIW, Gregory. *Introdução à Economia*: princípios de micro e macroeconomia. Trad. Maria José Monteiro. 2 ed. Rio de Janeiro: Campus Elsevier, 2001, p. 161 *usque* 178.

[456] Alusão ao nome do Deputado Federal, autor do projeto de lei, Antônio Kandir, eleito pelo Partido da Social Democracia Brasileira, o PSDB.

A previsão constitucional do fundo de participação dos municípios teve, especialmente nos primeiros anos da década de 1990, o efeito de exacerbar a tendência municipalista da Constituição de 1988. Entre 1989 e 2001, foram criados 1.181 (mil cento e oitenta e um) municípios no país[457]. Após a alteração dos critérios de repartição do FPM, efetivada pela Lei Complementar n. 106, de 23 de março de 2001, esse ritmo cai vertiginosamente. Assim, entre 2001 e 2010, são criados apenas 58 (cinquenta e oito) novos municípios[458]. A hiper ampliação dos entes federados municipais apenas agravou a distorções regionais, uma vez que a esmagadora maioria dos entes não conta com qualquer fonte de receita, senão os repasses federais. Uma vez que a partilha dos recursos do FPM observa um nítido critério redistributivo, privilegiando municípios "do interior", com pequenas populações, o surto emancipacionista apenas agravou a situação fiscal geral, fragmentando os recursos disponíveis e desconsiderando quaisquer economias de escala. A um só tempo, inexiste um critério de redistribuição espacial de receitas, tampouco uma análise que apure a redistribuição líquida do sistema, ou seja, que considere a contribuição dos entes municipais para o fundo *vis-à-vis* de sua cota. No contexto geral, a dispersão de recursos entre as esferas municipais é tamanha, que não obedece a qualquer critério de redistribuição territorial de riquezas, prejudicando, inclusive, enclaves de pobreza em regiões mais ricas[459].

As transferências no âmbito do SUS, regulamentadas na Lei Federal Complementar n. 141, de 13 de janeiro de 2012, correspondem a recursos dos orçamentos da União, transferidos a estados-federados e municípios (bem como de estados-federados aos municípios), os quais levam em conta critérios populacionais, epidemiológicos, bem como a natureza dos serviços prestados. Há, bem assim, uma cota fixa, *per capta*, transferida aos municípios, para custear as ações de saúde básica.

---

[457] *Cf.* BRANDT, Cristina Thedim. *Op. cit*, p. 63.

[458] *Cf.* Instituto Brasileiro de Geografia e Estatísticas (IBGE). Evolução da Divisão Territorial do Brasil 1872-2010. <http://www.ibge.gov.br/home/geociencias/geografia/default_evolucao.shtm>.

[459] MENDES, Marcos; MIRANDA, Rogério Boueri; COSIO, Fernando Blanco. *Transferências Intergovernamentais no Brasil*: diagnóstico e proposta de reforma. Brasília: Senado Federal, 2008, p. 38 *et circa*.

O fundo de manutenção e desenvolvimento do ensino fundamental e de valorização do magistério, Fundef, foi instituído pela Emenda Constitucional n.º 14, de 12 de setembro de 1996, e regulamentado pela Lei Federal n.º 9.424, de 24 de dezembro do mesmo ano, e pelo Decreto nº 2.264, de junho de 1997. O propósito do Fundef é criar uma subvinculação orçamentária a esse nível de educação. Assim, 15% (quinze por cento) das receitas dos estados-federados e municípios com o FPE e o FPM, com a arrecadação de ICMS, do IPI de produtos exportados, das compensações previstas na Lei Kandir, bem como de eventual complementação da União, compõem o Fundef, que é repartido entre os entes subnacionais, de acordo com o número de alunos atendidos nas respectivas redes de ensino. O uso das verbas do Fundef, de sua parte, também é vinculado, sendo que 60% (sessenta por cento) dos valores deve ser utilizado para a remuneração dos professores e 40% (quarenta por cento) em outras ações de manutenção e desenvolvimento do ensino fundamental.

O fundo de compensação das exportações, previsto na Lei Federal 11.131, de 01 de julho de 2005, prevê o repasse de 10% (dez por cento) da receita do IPI aos estados-federados, com base na contribuição de cada um para o total das exportações do país, sendo que 25% (vinte e cinco por cento) da parcela repassada aos estados-federados é redirecionada aos municípios, com base nos mesmos critérios aplicados à repartição da cota-parte do ICMS.

Para compreender o sentido das transferências interfederativas à conta da Lei Kandir, é preciso rememorar que a Constituição Federal de 1988 criou mecanismos de proteção do pacto federativo fiscal, dentre as diversas normas que impedem a ingerência recíproca dos entes da federação nas órbitas políticas dos demais. Nesse sentido, a regra inscrita no art. 151, inciso III, veda à União instituir isenções dos tributos de competência dos estados-federados e dos municípios. A Lei Kandir, porém, promoveu a isenção do ICMS para os produtos destinados à exportação, inclusive produtos primários e industrializados semielaborados. A tônica central da norma foi dotar o país de maior capacidade de inserção internacional de seus produtos, encartando-se na lógica geral internacional de desoneração dos produtos na origem e tributação no destino[460].

---

[460] O que corresponde, em verdade, a uma prática protecionista-nacionalista, pois visa a, ao menos, equiparar o produto importado ao produto nacional.

De toda sorte, a exoneração concedida pela União impactou fortemente os estados-federados, que passaram a depender dos repasses da União, os quais são calculados ano a ano, com base em estatísticas de exportação de produtos primários e semielaborados, sendo que 25% (vinte e cinco por cento) dos recursos recebidos são repartidos com os municípios. A compensação das perdas dos estados-federados, que opera como uma espécie de "seguro-receita", atingiu seu pico no biênio 2001/2002. No seu ponto de culminação, essa compensação atingiu apenas 58,9%[461] (cinquenta e oito inteiros e nove décimos por cento) das perdas[462].

---

[461] RECEITA FEDERAL. *Dez anos da compensação da Lei Kandir*: conflito insolúvel entre entes federados. Disponível em:

<http://www3.tesouro.fazenda.gov.br/Premio_TN/XIPremio/financas/1tefpXIPTN/1premio_tefp.pdf>. Acessado em 29 out. 2016.

[462] O Estado do Mato Grosso, fortemente impactado pelas exonerações concedidas pela Lei Kandir, ao lado de Minas Gerais e Pará, intentou, perante o Supremo Tribunal Federal, o reconhecimento do débito da União. O Supremo Tribunal Federal furtou-se a analisar o mérito da questão, ao argumento de que a ação declaratória aforada seria incompatível com o pedido condenatório deduzido. A decisão foi assim lavrada: "PROCESSUAL CIVIL. AÇÃO CIVIL ORIGINÁRIA. CONFLITO FEDERATIVO. OBJETIVO DO ESTADO MEMBRO DE RESSARCIMENTO. LEI KANDIR. ICMS INCIDENTE SOBRE EXPORTAÇÕES. PEDIDO DE DECLARAÇÃO DE DIREITO. PRESCRIÇÃO. CARÊNCIA DE AÇÃO. AUSÊNCIA DE INTERESSE PROCESSUAL. MODALIDADE ADEQUAÇÃO. ART. 4º DO CPC. EXTINÇÃO DO PROCESSO SEM ANÁLISE DE MÉRITO. ART. 267, VI, DO CPC. AGRAVO REGIMENTAL A QUE SE NEGA PROVIMENTO. I – Pretensão de "declaração" do direito de ser indenizado pela União. Alegação do Estado membro de que os prejuízos decorrentes da desoneração do ICMS incidente sobre as exportações de mercadorias, na forma da Lei Complementar 87/96 (Lei Kandir), foram maiores do que a compensação estabelecida. II – Ausência de condição das ações aforadas, representada pelo interesse processual, na modalidade adequação. Exclusividade do provimento jurisdicional declaratório para a declaração de existência ou inexistência de relação jurídica, ou a declaração de autenticidade ou de falsidade de documento. Inteligência do art. 4º do Código de Processo Civil. III – O provimento jurisdicional declaratório é absolutamente desprovido de exequibilidade, razão pela qual não enseja a sua execução por meio do cumprimento de sentença. IV – Proibição de pedidos genéricos. Exceção das hipóteses expressamente previstas no art. 286 do CPC. V – Extinção do processo sem análise de mérito. Art. 267, VI, do CPC. VI – Agravo regimental a que se nega provimento". (ACO 812 AgR, Relator(a): Min. Ricardo LEWANDOWSKI, Tribunal Pleno, julgado em 14/05/2014, Acórdão Eletrônico DJe-108 Divulgação 04-06-2014 Publicação 05-06-2014).

Com isso, engendrou-se um modelo em que o eventual incremento das relações positivas da balança de pagamentos do país são suportados pelos orçamentos dos estados-federados. Em outras palavras, o sacrifício fiscal para fomentar as exportações corre à conta quase exclusiva dos estados-federados, uma vez que a União sequer chega proximamente a compensar as perdas de arrecadação dos entes subnacionais.

Outra técnica de descentralização fiscal adotada pelo legislador constituinte é a criação de cotas de redistribuição dos tributos de competência dos estados federados de maior amplitude, destinada aos entes de menor abrangência. Nesse passo, 30% (trinta por cento) do imposto sobre operações financeiras (IOF) sobre as operações com ouro são distribuídos aos estados-federados, e 70% (setenta por cento) aos municípios, onde se origina sua produção, nos termos do art. 153, §5° da Constituição Federal de 1988. Naquilo que concerne ao imposto territorial rural (ITR), 50% (cinquenta por cento) da arrecadação são distribuídos aos municípios, proporcionalmente à localização dos imóveis rurais, nos termos do art. 158, inciso II da Constituição Federal.

Ainda no rol dos impostos federais, a Constituição Federal de 1988 contém regra específica, nos termos dos arts. 157, inciso I e 158, inciso I, que determina que o imposto de renda de pessoa física, retido na fonte, de servidores dos estados-federados e municípios, bem como de suas autarquias e fundações, será de propriedade de cada um dos entes federados. Embora se considere essa regra um dos dispositivos de integrantes do mecanismo geral de partilha de receitas tributárias, essa classificação e enquadramento, a nosso juízo, são tecnicamente equivocados. Explica-se: se, de fato, os estados-federados e municípios retém para si o imposto de renda incidente sobre os proventos de qualquer natureza pagos a seus servidores e àqueles de sua administração indireta, esse montante é deduzido do valor que lhes é repassado à conta do fundo de participação dos estados e dos municípios, a teor do que dispõe o art. 159, §1° da Constituição Federal de 1988. Ora, se, por um lado, o legislador constituinte franqueou aos entes subnacionais a possibilidade de apropriação imediata do imposto de renda incidente sobre as remunerações de seus servidores, de outro, promoveu uma compensação, com valores eventualmente devidos pela União, a serem creditados pela via dos fundos de participação. Nesse sentido, no caso do imposto de renda, não há que se falar em uma participação adicional dos entes subnacionais, mas, apenas e tão-somente, em uma antecipação das cotas dos fundos de participação.

Naquilo que concerne aos impostos de competência estadual, a Constituição Federal de 1988 estatuiu que 50% (cinquenta por cento) da arrecadação do imposto sobre propriedade de veículos automotores (IPVA) seja distribuído aos municípios, com base na origem territorial do fato-gerador do imposto, nos termos do art. 156, inciso III, da Constituição Federal de 1988. Ainda além, impôs o legislador constituinte que 25% (vinte e cinco por cento) da arrecadação do imposto sobre circulação de bens e serviços (ICMS) sejam redistribuídos aos municípios, na proporção de três quartos do montante, com base no valor adicionado ao custo final do bem, no território do município, o chamado critério do "VAF"[463], e o um quarto restante, com base em critérios regionais[464].

O terceiro mecanismo, que operacionaliza as transferências interfederativas, é a repartição dos chamados *royalties*. A Constituição Federal de 1988 definiu o rol de bens pertencentes a cada um dos entes federados, reservando à União a titularidade sobre o subsolo, os recursos naturais aí encontrados, bem como sobre os potenciais de energia hidráulica, as águas marítimas territoriais, a zona econômica exclusiva e a plataforma continental, na esteira do disposto no art. 20 da Constituição Federal de 1988. Os bens reservados à União têm clara dimensão econômica, que se extrai da sua exploração, seja para a geração de energia, seja para a extração de minerais e hidrocarbonetos.

---

[463] Sigla para "valor adicionado fiscal", definido no art. 3º, §§ 1º e 2º, da Lei Complementar Federal n. 63, de 11 de janeiro de 1990.

[464] Essa abertura para que a legislação regional pudesse definir os critérios de repartição das receitas tributárias deu origem às diversas leis "Robin Hood", que definiram diversos critérios de desconcentração de receitas, visando a encontrar mecanismos de diminuição das desigualdades econômicas regionais. Sobre seu impacto em Minas Gerais, cf. FREIRE, Isabella Virgínia. *Avaliação do Impacto da Lei Robin Hood Sobre os Municípios Mineiros*. Belo Horizonte: Fundação João Pinheiro, 2002, *passim*.

Via de regra, a exploração comercial dos bens da União é realizada por entes privados, que se habilitam a tanto por intermédio de concessões. Se, de um lado, o resultado econômico da exploração pertence ao concessionário, de outro, a União também se remunera, seja participando do resultado operacional da exploração[465], seja percebendo uma contraprestação por franquear a exploração de seus bens. Os *royalties* são a denominação genérica das chamadas participações governamentais, que incluem, bem assim, os bônus de assinatura, as participações especiais e pagamentos pela ocupação ou retenção de área. Constituem, logo, modalidade de receita originária patrimonial, distinta, em essência, dos tributos.

As receitas patrimoniais não têm como pressuposto o poder/competência estatal de exação e, bem por isso, não se submetem à sistemática constitucional de limitações a esse poder tributante. Seu pressuposto fundamental é a exploração, de conteúdo econômico, de determinado bem patrimonial da União, nos termos da Constituição. Não se pode, pois, pretender inserir no contexto de repartição das receitas e competências tributárias a lógica de distribuição dos *royalties* e participações governamentais.

Obtempera-se, sem razão, que os *royalties* possuem natureza exclusivamente indenizatória. Não é essa a melhor orientação. Os *royalties* e demais participações governamentais detém um conteúdo duplo, qual seja: indenizatório-remuneratório. Se, de um lanço, os *royalties* e participações governamentais indenizam pela perda de possibilidade de utilização econômica da superfície, de outro, constituem uma espécie de remuneração pela exploração dos recursos naturais e seu consequente esgotamento.

Se a Constituição Federal de 1988 atribui a propriedade exclusiva dos recursos naturais comercialmente relevantes à União, optando por não formar um condomínio federativo, a força do princípio federativo fez com que o produto da exploração desses recursos fosse partilhado entre os entes federativos. Nesse sentido, dispôs o art. 20, §1º da Constituição Federal de 1988:

---

[465] Como, por exemplo, no regime de partilha, previsto no marco regulatório da exploração do petróleo do pré-sal, previsto na Lei federal n. 12.734, de 30 de novembro de 2012.

É assegurada, nos termos da lei, aos Estados, ao Distrito Federal e aos Municípios, bem como a órgãos da administração direta da União, participação no resultado da exploração de petróleo ou gás natural, de recursos hídricos para fins de geração de energia elétrica e de outros recursos minerais no respectivo território, plataforma continental, mar territorial ou zona econômica exclusiva, ou compensação financeira por essa exploração.

Nesse passo, o constituinte criou regra genérica, cujo efeito é proibir à União que se aproprie integralmente dos chamados *royalties*. As regras de distribuição privilegiam o critério da territorialidade, nos termos das leis federais n. 9.478, de 06 de agosto de 1997, e n. 12.351, de 22 de dezembro de 2010, uma vez que os valores, como regra geral, indenizam pela "inviabilização do desenvolvimento de atividades produtivas na superfície"[466]. A adoção do critério territorial justifica-se, sob o prisma jurídico, na consequência fática da exploração, que é a perda de potencial produtivo da superfície, seja pela indisponibilização de *per se* do espaço para a produção, seja pelo exaurimento dos recursos naturais típicos do solo e das águas interiores[467].

Conhecido o panorama geral das transferências constitucionais automáticas, é imperioso observar que, no Brasil, os entes subnacionais passaram a depender, após o fim do período da hiperinflação[468], de modo mais decisivo, das transferências federais, revelando o esgar-

---

[466] *Cf.* Recurso Extraordinário n. 228.800-5 – Distrito Federal. Rel. Min. Sepúlveda Pertence, julgamento em 25.09.2001. DJe de 16.11.2001

[467] O marco regulatório da exploração de petróleo e outros hidrocarbonetos fluidos na camada pré-sal procurou estabelecer uma prioridade de distribuição de royalties aos chamados estados e municípios "produtores". A nosso juízo, porém, trata-se de prioridade inconstitucional, uma vez que, sob o prisma jurídico e político, não se pode falar em território de unidade subnacional, quando se tem em mira as áreas da plataforma continental, do mar territorial ou da Zona Econômica Exclusiva. *Cf.* CABALEIRO SALDANHA, Daniel. *A distribuição dos Royalties do petróleo sobre o prisma do Federalismo Cooperativo*: em defesa de Minas Gerais, em defesa da Federação. *In*: DERZI, Misabel Abreu Machado; BATISTA JÚNIOR, Onofre Alves; MOREIRA, André Mendes. *Estado Federal e Tributação*: das origens à crise atual. v. 01. Belo Horizonte: Arraes Editores, 2015, p. 351 *et seq.*

[468] Após a estabilização econômica advinda do Plano Real, implementado na gestão do Presidente Itamar Franco, os governos deixaram de contar com receitas financeiras das chamadas operações de *over night*, que respondiam por parcela importante de seus orçamentos.

çamento da descentralização fiscal. Em 2015, cerca de 24%[469] (vinte e quatro por cento) das receitas dos entes subnacionais advieram de transferências, o que explicita a extrema dependência de estados e municípios da União.

A dimensão fiscal da dependência é agravada pelas circunstâncias políticas que a condicionam. A dependência fiscal dos entes subnacionais, associada à supramencionada rigidez orçamentária, faz com que estados-federados e municípios sejam dependentes das transferências voluntárias da União[470], para implementarem políticas públicas, que transcendam a manutenção da educação, da saúde e da assistência. Assim, investimentos em cultura, em pesquisa, em esportes, em políticas de equalização social de minorias, em incremento da infraestrutura penitenciária, em assistência técnica rural, em infraestrutura e mobilidade urbana, por exemplo, ficam condicionados às transferências voluntárias, feitas da União aos estados e municípios, bem como dos estados aos municípios.

Essas transferências voluntárias são operacionalizadas através de convênios entre os entes federados, os quais estipulam planos de trabalho, com cronogramas físicas e financeiros, bem como delimitam as obrigações de parte a parte. Regra geral, para além dos recursos recebidos pela transferência, os entes beneficiados têm a seu encargo a obrigação de investirem uma contrapartida própria nos projetos, em geral financeira. Essa dependência das transferências voluntárias verticais tem três consequências deletérias, que fazem perpetuar as assimetrias federativas.

---

[469] RECEITA FEDERAL. *Boletim das Finanças Públicas dos Entes Subnacionais*. Brasília: Imprensa Nacional, 2016, p. 7.

[470] As transferências voluntárias são definidas no art. 25 da Lei de Responsabilidade Fiscal, *in verbis*: "Art. 25. Para efeito desta Lei Complementar, entende-se por transferência voluntária a entrega de recursos correntes ou de capital a outro ente da Federação, a título de cooperação, auxílio ou assistência financeira, que não decorra de determinação constitucional, legal ou os destinados ao Sistema Único de Saúde".

Em primeiro lugar, uma vez que se exige uma contrapartida[471] dos entes subnacionais, para que recebam os recursos das transferências voluntárias, cria-se uma tendência à concentração de investimentos, privam-se do acesso aos recursos aquelas unidades federativas cujos orçamentos não permitem quaisquer gastos adicionais. Em segundo plano, os recursos oriundos das transferências voluntárias, dado seu caráter eventual e episódico, destinam-se às despesas de capital (investimentos), nunca às despesas correntes (custeio). O efeito prático dessa configuração de uso dos recursos públicos é a expansão da infraestrutura e dos equipamentos públicos, desacompanhada da capacidade de custear seu funcionamento e operação. Com isso, gera-se capacidade ociosa e estímulo à terceirização na prestação de serviços públicos, fomentando alternativas precárias, como a transferência de atividades públicas para organizações sociais e organizações da sociedade civil de interesse público[472].

É certo, porém, que relegar o avanço das políticas públicas às transferências voluntárias engendra um ciclo perverso não apenas de dependência fiscal, mas, sobretudo, política. Com efeito, é o próprio elemento da voluntariedade que vicia, na origem, essa modalidade

---

[471] Essa exigência de contrapartida financeira vem sendo repetida, ano a ano, na Lei de Diretrizes Orçamentárias da União. No plano infralegal, é regulamentada no Decreto Federal n. 6.170, de 25 de julho de 2007, bem como na Portaria Interministerial n. 507, de 24 de novembro de 2011.

[472] As organizações sociais e organizações da sociedade civil de interesse público são, via de regra, entidades de direito privado, organizadas, no mais das vezes, sob a forma de associações, as quais, reconhecidas pelo Poder Público, prestam efetivamente serviço público e atividades a ele intimamente correlatas. Sua introdução no ordenamento jurídico brasileiro, em fins da década de 1990 e início dos anos 2000, decorreu da assimilação do conceito de "espaços públicos não governamentais", que pautou a reforma do Estado, iniciada sob a gestão do então Presidente Fernando Henrique Cardoso e orquestrada pelo Ministro Bresser Pereira, sob o epíteto de reforma gerencial. *Cf.* BRESSER PEREIRA, Luiz Carlos. *Reforma do Estado para a Cidadania*. São Paulo: Editora 34, 1998, p. 235 *et seq.* Para uma perspectiva distinta, sobre como essas reformas, ao argumento de ampliarem a governança social, possibilitaram a captura dos centros de decisão por minorias organizadas e a privatização do poder político, *cf.* ARAÚJO, José A. Esteves. Gobernanza y Racionalidad Discursiva. *In*: BOLADERA, Margarita (coord.). *Ciudadanía y Derechos Humanos*. Barcelona: Horsoi, 2009, p. 29 *et seq.* Para uma crítica ao modelo, *cf.* HORTA, José Luiz Borges. *História do Estado* (...). *Op. cit*, p. 169 *et seq.*

de transferência. Uma vez que a seleção dos projetos não ocorre segundo qualquer critério finalístico ou de mérito, a destinação dos recursos públicos observa, via de regra, o alinhamento partidário e os interesses eleitorais (quando não outros, impublicáveis).

Não se argumente que estados e, especialmente, municípios permanecem reféns dessa sistemática. A manutenção dessa modalidade de financiamento de políticas públicas atende, paradoxalmente, aos interesses das castas políticas locais. Isso porque a dependência fiscal é apenas o anverso da dependência política, que alimenta um presidencialismo anacrônico e incompatível com a dimensão territorial do país. Instados a amealhar votos na vastidão de seu território, uma vez que concorrentes no sistema majoritário, presidentes da república e governadores de estado não encontram outra maneira de atingir a capilaridade exigida por campanhas eleitorais senão comissionando os pedidos de votos aos prefeitos municipais e lideranças locais.

A via reversa consiste na disponibilização de recursos públicos, os quais, afinal, são direcionados não segundo critérios de mérito, mas como garantia de manutenção de uma sólida base de alianças, capilarizada ao extremo e, portanto, fortemente enraizada. É arrimado nessa modalidade de transferências que se sustenta o recurso ao discurso da necessariedade do alinhamento político vertical – mímese do messianismo político e do mandonismo local. Ninguém há de chegar ao olimpo dos recursos federais e estaduais, senão pelas mãos dos grupos que mantém uma autêntica relação de mutualismo político.

A complexa lógica de transferências, que alimenta o oligarquismo residual de nosso sistema político, deriva, de sua parte, de um sistema tributário anacrônico e evidentemente ineficiente. Uma reforma do federalismo fiscal passa pela articulação tanto do sistema tributante e da repartição de competências tributárias, quanto do sistema de transferências.

De um lado, a União, como já dissemos, repousa sua estratégia fiscal no incremento das contribuições sociais, especialmente na arrecadação do PIS/COFINS, concorrendo, em termos de base tributária, com estados-federados e municípios. Cria-se, com isso, um sistema de competências tributárias concorrentes (e não compartilhadas), que negligencia qualquer relação com o consumo e a renda locais e, a um só tempo, impulsiona a cumulatividade residual do sistema tributário. De outro, os municípios atuam para bloquear as tentativas de uniformização de um imposto comum sobre valor agregado, a ser compartilhado entre os três entes da federação, encastelando-se na arbitrária distinção entre prestação de serviços e fornecimento de bens, que fundamenta a distinção entre ISSQN e ICMS.

Sob o prisma das transferências interfederativas, verifica-se um quadro de imobilismo federativo, em face da intrincada teia constitucional, que disciplina a circulação dos recursos públicos. A desconstitucionalização das transferências dos estados para os municípios poderia dotar o país de mecanismos mais ágeis para atuar nos contextos de crise econômica, bem como atuaria para prestigiar os parlamentos estaduais eleitos, em detrimento do alinhamento vertical automático executivo-executivo. A sistemática, um tanto caótica, de partilha dos diversos tributos, associada à composição dos fundos de participação, cria um emaranhado normativo, que, perdido nas nuanças burocráticas, vai corroendo as transferências e alargando o "hiato fiscal", que se impõe entre as unidades subnacionais.

Os indicadores hoje adotados (que levam em consideração, em geral, a população local e a posição geográfica) precisam ser substituídos por índices mais complexos, que reflitam indicadores sociais e fiscais, densidade demográfica e distribuição da população nas zonas urbanas (o que contribui para a pressão sobre serviços públicos). Ainda além, o modelo constitucionalizado de distribuição de recursos públicos fecha os olhos para parâmetros de desempenho fiscal, deixando de atuar como estímulo de iniciativas que prestigiem a qualidade do gasto público, para operar, ao contrário, como uma reserva de segurança para políticas perdulárias.

É de se observar, ainda, que as transferências interfederativas observam a obsoleta lógica municipalista, deixando de considerar arranjos político-territoriais hoje muito mais complexos e relevantes, como as regiões metropolitanas. Em áreas efetivamente conurbadas, a segmentação política e fiscal nos limites municipais não apenas deixa de contribuir para a construção de soluções efetivas, mas também agrava disputas e acirrar rivalidades, em zonas de interesse comum. Bem por isso, parcela das transferências mereceria ser destinada aos estados-federados, para investimento na gestão das regiões metropolitanas e na criação de infraestrutura para as chamadas funções públicas de interesse comum.

De um modo geral, o objetivo central das transferências interfederativas é reduzir as desigualdades regionais. O modelo que prestigia o caráter devolutivo das transferências, ou seja, que molda o *quantum* a ser transferido com base em critérios de tributo gerado no território, acaba por incentivar a concentração, antes que estimular a responsabilidade fiscal.

Embora não sejam transferências interfederativas propriamente ditas, a Constituição de 1988 criou mecanismos de financiamento de projetos privados de infraestrutura, destinados a reduzir o hiato de desenvolvimento entre as distintas regiões do país, atuando, portanto, como equalizadores econômicos. Previstos no art. 159, inciso I, alínea 'c', os chamados fundos constitucionais de desenvolvimento do norte, do nordeste e do centro-oeste recebem aportes do Tesouro Nacional, para que sejam providos financiamentos à iniciativa privada.

Esses fundos são operados pelo Banco do Nordeste, pelo Banco da Amazônia e pelo Banco do Brasil, concedendo financiamentos a sociedades empresárias, com projetos na área de infraestrutura. Ocorre, porém, que esses fundos têm uma taxa de retorno altamente negativa, de modo que se perdem recursos a cada período. Assim, o que ocorre, na prática, são verdadeiras doações recursos fiscais a empreendedores privados[473], a demonstrar a ineficiência de uma política de subsídios para se alcançar propósitos federativos. Aliás, essa ineficiência decorre de uma visão míope do papel estatal no processo de criação de homogeneidade econômica nacional. Tenta-se delegar essa função distributiva ao mercado, o qual, sempre, em circunstâncias desse jaez, se pauta por critérios indiferentes aos propósitos estatais. O norte dos entes privados é, e deve ser, o lucro, resulte ou não em mitigação das desigualdades regionais, o que, aos olhos dos agentes privados, é simples circunstância. Os subsídios de crédito, assim como os impostos, geram um peso morto na economia, devido à interferência na articulação de oferta e demanda. Nesse passo, os recursos despendidos com subsídios creditícios melhor seria aplicado em investimento estatal direto, em infraestrutura municipal e logística, realizado seja pela União, seja pelos estados-federados diretamente.

---

[473] MENDES, Marcos; MIRANDA, Rogério Boueri; COSIO, Fernando Blanco. *Transferências Intergovernamentais no Brasil* (...). Op. cit, p. 101 *et seq.*

Por derradeiro, é importante observar que nosso sistema federativo não contempla qualquer modalidade de transferências horizontais. Não se trata, unicamente, de prover a federação de mecanismos para equalizar o nível de renda entre os diversos entes federados, redirecionando recursos àquelas unidades, cujo nível de renda é inferior à média nacional, como ocorre na Alemanha[474], desestimulando os esforços em prol da arrecadação nos entes federados subnacionais. Antes, porém, tratamos de um mecanismo que permita aos entes subnacionais cofinanciarem determinadas políticas públicas, a cargo de seus pares, mas que causem reflexos nas populações e territórios uns dos outros. Assim, as constituições estaduais poderiam prever fundos metropolitanos de equalização e financiamento das funções públicas de interesse comum, alimentados não apenas por recursos estaduais[475], mas por recursos municipais, oriundos do orçamento fiscal das cidades-pólos.

8.6. A GUERRA FISCAL: A QUESTÃO DA SOLIDARIEDADE FEDERATIVA

A Lei Magna de 1988 deixou explícita a posição do Constituinte, naquilo que concerne ao vínculo de solidariedade que une os diversos entes integrantes da federação brasileira. A ideia central é viabilizar a coexistência de unidades autônomas e com capacidade de autogoverno, mas avessas à autofagia e à sabotagem econômica. A década de 1990 foi, porém, testemunha do embotamento dos orçamentos estaduais, em função da recessão iniciada no governo Collor de Mello, da diminuição da margem de mobilidade orçamentária, do crescimento vegetativo das despesas com pessoal, bem como da redução dos investimentos federais diretos.

Nesse contexto de aprofundamento da crise econômica, os estados-federados enveredaram pelo caminho da competição, para atração de sociedades empresárias. Com isso, almejavam incrementar sua base tributária, oferecendo, como chamariz, incentivos fiscais diversos, que variam de regimes especiais de tributação a facilidades de utili-

---

[474] LAUFER, Heinz. *O ordenamento financeiro no Estado Federativo Alemão*. In: FUNDAÇÃO KONRAD- ADENAUER-STIFTUNG. Centro de Estudos. *O federalismo na Alemanha*. v. 7. São Paulo: Fundação Konrad Adenauer, 1995, p. 149 *et seq*.

[475] À semelhança do que ocorre com o fundo metropolitano da Região Metropolitana de Belo Horizonte, em Minas Gerais, nos termos da Lei Complementar estadual n. 88, de 12 de janeiro de 2006.

zação de créditos acumulados de ICMS, financiamentos subsidiados, diferimento de pagamentos etc. O estado-federado que primeiro se lançou, naquilo que se convenciona chamar guerra fiscal, foi o Espírito Santo[476], em 1995, visando a incentivar a utilização de seus portos por grandes importadores.

O fenômeno da competição entre entes subnacionais não é exclusivamente brasileiro. A literatura internacional chama-o "competição interjurisdicional", qualificando-o como um conjunto de medidas fiscais que afetam a base tributária de outros níveis de governo[477]. Um arranjo federativo sadio perpassa a construção de alternativas institucionais, para fazer prevalecer a cooperação sobre a competição. Em princípio, a adoção de um imposto estadual sobre valor agregado nacionalmente uniforme, um IVA (ou, como querem alguns, um Imposto sobre Mercadorias e Serviços, para enfatizar a tributação sobre o consumo) estadual aplicável a todos os estados brasileiros, poderia afastar a possibilidade potencial de conflitos estritamente tributários (em termos, sobretudo, de fixação de alíquotas e de aproveitamento de créditos). A solução, para além de mitigar os possíveis deletérios da competição, privilegia a previsibilidade, elemento fundamental para a construção de um sistema de estabilidade econômica.

A Constituição Federal trouxe diversos mecanismos para controlar os possíveis efeitos de uma guerra fiscal entre os estados-federados. Foi assim que, por exemplo, atribuiu ao Senado Federal a competência para fixar as alíquotas do ICMS nas transações interestaduais e nas exportações (art. 155, §2º, inciso IV), bem como facultou ao Senado definir alíquotas mínimas e máximas para o tributo, bem como atuar como árbitro de conflitos federativo-fiscais (art. 155, §2º, inciso V). Ainda além, quis o Constituinte frear, em alguma medida, a possibilidade de elisão fiscal pela aquisição transfronteiriça de bens, adotando o princípio da tributação no destino (art. 155, §2º, inciso

---

[476] LAGEMAN, Eugênio. O Federalismo Fiscal Brasileiro em Questão. *In*: AFFONSO, Rui; SILVA, Pedro Luiz Barros. *A Federação em Perspectiva*: ensaios selecionados. São Paulo: Fundap, 1995, p. 11.

[477] MINTZ, David; TULKENS, Henry. The OECD convention: model for corporate tax harmonization. *In*: PROUD'HOMME, Rémy. *Public Finance with several levels of governments*. Bruxelas: International Institute of Public Finance, 1991, p. 301 *et seq.*

VII). Malgrado tenha o Constituinte atribuído ao Senado o papel que lhe cabe, a negligência da Casa no tratamento do tema abriu brechas para que essa função de modulação federativa passasse a ser realizada pelo Supremo Tribunal Federal, em prejuízo óbvio do equilíbrio do país e da redução das desigualdades regionais.

O legislador constituinte, optando por privilegiar a autonomia federativa, conferiu ampla margem de discricionariedade política para que cada ente federado operacionalize seu próprio sistema tributário. O art. 155, §2º, inciso XII, alínea 'g' da Constituição Federal de 1988 prevê que lei complementar irá disciplinar a forma de isenções, benefícios e incentivos fiscais que serão concedidos pelos estados-membros. A Lei Complementar n. 24, de 27 de janeiro de 1975, anterior, portanto, à ordem constitucional vigente, disciplina a celebração de convênios para concessão de incentivos e benefícios fiscais. O chamado Conselho Nacional de Política Fazendária – CONFAZ, criado pela lei de 1975, opera como instância federativa de negociação política, na qual os estados federados buscam construir consensos sobre a política fiscal estadual, mas vista sob a ótica nacional.

A autoadesão às normas do CONFAZ, por parte dos entes subnacionais, vem se esgarçando com o passar do tempo. Em 1991, o Estado de São Paulo, ignorando as deliberações do CONFAZ, entendeu por bem baixar as alíquotas dos produtos integrantes de sua cesta básica, na transição do Governo Orestes Quércia, para o Governo Fleury Filho, em período marcado pelo federalismo estadualista. A ala paulista do PMDB buscava se afirmar no cenário nacional, demonstrando autonomia e insensibilidade em relação às questões da nação. As decisões do CONFAZ perdem densidade deontológica, como consequência seja de sua ineficiência, seja da ausência de mecanismos intrínsecos de coerção.

O mecanismo interno de tomadas de decisão no âmbito do CONFAZ merece todos os reparos. A lei impõe às decisões tomadas no âmbito do CONFAZ a necessidade de atingimento da unanimidade. Assim, a concessão de determinada isenção, benefício ou privilégio fiscal, por parte de qualquer dos estados-membros, depende da concordância expressa de todos os demais para que seja efetivada e considerada lícita. A unanimidade foi concebida como uma espécie de fusível político, destinado a proteger estados economicamente mais fracos.

A regra da unanimidade, em órgão que, apesar do verniz técnico, é essencialmente político, vai se degradando e merecendo apenas o descrédito. O estados-federados procuraram, assim, se socorrer do Supremo Tribunal Federal, na ânsia de verem respeitada a regra da unanimidade, como se se tratasse de um epítome do princípio federativo. A interferência judicial em nada contribuiu para a restauração de uma articulação colaborativa, engendrando, apenas, um rescaldo de situações, outrora estabelecidas, nulificadas por decisão jurisdicional. A intervenção do Supremo Tribunal Federal apenas tem efeito de esterilizar as normas regionais, concessivas de benefícios fiscais, sem conseguir restaurar o equilíbrio federativo ou divisar um cenário de maior estabilidade fiscal.

É certo, entretanto, que, embora crie rivalidades, a competição entre entes subnacionais tem, também, uma dimensão positiva. A pressão para a redução dos níveis de tributação tende a comprimir os gastos públicos e incentivar o incremento das medidas de qualidade do gasto público. No mesmo passo, a competição interfederativa impõe aos agentes políticos a manutenção de expedientes ágeis na adequação de sua tributação, pois são instados a responder às demandas de mercado, a fim de manterem os níveis de ocupação econômica de seu território.

No Brasil, porém, a competição tende a assumir contornos especialmente não-cooperativos. Os estados federados, especialmente durante a década de 1990, adotaram estratégias heterodoxas para a manutenção de padrões elevados de competitividade tributária. Foi assim, por exemplo, que estados como Espírito Santo e Minas Gerais valeram-se de seus bancos estaduais de desenvolvimento para custear indiretamente o pagamento de tributos, evadindo-se às normativas do CONFAZ.

Em meados da década de 1990, sobretudo a partir de 1995, os estados-federados engajaram-se na competição pela instalação e ampliação de um parque industrial automotivo, competindo pela instalação de fábricas da Volkswagen (que acabou no estado do Rio de Janeiro), Renault (Paraná), Mercedes Benz (Minas Gerais) e Toyota (São Paulo). A ascensão do Governo Fernando Henrique Cardoso agravou o quadro de competição entre os estados-federados, sobretudo após a criação do Fundo de Estabilização Fiscal, pela

Emenda Constitucional n. 10, de 04 de março de 1996, que reteve 20% (vinte por cento) dos valores devidos aos entes subnacionais, por intermédio dos fundos de participação.

Os estados-membros viram-se na contingência de buscar alargar sua base tributária futura, atraindo investimentos e geração de emprego. O obstáculo negocial da regra da unanimidade, no âmbito do CONFAZ, esvaziou a instância de pactuação, estimulando o unilateralismo político e, a um só tempo, por via de consequência, o ativismo judicial do Supremo Tribunal Federal.

A "guerra fiscal" assumiu duas feições. Se, de uma parte, determinadas unidades da federação passaram a ofertar benefícios fiscais à margem do CONFAZ[478], outras adotaram uma postura apenas reativa. Assim, as unidades da federação passaram a consignar em suas legislações estaduais autorização abstrata, concedida ao poder executivo, para oferecer benefícios fiscais a sociedades empresárias, naquelas hipóteses em que estados competidores o tivesse feito, à revelia do CONFAZ. Em outras palavras, os chefes do poder executivo passaram a gozar de autorização para cobrir as ofertas de seus pares. Trata-se, com efeito, de uma espécie de estado de necessidade administrativo-tributária, apto a excluir a ilicitude da concessão de benefícios fiscais, embora essa sofisticação argumentativa nunca tivesse sido manejada, o que não impediu o Supremo Tribunal Federal de seguir reputando inconstitucionais[479] essas iniciativas.

---

[478] As consequências jurídicas da inobservância do procedimento de aprovação de benefícios fiscais são a (a) a nulidade do crédito tributário ao contribuinte recebedor da mercadoria ou serviço; (b) a exigibilidade do tributo não pago; (c) a irregularidade das contas de governo, a ser apreciada pelos Tribunais de Contas e pelo parlamento; (d) a suspensão dos repasses dos fundos de participação. Malgrado haja um plexo considerável de sanções, o poder dissuasório é restrito, seja pela morosidade dos órgãos de controle, seja pelo formalismo dos Tribunais de Contas, cuja faina diária consiste na repressão a pequenas irregularidades de procedimentos cotidianos da administração, seja pela disseminação do sentido de obsolescência do sistema.

[479] Cf. "ICMS: "guerra fiscal": concessão unilateral de desoneração do tributo por um Estado federado, enquanto vigorem benefícios similares concedido por outros: liminar deferida. A orientação do Tribunal é particularmente severa na repressão à guerra fiscal entre as unidades federadas, mediante a prodigalização de isenções e benefícios fiscais atinentes ao ICMS, com afronta da norma consti-

Embora seja na definição dos padrões de tributação do ICMS o terreno onde se travam as maiores batalhas desta guerra, a definição do IPVA não permaneceu infensa aos desígnios dos governos estaduais, ávidos por expandirem sua base tributária. Nesse passo, não foram poucos os esforços de alguns estados da federação, como o Paraná, para oferecerem benefícios fiscais aos grandes frotistas e locadoras de veículos, resultando, como reação, em medidas administrativas de apreensão de veículos, pelos estados prejudicados, ao argumento de falsidade ideológica de seus proprietários.

No âmbito dos municípios, a competição tampouco está sendo menos severa. Uma vez que, por sua própria natureza, o IPTU pouco se presta à manipulação competitiva, diversos municípios iniciaram suas próprias campanhas de concessão de benefícios fiscais, no âmbito do ISSQN. Se o ambiente político e jurídico, no contexto da competição entre estados-federados, já é claudicante, no panorama geral municipal, a situação é caótica. A crise adquire especiais contornos, mercê da fluidez do regime de prestação de serviços, cuja mobilidade é quase infinita. Conceitos como prestador, estabelecimento comercial e local da prestação dos serviços são quase irrelevantes e demonstram a fragilidade institucional municipal, bem como a artificialidade de sua manutenção como entes políticos autônomos, dotados, inclusive, de capacidade tributária ativa.

---

tucional do art. 155, § 2º, II, *g;* que submete sua concessão à decisão consensual dos Estados, na forma de lei complementar [...]. As normas constitucionais, que impõem disciplina nacional ao ICMS, são preceitos contra os quais não se pode opor a autonomia do Estado, na medida em que são explícitas limitações. O propósito de retaliar preceito de outro Estado, inquinado da mesma balda, não valida a retaliação: inconstitucionalidades não se compensam. Concorrência do *periculum in mora* para a suspensão do ato normativo estadual que, posto inspirada na razoável preocupação de reagir contra o Convênio ICMS 58/1999, que privilegia a importação de equipamentos de pesquisa e lavra de petróleo e gás natural contra os produtos nacionais similares, acaba por agravar os prejuízos igualmente acarretados à economia e às finanças dos demais Estados-membros que sediam empresas do ramo, às quais, por força da vedação constitucional, não hajam deferido benefícios unilaterais." ADI 2.377 MC, rel. min. Sepúlveda Pertence, j. 22-2-2001, *DJ* de 7-11-2003.

Naquilo que toca ao tema central da guerra-fiscal pela arrecadação do ICMS, muito se tem debatido acerca dos efeitos desse embate, sobretudo em um contexto de mercado contemporâneo, em que a liquidez dos capitais é mais pronunciada. O efeito mais evidente é a diminuição geral do nível de arrecadação dos entes federados subnacionais, que, forçados a competir, reduzem alíquotas, concedem benefícios e transigem com sua legislação, verdadeiramente mercantilizando sua autonomia política. É possível, porém, visualizar um outro efeito economicamente deletério, consistente no incremento da cumulatividade residual do sistema tributário.

Para compreender esse efeito, é preciso recordar que a Constituição Federal de 1988 moldou o ICMS como um tributo incidente sobre o valor agregado, ou seja, incidindo a cada etapa do processo produtivo apenas sobre o valor acrescido por aquele integrante da cadeia produtiva. Em outras palavras, o sujeito passivo do tributo (seu contribuinte de direito) pode deduzir do montante devido à administração o *quantum* já pago, a título do mesmo tributo, por aqueles que o antecederam na cadeia produtiva. Em síntese, tomado o preço final de venda de determinado produto ou serviço, o valor do tributo percebido pela administração corresponde à aplicação da alíquota sobre a base de cálculo (geralmente coincidente com o preço). Esse valor, porém, é arrecadado pela administração "parceladamente", ao longo de cada operação da cadeia produtiva.

Esse modelo de tributo não cumulativo depende de um sistema de débitos e créditos, em que o sujeito passivo desconta o imposto incidente nas etapas anteriores de sua circulação, para chegar ao valor por si devido. Assim, ao adquirir produtos e insumos para revenda, a sociedade empresária adquire com eles também os "créditos tributários", de modo que poderá abatê-los do *quantum* devido ao fisco, por ocasião da incidência do tributo nas operações que vier a praticar. A plena operacionalização do princípio da não cumulatividade depende, portanto, de que o Estado reconheça os créditos tributários de cada contribuinte. Esse aspecto adquire especial relevância naqueles contextos em que operação comercial de determinada sociedade empresária estende-se por diversos estados-federados. Isso porque o sujeito passivo da obrigação tributária depende de que os créditos que possui sejam reconhecidos por outras unidades federativas, diversas daquelas em que o crédito foi gerado.

Em geral, os estados federados que se sentem prejudicados por benefícios fiscais concedidos por outras unidades federadas, à míngua de autorização no âmbito do CONFAZ, recusam-se a reconhecer esses créditos, impondo, novamente, a incidência do tributo. Essa dupla incidência, que desconsidera[480] os supostos créditos gerados nas fases anteriores da circulação, apenas faz incrementar a cumulatividade residual do sistema tributário, que acaba sendo suportada pelo consumidor.

O anacronismo[481] da regra da unanimidade, aliado à ausência de uniformidade tributária geram um cenário em que as posições estratégicas assumidas por cada ente federativo, individualmente considerado, terminam por impor perdas ao país, em termos de agregados sociais e econômicos. De fato, não se pode ingenuamente esperar que os entes da federação mantenham relações políticas cândidas

---

[480] Há autores, por exemplo, que entendem ser desnecessária a própria declaração de inconstitucionalidade pelo Supremo Tribunal Federal, para que os estados-membros possam autotutelar sua ordem tributária. Trata-se, com efeito, de uma espécie de negativa de presunção de constitucionalidade de normas estaduais, feita por entes federados distintos daquelas onde foi editada. "Com o respeito às teses já firmadas, entendemos que o Estado de destino tem duas opções à sua frente, justamente em face da comunhão de causas viciantes existentes na lei do Estado de origem. Não tem vigência, no plano infraconstitucional; e é inválida, no plano constitucional. É perfeitamente possível que o Estado de destino, mediante glosa à apropriação de créditos nas operações interestaduais, negue os efeitos aos créditos apropriados pelos contribuintes, não reconhecendo a vigência da lei do Estado de destino em seu território." HARRET, Florence; MENDES, Guilherme Adolfo. *Benefícios fiscais inconstitucionais na cadeia da não-cumulatividade*: por uma solução em benefício do federalismo, da autonomia dos Estados e da livre-concorrência. In: DERZI, Misabel Abreu Machado; BATISTA JÚNIOR, Onofre Alves; MOREIRA, André Mendes. *Estado Federal e Tributação*: das origens à crise atual. v. 04. Belo Horizonte: Arraes Editores, 2015, p. 105.

[481] Anacronismo, aliás, que pode ser interpretado como não recepção da norma pela Constituição vigente, embora o Supremo Tribunal Federal já se tenha manifestado pela constitucionalidade integral do texto da Lei Complementar n. 24/75, por exemplo na ADI n. 1179. Há, porém, autores que, na contramão da política, interpretam a regra da unanimidade como "cláusula pétrea" da constituição, pois protetiva da autonomia dos estados. Cf. MARTINS, Ives Gandra da Silva. *A unanimidade da aprovação dos Estados para concessão de estímulos no ICMS – Cláusula Pétrea Constitucional*. In: DERZI, Misabel Abreu Machado; BATISTA JÚNIOR, Onofre Alves; MOREIRA, André Mendes. *Estado Federal* (...). Op. cit. v. 3, p. 3 *et seq*.

e imaculadas, pois os laços que os unem são forjados no seio da competição política. Espera-se, contudo, que o arranjo constitucional possa arrefecer as rivalidades e desbastar os pontos de atrito, o que apenas pode ser obtido através da negociação política e das pactuações federativas.

A Constituição Federal de 1988, ao contrário, ao buscar ampliar e expandir a autonomia tributária dos entes subnacionais, descuidou de prover a linha mestra normativa, negligenciando a uniformização e silenciando sobre as instâncias de negociação política. Com isso, permitiu que o Supremo Tribunal Federal empoderasse a velha estrutura técnico-burocrática do CONFAZ, cujo imobilismo decisório fomenta soluções marginais e unilaterais. Ao fim e ao cabo, a autoridade do Senado Federal, cuja posição de primordialidade na proteção do princípio federativo está estampada às claras no texto constitucional, é relegada a um plano apenas ancilar, jamais protagonista. A erosão das instâncias políticas representativas franqueia espaços para organizações que, sob o epíteto de representantes da sociedade civil, terminam por manipular os poderes constituídos. Essa é também a observação de Jacques Chevallier:

> As técnicas clássicas de governo, caracterizadas pela imposição unilateral de uma dominação, não coincidem mais com os novos equilíbrios das sociedades contemporâneas: enquanto o princípio da soberania estatal tende a se erodir, as organizações de todas natureza estão à procura de novas tecnologias de poder, que é doravante adequado se enquadrar sob o termo 'governança'[482].

---

482 CHEVALLIER, Jacques. *O Estado Pós-Moderno*. Trad. Marçal Justen Filho. Belo Horizonte: Forum, 2009, p. 273.

9. CONCLUSÕES

Os estudos de teoria constitucional no Brasil têm se dedicado, nas últimas décadas, à questão dos direitos fundamentais e da jurisdição constitucional. Temas, sem qualquer sombra de dúvidas, absolutamente relevantes para o desenvolvimento do sistema jurídico e para o avanço civilizatório de nossa cultura. É estreme de dúvidas, porém, que o Estado brasileiro é disfuncional. No aspecto econômico, não consegue se desincumbir de suas tarefas de fomento e regulação, não induz a geração de empregos e assola a iniciativa privada com sua desconfiança sistêmica, que se traduz em burocracia. Na seara social, após a implementação dos programas de renda básica na gestão do Presidente Luiz Inácio Lula da Silva, pouco avançou, ostentando um dos piores índices de desigualdade do mundo ocidental. Nos domínios da política, vicejam o negocismo, o compadrio e a corrupção, que denigrem a imagem do parlamento, erodindo os debates e a autoridade do principal pilar da república. Urge, pois, que se enfrentem outras temáticas, se investigue, se questione e se critique o modo como se organiza o Estado, invista-se no reexame das instituições, e, sobretudo, não se dê como perfeita e acabada qualquer opção do Constituinte. A chave da evolução está na crítica e no experimentalismo.

É preciso, assim, compreender quais forças moldam a construção política do país, a fim de lançar luzes sobre os interesses, inclinações e objetivos que, muitas vezes, subjazem por detrás de decisões adotadas e modelos, não raras vezes, teimosamente defendidos. Se a política é o centro vivo das aspirações e projetos de uma nação, é no direito positivo que podemos colher a substância desse movimento, para daí extrair a natureza dos conflitos e as forças que preponderam. Bem por isso, o objeto principal de investigação desta tese é o direito positivo nacional, com especial destaque para as normas materialmente constitucionais e que disciplinam os processos políticos. A partir do cotejamento histórico entre as disputas políticas, as mentalidades e seu contexto, com o produto final desse embate – o direito positivo –, pudemos extrair o *leitmotiv* que conduz e condiciona todo o pensamento (e também o agir) político nacional.

Com efeito, esse *leitmotiv* do pensamento *juspolítico* brasileiro é justamente o conflito entre o centralismo político e os núcleos regionais de poder, que se organizam sob uma forma oligárquica bastante operativa. A manutenção da unidade territorial do país passou de obsessão da metrópole colonizadora a questão central do Império, atraindo esforços e recursos para não apenas para defesa das fronteiras, mas também para a criação de vínculos culturais suficientemente fortes e coesos, aptos a evitarem a desagregação.

Mais que um projeto econômico, o ponto central do projeto de país-continente era político. A unidade nacional correspondia diretamente à ideia de potência e de país do futuro, que sempre alimentou o ideário brasileiro. O sucesso dessa empreitada dependia de uma força atrativa, que pudesse impedir o esfarelamento territorial e a desagregação política. O ímpeto centralista brasileiro deriva dessa ambição ancestral, que se apoia em um governo central forte, para dar cobro à manutenção de integridade.

Mesmo durante o Império, o centralismo não pôde se impor pela via única e exclusiva da força. Não há nação que possa resistir, por longos séculos, ao arbítrio único e exclusivo de um governo central, à margem da essência da política que são a negociação, a convivência, o diálogo e a tolerância. Foi preciso fazer concessões aos líderes políticos regionais, que em grande medida controlavam a produção econômica do país e atuavam como dispersores de tendências culturais. Bem por isso, o sistema político brasileiro, ainda nos tempos imperiais, sempre foi caracterizado pelo oligarquismo, que prestigiava famílias politicamente influentes, produtores rurais, grandes comerciantes e chefes regionais, em troca de sua adesão a um projeto de país uno.

Esse *oligarquismo político* tem uma trajetória crescente, em que os grupos políticos vão, aos poucos, se assenhoreando das instituições, que indistintamente tratavam como propriedade sua. Mais que participar dos núcleos, cobiçavam os nichos de poder, seja para atuarem em benefício próprio, seja para se manterem em evidência. O sistema político nacional, assim, estruturou-se no entrecruzamento dessas forças e ambições, adaptando as instituições e processos, para permitir, a um só tempo, a convivência dos potentados locais, com a ideia motriz de manutenção da unidade.

A dissolução do Império representou a vitória das oligarquias, que inauguraram uma República organizada e moldada a seu talante. A secessão, salvo em raros momentos, nunca chegou a ser uma possibilidade concreta, pois o sistema urdido era suficientemente conveniente e hábil para contemplar os diversos núcleos regionais de poder e os articular, segundo uma lógica de prevalência, para controlarem o nível central de governo. Esse sistema foi, precisamente, o federalismo da Primeira República (ou República Velha, como se queira), cujo maior símbolo fora a política dos governadores e o pacto de Ouro Fino.

Mais que ter em vista a eficiência alocativa de recursos ou a efetividade administrativa, o federalismo brasileiro serviu, àquela quadra, como estratégia de acomodação de grupos e interesses. Todo federalismo é, em essência, um esquema de fragmentação territorial de poder. Via de regra, tem em mira dois objetivos básicos, quais sejam: (a) na dimensão espacial, propiciar um maior acesso da cidadania às instâncias decisórias e (b) evitar a concentração de poderes, como medida profilática geral, em relação à tirania. Ocorre, contudo, que, no Brasil, o modelo federalista tem se prestado a objetivos distintos, ainda que inconfessos.

Tanto é assim que, após a Revolução de 1930, sobretudo a partir de 1937, o governo ditatorial de Vargas atacou fortemente o modelo federalista, porque sabia que assim procedendo poderia minar as bases da estrutura oligárquica da sociedade política. É, sobretudo, debitado à conta desse período a identificação entre o autoritarismo e o centralismo, permitindo às oligarquias identificarem o modelo do federalismo à retomada das franquias democráticas. O ressurgimento da democracia, com a Constituição de 1946, foi acompanhada da viva e entusiástica reafirmação do federalismo, que viverá sua plenitude no mais politizado período de nossa história política. O federalismo brasileiro de então se provou suficientemente resiliente para conviver com a acirrada disputa ideológica, sem conduzir o país para qualquer ruptura inconciliável.

Novamente, com o advento do regime militar de 1964, foi feita tábula rasa do regime federalista, com a relativa desconsideração dos grupos regionais de poder. Nota-se, pois, uma associação, um tanto perniciosa, entre as estratégias de consolidação de um poder autocrático e o esvaziamento do federalismo. A retomada da democracia, em 1987-1988, foi uma mola propulsora da retomada federalista, alçado, porém, a níveis ainda desconhecidos. Nas palavras de Paulo Bonavides e Paes de Andrade:

> Foi ela a primeira Constituinte brasileira que não se originou de uma ruptura anterior das instituições [...] a ruptura [...] se operou na alma da Nação, profundamente rebelada contra o mais longo eclipse das liberdades públicas: aquela noite de 20 anos sem parlamento livre e soberano, debaixo da tutela e violência dos atos institucionais, indubitavelmente um sistema de exceção autoritarismo e ditadura cuja remoção a Constituinte se propunha fazê-lo, como em rigor o fez[483].

Embora possa existir uma tendência de identificação entre democracia e federação, essa associação não é categórica. Por certo, toda repartição de poderes atua preventivamente em relação à instauração de uma autocracia, ou ditadura, como queira, mas a exacerbação dessa repartição pode servir a propósitos diversos. A miniaturização da política contribui não apenas para a degradação da autoridade das instâncias representativas, mas também, a partir de determinado ponto de saturação, opera no sentido inverso, a favorecer a predominância de determinados núcleos de poder, que tornam-se soberanos, imersos em um conjunto múltiplo de entes políticos satelitais.

O estudo da evolução do direito positivo brasileiro, em especial dos textos constitucionais e normas de organização do Estado e dos processos políticos, demonstra que nosso federalismo tem surgido, via de regra, como alternativa para viabilizar modelos oligárquicos de exercício de poder. Embora esse discurso tenha sido revestido, em 1987-1988, com o verniz democrático, o texto da Constituição de 1988, ao ampliar o modelo federalista, para incluir a miríade de municípios como entes políticos, cooperou com essa dinâmica. Ao alçar os municípios aos píncaros da política nacional, conferindo-lhes um conjunto até então inaudito de competências materiais e tributárias, o texto constitucional vulgarizou os *lugares políticos*, abrindo espaços múltiplos de acomodação para grupos marginais de poder, que operam como sustentáculos das instâncias centrais.

A extrapolação do federalismo, conquanto bem se encaixe na narrativa democrática da Constituinte de 1987-1988, serviu e serve a propósitos distintos. Com ela, abre-se um espaço amplíssimo de acomodação de grupos de menor estatura, que convivem muito bem com o centralismo escamoteado do sistema. O exército de prefeitos de

---

483 BONAVIDES, Paulo; ANDRADE, Paes de. *História Constitucional do Brasil*. Brasília: Senado Federal, 1989, p. 451.

pequenos municípios podem satisfazer os interesses de seus grupos com as parcas migalhas das transferências constitucionais e os cargos mal remunerados de provimento em comissão e recrutamento amplo que vicejam nas estruturas administrativas municipais, propiciando um duplo benefício para a União – de um lado, desoneram o ente central de qualquer responsabilidade material pela prestação de serviços básicos (saúde e educação elementares públicas); e, de outro, operam como aglutinadores de votos e sustentáculos de base.

Muito se tem debatido acerca da excessiva e predatória centralização da União, no contexto do federalismo contemporâneo brasileiro. A preocupação é fundada. A União, ao passo em que concentra recursos, está desonerada da prestação direta de serviços. Ocorre, entretanto, que essa centralização convive, paradoxalmente, com um modelo que comporta outros milhares de entes federados municipais. Em síntese, há um ente central hipertrofiado e magnético, que convive com uma constelação de outros entes federados, muito frágeis, ineficientes e assoberbados.

Todas as tentativas de frear o centralismo da União tem esbarrado em obstáculos de ordem institucional. Isso porque, conquanto paradoxal, o modelo, embora claudicante, atende a interesses inconfessáveis, que atuam para garantir sua inércia. É preciso implementar uma solução que, antes de temperar as instituições existentes, possa, efetivamente, modificá-las substancialmente, em um exercício de experimentação enérgica. Nas palavras de Mangabeira Unger:

> A política de repetidas mudanças estruturais é necessariamente uma política de alta-energia. Para que a alta-energia persista para além dos interlúdios de entusiasmo coletivo é preciso encontrar sustentação em acordos e ajustes amigáveis ao crescimento do engajamento popular. Para que a alta energia possa exercer um efeito produtivo e duradouro, ela deve deixar seu trabalho inscrito na ordem institucional e imaginativa da sociedade[484].

---

[484] "*A politics of repeated structural change is necessarily a high-energy politics. For the high-energy to persist beyond interludes of collective enthusiasm it must find sustenance in arrangements friendly to the rise of popular political engagement. For the high energy to exercise a lasting productive effect it must leave its work inscribed in the institutional and imaginative order of the society.*" MANGABEIRA UNGER, Roberto. *Democracy realized* (...). *Op. cit*, p. 266.

A alteração de instituições é, sobretudo, uma tarefa do Direito. A nosso juízo, assim, deve-se combater o desequilíbrio federativo com a eliminação dos municípios enquanto entes federativos, suprimindo essa etérea franja federativa. Os municípios deveriam assumir a feição de autarquias estaduais territoriais, com a supressão de seu poder legislativo, em prol de um conselho deliberativo não-remunerado, como órgão de cada uma das autarquias. Ainda além, as regiões metropolitanas, essas sim, deveriam ser alçadas à condição de entes federados, contando inclusive com representação senatorial una, para ser proporcional ao seu peso no concerto da federação.

Por óbvio, trata-se de um arrojo experimental, que, como de resto todas as coisas humanas, está sujeito ao fracasso. O imobilismo, porém, nos parece mais pernicioso. O investigar da história nos demonstra que existe uma continuidade não interrompida na história político-jurídica do país: a dominância das oligarquias. Interromper esse fluxo depende de alguma dose de radicalismo e ruptura. Embora possa parecer contraditório combater o desequilíbrio federativo com a supressão de entes federativos, essa medida irá desembocar no fortalecimento dos estados-federados, na dinamização dos processos eleitorais, no robustecimento dos debates ideológicos (de vez que se enfraquece o voto-retribuição) e, em especial, na eliminação de deseconomias de escala.

É preciso, ainda, estar atento ao alerta de Mangabeira Unger e criar um modelo que possa angariar o engajamento político da sociedade. O argumento de que o município está mais próximo da população parece não resistir na contemporaneidade, em que redes sociais, aplicativos e toda sorte de ferramentas de comunicação conectam todos a tudo. A questão da distância física dos centros decisórios se apequena e será facilmente superada em face do mais sedutor de todos os argumentos: a possibilidade de otimizar a aplicação de recursos públicos e reduzir os meandros onde se esconde a corrupção miúda, mas deletéria.

Não se pode avançar na re-estruturação do federalismo defendo mais do mesmo. Será preciso perceber que a fragmentação favorece a inércia e que a inércia é madrasta do atraso. Com Mangabeira Unger podemos aprender que radicalizar é mudar:

a oportunidade é a luta que tem lugar sobre as categorias legais e prerrogativas que definem as formas institucionais do mercado e da democracia. As ideias abastecem o método [...]. As ideias geram uma visão animada da sociedade, que apagam o contraste entre as lutas revolucionárias contra a ordem estabelecida [...]. Como resultado, uma sociedade assim estruturada tem mais intercâmbios, produção e conexões pessoais totalmente liberados da força viciada de dominação e dependência e das compulsões de um senso de possibilidade não explorado[485].

---

[485] "[...] *the opportunity is the struggle that takes place over the legal categories and entitlements that define the institutional forms of the market and the democracy. The ideas supply the method [...]. The ideas generate the animating vision of a society that has effaced the contrast between revolutionary struggles over the established order [...]. As a result, such a society has more fully liberated exchange, production, and personal attachments from the vitiating force of dominance and dependence and from the compulsions of an unexamined sense of possibility.*" MANGABEIRA UNGER, Roberto. *The Critical Legal Studies Movement*: another time, another task. New York: Verso, 2015, p. 207-208.

10. REFERÊNCIAS BIBLIOGRÁFICAS

ABREU E LIMA, José Ignácio de. *Compêndio da História do Brasil*. Rio de Janeiro: Eduardo e Henrique Laemmert, 1843.

ABREU, João Capistrano de. *Capítulos de História Colonial*: os caminhos antigos e o povoamento do Brasil. Editora UnB: Brasília, 1982.

ABREU, Alzira Alves de (coord.). *Dicionário Histórico-Biográfico Brasileiro pós-1930*. 2a ed. Rio de Janeiro: FGV/CPDOC, 2001.

ADORNO, Sérgio. *Os Aprendizes do Poder:* o bacharelismo liberal na política brasileira. Rio de Janeiro: Paz e Terra, 1988.

ALENCASTRO, Luís Felipe. *Le commerce de vivants*: traites d'esclaves et "Paix Lusitana" dans l'Atlantique Sud. Tese de Doutorado. Paris: Université Paris X, 1986.

ALMEIDA, Cândido Mendes de. *Auxiliar Jurídico*: apêndice às Ordenações Filipinas. Ed. facsimilar (ed. 1870). Lisboa: Fundação Calouste Gulbenkian, 1985.

ALTHUSIUS, Johannes. *Politica Methodice Digesta Exemplis Sacris & Profanis Illustrata*. Aalen: Scientia, 1958.

ALTHUSIUS, Johannes. *The Politics of Johannes Althusius*. Trad. Frederick S. Carney. Indianapolis: Liberty Fund, 1995.

ALVES, Francisco das Neves; *et all*. *Pensar a Revolução Federalista*. Porto Alegre: Editora da FURG, 1993.

ANASTASIA, Carla Maria Junho. *Levantamentos setecentistas mineiros. Violência coletiva e acomodação*. In: FERREIRA FURTADO, Júnia (Org.). *Diálogos Oceânicos*: Minas Gerais e as novas abordagens para uma história do Império Ultramarino Português. v. 1. 1 ed. Belo Horizonte: Editora UFMG, 2001.

ANASTASIA, Carla Maria Junho. Minas Rebelada/Revoltas nas Minas Gerais nos Setecentos. *In*: STARLING, Heloísa M. M.; CARDIA, Gringo; GOULART, Sandra Regina, MARTINS, Bruno Viveiros. (Org.). *Minas Gerais*. v. 1. 1ed. Belo Horizonte: Editora UFMG, 2012.

ANDRADE, Manoel Correia de. *A Terra e o Homem do Nordeste*: contribuição ao estudo da questão agrária no Nordeste. 6 ed. Recife: Editora Universitária UFPE, 1998.

ANDRADE, Manuel Correia de. *As raízes do separatismo no Brasil*. São Paulo: Editora Unesp, 1998.

ANDRADE, Marcos Ferreira de. *Elites Regionais e a formação do Estado Imperial brasileiro*. Rio de Janeiro: Editora do Arquivo Nacional, 2008.

ARARIPE, Tristão de Alencar; LEAL, Aurelino. *O Golpe Parlamentar da Maioridade*. Brasília: Senado Federal, 1978.

ARAÚJO, Ana Cristina. *A cultura das luzes em Portugal*: temas e problemas. Lisboa: Livros Horizonte, 1980.

ARICATO, Ermínia. *Brasil, cidades*: alternativas para a crise urbana. 2 ed. Petrópolis: Vozes, 2001.

ARRAES, Miguel. *O Brasil, o povo e o poder*. s.l.: TC Gráfica Editora Ltda, s. d.

ATALIBA, Geraldo. *Hipótese de Incidência Tributária*. 4 ed. São Paulo: Editora Revista dos Tribunais, 1990.

BALEEIRO, Aliomar. *Direito Tributário Brasileiro*. 11 ed. Rio de Janeiro: Forense, 2011.

BARACHO, José Alfredo de Oliveira. O princípio da subsidiariedade: conceito e evolução. In: *Revista de Direito Administrativo*, Rio de Janeiro, v. 200, abr./jun. 1995.

BARACHO, José Alfredo de Oliveira. *Teoria Geral do Federalismo*. Belo Horizonte: FUMARC, 1982.

BARBOSA, Rui. A mensagem. O código civil. In: *Obras completas de Rui Barbosa*. v. 26, t. 5. Rio de Janeiro: Ministério da Educação e Cultura, 1956.

BARBOSA, Rui. Discursos parlamentares. In.: *Obras completas de Rui Barbosa*. v. 29, t. 5. Rio de Janeiro: Ministério da Educação e Cultura, 1955.

BARBOSA, Rui. *Parecer do Senador Rui Barbosa sobre redação do projeto da Câmara dos Deputados*. In: *Obras Completas de Rui Barbosa*. v. 29, t. 1. Rio de Janeiro: Ministério da Educação e Saúde, 1949.

BARBOSA, Rui. *Réplica às defesas da redação do projeto de código civil brasileiro, na câmara dos deputados – 1904*. Rio de Janeiro: Conselho Seccional da OAB/RJ: Fundação Casa de Rui Barbosa, 1980.

BARRETO, Tobias. *A questão do Poder Moderador e outros ensaios brasileiros*. Petrópolis: Vozes, 1977.

BASTOS, Aurélio Wander. *O Ensino Jurídico no Brasil*. 2. ed. Rio de Janeiro: Lumen Iuris, 2000.

BASTOS, Celso Ribeiro. *Curso de Direito Constitucional*. São Paulo: Celso Bastos Editor, 2002.

BATISTA JÚNIOR, Onofre Alves. *O outro Leviatã e a corrida ao fundo do poço*. São Paulo: Almedina, 2005.

BAUMAN, Richard W.; KAHANA, Tsvi. *The Least Examined Branch*: the role of legislatures in the Constitutional State. Cambridge: Cambridge University Press, 2006.

BAVARESCO, Agemir; MORAES, Alfredo. *Paixão e Astúcia da Razão*. Porto Alegre: Editora Fi, 2013.

BEÇAK, Rubens. *A Hipertrofia do Executivo Brasileiro*: o impacto da Constituição de 1988. Campinas: Millenium, 2008.

BEÇAK, Rubens. *Sucessão Presidencial de 1955*: aspectos políticos e jurídicos. São Paulo: Editora Juarez Oliveira, 2003.

BEÇAK. Rubens. A separação de Poderes, o Tribunal Constitucional e a Judicialização da Política. In: *Revista da Faculdade de Direito da Universidade de São Paulo*, v. 103, jan./dez. 2008, São Paulo, Universidade de São Paulo, 2008, p. 325 *usque* 336.

BENEVIDES, Maria Victoria de Mesquita. *A UDN e o udenismo*. São Paulo: Paz e Terra, 1981.

BENTIVOGLIO, Júlio. *O império das circunstâncias*: o Código Comercial e a política econômica brasileira (1840-1860). Tese de doutorado. São Paulo: Faculdade de Filosofia, Letras e Ciências Humanas da Universidade de São Paulo, 2002.

BERBEL, Márcia; OLIVEIRA, Cecília Helena de Salles (Org.). *A experiência constitucional de Cádis*. São Paulo: Alameda, 2012.

BERCOVICI, Gilberto. A descentralização de políticas sociais e o federalismo cooperativo brasileiro. In: *Revista de Direito Sanitário*, v. 3, n. 1, São Paulo, s.e., 2002.

BERNARDES, Denis Antônio de Mendonça. *O Patriotismo Constitucional:* Pernambuco, 1820-1822. Recife: Editora Universitária UFPE, 2006.

BETHELL, Leslie (Org.). *História da América Latina*: da independência a 1870. Trad. Maria Clara Cescato. v. III. São Paulo: Editora USP, 1985.

BETHELL, Leslie. *The Abolition of the Brazilian Slave Trade*. Cambridge: Cambridge University Press, 1970.

BEVILACQUA, Clóvis. *História da Faculdade de Direito do Recife*. 2. ed. Brasília: INL/CFC, 1997.

BEVILÁQUA, Clóvis. *Em defesa do Projeto de Código Civil Brasileiro*. Rio de Janeiro: Livraria Francisco Alves, 1906.

BEVILÁQUA, Clóvis. *O problema da codificação do direito civil brasileiro*. Recife: Papelaria Americana, 1896.

BIELSCHOWSKY, Raoni. *Cultura Constitucional*. Tese de Doutorado. Belo Horizonte: Faculdade de Direito da Universidade Federal de Minas Gerais, 2016.

BIELSCHOWSKY, Ricardo. Formação Econômica do Brasil: uma obra-prima do estruturalismo cepalino. In: *Revista Econômica Política*, vol. 9, n. 4, out-dez, 1989, p. 49-67.

BOBBIO, Norberto. BOVERO, Michelangelo. *Sociedade e Estado na Filosofia Política Moderna*. Trad. Carlos Nelson Coutinho. 4 ed. São Paulo: Brasiliense, 1994.

BOBBIO, Norberto. *Teoria do Ordenamento Jurídico*. Trad. Maria Celeste Cordeiro Leite. 6. ed. Brasília: Ed. UnB, 1995.

BOLADERA, Margarita (Coord.). *Ciudadanía y Derechos Humanos*. Barcelona: Horsoi, 2009.

BONAVIDES, Paulo; ANDRADE, Paes de. *História Constitucional do Brasil*. Brasília: Senado Federal, 1989.

BONAVIDES, Paulo. *Ciência Política*. 10 ed. São Paulo: Malheiros, 2000.

BONAVIDES, Paulo. *Curso de Direito Constitucional*. 6 ed. São Paulo: Malheiros: 1996.

BRANDÃO, Ulisses. *A Confederação do Equador*. Recife: Instituto Arqueológico, Histórico e Geográfico de Pernambuco, 1924.

BRANDT, Cristina Thedim. A criação de municípios após a Constituição de 1988: impacto sobre a repartição do FPM e a Emenda Constitucional n. 15, de 1996. *In: Revista de Informação Legislativa*, ano 47, n. 187, jul./set., Brasília, Senado Federal, 2010. p. 59 *usque* 75.

BRASIL. *Annaes do Parlamento Brasileiro*: 1834. Rio de Janeiro: Tipografia do Instituto Histórico e Artístico, 1879.

BRASIL. *Coleção das Leis do Império do Brazil*. Rio de Janeiro: Typ. Nacional, 1876.

BRASIL. *Coleção de Leis do Império do Brasil – 1831*. Vol. I. pt. I. Rio de Janeiro: Typografia Nacional, 1832.

BRASIL. *Coleção de Leis do Império do Brasil – 1850*. Vol. I. pt. I. Rio de Janeiro: Typografia Nacional, 1851.

BRASIL. *Coleção de Leis do Império do Brasil – 1871*. Vol. I. pt. I. Rio de Janeiro: Typografia Nacional, 1872.

BRASIL. *Coleção de Leis do Império do Brasil – 1885*. Vol. I. pt. I. Rio de Janeiro: Typografia Nacional, 1886.

BRASIL. *Colleção das Leis do Império do Brazil de 1810*. Rio de Janeiro: Imprensa Nacional, 1891.

BRASIL. *Colleção das Leis do Império do Brazil de 1827*. Rio de Janeiro: Imprensa Nacional, 1891.

BRASIL. Decreto n. 376, 12 de agosto de 1844. Manda executar o Regulamento e Tarifa para as Alfandegas do Imperio. *In*: Lex: *Colecção das Leis do Imperio do Brasil*, tomo 7º, parte 2ª, seção 26ª. Rio de Janeiro: Typ. Nacional, 1844.

BRASIL. *Diário da Assembleia Geral Constituinte e Legislativa do Império do Brasil de 1823*. v. 1-3. Ed. fac-similar. Brasília: Editora do Senado, 2003.

BRASIL. *Estatísticas Históricas do Brasil*: séries econômicas, demográficas e sociais, de 1550 a 1988. Rio de Janeiro: Instituto Brasileiro de Geografia e Estatística – IBGE, 1990.

BRASIL. *Publicações do Arquivo Nacional*. v. XVIII. Rio de Janeiro: Imprensa Nacional, 1918.

BRASIL. *Relatório da Repartição dos Negócios da Justiça apresentado à Assembleia Geral Legislativa na primeira Sessão da quinta Legislatura pelo Ministro e Secretário de Estado Paulino José Soares Souza*. Rio de Janeiro: Tipografia Nacional, 1843.

BRAUDEL, Fernand. Écrits sur l'histoire. Paris: Champs Flammarion, 1969.

BREMAEKER, François E. J. de. Os novos municípios brasileiros. *In*: *Revista de Administração Municipal*, Rio de Janeiro, v. 38, n. 200, jul./set. 1991, p. 82 et seq.

BRESSER PEREIRA, Luiz Carlos. *Reforma do Estado para a Cidadania*. São Paulo: Editora 34, 1998.

BUARQUE DE HOLANDA, Sérgio. *Raízes do Brasil*. 26 ed. São Paulo: Companhia das Letras, 2004.

BUARQUE DE HOLANDA, Sérgio. *Visão do Paraíso*: os motivos edênicos no descobrimento e na colonização do Brasil. São Paulo: Companhia Editora Nacional, 1969.

BUENO, Clodoaldo. *Política Externa da Primeira República*. São Paulo: Paz e Terra, 2003.

CABALEIRO SALDANHA, Daniel. *A distribuição dos Royalties do petróleo sobre o prisma do Federalismo Cooperativo*: em defesa de Minas Gerais, em defesa da Federação. *In*: DERZI, Misabel Abreu Machado; BATISTA JÚNIOR, Onofre Alves; MOREIRA, André Mendes. *Estado Federal e Tributação*: das origens à crise atual. v. 01. Belo Horizonte: Arraes Editores, 2015.

CABRAL, Sérgio. *Getúlio Vargas e a Música Popular*: ensaios de opinião. Rio de Janeiro: Inúbia, 1975.

CAETANO, Antonio Filipe Pereira. *Entre a Sombra e o Sol*: a revolta da cachaça, a freguesia de São Gonçalo de Amarante e a crise política fluminense. Dissertação de Mestrado. Niterói: UFF, 2003.

CALDEIRA, Jorge (Org.). *Diogo Antônio Feijó*. São Paulo: Editora 34, 1999.

CALMON, Pedro. *História da Civilização Brasileira*. Brasília: Ed. Senado Federal, 2002.

CALÓGERAS, J. Pandiá. *As minas do Brasil e sua legislação*. Rio de Janeiro: Imprensa Nacional, 1904.

CALVO, Carlos. *Colección historica completa de los tratados*. t. 7. Paris: Imprenta de J. Jacquin, 1866.

CÂMARA DOS DEPUTADOS. *Coleção de Leis do Brasil*: 1808. V. I. Brasília: s.e., s.d.

CÂMARA, José Gomes B. *Subsídios para a História do Direito Pátrio*. T. IV. Rio de Janeiro: Serviço Reprográfico do Instituto Brasileiro de Geografia e Estatística, 1967.

CÂMARA, Marcelo Barbosa. *Cultura Política – Revista Mensal de Estudos Brasileiros (1941 a 1945)*: um vôo panorâmico sobre o ideário do Estado Novo. Tese de Doutorado em Ciências Sociais. São Paulo: PUC/S, 2010.

CAMPELLO DE SOUZA, Maria do Carmo C. *Estado e Partidos Políticos no Brasil*: 1930 a 1964. São Paulo: Editora Alfa-Ômega, 1976.

CANDIDO, Antonio. *Formação da Literatura Brasileira*: momentos decisivos 1750-1880. 10 ed. Rio de Janeiro: Ouro sobre Azul, 2006.

CANECA, Frei Joaquim do Amor Divino. *Crítica à Constituição de 1824*. In: CANECA, Frei; JUNQUEIRA, Celina (Org.). *Ensaios Políticos*. Rio de Janeiro: PUC/RJ/Editora Documentário, 1976.

CARDOSO, Adauto; at all. *Manifesto dos Mineiros*. Ed. fac-similar. Belo Horizonte: Imprensa Oficial do Estado de Minas Gerais, 2013.

CARDOSO, Fernando Henrique. *Prefácio*: um livro perene. In: FREYRE, Gilberto. *Casa Grande e Senzala*. 48 ed. Pernambuco: Global (Fundação Gilberto Freyre), 2003.

CARNEIRO, David. *História da Guerra Cisplatina*. Brasília: Editora UnB, 1983.

CARNEIRO, José Mário Brasiliense; HOFMEISTER, Wilhelm (Org.). *Federalismo na Alemanha e no Brasil*. São Paulo: Fundação Konrad-Adenaur, 2001.

CARON, Jean-Claude. *La France de 1815 a 1848*. Paris: Armand Colin, 2013.

CARVALHO, José Murilo de (Org.). *Bernardo Pereira de Vasconcelos*. São Paulo: Editora 34, 1999.

CARVALHO, José Murilo de. *A construção da ordem*: elite política impessoal, teatro das sombras. Rio de Janeiro: Editora UFRJ, 1996.

CARVALHO, José Murilo de. *A formação das almas*: o imaginário da república no Brasil. Rio de Janeiro: Companhia das Letras, 2004.

CARVALHO, José Murilo de. Barbacena: A Família, a Política e uma Hipótese. In: *Revista Brasileira de Estudos Políticos*, nº 20, Belo Horizonte, Universidade Federal de Minas Gerais, 1966.

CARVALHO, José Murilo de. *Cidadania no Brasil*: o longo caminho. 14 ed. Rio de janeiro: Civilização Brasileira, 2001.

CARVALHO, José Murilo de. *Forças Armadas e Política no Brasil*. Rio de Janeiro: Jorge Zahar Editor, 2005.

CARVALHO, José Murilo de. Mandonismo, Coronelismo, Clientelismo: uma discussão conceitual. *In*: *Revista de Ciências Sociais*, Rio de Janeiro, v. 40, n. 2, 1997.

CARVALHO, José Murilo. *Os Bestializados*: o Rio de Janeiro e a República que não foi. 3a ed. São Paulo: Companhia das Letras, 1987.

CASSIUS DIO. Roman History. Trad. Earnest Cary. Boston: Harvard University Press, 1914.

CASTELLS, Manuel. *Cidade, democracia e socialismo*. 2ª Ed. Rio de Janeiro: Paz e Terra, 1980.

CASTRO, Celso. *Os militares e a República*: um estudo sobre cultura e ação política. Rio de Janeiro: Jorge Zahar Editor, 1995.

CASTRO, Jeanne Berrance de. *A milícia cidadã*: a Guarda Nacional de 1831 a 1850. Rio de Janeiro: Companhia Editora Nacional, 1977.

CASTRO, José Ferreira Borges de. *Colecção dos tratados, convenções, contratos e actos públicos celebrados entre a Coroa de Portugal e as mais potências desde 1640 até ao presente*. Tomo III. Lisboa: Imprensa Nacional, 1856.

CERVO, Amado Luiz; BUENO, Clodoaldo. *História da política exterior do Brasil*. 3. ed. Brasília: Editora UnB, 2010.

CERVO, Amado Luiz. *Relações Internacionais da América Latina*: velhos e novos paradigmas. Brasília: IRBRI, 2001.

CEVASCO, Maria Elisa. *Dez lições sobre estudos culturais*. São Paulo: Boitempo Cultural, 2003.

CHAGAS, Carlos. *A Ditadura Militar e os Golpes dentro do Golpe*: 1964-1969. São Paulo: Record, 2014.

CHEVALLIER, Jacques. *O Estado Pós-Moderno*. Trad. Marçal Justen Filho. Belo Horizonte: Forum, 2009.

CIBILS, Vicente Fretes; TER-MINASSIAN, Teresa. *Decentralizing Revenue in Latin America*: why and how. New Yor: Interamerican Development Bank, 2015.

CICERON. *Oeuvres Completes de Cicerón*. Trad. M. Nisard. Paris: Dubochet, 1840.

CLAVERO, Bartolomé. *Derecho Indígena y cultura constitucional en América*. Madrid: Siglo Veintiuno Editores, 1994.

COMISSÃO NACIONAL PARA OS DESCOBRIMENTOS PORTUGUESES. *Tratado de Tordesilhas*: fac-símile do Ms. Gavetas 17, Maço 4, n. 17 do Arquivo Nacional da Torre do Tombo. Lisboa: Edições INAPA, 1991.

CONGRESSO NACIONAL. *Anais da Assembleia Nacional Constituinte*: subcomissão dos municípios e regiões. Brasília: Senado Federal, 1988.

CONRAD, Robert. *Os últimos anos da escravatura no Brasil, 1850-1888*. Rio de Janeiro: Civilização Brasileira, 1975.

CONSTANT, Benjamin. *Principes de Politique*. Paris: Guillaumin, 1872.

CONTE, Daniel; AGUIAR, Rafael Hofmeister. *O Brasil que me (Des)Silencia*. In: SARAIVA, Juracy Assman; PUHL, Paula Regina. *Processos Culturais e sua Manifestação*. Novo Hamburgo: Universidade Feevale, 2013.

CORAZZA, Gentil. O Banco Central do Brasil: evolução histórica e institucional. In: *Perspectiva Econômica*, v. 2, n. 1, jan-jun., São Leopoldo, Unisinos, 2006. p. 1 *usque* 23.

CORDINGLY, David. *Cochrane, The Dauntless*: the life and adventures of Admiral Thomas Cochrane (1775-1860). London: Bloomsbury, 2008.

CORRÊA TELLES, José Homem. *Commentario Critico a Lei da Boa Razão*. Lisboa: Tipografia de Maria Madre de Deus, 1865.

COSTA, Emília Viotti da. *Da Monarquia à República*: momentos decisivos. 6 ed. São Paulo: Editora UNESP, 1998.

COSTA, Emília Viotti da. *O Supremo Tribunal Federal*: a construção da cidadania. São Paulo: Editora Unesp, 2001.

COSTA, José Caldas da. *Caparaó*: a primeira guerrilha contra a Ditadura. São Paulo: Boitempo, 2007.

COSTA, Pietro, ZOLO, Danilo (Org.). *O Estado de Direito*; história, teoria, crítica. Trad. Carlo Alberto Dastoli. São Paulo: Martins Fontes, 2006.

COUTINHO, Milson. *A Revolta de Bequimão*. São Luís: Instituto Geia, 2004.

CYPRIANO, Marcelo P. *Relações entre o Banco Central e o Tesouro Nacional*: Evolução institucional. Separação de contas. Troca de passivos. Dissertação de Mestrado em Economia. Campinas: Instituto de Economia da Unicamp, 1994.

DAFFLON, Bernard; TÓTH, Krisztina. *Fiscal Federalism in Switzerland*: relevant issues in Central and Eastern Europe. Washington: World Bank, 2005.

DAL RI JÚNIOR, Arno. Da Grande Naturalização da Primeira República à Segurança Nacional no Estado Novo (1889-1995). In: RAMINA, Larissa; FRIEDRICH, Tatyana Scheila (Org.). *Direito Internacional Multifacetado*. v. 5. Curitiba: Juruá, 2014.

DAL RI, Luciene. *Ius Fetiale*: as origens do Direito Internacional no Universalismo Romano. Ijuí: Editora Unijuí, 2011.

DALLARI, Dalmo de Abreu. *O Estado Federal*. São Paulo: Ática, 1986.

DANIEL, Celso; *et all*. *Poder Local e Socialismo*. São Paulo: Editora Fundação Perseu Abramo, 2002.

DELGADO, Lucília de Almeida Neves. *PTB*: do getulismo ao reformismo. São Paulo: Marco Zero, 1989.

DEVEZA, Guilherme. *Política tributária no período imperial*. In: HOLANDA, Sérgio B. (Org.). *História Geral da Civilização Brasileira*. 5ª ed. v. 2. Tomo 4. Rio de Janeiro: Bertrand Brasil, 1995.

DOLHNNIKOFF, Miriam. *O pacto imperial*: origens do federalismo no Brasil. Rio de Janeiro: Editora Globo, 2005.

DORATIOTO, Francisco. *Maldita Guerra*: a nova história da Guerra do Paraguai. São Paulo: Companhia das Letras, 2002.

DRUMMOND, José Augusto. *O movimento tenentista*: intervenção militar e conflito hierárquico. Rio da Janeiro: Graal Editora, 1986.

DRUMOND, Cosme Degenar. *O Brigadeiro*: Eduardo Gomes, trajetória de um herói. São Paulo: Editora Cultura, 2011.

DUBY, George. *Les Dimanches de Bouvines*. Paris: Gallimard, 1973.

DULLES, John W. F. *The São Paulo Law School and the anti-Vargas resistance (1938-1945)*. Austin: University of Texas Press, 1986.

DYONISIUS OF HALICARNASSUS. Roman Antiquities. Trad. Earnest Cary. Boston: Harvard University Press, 1950.

ELMIR, Cláudio Pereira. *Os 170 anos do Parlamento Gaúcho*: a democracia reconquistada (1983-2004). Porto Alegre: Assembleia Legislativa do Estado do Rio Grande do Sul, 2005.

ENDERS, Armelle. *Histoire du Brésil*. Bruxelles: Éditions Complexe, 1997.

ENDERS, Armelle. *Pouvoirs et fédéralisme au Brésil, 1889-1930*. Thèse de doctorat. Paris: Université de Paris IV Sorbonne, 1993.

ERNOUT, Alfred; MEILLET, Antoine. *Dictionnaire étymologique de la langue latine*. 4 ed. Paris: Kilncksieck, 2001.

ESCHWEGE, W. L. von. *Pluto Brasiliensis*. Trad. Domício de Figueiredo Murta. Brasília: Ed. Senador Federal, 2011.

FABRIZ, Daury César. Federalismo, Municipalismo e Direitos Humanos. In: *Revista do Tribunal de Contas do Estado de Minas Gerais*, out.-nov.-dez., v. 77, n. 4, ano XXVIII, 2010, p. 76 *usque* 95.

FAORO, Raymundo. *Os Donos do Poder*: formação do patronato político brasileiro. 3 ed. Rio de Janeiro: Globo, 2001.

FAUSTO, Boris. *A Revolução de 1930*: historiografia e história. 16 ed. São Paulo: Companhia das Letras, 2010.

FAUSTO, Boris. *O pensamento nacionalista autoritário*. Rio de Janeiro: Jorge Zahar, 2001.

FERNANDES, Florestan. *Organização Social dos Tupinambá*. São Paulo: Editora Hucitec, 1989.

FERNANDÉZ RODRÍGUEZ, Manuela; MARTÍNEZ PEÑAS, Leandro. *La Guerra y el nacimiento del Estado Moderno*. Valladolid: Asociación Veritas, 2014.

FERNANDEZ, Carlos R. El federalismo fiscal argentino. In: AFFONSO, Rui de Britto Álvares; SILVA, Pedro Luiz Barros (Org.). *A Federação em perspectiva*: ensaios selecionados. São Paulo: FUNDAP, 1995.

FERRAZ, Sérgio Eduardo. *O Império Revisitado*: Instabilidade Ministerial, Câmara dos Deputados e Poder Moderador (1840-1889). Tese de doutorado. São Paulo: Universidade de São Paulo, 2012.

FERREIRA, Marieta de Moraes Ferreira; PINTO, Surama Conde Sá. A Crise dos anos 1920 e a Revolução de 1930. In: FERREIRA, Jorge; DELGADO, Lucília de Almeida Neves (Org.). *O Brasil Republicano*. T. I. Rio de janeiro: Civilização Brasileira, 2003.

FERREIRA, Marieta de Moraes. *João Goulart*: entre a memória e a história. 1 ed. Rio de Janeiro: Editora FGV, 2006.

FERREIRA, Waldemar. *História do Direito Brasileiro*. V. I. São Paulo: Saraiva, 1962.

FICO, Carlos. Versões e Controvérsias sobre 1964 e a ditadura militar. In: *Revista Brasileira de História*, v. 24, n. 47, jan.-jun., São Paulo, 2004, p. 28 usque 60.

FIGUEIREDO, Luciano de Almeida Raposo. *Revoltas, fiscalidade e identidade colonial na América Portuguesa*: Rio de Janeiro, Bahia e Minas Gerais (1640-1761). Tese de Doutorado. São Paulo: FFCH-USP, 1995.

FIGUEIREDO, Luciano. *Rebeliões no Brasil Colônia*. Rio da Janeiro: Zahar Editor, 2005.

FILHO, Mário Rodrigues. *O negro no futebol brasileiro*. 2 ed. Rio de Janeiro: Civilização Brasileira, 1964.

FIORAVANTI, Maurizio. *Dottrine dello Stato e della costituzione tra Otto e Novecento*. Milano: Giuffrè: 2011.

FLEIUSS, Max. *História Administrativa do Brasil*. Rio de Janeiro, 1822. 2ª ed., Rio de Janeiro: s.e., 1925.

FLORY, Thomas. *El juez de paz y el jurado en el Brasil imperial, 1808-1871*: control social y estabilidad política en el nuevo Estado. México: Fondo de Cultura Económica, 1986.

FONSECA JR., Gelson. Mundos diversos, argumentos afins: notas sobre aspectos doutrinários da política externa independente e do pragmatismo responsável. In: ALBUQUERQUE, J. A. G. de (Org.). *Sessenta anos de política externa brasileira 1930-1990*: crescimento, modernização e política externa. v. 1. São Paulo: Cultura Nupri, 1996. p. 299 usque 336

FONSECA, Ricardo Marcelo. Os juristas e a cultura jurídica brasileira na segunda metade do século XIX. In: *Quaderni Fiorentini per la storia del pensiero giuridico moderno*, Milano, Giuffrè, n. 35, 2006, p. 343 *et seq*.

FRANCO, Gustavo H. B. *O Desafio Brasileiro*: ensaios sobre desenvolvimento, globalização e moeda. São Paulo: Editora 34, 1999.

FREIRE, Isabella Virgínia. *Avaliação do Impacto da Lei Robin Hood Sobre os Municípios Mineiros*. Belo Horizonte: Fundação João Pinheiro, 2002.

FREYRE, Gilberto. *Casa Grande e Senzala*. 48 ed. Pernambuco: Global (Fundação Gilberto Freyre), 2003.

FREYRE, Gilberto. *Manifesto Regionalista*. Recife: Instituto Joaquim Nabuco, 1976.

FREYRE, Gilberto. *Novo mundo nos Trópicos*. São Paulo: Companhia Editora Nacional, 1971.

FREYRE, Gilberto. *Sobrados e Mucambos*. São Paulo: Global editora, 2003.

FROTA, Sylvio. *Ideais Traídos*. Rio de Janeiro: Zahar Editor, 2006.

FURTADO, Celso. *Formação Econômica do Brasil*. São Paulo: Companhia das Letras, 2009.

FUSTEL DE COULANGES, Numa Denis. *La cité antique*: étude sur le culte, le droit, les institutions de la Grèce et de Rome. Paris: Durand, 1864.

GAFFAREL, Paul Louis Jacques. *Les Colonies Françaises*. Paris: Hachette, 2012.

GARCIA DEL CORRAL, Idelfonso. *Cuerpo del Derecho Civil Romano*. Valladolid: Lex Nova, 2004.

GARCÍA GALLO, Alfonso Diego. *Las Bulas de Alejandro VI sobre el nuevo mundo descubierto por Colón*. Madrid: Testimonio, 1992.

GASPARI, Elio. *Ditadura Escancarada*. São Paulo: Companhia das Letras, 2002.

GENRO, Tarso; SOUZA, Ubiratan de. *Orçamento Participativo*: a experiência de Porto Alegre. 4 ed. São Paulo: Editora Fundação Perseu Abramo, 2001.

GODOY, J. E. *Catálogo histórico das repartições fazendárias*: Brasil colônia. In: www.receita.fazenda.gov.br/histórico/srf/historia/catalogo-colonial, acessado em 31 de Maio de 2016, às 22h29min.

GOES FILHO, Synesio Sampaio. *Navegantes, bandeirantes, diplomatas*. São Paulo: Martins Fontes, 2001.

GOMES, Ângela de Castro (Org.). *Vargas e a Crise dos Anos 50*. Rio de Janeiro: Associação de Pesquisa e Documentação Histórica, 1994.

GOMES, Ângela de Castro. *A invenção do Trabalhismo*. 3 ed. Rio de Janeiro: Fundação Getúlio Vargas, 2005.

GOMES, Ângela de Castro. *Minas e os Fundamentos do Brasil Moderno*. Belo Horizonte: Editora UFMG, 2005.

GOMES, Gustavo Maia; MAC DOWELL, Maria Cristina. *Descentralização política, federalismo fiscal e criação de municípios*: o que é mau para o econômico nem sempre é bom para o social. Brasília: IPEA, 2000.

GOMES, Orlando. *Raízes históricas e sociológicas do Código Civil brasileiro*. 2 ed. São Paulo: Martins Fontes, 2003.

GOTTSCHALK, Paull. *The earliest diplomatic documents on America, The papal Bulls and the Treaty of Tordesillas* Berlin: s.e, 1927.

GRAHAM, Lawrence S. *Civil Service Reform in Brazil*: Principles versus Practice. Austin: University of Texas, 1968.

HABERMAS, Jürgen. *Faktizität und Geltung*: Beiträge zur Diskurstheorie des Rechts und des demokratischen Rechtsstaates. v. 01. Frankfurt am Main: Suhrkamp, 1992.

HAMILTON, Alexander; MADISON, James; JAY, John. *The Federalist Papers*. Mineola: Dover Publications, 2014.

HARRET, Florence; MENDES, Guilherme Adolfo. *Benefícios fiscais inconstitucionais na cadeia da não-cumulatividade*: por uma solução em benefício do federalismo, da autonomia dos Estados e da livre-concorrência. *In*: DERZI, Misabel Abreu Machado; BATISTA JÚNIOR, Onofre Alves; MOREIRA, André Mendes. *Estado Federal e Tributação*: das origens à crise atual. v. 04. Belo Horizonte: Arraes Editores, 2015.

HEGEL, G. W. F. *Principes de la Philosophie du Droit*. Trad. Robert Derathé. 2 ed. Paris: Librairie Philosophique J. Vrin, 1998.

HEINZ, Marion; GRETIC, Goran. *Philosophie und Zeitgeist im Nationalsozialismis*. Würzburg: Köningshausen & Neumann, 2006.

HENDERSON, Ernest F. *Select Historical Documents of the Middle Ages*. Londres: George Bell and Sons, 1896.

HENRIQUES, Afonso. *Ascensão e Queda de Getúlio Vargas*. v. 01. Rio de Janeiro: Record, 1966.

HOLLANDA, Sérgio Buarque de; et all. *História Geral da Civilização Brasileira*. v. I. t. II. 9. ed. São Paulo: Bertrand Brasil, 2007.

HOMEM, Joaquim Francisco de Salles Torres. *Annaes das guerras do Brazil com os Estados do Prata e o Paraguay*. Rio de Janeiro: Imprensa Nacional, 1911.

HORBACH, Carlos Bastide (Org.). *Direito constitucional, Estado de direito e democracia*: homenagem ao Prof. Manoel Gonçalves Ferreira Filho. São Paulo: Quartier Latin, 2011.

HORTA, José Luiz Borges. *Direito Constitucional da Educação*. Belo Horizonte: Decálogo, 2007.

HORTA, José Luiz Borges. *História do Estado de Direito*. São Paulo: Alameda, 2011.

HORTA, José Luiz Borges. História, Constituições e Reconstitucionalização do Brasil. In: *Revista Brasileira de Estudos Políticos*, v. 94, Belo Horizonte, Faculdade de Direito da Universidade Federal de Minas Gerais, 2006, p. 121 usque 155.

HORTA, José Luiz Borges. La Era de la Justicia: Derecho, Estado y límites a la emancipación humana, a partir del contexto brasileño. In: *Astrolabio: Revista Internacional de Filosofía*, n. 11, Barcelona, 2011, p. 75 usque 85.

HORTA, José Luiz Borges. Urgência e emergência do constitucionalismo estratégico. In: *Revista Brasileira de Estudos Constitucionais*, v. 23, Belo Horizonte, Forum, 2012, p. 783 usque 808.

HORTA, Raul Machado. *Estudos de Direito Constitucional*. Belo Horizonte: Del Rey, 1995.

HORTA, Raul Machado. Organização constitucional do federalismo. In: *Revista da Faculdade de Direito da Universidade Federal de Minas Gerais*, ano 33, n. 28-29, Belo Horizonte, 1985-86, p. 10.

HORTA, Raul Machado. *Perspectivas do Federalismo Brasileiro*. In: *Revista Brasileira de Estudos Políticos*, Coleção Estudos Sociais e Políticos, n. 2, Faculdade de Direito da Universidade Federal de Minas Gerais, Belo Horizonte, 1958.

HUEGLIN, Thomas O. *Early Modern Concepts for a Late Modern World*: Althusius on Community and Federalism. Waterloo: Wilfrid Univeristy Press, 1999.

JAGUARIBE, Hélio. *O nacionalismo na atualidade brasileira*. Rio de Janeiro: Instituto Superior de Estudos Brasileiros, 1958.

JOBIM, Nelson; PORTO, Walter Costa. *Legislação eleitoral no Brasil*: do século XVI a nossos dias. v. 1. Brasília: Senado Federal, 1996.

KANT, Immanuel. *Crítica da Faculdade do Juízo*. Trad. Valério Rohden e António Marques. Rio de Janeiro: Forense Universitária, 1995.

KAUFMAN, Robert R. *Corporatism, Clientelism, and Partisan Conflict*: A Study of Seven Latin American Countries. In: MALLOY, J. M. *Authoritarianism and Corporatism in Latin America*. Pittsburgh: University of Pittsburgh Press, 1977.

KOERNER, Andrei. *Judiciário e Cidadania na constituição da República Brasileira*. São Paulo: Hucitec, 1998.

LABRA, Rafael Maria de. *América y la Constitución española de 1812*: Cortes de Cádiz de 1810-1813. Madrid: Sindicato de Publicidad, 1914.

LAGEMAN, Eugênio. O Federalismo Fiscal Brasileiro em Questão. In: AFFONSO, Rui; SILVA, Pedro Luiz Barros. *A Federação em Perspectiva*: ensaios selecionados. São Paulo: Edições FUNDAP, 1995

LAUFER, Heinz. *O ordenamento financeiro no Estado Federativo Alemão*. In: FUNDAÇÃO KONRAD-ADENAUER-STIFTUNG. Centro de Estudos. *O federalismo na Alemanha*. v. 7. São Paulo: Fundação Konrad Adenauer, 1995.

LEAL, Victor Nunes. *Coronelismo, Enxada e Voto*. Rio de Janeiro: Forense, 1948.

LEVY, Evelyn; DRAGO, Pedro. *Gestão Pública no Brasil Contemporâneo*. São Paulo: Edições FUNDAP, 2005.

LIMA SOBRINHO, Alexandre José Barbosa. *Guerra dos Mascates*: conferência promovida pelo Instituto Histórico de Olinda no 250º aniversário da revolução de 1710. Recife: Imprensa Universitária da Universidade do Recife, 1962.

LIMA VAZ, Henrique Cláudio. Senhor e Escravo: uma parábola da filosofia ocidental. In: *Síntese*, Faculdade Jesuíta de Filosofia e Teologia, Belo Horizonte, v. 21, 1980, p. 7 usque 29.

LIMA, Heitor Ferreira. *História do pensamento econômico brasileiro*. São Paulo: Nacional, 1969.

LIMA, Luiz Costa. Sérgio Buarque de Holanda, Visão do Paraíso. In: *Revista USP*, São Paulo, n. 53, p. 42-53, mar-mai, 2002.

LIMA, Ranulpho Pinheiro. *A Representação Profissional no Brasil*: discursos [do Deputado] pronunciados na Assembleia Nacional Constituinte de 1934. Rio de Janeiro: Irmãos Pongetti, s/d.

LINZ, Juan J; VALENZUELA, Arturo. *The failure of Presidential Democracy*: comparative perspectives. v. 1. Baltimore: Johns Hopkins University Press, 1994.

LOEWENSTEIN, Karl. *Brazil under Vargas*. 2 ed. London: Macmillan Company, 1942.

LÖWITH, Karl. *Sämtliche Schriften VIII*. Stuttgart: Metzler, 1984.

LUSTOSA, Isabel. *As trapaças da sorte*: ensaios de história política e história cultural. Belo Horizonte: Editora UFMG, 2004.

MACHADO NETO, A. L. *História das Ideias Jurídicas no Brasil*. São Paulo: Grijalbo/Edusp, 1969.

MACHADO, Luiz Toledo. *Formação do Brasil e Unidade Nacional*. São Paulo: IBRASA, 1980.

MAGALHÃES, José Luiz Quadros de. *Poder Municipal: paradigmas para o Estado Constitucional brasileiro*. Belo Horizonte: Del Rey, 1997.

MAGALHÃES, José Luiz Quadros de. Um novo município: federação de municípios ou miniaturização dos Estados-membros. In: *Revista da OAB*, s.l., ano XXVI, n. 62, 1996.

MAGNOLI, Demétrio. O Estado em busca do seu Território, In: *Terra Brasilis* [Online], n. 4 – 5, 2003. p. 7. Consultado em 08 Agosto 2016. URL: http://terrabrasilis.revues.org/343.

MAGNOLI, Demétrio. *O Corpo da Pátria*: imaginação geográfica e política externa no Brasil (1808-1912). São Paulo: Editora Unesp, 1997.

MALERBA, Jurandir (Org.). *A independência brasileira*: novas dimensões. Rio de Janeiro: Editora FGV, 2006.

MANCHESTER, Alan K. *Bristish preeminence in Brazil*: a study in European Expansion. Chapel Hill: North Carolina University Press, 1933.

MANGABEIRA UNGER, Roberto. *Democracy Realized*: the progressive alternative. New York: Verso, 2001.

MANGABEIRA UNGER, Roberto. *O Direito e o Futuro da Democracia*. Trad. Caio Farah Rodrigues e Marcio Soares Grandchamp. São Paulo: Boitempo, 2004.

MANGABEIRA UNGER, Roberto. *O que a esquerda deve propor*. Trad. Antonio Risério Leite Filho. Rio de Janeiro: Civilização Brasileira, 2008.

MANGABEIRA UNGER, Roberto. *The Critical Legal Studies Movement*: another time, another task. New York: Verso, 2015.

MANKIW, Gregory. *Introdução à Economia*: princípios de micro e macroeconomia. Trad. Maria José Monteiro. 2 ed. Rio de Janeiro: Campus Elsevier, 2001.

MARINI, Ruy Mauro. *América Latina*: dependência e integração. s. l.: Editora Brasil Urgente, 1992.

MARINI, Ruy Mauro. *Dialética da dependência*: uma antologia da obra de Ruy Mauro Marini. Petrópolis: Vozes, 2000.

MARSON, Izabel Andrade. *O império do progresso*: a Revolução Praieira em Pernambuco. São Paulo: Editora Brasiliense, 1987.

MARTINS, Ives Gandra da Silva. *A unanimidade da aprovação dos Estados para concessão de estímulos no ICMS – Cláusula Pétrea Constitucional*. In: DERZI, Misabel Abreu Machado; BATISTA JÚNIOR, Onofre Alves; MOREIRA, André Mendes. *Estado Federal e Tributação*: das origens à crise atual. v. 03. Belo Horizonte: Arraes Editores, 2015.

MARX, Karl. *A contribution to the Critique of Political Economy*. Trad. M. I. Stone. Chicago: Charles H. Kerr & Company, 1904.

MATTOS, Hebe. Racialização e cidadania no Império do Brasil. In: CARVALHO, José Murilo de; NEVES, Lucia Bastos Pereira das (orgs.). *Repensando o Brasil do Oitocentos*. Rio de Janeiro: Civilização Brasileira, 2009.

MATTOS, Ilmar Rohloff de. *O Tempo Saquarema*. São Paulo: Editora Hucitec, 1987.

MAYOS SOLSONA, Gonçal. *Ilustración y Romantismo*: introducción a la polémica Kant y Herder. Barcelona: Herder, 2004.

MAYOS SOLSONA, Gonçal. *Macrofilosofía de la Modernidad*. Barcelona: DLibro, 2012.

McCANN, Frank D. *Soldiers of the Patria*: a history of the Brazilian Army, 1889-1937. Stanford: Stanford University Press, 2004.

MELLO FRANCO, Afonso Arinos de. *História e Teoria dos Partidos Políticos no Brasil*. São Paulo: Editora Alfa-Ômega, 1974.

MELLO, Evaldo Cabral de. *O Negócio do Brasil*. Ed. ilustrada. São Paulo: Capivara, 2015.

MELLO, Evaldo Cabral de. *Olinda Restaurada*: guerra e açúcar no Nordeste, 1630-1654. São Paulo: Forense/Edusp, 1975.

MELLO, Evaldo Cabral de. *Rubro Veio*: O imaginário da restauração pernambucana. Rio de Janeiro: Nova Fronteira, 1976.

MELLO, Evaldo Cabral. *A outra independência*: o federalismo pernambucano de 1817 a 1824. São Paulo: Editora 34, 2004.

MELO MORAES, Alexandre José. *História do Brasil-Reino e Brasil-Império*. Rio de Janeiro: s. e., 1871.

MELO, Américo Brasiliense de Almeida e. *Os programas dos partidos e o segundo Império*: primeira parte. São Paulo: Tip. Jorge Secler, 1878.

MELO, Arnaldo Vieira de. *Bolívar, o Brasil e os nossos vizinhos do Prata*: da questão de Chiquitos a guerra da Cisplatina. Rio de Janeiro: Gráfica Olímpia, 1963.

MENDES, Marcos José. *Limite para as despesas das câmaras de vereadores*: texto para discussão. Brasília: Consultoria do Senado Federal, 2009.

MENDES, Marcos; MIRANDA, Rogério Boueri; COSIO, Fernando Blanco. *Transferências Intergovernamentais no Brasil*: diagnóstico e proposta de reforma. Brasília: Senado Federal, 2008.

MENDONÇA, Marina Gusmão. *O Demolidor de Presidentes*. São Paulo: Códex, 2002.

MEYER, Emilio Peluso Neder. *Ditadura e responsabilização*: elementos para uma justiça de transição no Brasil. Belo Horizonte: Arraes Editores, 2012.

MINTZ, David; TULKENS, Henry. *The OECD convention: model for corporate tax harmonization*. In: PROUD'HOMME, Rémy. *Public Finance with several levels of governments*. Bruxelas: International Institute of Public Finance, 1991.

MIRANDA, Jorge. A Administração Pública nas Constituições Portuguesas. *In: Revista de Direito Administrativo*, Rio de Janeiro, n. 183, jan./mar., 1991, 26 usque 35.

MIRANDA, Jorge. *As Constituições Portuguesas de 1822 ao texto actual da Constituição*. Lisboa: Livraria Petrony, 1984.

MONTEIRO, Tobias. *História do Império*: O Primeiro Reinado. Rio de Janeiro: s.e, 1939-1946.

MONTESQUIEU, Charles de Sondat. *De l'esprit des lois*. Genebra: Barrillot et fils, 1748.

MOREL, Marco. *O período das Regências*. Rio de Janeiro: Jorge Zahar Editor, 2003.

MOTTA, Rodrigo Patto Sá. *Introdução à História dos Partidos Políticos Brasileiros*. Belo Horizonte: Editora UFMG, 1999.

MOURA, Clóvis. *Sociologia do Negro Brasileiro*. São Paulo: Ática, 1988.

MUSGRAVE, Robert. *The theory of Public Finance*. New York: McGraw-Hill, 1959.

NABUCO, Joaquim. *A intervenção estrangeira durante a Revolta de 1893*. Brasília: Ed. Senado Federal, 2003.

NABUCO, Joaquim. *O Abolicionismo*. Petrópolis: Vozes, 2012.

NABUCO, Joaquim. *Um Estadista do Império*. 5 ed. v. 01. Rio de Janeiro: Top Books, 1997.

NAPOLEÃO, Aluízio (Org.). *Arquivos do Barão do Rio Branco*. Brasília: Ministério das Relações Exteriores, 1951.

NAWIASKY, Hans. *Grundprobleme der Reichsverfassung*: Erster Teil das Reich als Bundesstaat. Berlim: Springer Verlag, 1928.

NETTO, Antonio Delfim. *O problema do café no Brasil*. São Paulo: Editora Unesp, 1959.

NETTO, Menelick de Carvalho. *A sanção no processo legislativo*. Belo Horizonte: Del Rey, 1992.

NIEBUHR, G. B. *Römische Geschichte*. Berlim: G. Reimer, 1827.

OATES, Wallace E. *Fiscal Federalism*. San Diego: Harcourt Brace Jovanovich, 1972.

OLIVEN, Ruben George. *A parte e o todo*: a diversidade cultural no Brasil-nação. Petrópolis: Vozes, 2006.

ORELLI, Johann Caspar von. Onomasticon Tullianum. Vol. III. Hildesheim: Olms, 1965

PANDOLFI, Dulce Chaves; GRYNSZPAN, Mario. Da Revolução de 30 ao Golpe de 1937: a depuração das elites. *In*: *Revista de Sociologia e Política,* n. 9, Niterói, Universidade Federal Fluminense, 1997, p. 7 *usque* 23.

PÉREZ, Enrique San Miguel. España y sus Coronas: un concepto politico en las últimas voluntades de los Áustrias hispánicos. *In.*: *Cuadernos de Historia del Derecho,* n. 3, 253-270, Servicio de Publicaciones, Madrid: Universidad Complutense de Madrid, 1996.

PIDAL Y MIRAFLORES, Marques de; SALVA, Manuel. *Colección de Documentos Inéditos para la Historia de España*. Tomo XL. Madrid: Imprenta de Viuda de Calero, 1862.

PINTO, Antonio Pereira (Org.). *Annaes do Parlamento Brazileiro*: assembléa constituinte – 1823. t. I. Rio de Janeiro: Typografia do Imperial Instituto Artístico, 1874.

PINTO COELHO, Saulo de Oliveira. *Miguel Reale e o Pensamento Jurídico no Brasil*: história, fundamentos e atualidade do culturalismo jurídico brasileiro. Rio de Janeiro: Editora Deescubra, 2011.

PIRES, Maria Coeli Simões; et all. *Consórcios Públicos*: instrumento do federalismo cooperativo. Belo Horizonte: Editora Forum, 2008

PORTALIS, Jean-Étienne-Marie Portalis. *Discours préliminaire du premier projet de Code civil*. In: *Motifs et discours prononcés lors de la publication du code civil*. Bordeaux: Éditions Confluences, 2004.

PRADO JÚNIOR, Caio. *Evolução Política do Brasil*. Ed. rev. São Paulo: Companhia das Letras, 2012.

PRADO JÚNIOR, Caio. *Formação do Brasil Contemporâneo*. 23 ed. São Paulo: Brasiliense, 1994.

PRADO JÚNIOR, Caio. *História Econômica do Brasil*. Brasília: Brasiliense, 1976.

PROUDHON, Pierre J. *El Principio Federativo*. Trad. Aníbal D'Auria. Buenos Aires: Ediciones Terramar, 2008.

QUADROS, Jânio. Brazil's New Foreign Policy. In: *Foreign Affairs*, New York, Council on Foreing Relations, Oct. 1961, p. 19 *usque* 27.

RANGEL, Ignácio. *Dualidade Básica da Economia Brasileira*. 2. ed. s. l.: Instituto Ignácio Rangel, 2009.

REALE, Miguel. *Filosofia do Direito*. 20 ed. São Paulo: Saraiva, 2002.

REALE, Miguel. O pensamento de Tobias Barreto. In: *Colóquio*, Faculdade Nova de Lisboa – FSCH, Lisboa, 1991.

REALE, Miguel. *Teoria Tridimensional do Direito*. 5 ed. São Paulo: Saraiva, 1994.

REIS, Arthur Cesar Ferreira. *Os tratados de limites*. In: HOLANDA, Sérgio Buarque de; FASUTO, Boris (Org.). *História da Civilização brasileira*. vol. 1. São Paulo: Bertrand Brasil, 2008.

REIS, Daniel Aarão; RIDENTI, Marcelo (Org.). *História do marxismo no Brasil*. v. 5. Campinas: Editora da Unicamp, 2002.

RENGER, Friedrich. O quinto do ouro no regime tributário das Minas Gerais. In: *Revista do Arquivo Público Mineiro*, v. 42, Belo Horizonte, Secretaria de Estado de Cultura, 2006.

REZENDE, Fernando. *Desafios do Federalismo Fiscal*. Rio de Janeiro: Editora FGV, 2006.

REZENDE, Maria José. A obra Sobrados e Mucambos e a mudança social no Brasil. *In*: *Revista USP,* São Paulo, n. 51, p. 190-207, setembro-novembro, 2001.

RIBEIRO, Darcy. *A Política Indigenista Brasileira*. Rio de Janeiro: s. l., 1962.

RIBEIRO, Darcy. *Configurações Histórico Culturais dos Povos Americanos*. Rio de Janeiro: Civilização Brasileira, 1957.

RIBEIRO, Darcy. *Cultura e Línguas indígenas do Brasil*. Rio de Janeiro: Centro Brasileiro de Pesquisas Educacionais, 1957.

RICUPERO, Rubens. O Brasil no Mundo. *In*: COSTA E SILVA, Alberto (org). *Crise Colonial e Dependência 1808-1830*. Rio de Janeiro: Fundación Mapfre; Objetiva, 2011.

RIO BRANCO, Barão do; PEREIRA, Manoel Gomes (Org.). *Obras Completas*. Vol. 6. Brasília: FUNAG, 2012.

ROBERTO, Giordano Bruno Soares. *História do Direito Civil Brasileiro*: Ensino e Produção Bibliográfica nas Academias Jurídicas do Império. Belo Horizonte: Arraes, 2016.

ROCHA, Cármen Lúcia Antunes; VELLOSO, Carlos Mário da Silva. *Direito eleitoral*. Belo Horizonte: Del Rey, 1996.

ROCHA, Cármen Lúcia Antunes. *República e federação no Brasil*: traços constitucionais da organização política brasileira. Belo Horizonte: Del Rey, 1997.

ROCHA, Justiniano José. Ação, Reação e Transação. *In*: *Revista do Instituto Histórico e Geográfico Brasileiro*. n. 219. Rio de Janeiro: Departamento de Imprensa Nacional, 1953.

ROCHA, Marlos Bessa Mendes da. *Matrizes da Modernidade Republicana*: cultura política e pensamento educacional no Brasil. Campinas: Editora Autores Associados, 2004.

RODRIGUES, José Honório. *Conselho de Estado*: quinto poder?. Brasília: Ed. Senado Federal, 1978.

RODRIGUES, Nelson. *A menina sem estrela*: memórias. São Paulo: Companhia das Letras, 1993.

RODRÍGUEZ, Octavio. *O estruturalismo latino-americano*. Rio de Janeiro: Civilização Brasileira, 2009.

RODYCZ, Wilson Carlos. *O Juiz de Paz Imperial*: uma experiência de magistratura leiga e eletiva no Brasil. Dissertação de Mestrado. São Leopoldo: Faculdade de Direito da UNISINOS, 2002.

ROMEIRO, Adriana. *Paulistas e Emboabas no coração das Minas*: ideias, práticas e imaginário político no século XVIII. Belo Horizonte: Editora UFMG, 2008.

ROSA, Othelo. *A Reorganização Constitucional Brasileira*. Porto Alegre: Livraria Globo, 1931.

ROSS, Robert E. Federalism and the Electoral College: the development of general ticket method for selecting presidential electors. In: *The Journal of Federalism*, v. 46, n. 2, Oxford, Oxford University Press, 2015. p. 147 *usque* 169.

ROTMAN, Leonard I.; ELMAN, Bruce P.; GALL, Gerald (coord.). *Constitutional Law:* Cases, Commentary and Principles. Scarborough: Thomson, 2008.

RUBINO, Joseph. *Untersuchungen über römische Verfassung und Geschichte*. Kassel: J.C. Krieger, 1839.

SÁ, Alexandre Franco de. Decisionismo e Ficção no pensamento de Carl Schmitt. In: *Revista Brasileira de Estudos Políticos*, n. 105, jul./dez., Belo Horizonte, Faculdade de Direito da Universidade Federal de Minas Gerais, 2012, p. 21 *usque* 26.

SAFRANSKI, Rüdiger. *Romantismo*: uma questão alemã. Trad. Rita Rios. São Paulo: Estação Liberdade, 2010.

SALDANHA, Flávio Henrique Dias. *Os oficiais do povo*: a guarda nacional em Minas Gerais Oitocentista, 1831-1850. São Paulo: Annablume, 2006.

SALDANHA, Nelson Nogueira. *O Estado Moderno e o constitucionalismo*. São Paulo: Buchatsky, 1976.

SALDANHA, Nelson. *O Jardim e a Praça*: ensaio sobre o lado privado e o lado público da vida social e histórica. Porto Alegre: SAFE, 1986.

SALDANHA, Nelson. *Rui Barbosa e o Bacharelismo liberal*. In: CRIPPA, A. *As ideias políticas no Brasil*. São Paulo: Convívio, 1979.

SALGADO, Joaquim Carlos. *A ideia de Justiça em Hegel*. São Paulo: Loyola, 1996.

SALGADO, Joaquim Carlos. *A Ideia de Justiça no Mundo Contemporâneo*. Belo Horizonte: Del Rey, 2006.

SALGADO, Joaquim Carlos. O Estado Ético e o Estado Poiéico. *Revista do Tribunal de Contas do Estado de Minas Gerais*, Belo Horizonte, Tribunal de Contas do Estado de Minas Gerais, v. 27, n. 2, p. 47-62, abr./jun. 1998.

SALLES, Ricardo. *Guerra do Paraguai*: memórias e imagens. Rio de Janeiro: Ed. Biblioteca Nacional, 2003.

SANCHEZ, Félix. *Orçamento Participativo*: teoria e prática. São Paulo: Editora Cortez, 2002.

SANTOS, A. Natureza Jurídica dos quintos do ouro. In: *Revista do Arquivo Público Mineiro*, n. 25, v. 01, Belo Horizonte, 1938.

SANTOS, Milton. *A Natureza do Lugar*: Técnica e Tempo, Razão e Emoção. 4 ed. São Paulo: Editora USP, 2006.

SANTOS, Milton. *A urbanização brasileira*. 5 ed. São Paulo: Editora USP, 2008.

SANTOS, Milton. *O Espaço Dividido*: os dois circuitos da economia urbana nos países subdesenvolvidos. 2a ed. São Paulo: Editora USP, 2004.

SCANTIMBURGO, João de. *História do Liberalismo no Brasil*. São Paulo: Editora LTr, 1996.

SCANTIMBURGO, João de. *Poder Moderador*: história e teoria. s.l.: Livraria Pioneira, 1980.

SCELLE, Georges. *Manuel de Droit International Public*. Paris: Domat-Montchrestien, 1948.

SCENNA, Miguel Angel. *Argentina-Brasil*: cuatro siglos de rivalidad. Buenos Aires: Ediciones La Bastilla, 1975.

SCHMITT, Carl. *Politische Theologie*. Berlin: Duncker & Humblot, 1996.

SCHUPP, Ambrósio. *Os Mucker*: episódio histórico ocorrido nas colônias Alemãs do Rio Grande do Sul. Brasília: Edições do Senado Federal, 2004.

SCHWARTZ, Bernard. *O Federalismo Norte-Americano atual*. Trad. Élcio Cerqueira. Rio de Janeiro: Forense Universitária, 1984.

SERRÃO, Joel. *Dicionário de história de Portugal*. v. 5. Porto: Livraria Figueirinhas, 1985.

SHAH, Anwar (Org.). *The practice of fiscal federalism*: comparative perspectives. Canada: McGill-Queen's University Press, 2007.

SILVA, Firmino Rodrigues da. *A dissolução do Gabinete de 05 de Maio ou A Facção Áulica*. Rio de Janeiro: Typ. Imperial Francisco de Paula Brito, 1847.

SILVA, Hélio da. *O ciclo de Vargas*: 1933, a crise do tenentismo. Rio de Janeiro: Civilização Brasileira, 1968.

SILVA, Lyana Maria Martins da. *Reforma Gorada*: lei do terço e a representação das minorias nas eleições de 1876 em Pernambuco. Dissertação de Mestrado. Recife: Universidade Federal de Pernambuco, 2014.

SILVA, Maria Odila Leite da. *A interiorização da metrópole e outros estudos*. São Paulo: Alameda, 2005.

SIMÕES NETO, Francisco Teotonio. *Os bacharéis na política e a política dos bacharéis*. Tese de Doutorado. São Paulo: Faculdade de Ciências Humanas e Letras da Universidade de São Paulo, 1983.

SODRÉ, Nelson Werneck. *A história da imprensa no Brasil*. Rio de Janeiro: Mauad Editora, 1998.

SOL, Garson. *Regiões Metropolitanas*: por que não cooperam? Rio de Janeiro: Letra Capital, 2009.

SOMBRA SARAIVA, José Flávio. *Relações Internacionais*: dois séculos de história. v. I. Rio de Janeiro: Fundação Alexandre de Gusmão, 2001.

SOUZA, Laura de Mello e. *Discurso histórico e político sobre a sublevação que nas Minas houve no ano de 1720*: estudo crítico. Belo Horizonte: Fundação João Pinheiro, 1994.

STRECK, Lênio Luiz; MORAIS, José Luís Bolzan de. *Ciência Política e Teoria Geral do Estado*. 3. ed. Porto Alegre: Livraria do Advogado, 2003.

STRIEDER, Inácio. Democracia Racial, a partir de Gilberto Freyre. In: *Perspectiva Filosófica*, v. III, n. 15, Jan-Jun 2001, p. 11 usque 29.

SUMNER MAINE, Henry. *Ancient Law*. New York: Cosimo, 2005.

SWENDEN, Wilfried. *Federalism and The Second Chambers*: regional representation in parliamentary federations. Brussels: Peter Lang, 2004.

SZMRECSÁNYI, Tamás; GRANZIERA, Rui Guilherme. *Getúlio Vargas e a economia contemporênea*. Campinas: Editora UNICAMP, 2004.

TITO LÍVIO. *Oeuvres de Tite-Live (Histoire romaine)*. Trad. M. Nisard. Tome I. Paris: 1864.

TORRES, Alberto. *O Problema Nacional Brasileiro*: introdução a um Programa de Organização Nacional. 3 ed. São Paulo: Companhia Editorial Nacional, 1938.

TUSHNET, Mark. *Weak Courts, Strong Rights*. New Jersey: Princeton University Press, 2008.

VAINFAS, Ronaldo. *Dicionário do Brasil Imperial*: 1822-1889. São Paulo: Objetiva, 2002.

VARNHAGEN, Francisco Adolfo de, Visconde de Sorocaba. História da Independência. In: *Revista do Instituto Histórico e Geográfico Brasileiro*, t. 79, Rio de Janeiro, s. e., 1916.

VASCONCELOS, Bernardo Pereira. *Carta aos Senhores Eleitores da Província de Minas Gerais*. 2 ed. Rio de Janeiro: Alfarrabista Brasileiro, 1899.

VENÂNCIO FILHO, Alberto. *Das Arcadas ao Bacharelismo*. São Paulo: Perspectiva, 1977.

VIANA, Hélio. *História do Brasil*. v. 2. São Paulo: Melhoramentos, 1963.

VIANNA, Francisco José de Oliveira. *Instituições Políticas Brasileiras*. v. I. Brasília: Edições do Senado Federal, 1999.

VIANNA, Francisco José de Oliveira. *Populações Meridionais do Brasil*. Brasília: Edições do Senado Federal, 2005.

VIANNA, Francisco José de Oliveira. *Raça e Assimilação*. Rio de Janeiro: Companhia Editorial Nacional, 1938.

VIANNA, Hélio. Francisco Sales de Torres Homem. In: *Revista do Instituto Histórico e Geográfico Brasileiro*. n. 246. Rio de Janeiro: Departamento de Imprensa Nacional, 1963. p. 256 usque 281.

VIANNA, Hélio. *História Diplomática do Brasil*. São Paulo: Melhoramentos, 1958.

VIEIRA, José Ribas (Org.). *Temas de direito constitucional norte-americano*. Rio de Janeiro: Editora Forense, 2002.

VISCARDI, Cláudia Maria R; ALENCAR, José Almino. *A República Revisitada*: construção e consolidação do projeto republicano brasileiro. Porto Alegre: Editora PUCRS, 2016.

VISCARDI, Cláudia Maria Ribeiro. *O teatro das oligarquias*: uma revisão da política do café-com-leite. 2 ed. Belo Horizonte: Fino Traço, 2012.

VISSCHER, Charles de. *Théories et réalités en droit international public*. Paris: A. Pedoné, 1955.

VON MARTIUS, Karl Friedrich Phillip. Como cumpre escrever a história do Brasil. In: *Revista do Instituto Histórico e Geográfico Brasileiro*, t. 6, Rio de Janeiro, s. e., 1845, p. 389 usque 411.

WALLIN, Bruce A. *From revenue sharing to deficit sharing*: revenue sharing and cities. Washington: Georgetown University Press, 2007.

WEHLING, Arno. *Documentos históricos do Brasil*. Rio de Janeiro: Editora Nova Aguilar, 1999.

WIEACKER, Franz. *História do Direito Privado Moderno*. Trad. Antonio Manuel Botelho Hespanha. 2 ed. Lisboa: Fundação Calouste Gulbenkian, 1980.

WOLKMER, Antônio Carlos. Cenários da Cultura Jurídica Moderna na América Latina. In: FONSECA, Ricardo Marcelo; SEELAENDER, Airton Cerqueira Leite (org). *História do Direito em Perspectiva*. Curitiba: Juruá, 2008.

ZAGREBELSKY, Gustavo. *Principios y votos. El Tribunal Constitucional y la política*. Trad. Manuel Martínez Neira. Madrid: Editorial Trotta, 2008.

ZIPELLIUS, Reinhold. *Teoria Geral do Estado*. 12 ed. Trad. Karin Praefke-Aires Coutinho. Lisboa: Calouste Gulbenkian, 1997.